beck'sche reihe

bsr

Rudolf Stöber legt mit diesem Buch eine anregende Einführung in die Kommunikations- und Medienwissenschaften vor. Er beginnt seine Darstellung mit einem allgemeinverständlichen Überblick über die zentralen Gegenstände und Begriffe der Disziplinen. Er erläutert im Weiteren die Funktionen von Medien und Öffentlichkeit, beschreibt maßgebliche Forschungsmethoden, nennt die Quellen und erläutert darüber hinaus zentrale Theorien und Interpretationsmodelle. Eine differenzierte Übersicht über Literatur und Hilfsmittel beschließt den gut lesbaren Band.

Rudolf Stöber lehrt als Professor für Kommunikationswissenschaft an der Otto-Friedrich-Universität Bamberg.

Rudolf Stöber

Kommunikations- und Medienwissenschaften

Eine Einführung

Verlag C. H. Beck

Mit 19 Abbildungen und 25 Tabellen

Originalausgabe

© Verlag C. H. Beck oHG, München 2008
Gesamtherstellung: Druckerei C. H. Beck, Nördlingen
Umschlagentwurf: +malsy, Willich
Printed in Germany
ISBN 978 3 406 56807 7

www.beck.de

Inhalt

Einleitung 9

A. Vorbemerkungen 9
B. Konzepte, Modelle, Theorien 12

I. Konzepte und Modelle 16

A. Keine Humankommunikation: Verwandte Konzepte und Modelle 16

1. Kommunikation in der Informationstheorie 16
2. Kommunikation in der Verhaltenspsychologie 22
3. Zwischenfazit 25

B. Kommunikation: Symbolische und massenmediale Konzepte 27

1. Kommunikatives Handeln im Kontext der Zeichen und Symbole 27
2. Kommunikation im Kontext der Massenmedien und Systeme 38
3. Zwischenfazit 45

C. Medien: Ontologische und soziale Konzeptionen 48

1. Medienontologische Konzepte und Systematiken 48
2. Proto-, Basis- und Verbreitungs-Medien: Eine soziofunktionale Systematik 55
3. Zwischenfazit 62

D. Konzepte von Öffentlichkeit und öffentlicher Meinung 64
1. Öffentlichkeit und Öffentlichkeiten 65
2. Öffentliche Meinung, öffentliche Meinungen 76
3. Fazit und Ausblick 84

II. Befunde und Theorien 89

A. Entstehung, Struktur und Kontext der Medien 89
1. Entstehung der Verbreitungs-Medien 89
2. Struktur der Verbreitungs-Medien 99
3. Der soziale Kontext der Verbreitungs-Medien 106
4. Zwischenfazit 116

B. Kommunikationskonstruktionen und Medienrealitäten 119
1. Systemfunktionen: Realität und Konstruktion medialer Kommunikation 119
2. Kommunikationsfunktionen: Information und Unterhaltung 128
3. Zwischenfazit 138

C. Wirkung und Nutzen des kommunikativen Handelns 141
1. Ansätze der Medienwirkungsforschung 141
2. Nutzungsforschung und andere Ansätze 152
3. Handlungs- und akteurstheoretische Ansätze 160
4. Fazit und Ausblick 166

III. Methoden und Quellen 171

A. Formalisierte und weniger formalisierte Forschung 171
1. Zweierlei Empirie: Von der Formalisierung der Forschung 171

2. Untersuchungsobjekte: Von Texten, Quellen
und ihren Varianten   174
3. Untersuchungswege und -ziele: Von der Hypothesenbildung zu
ihrer Prüfung   177
4. Zur Untersuchungsanlage: Von Studien und Experimenten   184

B. Sozialwissenschaftlich-kommunikationswissenschaftliche Methoden   187

1. Quantitative Inhaltsanalyse   187
2. Befragung und Beobachtung   192

C. Medienwissenschaftliche und kommunikationshistorische Methoden   199

1. Von der Hermeneutik zu Quellenrecherche
und Quellenkritik   199
2. Filmanalyse   207

Anmerkungen   223

Hilfsmittel und Literatur   250

A. Zeitschriften   250

B. Nachschlagewerke   251

1. Bibliografische Hilfsmittel   251
2. Lexika   253
3. Biografische Hilfsmittel   254

C. Propädeutika   256

1. Handbücher   256
2. Einführungen   258
3. Methodenlehrbücher   258

D. Weitere Literatur   259

Register   270

Einleitung

A. Vorbemerkungen

Was wäre, wenn man nicht kommunizieren könnte? Nun, das kommt darauf an, würde man auf solch eine Alltagsfrage wohl antworten. Wenn nur die Batterie des Handys leer und mithin kein Anruf bei Freunden möglich wäre, könnte man zwar momentan nicht telefonieren, das persönliche Gespräch mit Freund oder Familienmitglied würde aber nicht unterbunden. Zweites Szenario: Wir sind in einer einsamen Gegend unterwegs, haben uns verlaufen und begegnen einer Fremden, die wir nach dem Weg fragen wollen – dummerweise spricht sie nicht unsere Sprache. Drittes Beispiel: Wir sind beim einsamen Bergwandern in eine Spalte gestürzt und stecken fest, Arm gebrochen, Fuß verstaucht, kein Handy dabei – sehr schlecht! Viertes: Stellen wir uns vor, wir wären stumm und könnten uns nicht mehr bewegen, weil wir am Locked-in-Syndrom oder wie ein berühmter Physiker an ALS litten. Zuletzt: Wir hätten einen Schlaganfall erlitten oder Alzheimer. Dann hätte uns die wichtigste Voraussetzung menschlicher Kommunikation verlassen: der funktionierende Geist. Die Beispiele machen schnell deutlich, dass die eingangs gestellte Alltagsfrage unpräzise ist. Die verschiedenen Szenarien haben Randbedingungen definiert, d. h. Umstände, unter denen die Annahme gelten könnte. Die damit ansatzweise präzisierte Eingangsüberlegung zeigt: Kommunikationsbeschränkungen können von technischen bis hin zu ganz elementaren reichen. Oder im Umkehrschluss: Kommunikation beruht auf sehr vielen und sehr unterschiedlichen Voraussetzungen.

Weil Kommunikation Verschiedenes bedeutet, beschäftigen sich mehrere Wissenschaften mit dem Phänomen. So stehen bei Technikern und Physikern die Probleme der physikalisch-technischen Vermittlung im Mittelpunkt. Kommunikation auf Humankommunikation einzuschränken, wäre bei ihnen ebenso sinnlos wie in der Biologie, die dann weder verwandte Phänomene bei höher entwickelten Tieren noch die unstrittigerweise hochkomplexe chemische und optische Kommunikation bei sozialen Insektenvölkern (Bienen,

Ameisen) untersuchen könnte. Die Kommunikations- und Medienwissenschaften (KMW) beschäftigen sich nicht mit solchen Fragen, sondern mit den Funktionen und Besonderheiten der menschlichen Kommunikation sowie des sozialen Mediengebrauchs. Beide Teilfächer haben dabei durchaus gegensätzliche Vorstellungen von Kommunikation und Medien entwickelt.[1] Die Unterschiede in Gegenstand und Methode, um die es in diesem Buch geht, werden an vielen Stellen deutlich – von Tagungen bis zu wissenschaftspolitischen Papieren.[2] So attestierte ein Medienwissenschaftler seiner Teildisziplin, «eine Art Wissenschaft ohne System» mit einer «Serie tendenziell inkompatibler Annahmen und Aussagen» und ausgesprochener «Deutungswut» ohne «eine auch nur einigermaßen einheitliche und verbindliche Methodik [sowie] einen halbwegs anerkannten Objektbereich» zu sein, aber gleichzeitig bescheinigte er ihr, «eine soziokulturelle Sinnbildungs- und Orientierungsfunktion» zu besitzen.[3] In der Kommunikationswissenschaft ist die Homogenität nur unwesentlich größer. So wurden schon vor Jahrzehnten in einer Metastudie[4] 160 Kommunikationsbegriffe zusammengetragen und eine deutlich komplexere 161. Definition abgeleitet.[5] Seither dürften noch weitere hinzugekommen sein.

Damit die Leser nicht schon am Anfang mit teils philosophisch, teils methodisch, teils wissenschaftspolitisch bedingten Unterschieden verschreckt werden, sollen zunächst und vorläufig die zentralen Begriffe *Kommunikation, Medien und Öffentlichkeit* definiert werden. (NB.: Einige *Schlüsselbegriffe* tauchen im Folgenden immer wieder auf; zur besseren Orientierung der Leser werden sie *kursiv* ausgezeichnet.) Kommunikation und Medien implizieren die Existenz einer *Botschaft*, die sowohl als *Kommunikat* als auch als *Information* bezeichnet werden kann. Botschaften, Informationen und Kommunikate sind nicht das Gleiche und werden weder im alltäglichen noch im wissenschaftlichen Sprachgebrauch immer in der gleichen Bedeutung verwendet. Wenn Botschaften etc. ausgetauscht werden, sind daran mindestens zwei beteiligt: *Sender und Empfänger, Sprecher und Zuhörer, Kommunikator und Rezipient* oder *Schreiber und Leser* usw. Das erste Begriffspaar klingt technischer, muss demnach nicht unbedingt allein für menschliche Kommunikation benutzt werde. Das zweite Begriffspaar ist aus dem alltäglichen Leben wohlvertraut. Jeder ist abwechselnd Sprecher und Zuhörer. Kommunikator und Rezipient – von communicatio (lat.) = Mitteilung oder communicare (lat.) = mitteilen, verkehren, bzw. von recipere (lat.) =

wieder erhalten, entgegennehmen – hören sich wissenschaftlich an, mit diesen Begriffen sind insbesondere im Zusammenhang der massenmedialen Kommunikation Sprecher/Publizist und Zuhörer/Leser/Zuschauer gemeint. *Medien* im unmittelbaren Wortsinn sind «Vermittler, vermittelndes Element». Im Deutschen findet der Begriff seit dem 17. Jahrhundert in diesem Sinne Verwendung; das lateinischstämmige Fremdwort kommt von medium (lat.) = Mitte. *Öffentlichkeit* ist aus dem Adjektiv öffentlich abgeleitet, das ursprünglich soviel wie vor Augen liegend bedeutete. Das Substantiv erschien im deutschen Sprachgebrauch erstmalig im 17. Jahrhundert und übertrug den lateinischen Begriff «publicus», «zum Volke gehörig».[6]

Die Begriffe sind veränderlich. «Kommunikation» umfasste noch um 1900 alle Arten des Verkehrs (zu Land und See) und nicht nur die (immaterielle) Mitteilung. Das Wort «Medien», heute hauptsächlich als Massenmedien Presse, Rundfunk sowie Netzmedien wie Telefon und Internet verstanden, hatte vor 100 Jahren noch eine gänzlich andere Bedeutung: einerseits im Sinne spiritistischer Medien, andererseits eine bestimmte Art Tuch. «Öffentlichkeit» wurde auf die parlamentarische und die vor Gericht eingeschränkt.[7] Vorläufig lässt sich definieren:

- (Human-)Kommunikation ist der *Austausch* von und die *Verständigung* über *Bedeutungen*, an der mindestens zwei (Menschen) beteiligt sind.
- Medien sind alle *Mittel*, die dem Austausch und der Verständigung über Bedeutungen dienen.
- *Öffentlichkeit* ist das *Forum* (auch Plattform oder Resonanzboden), auf dem Kommunikation stattfindet und Medien benutzt werden.

Um möglichen Missverständnissen vorzubeugen sei betont: Die Definitionen sind weder richtig noch verbindlich, doch können sie am Anfang stehen, weil sie einen Minimalkonsens der KMW ausdrücken. 1.) Kommunikation wird aus der für den Menschen typischen Perspektive definiert; 2.) Medien werden aus dem Blickwinkel ihrer Primärfunktion als Mittel der Kommunikationsübertragung betrachtet. 3.) Öffentlichkeit wird aus der Perspektive von Kommunikation und Medien erörtert. Bei der Kommunikation interessieren nichtmenschliche Umstände (Tier- oder Maschinenkommunikation) allenfalls am Rande. Bei den Medien werden solche Gesichtspunkte nachgeordnet behandelt, welche sie mit anderen Instrumenten des Menschen teilen – z. B. den Werkzeugcharakter. Bei Öffentlichkeit geht es primär um die kommunikative, erst nachgeordnet auch um die politische Dimension. Die folgenden Kapitel werden die vorläufigen Definitionen präzisieren sowie auf widersprüchliche, abweichende oder ergänzende Vorstellungen hinweisen.

Zum Aufbau des Buches: Zunächst werden in Kapitel I *allgemeine Konzepte* zu Kommunikation, Medien und Öffentlichkeit vorgestellt. Diese sind jeweils im Kontext ihrer Erkenntnisinteressen mehr oder weniger sinnvoll; über sie kann kein Urteil im Sinne von richtig oder falsch gefällt werden. In Kapitel II werden *konkretere Theorien*, Interpretationen und Befunde vorgestellt, die sich an der Wirklichkeit überprüfen lassen und verifizierbar oder falsifizierbar sind. Dabei werden in den ersten beiden Hauptkapiteln zunächst die allgemeinen Grundannahmen (Axiome) benannt, dann weitere Modellannahmen und Kernbegriffe beschrieben und zum Schluss die Reichweite oder Aussagefähigkeit der allgemeineren Konzepte und spezielleren Theorien bestimmt. In Kapitel III schließen sich Bemerkungen zu den *Methoden* an, um zu klären, auf welcher Basis die Erkenntnisse gewonnen wurden. Doch als erstes müssen die im letzten Absatz bemühten erkenntnistheoretischen Begriffe näher erläutert werden, weil sonst die Argumentation der drei Hauptkapitel unverständlich bliebe.

B. Konzepte, Modelle, Theorien

Zwischen Ansätzen/Konzepten und Modellen einerseits, Theorien und Generalisierungen andererseits sowie Interpretationen und Befunden wird in den KMW leider nicht trennscharf unterschieden. Die eingangs vorzustellende Informationstheorie ist ebenso wenig eine Theorie wie die Verhaltenspsychologie. Vielmehr vertreten beide wissenschaftliche *Konzepte*; als solche sind sie – im Unterschied zu wissenschaftlichen Theorien – nicht richtig oder falsch, sondern nur praktikabel oder unbrauchbar. Die Brauchbarkeit der Ansätze oder Forschungsstrategien kann nur im Zusammenhang mit dem Zweck, den sie verfolgen, beurteilt werden. Konzepte gehen zumeist mit (vereinfachenden) Modellannahmen einher.

Die Alltagssprache bezeichnet auch gezielte Mutmaßungen als *Theorie*, beispielsweise: «Ich habe Anna lange nicht gesehen; meiner Theorie nach ist sie krank.» Oder man verwendet das Wort abwertend, um Praxisferne auszudrücken: «Theoretisch kann man auch von Hamburg nach New York schwimmen.» Dem hat ein berühmter Sozialwissenschaftler, Kurt Lewin (1890–1947), den Aphorismus entgegengesetzt, nichts sei praktischer als eine gute Theorie. Wissenschaftliche Theorien wie die Relativitätstheorie basieren im Unterschied zu «Alltagstheorien» auf schlüssigen Generalisierungen und setzen sowohl innere Widerspruchsfreiheit als auch einen Bezug zur beobachtbaren Realität voraus. Das hier vertretene Theorieverständnis lehnt sich an den kritischen Rationalismus des Philosophen Karl Raimund Popper (1902–1994) an. Um Theorien von anderen Aussagesystemen zu unterscheiden, fordert er die *Falsifizierbarkeit* der Aussagen, die sich also mit (empirischen) Beobachtungen widerlegen lassen müssen. Eine Theorie kann demnach so lange Geltung beanspruchen, bis sie (in mindestens einem Fall) widerlegt ist. Das Falsifizierbarkeitstheorem ist jedoch nur auf *Allaussagen* anwendbar, nicht auf *Existenzaussagen*: Man kann die Hypothese, alle Schwäne seien weiß, genau dann falsifizieren, wenn ein schwarzer Schwan gefunden wird. Die Existenzaussage, es gibt weiße Schwäne, lässt sich hingegen verifizieren – indem man auf weiße Schwäne verweist.[8]

Theorien werden nach ihrem Aussagewert unterschieden. Der Soziologe Robert K. Merton (1910–2003) hat den Terminus der *Theorien mittlerer Reichweite* eingeführt.[9] Die meisten Theorien der KMW sind solche Meso-Theorien, weil sie keinen Anspruch allumfassender, sondern nur räumlich-zeitlich beschränkter Geltung erheben. Die Randbedingungen sind genau formuliert und lassen sich an der Wirklichkeit überprüfen (verifizieren oder falsifizieren). Mikro-Theorien gelten nur innerhalb sehr enger Grenzen. Von ihnen können drittens umfassende Konzepte und Modelle als Makro-Theorien unterschieden werden. Mit der Reichweite hängt das analytische Potenzial der Theorien zusammen; es lässt sich in mehrere, nicht in jedem Fall trennscharfe Abstufungen unterteilen: 1.) normative Theorien, 2.) beschreibende, 3.) analytische Theorien, 4.) kausaldeterministische Theorien sowie 5.) prognostisch-probabilistische Theorien.

Normativ soll heißen: Es werden Werturteile ausgesprochen; sie sind im ethischen Sinne Recht oder Unrecht; sie sind nicht faktisch richtig oder falsch; insbesondere philosophisch fundierte Theorien, wie die «kritischen Medientheorien» laufen auf solche Werturteile hinaus. *Beschreibende* Theorien fassen die beobachtbaren Phänomene in verallgemeinernde Worte; *analytische* Theorien setzen darüber hinaus die Strukturierung der Beobachtung in Zusammenhängendes und Nichtzusammengehöriges voraus; Beschreibung und Analyse bedingen einander; bisweilen wird beides auch als Taxonomie (Klassifikation, Strukturbeschreibung) zusammengefasst. Die meisten Theorien (oder Interpretationen), die Medien- und Kommunikationssysteme behandeln, gehören in diese Kategorie. *Kausaldeterministische* Theorien verknüpfen Ursache mit Wirkung. Eine kausal-deterministische Alltagstheorie wäre: Weil man einen Lichtschalter einschaltet, geht das Licht an. Diese «Theorie» fußt auf der Annahme, mit dem Lichtschalter werde der Stromkreislauf geschlossen. *Prognostisch-probabilistische* Theorien sind Varianten des vorigen Modells. Sie machen Wahrscheinlichkeitsaussagen über die Zukunft. Im genannten Beispiel könnte die Lampe ausbleiben, weil sie defekt ist oder weil jemand die Birne herausgedreht hat. Die Vorhersage, den Stromkreislauf durch den Schalter zu schließen, hätte sich damit nicht erfüllt. Wie der Quantenphysiker Niels Bohr (1885–1962) einmal bemerkte, «Prognosen, insbesondere wenn sie die Zukunft betreffen, sind schwierig.» Die prognostische «Schaltertheorie» trifft also ihre Aussagen nur mit einer bestimmten Wahrscheinlichkeit, sie ist probabilistisch. Medienwirkungstheorien sind immer probabilistisch, weil Menschen nur im Rahmen bestimmter Wahrscheinlichkeiten reagieren.

Theorien unterscheiden sich auch durch ihre Komplexität; manche Theorie argumentiert *reduktionistisch*, manch andere *holistisch*. Reduktionistische, monokausale Argumentationen reduzieren ein komplexes Phänomen auf eine zentrale Ursache oder das Hauptargument: Hierzu zählen beispielsweise Medientheorien, die ausschließlich auf die Technik abheben. Holistische Ansätze versuchen alle Aspekte zu berücksichtigen: Der Dispositiv-Ansatz (vgl. Kapitel I.C.1) oder die Systemtheorie (vgl. Kapitel II.B.1) vertreten den umfassenden Anspruch. Gemeinsam ist allen Theorien jedoch, dass sie auf nicht prüfbaren Grundwahrheiten, Annahmen oder *Axiomen* beruhen. Axiome bilden das Fundament, auf dem die Schlussfolgerungen basieren; sie sind *per se* nicht beweisbar. Damit sind jeder Theorie von vornherein Erkenntnisgrenzen gesetzt.

Um die *Grenzen der Erkenntnis* herauszuarbeiten, werden die Theorien nicht schematisch nacheinander dargestellt, sondern deren Kernbegriffe und -konzepte systematisch behandelt. Damit das dekonstruierende Vorgehen nicht mit dem sogenannten Dekonstruktivismus von Jacques Derrida (1930–2004)[10] verwechselt wird, sei betont, dass Derridas subjektivistische Philosophie erkenntnistheoretisch dem kritischen Rationalismus Poppers diametral entgegensteht. Beides gemeinsam kann man nicht vertreten; doch zumindest lassen sich mit kritischem Rationalismus und Dekonstruktivismus Interpretationen, Theorien und Aussagen kritisch infrage stellen. Popper und Derrida können auch stellvertretend für die Extreme in den Kommunikations- und Medienwissenschaften stehen: Ein positivistisches, an formal-analytischer Überprüfbarkeit orientiertes Wissenschaftsverständnis hier, eine interpretative, assoziativ-subjektive Philosophie dort; Popper hat unter bestimmten, insbesondere quantitativ-empirisch arbeitenden Kommunikationswissenschaftlern seine Anhänger, Derrida die seinen in den Medienwissenschaften, vor allem der philosophisch orientierten. Wenngleich die Extreme unvereinbar sind: Es gibt genügend Schnittpunkte, um die Teildisziplinen in diesem Band gemeinsam vorzustellen – selbst wenn die Gemeinsamkeit sich bisweilen darin erschöpft, die gleichen Gegenstände (hier: Kommunikation, Medien und Öffentlichkeit) zu behandeln und dabei unterschiedlicher Ansicht zu sein.

I. Konzepte und Modelle

A. Keine Humankommunikation: Verwandte Konzepte und Modelle

So wandelbar die Begriffe, so variantenreich sind die Definitionen; da scheint ein *Vorgehen von außen nach innen* sinnvoll. Begonnen wird mit zwei extrem weit gefassten Konzepten; sie könnten kaum unterschiedlicher sein; beide zusammen weisen über die Perspektive der KMW hinaus. Sie stecken Kommunikation von der technischen bis zu allgemeinem Verhalten ab: 1.) Kommunikation wird bei technischer Vermittlung mit Information (im Sinne der Informationstheorie) oder 2.) mit Verhalten/Interaktion (im Verständnis der Verhaltenspsychologie) identifiziert. Im anschließenden Kapitel I.B werden Interpretationen von Kommunikation vorgestellt, die in den KMW mehr Akzeptanz finden.

1. Kommunikation in der Informationstheorie

Beginnen wir mit der mathematischen *Informationstheorie*. Sie beruht auf zwei Axiomen oder allgemeinen Grundannahmen: 1.) Information lässt sich berechnen; 2.) Informationssysteme tendieren zu Informationsverlust. Claude E. Shannon (1916–2001), der Begründer der Informationstheorie, wollte die Leistungsfähigkeit technischer Übertragungskanäle (Telefonleitungen etc.) mathematisch berechnen. Information wird auf die «actual message» reduziert, die eine Auswahl «from a set of possible messages» sei. Zugleich schloss Shannon die «semantic aspects of communication» als «irrelevant to the engineering problem» von seinen Betrachtungen aus.[1] Bisweilen ist zwar zu lesen, die «semantic aspects», die Bedeutungen, würden von Shannon grundsätzlich ausgeschlossen, das stimmt jedoch nicht generell: Nur aus dem Blickwinkel der Nachrichtentechnik ist die vermittelte Information (= Kommunikation) unabhängig von deren Sinn und Bedeutung. Informationstheoretisch wird alles zu Information, was sich von Inhaltsleere unterscheidet. In einem einflussreichen

Aufsatz über Shannons Theorie hat Warren Weaver (1894–1978) hinzugefügt: «Insbesondere darf Information nicht mit Bedeutung gleichgesetzt werden. [...] Information [...] bezieht sich nicht so sehr auf das, was gesagt *wird*, sondern mehr auf das, was gesagt werden *könnte*. Information ist ein Maß für die Freiheit der Wahl, wenn man eine Nachricht aus anderen aussucht.»[2] Und er definierte: «Der Begriff der Kommunikation wird hier in einem sehr weitläufigen Sinn gebraucht, um alle Vorgänge einzuschließen, durch die gedankliche Vorstellungen einander beeinflussen können. Dies bezieht sich natürlich nicht nur auf die Sprache in Wort und Schrift, sondern auch auf Musik, Malerei, Theater, Ballet [!], eigentlich auf alles menschliche Verhalten.»[3] Hier liegt die Wurzel des verbreiteten Missverständnisses: Es werden nämlich zwei unterschiedliche Aspekte angesprochen – das Messproblem der Information und die Kommunikation, die über den informationstheoretischen Informationsbegriff hinausweist.

Der *Informationsbegriff* der Informationstheorie, Information als Gegenteil von Inhaltsleere, erscheint aus der Perspektive unseres Alltagslebens zunächst einleuchtend: Inhaltsleer ist eine unendliche Folge von Nullen 00000 ..., für den Menschen jedoch auch das Rauschen, also die völlig zufällige Folge von Einzelimpulsen. So ist die folgende Ziffernfolge zufällig 1 4 1 5 9 2 6 5 3 5 8 9 7 9 3, doch keineswegs sinnlos. Aufmerksame Leser werden erkannt haben, dass sie die ersten 15 Nachkommaziffern der Zahl π auflistet. Im Sinne des informationstheoretischen Ansatzes wird aber nicht nur jedes mathematisch identifizierbare Muster zur Information, sondern auch die rein zufällige Zahlenfolge, denn auch sie braucht Übertragungskapazität. Daraus folgt paradoxerweise, dass eine willkürliche Zeichenfolge informationstheoretisch mehr Information enthält als eine Botschaft mit semantisch sinnvoller Bedeutung. Jeder kann die Probe aufs Exempel machen, wenn ein Text, der in einem simplen Text-Editor geschrieben wurde,[4] mit einem ZIP-Programm komprimiert wird. Interessant ist dabei die Kompressionsrate, die das ZIP-Programm anzeigt. Die in lockerem Plauderton verfassten ersten vier Absätze dieses Buchs weisen eine Rate von ca. 50 Prozent auf. Eine völlig willkürliche Zeichenfolge von gleicher Länge könnte daher (informationstheoretisch) ca. die doppelte Menge an Information enthalten. Die Kompressionsrate zeigt die *Redundanz* des Textes, also die Wiederholungsrate der Information, an. Sie liegt im Übrigen im Englischen ebenfalls bei ca. 50 Prozent.[5]

In der *Weiterentwicklung zur Kybernetik* definierte der Mathematiker Norbert Wiener (1894–1964), «Information ist Information, weder Materie noch Energie.»[6] Information ist Ordnung, der Gegenbegriff zur Ordnung (und damit zur Information) ist Unordnung, gemessen mit dem *Entropiemaß* – analog zum Maß der Ordnung, der *Redundanz*. Shannon und alle späteren Informationstheoretiker benutzten den Entropiebegriff in Anlehnung an die Physik der Thermodynamik: «Informationssysteme tendieren zu Informationsverlust.»[7] Auch das führt immer wieder zur Verwirrung. Bisweilen wird nämlich das Entropiemaß als negativer Ausdruck für Information angesehen. Doch es quantifiziert nur den Unterschied zwischen Ordnung und Unordnung bzw. Information und Nichtinformation; wenn man das Entropiemaß kennt, hat man noch keinerlei Information über die Qualität der Information. Wenn eine Mutter ihrem Kind sagt: «Dein Zimmer ist unordentlich», so ist das nur eine Feststellung; aus ihr lässt sich weder herauslesen, wie die Ordnung aussehen müsste, noch wie groß die Unordnung ist. Bezogen auf das oben genannte Beispiel: Die mit dem ZIP-Programm gemessene Redundanz sagt nur etwas über das Potenzial des Speichers aus, lässt aber keinerlei Rückschlüsse auf den Inhalt zu. Oder bildlich gesprochen: Man kennt nur die Gefäßgröße und weiß, zu wie viel Prozent es gefüllt ist; man weiß jedoch nicht, ob das Glas Wein, Wasser, Bier oder Saft enthält.

Noch in anderer Hinsicht geht die mathematische Informationstheorie mit unserem alltäglichen Erleben nicht konform. *Informationsübertragung ist* nach Wiener *eine Zeitfunktion*, auszudrücken als $f(t)$. Dabei steht f für die Funktion, die Berechenbarkeit der Information; (t) steht für tempus (lat.), die Zeit; die Information selbst hat eine bestimmte zeitliche Dauer; die Informationsübertragung dauert eine gewisse Zeit. Informationstheoretisch ist es unerheblich, ob die Information jetzt oder später – zu einem beliebigen Zeitpunkt t_{+n} – übertragen wird.[8] Im Unterschied hierzu ist es sowohl für das alltägliche wie für das wissenschaftliche Verständnis sehr wichtig, ob die Nachricht eine echte Neuigkeit ist. Ein anderer Unterschied zwischen dem sozialen und dem informationstheoretischen Informationsbegriff lässt sich an den Inhalten von Datenbanken oder Lexika verdeutlichen; beide Informationen sind zwar nicht neu, doch sie enthalten beide zumindest für Nutzer oder Leser unbekannte oder wieder vergessene Aspekte. In den KMW ist daher ein anderer Informationsbegriff als in der Informationstheorie gebräuchlich; seine prägnanteste Formulierung stammt von dem Kommunikationswissenschaftler Harry Pross (* 1923): *Information ist ein «Korrelat von Unkenntnis».*[9]

Die Informationstheorie kann mithin auch jenseits mathematisch-technischer Problemstellungen genutzt werden, vorausgesetzt, Information ist in mathematischen Symbolen auszudrücken. Wie weit die *Mathematisierbarkeit der Kommunikation* vorangeschritten ist, macht jeden Tag aufs Neue der PC deutlich: In den Innereien des Computers ist der gerade geschriebene Satz nur eine Folge von Nullen und Einsen. Unter den vielfältigen multimedialen Fortentwicklungen der Informationstheorie sei nur auf das inzwischen sehr verbreitete Kompressionsformat MP3 verwiesen. Mit dem mathematischen Informationsbegriff kann von der biochemischen Reaktion, die sich zwischen Einzellern abspielt, über die menschliche Unterhaltung bis zum Informationsaustausch zwischen Computern vieles berechnet werden. Obwohl der informationstheoretische Informationsbegriff somit prinzipiell allumfassend ist, ist die Bedeutung der Kommunikation nicht inbegriffen; man könnte daher formulieren:

- Jede Information im Sinne des Alltagsverständnisses ist auch Information im Sinne der Informationstheorie, aber nicht jede Information im Sinne der Informationstheorie ist Information im alltagssprachlichen Sinn.

Das *informationstheoretische Modell* ist recht simpel aufgebaut: Ein Sender schickt seine Information über einen technischen Kanal an einen Empfänger. Um die Übertragung auf die Reise zu schicken, muss die Information zunächst vom Sender *encodiert* (verschlüsselt) werden. Auf der Empfängerseite wird die codierte Information dann *decodiert* (entschlüsselt). Dieser Prozess der En- und Decodierung lässt sich ohne großen Aufwand auf menschliche Kommunikation übertragen. Verallgemeinernd beruht auch Humankommunikation auf einem *Code*. Man braucht sich nur vorzustellen, dass ein Kind Eis essen möchte. Es wird sein Verlangen, sofern es schon sprechen kann, sprachlich (codiert) der Mutter mitteilen, die Mutter wird die Bitte sofort verstehen (decodieren) – ob sie ihr allerdings nachkommt, ist eine andere Frage. Verkompliziert wird das einfache Modell der Informationsübertragung dadurch, dass die Übertragung nicht nur durch die Ausdrucksfähigkeit des Kindes, sondern auch durch externe Einflüsse gestört werden kann. Beispielsweise könnte ein Bauarbeiter gerade seinen Presslufthammer in Gang setzen, so dass die

Mutter ihr Kind zumindest zunächst nicht versteht, denn die Lautstärke eines Kindes ist (nicht immer) geringer als die eines Presslufthammers. Die beiden Beschränkungen – Ausdrucksfähigkeit und Presslufthammer – lassen sich informationstheoretisch ausdrücken: Wenn das Frequenzband eines Nachrichtenkanals unbeschränkt groß ist und jegliches Rauschen fehlt, ist der Informationswert unendlich groß. Je kleiner die Kapazität und je größer hingegen die Störung, desto geringer die Information.[10] Betrachten wir zunächst die einseitige Kommunikation mit externen Störungen und ohne Korrekturmöglichkeit. Shannon veranschaulichte den Ablauf wie folgt:

Abbildung I-1: Claude Shannons Informationsmodell[11]

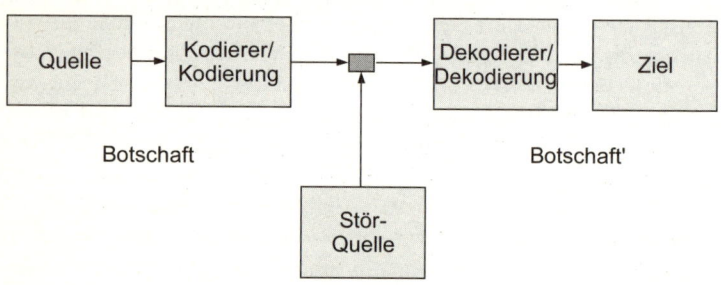

Da bei der Übertragung der Botschaft Störungen auftreten können, stellt sich die Frage, wie sie zu verhindern sind. Ungesichert würde aus der Botschaft B leicht die abgewandelte Botschaft B'. Wenn jedoch ein zweiter Übertragungskanal existiert bzw. ein Beobachter B mit B' vergleichen und gegebenenfalls B' korrigieren kann, wird eine identische Kopie der Ausgangs-Information den Empfänger erreichen. Diese Rückkopplung heißt übertragen auf nichttechnisch vermittelte menschliche Kommunikation: Das Kind merkt, dass die Mutter wegen des einsetzenden Lärms die Bitte nicht gehört hat und zupft an Rock oder Hose; es verstärkt die Botschaft und gibt damit eine *positive Rückkopplung*. Wenn ein Student in der Vorlesung einschläft, wird er vielleicht vom Nachbarn darauf aufmerksam gemacht, dass der Dozent irritiert in seine Richtung schaut. Dann kann er nachträglich auf den nächtlichen Stress wegen einer Hausarbeit hinweisen und sein unfreiwilliges Signal abschwächen; das ist *negative Rückkopplung*.

Abbildung I-2: Technische Korrektur von Informationsstörungen

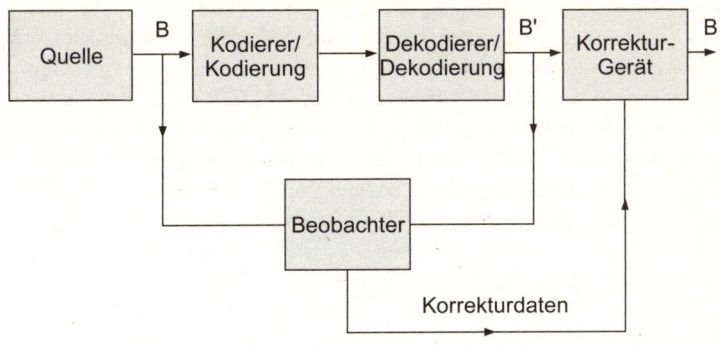

Auch Redundanz erzeugt Rückkopplung oder Verstärkereffekte. Der nächste Absatz bleibt trotz Buchstabensalat verständlich, weil die Bedeutungen auf der Buchstaben- *und* der Wortebene codiert sind: «Gmäeß eneir Sutide eneir elgnihcsen Uvinisterät, ist es nciht witihcg in wlecehr Rneflogihe die Bstachuebn in eneim Wrot snid, das eznige was wcthiig ist, ist daß der estre und der leztte Bstabchue an der ritihcegn Pstoiion snid. Der Rset knan ein ttoaelr Bsinöldn sien, tedztrom knan man ihn onhe Pemoblre lseen. Das ist so, wiel wir ncith jeedn Bstachuebn enzelin leesn, snderon das Wrot als gseatems.»[12]
Weil Wort für Wort und nicht Buchstabe für Buchstabe gelesen wird, wird auch der Sinn der Buchstabensuppe erfasst. Buchstaben eines Wortes und Worte eines Satzes lassen wegen sprachlicher Konventionen Mutmaßungen über das Folgende zu. So folgen die meisten Sprachen der Wortbildungsregel, dass jede Silbe aus Konsonanten und Vokalen besteht. Mit einer gewissen Wahrscheinlichkeit folgt also auf einen Konsonanten ein Vokal und umgekehrt. Aber welcher konkrete Buchstabe folgt, lässt sich nicht berechnen: In der Buchstabenfolge «d?r» kann es dar, der, dir, dor(isch), oder dur sein. Oder: «Der Zwe?? ?ei?igt d?? ?ittel» würde sicherlich von jedermann sofort mit «Der Zweck heiligt die Mittel» ergänzt. Doch denkbar ist auch: «Der Zwerg reinigt den Kittel.»[13] Die Wortfolge ist ebenfalls nur ansatzweise durch Wahrscheinlichkeiten bestimmt: Die Wortfolge «ich ... ein Buch» kann mit lese, schreibe, plane, kaufe, verschenke, verleihe etc. gefüllt werden. Es böten sich auch weit ferner liegende Ergänzungen an: Ich zerreiße, verbrenne, werfe etc. ein Buch. Weil menschliche Kommunikation unwägbar ist, ist die Er-

wartbarkeit auch informationstheoretisch nur in engen Grenzen zu berechnen.[14]

Die *lineare Anordnung* von Shannons Modell hat wiederholt zu Ausgestaltungen angeregt. Der amerikanische Sozialwissenschaftler Harold D. Lasswell (1902–1978) prägte für die Propagandaforschung, vermutlich aber ohne Kenntnis der Informationstheorie, seine berühmte Formel: «Wer sagt was, zu wem, über welchen Kanal, mit welchem Effekt?»[15] In Erweiterung der «Lasswell-Formel» fragte der Münsteraner Kommunikationswissenschaftler Henk Prakke (1900–1992) unter Rückgriff auf die antike Rhetorik nach dem Lateinischen «cur» (warum), «quando» (wann), «ubi» (wo) und «quo modo» (wie).[16] Um die Linearität aufzuheben, führten diverse zirkuläre Modellerweiterungen den Rückkanal ein.[17] Andere Abwandlungen sind eher kurios: Der Germanist Friedrich Knilli (* 1930) entwickelte seine «Medienkette» aus Schallwellen, Trommelfell, Gehör-Knöchelchen und Nervenzellen.[18] Keines der aufgezählten Elemente stellt ein Medium im medien- oder kommunikationswissenschaftlichen Sinn dar.

2. Kommunikation in der Verhaltenspsychologie

Ein grundlegend anderes Konzept ist ähnlich allumfassend wie die Informationstheorie: «*Man kann nicht nicht kommunizieren*» formulierten der Verhaltenspsychologe Paul Watzlawick (1921–2007) und seine Mitstreiter in Palo Alto. Watzlawick begründete die Feststellung wie folgt: «Man kann sich nicht nicht verhalten. Wenn man also akzeptiert, dass alles Verhalten in einer zwischenpersönlichen Situation Mitteilungscharakter hat, d. h. Kommunikation ist, so folgt daraus, dass man, wie immer man es auch versuchen mag, nicht nicht kommunizieren kann. Handeln oder Nichthandeln, Worte oder Schweigen haben alle Mitteilungscharakter: Sie beeinflussen andere, und diese anderen können ihrerseits nicht nicht auf diese Kommunikationen reagieren und kommunizieren damit selbst.»[19] Die Verhaltenspsychologie will das menschliche Verhalten verstehen; aus verhaltenstherapeutischen Gründen ist die Definition daher sinnvoll; doch die KMW beschäftigen sich nicht generell mit Verhalten, sondern mit einem Sonderfall des menschlichen Handelns, der menschlichen Kommunikation; selbst jedes Tier «verhält» sich, sogar eine Pflanze, die aus Wassermangel die Blätter hängen lässt, würde nach

dem Verständnis der Palo Alto-Schule kommunizieren. Die Aussage, man könne «nicht nicht kommunizieren» (verhalten), ist damit in den KMW nicht zu gebrauchen; sie hebt nicht auf eine typisch menschliche Besonderheit ab. Die Gleichsetzung von Kommunikation und Verhalten steckt nur den weitesten Rahmen ab; analog zur Formulierung für die Informationstheorie kann man zusammenfassen:
- Jede Kommunikation im Sinne des Alltagsverständnisses ist auch Verhalten im Sinne der Verhaltenspsychologie, aber nicht umgekehrt.

Zwei Randbedingungen menschlicher Kommunikation sind besonders komplex: zum einen die Frage von *Intentionalität und Nichtintentionalität*, zum anderen das Problem *expliziter und impliziter Kommunikation*. Intentionalität/Nichtintentionalität bezieht sich auf die Absicht des Sprechers/Senders, ein bestimmtes Signal zu geben oder zu verschweigen. Nichtintentional gesteuerte Kommunikationssignale gelten als authentischer, der Empfänger wird sich daher über ein spontanes, unkontrolliertes Lächeln unter Umständen mehr freuen als über eine explizit verbalisierte Anerkennung. Explizit/implizit bedeutet, dass nicht alles, was kommuniziert wird, auch verbalisiert werden muss. Bei jeder Aussage können Nebenaspekte mitschwingen. Die wörtliche, explizite Aussage (Denotation) der typischen Formulierung aus einem Arbeitszeugnis «Er/Sie hat sich stets bemüht …» klingt zunächst positiv – Bemühung heißt Fleiß. Implizit, in der Konnotation, schwingt auch Negatives mit – Fleiß bedeutet noch nicht Fähigkeit. Explizite Aussagen drücken die klare Absicht des Sprechers aus, bei impliziten müssen die Zuhörer sie sich erst erschließen. Die Unschärfe bietet dem Kommunikator Schutz und eröffnet den Rezipienten Spielraum. Grundsätzlich stellen die Nichtintentionalität und die impliziten Bestandteile der Kommunikation größere Anforderungen an die Interpretationsleistung der Rezipienten als explizite Aussagen.

Auch nach Watzlawick bedeutet Kommunikation nicht notwendigerweise Verständnis. Die Kernaussagen des Kommunikationsmodells der Palo Alto-Schule machen deutlich warum: Kommunikation wird nicht, wie oben verkürzt dargestellt, von dem Einen und dem Anderen praktiziert, sondern Kommunikation hängt mit dem Einen, dem Anderen und den Rückwirkungen auf den Einen zusammen. Das lineare Modell Claude Shannons ermöglicht Ähnliches durch den *Rollentausch* von Sender und Empfänger: Aus dem Sender wird der Empfänger und umgekehrt. Doch statt die Kommunikation bipolar oder dyadisch zu sehen, interpretiert die Palo Alto-Schule Kommunikation als Abfolge von *Triaden*. Damit nehmen paradoxerweise nicht die Verständnismöglichkeiten zu, sondern eher die Missverständnisse.

Abbildung I-3: Kommunikationsdyaden und -triaden[20]

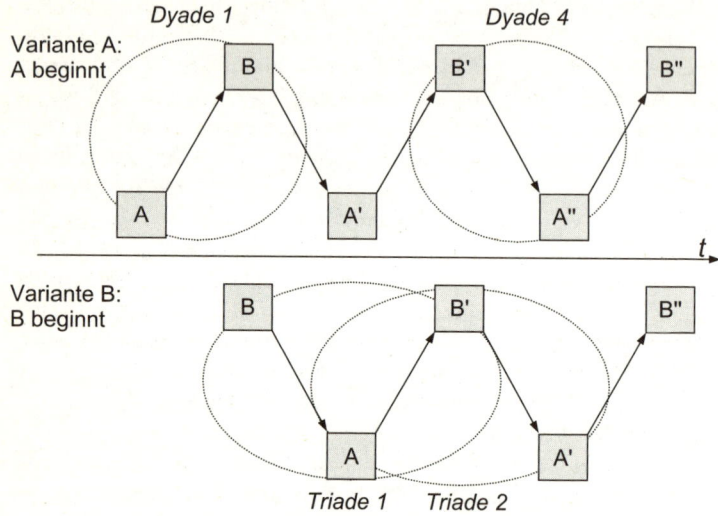

Das Modell der Palo Alto-Schule bezieht sich auf die Kommunikation in einer standardisierten Zweierbeziehung, wie sie für ein altes Ehepaar typisch ist. Die Unterhaltungen können zunächst als Abfolge von Dyaden angesehen werden. Wenn sich Ehefrau A und Ehemann B unterhalten, ist das zunächst die Dyade A-B: A sagt etwas, B antwortet darauf. Darauf wird sich wieder die Frau zu Wort melden, dann folgt der Mann, etc. Das sind die Dyaden A-B, B-A', A'-B', B'-A" etc. Weil das der Kommunikationsanalyse kaum dienlich ist, schlägt Watzlawick eine triadische Kommunikationsfolge vor. Das heißt, A äußert sich, B antwortet, A erwidert. Nun dauert jedoch zwischen A und B das Gespräch fort – es sei denn, das Ehepaar ist, was vorkommen soll, schon seit Jahren verstummt. Wegen der Permanenz des Gesprächs lassen sich irgendwann Anfang und Ende nicht mehr bestimmen. Sowohl A als auch B werden, insbesondere im Streitfall, jeweils andere Triaden setzen: In Variante A wäre die erste – nicht eingezeichnete – Triade A-B-A'; in Variante B lautet die erste hingegen B-A-B'. In dem Kontinuum der Kommunikation setzen also A und B andere Ursachen und folgern daraus jeweils andere Wirkungen. Grundsätzlich lässt sich bei diesem Modell nicht mehr zwischen Ursache und Wirkung unterscheiden. Missverständnisse sind also nicht nur nicht ausgeschlossen, sie sind sogar die Regel. Schon kleine Kinder beherrschen das Spiel: «Der hat angefangen ...».

Den Zeitbezug des dialogischen Charakters der Kommunikation muss man betonen, in Abbildung I-3 durch einen Zeitpfeil. Während die reziproke Kommunikation in einfachen Modellen analog zu Shannon (vgl. Abbildung I-1) bisweilen durch Umkehrung des Prozesses unter Einführung eines Rückkanals oder Rollentausch dargestellt wird, verdeutlicht Watzlawicks simple Zickzack-Kurve den dynamischen Charakter der Kommunikation besser: Mit der Zeit verschieben sich fortdauernd die Perspektiven der Teilnehmer. Würde die verhaltenspsychologische Triade mit der Rückkopplungsschleife der Informationstheorie kombiniert, ergäbe sich eine fortwährend um die Zeitachse sich drehende Spirale.

3. Zwischenfazit

Die umfassenden und zugleich unterschiedlichen Ansätze der Verhaltenspsychologie und der Informationstheorie zeichnen sich durch den gleichen Vor- und Nachteil aus: ihre Einfachheit. Beide sind auf viele Phänomene anwendbar, gerade deshalb werden sie oft falsch verstanden. Insbesondere wird ihnen vorgeworfen, dies oder jenes nicht zu behandeln. Interessante *Unterschiede und Gemeinsamkeiten* sind:

1.) Der informationstheoretische und der verhaltenspsychologische Ansatz fassen Kommunikation extrem weit. Nimmt man sie zusammen, wird alles zur Kommunikation. Da das nicht hilfreich ist, müssen in den folgenden Abschnitten Einschränkungen gemacht werden. Die Mehrzahl der Kommunikations- und Medienwissenschaftler würde sich wohl auf die einschränkende Definition verständigen können: «Kommunikation ist eine Sonderform menschlichen Handelns.» 2.) Zur Kommunikation gehören dabei mindestens zwei: in der Informationstheorie Sender und Empfänger, bei Watzlawick der «eine» und «andere». Beide können die *Rollen* tauschen: Aus dem

Sender wird der Empfänger und umgekehrt. Bei der unidirektionalen Information, von einem Sender an einen Empfänger, wird *nur* aus pragmatischen Gründen der Rückkanal nicht betrachtet. 3.) Ansonsten spielt die Wechselseitigkeit eine konstituierende Rolle für den Kommunikationsprozess; sie ist mehr als ein bloßes Geben und Nehmen. Hierzu gehört auch die Reflexivität, die wechselseitige Wahrnehmung der Wahrnehmung. Informationstheorie und Kybernetik berücksichtigen dies als Rückkopplungsprozess, die Verhaltenspsychologie macht Reflexivität zum Motor der Gesprächskontinuität. 4.) Zur Kausalität machen beide Theorien unterschiedliche Aussagen: Gemeinsam ist beiden Ansätzen die zeitliche Komponente, doch während es informationstheoretisch betrachtet darauf ankommt, dass die Botschaft B nicht zu B' verfälscht wird, dass also der Ursache eine eindeutige Wirkung zuzuordnen ist, lassen die Triaden der Verhaltenspsychologie keine allzu einfachen Kausalitäten zu. 5.) Kommunikationsstörungen sind in der Informationstheorie technisch bedingt: Wegen diverser Nebengeräusche oder defekter Übertragungskanäle kommen Informationen beim Empfänger nur unvollständig an. In der Verhaltenspsychologie hingegen sind sie Folge unterschiedlicher Verhaltensinterpretationen. 6.) Die Frage der inhaltlichen Bedeutung wird ebenfalls unterschiedlich behandelt: Die Informationstheorie schließt sie aus pragmatischen Gründen bewusst aus. Bei Watzlawick ist sie selbst dann vorhanden, wenn der «Sender» dies gar nicht intendiert, denn die Palo Alto-Schule trennt Bedeutung nicht von deren Interpretation.

Aus der Kürze ergaben sich *Unzulänglichkeiten der bisherigen Darstellung*: 1.) Es wurde nur angedeutet, dass der Kontext für die Kommunikation von besonderer Bedeutung ist. In der Informationstheorie ist der Kontext abstrakt als «Störquelle» eingeführt. Die zeitversetzten Triaden der Verhaltenspsychologie machen Kommunikation zum Kontext ihrer selbst. Schon die unterschiedlichen zeitlichen Zuordnungen führen zu divergenten Interpretationen. 2.) Verständigung ist für Kommunikation besonders wichtig. Verständnis kann nämlich einerseits bedeuten, dass der Empfänger die intendierte Botschaft unverfälscht aufnimmt – das lässt sich ohne Probleme mit der Analogie aus der Informationstheorie beschreiben. Andererseits hat er die Wahl, sich dem Sprecher anzuschließen oder auch nicht: «Ich verstehe, was Du sagst, aber du hast Unrecht.» 3.) Bislang wurde, der Einfachheit halber, nur die einseitige oder zweiseitige Kommunikation zwischen A und B betrachtet. Es fehlt jedoch noch die wichtige

Massenkommunikation; sie ist zugleich ein Sonderfall des Kontextes. 4.) Nicht behandelt wurde die Zeichenhaftigkeit der Kommunikation. Die Informationstheorie arbeitet nur mit mathematischen Symbolen, in der Verhaltenspsychologie kann jedes Verhalten als Zeichen gedeutet werden. Die KMW benötigen in Theorie und Empirie einen Symbolbegriff zwischen dem engen informationstheoretischen und dem weiten verhaltenspsychologischen. Zumindest haben die beiden bisher behandelten Modelle mit dem folgenden Abschnitt Codierung und Decodierung gemein.

B. Kommunikation: Symbolische und massenmediale Konzepte

Die ersten Zugvögel sind Zeichen des bevorstehenden Frühlings, Laub deutet auf Herbst, Gewitterwolken auf ein drohendes Gewitter etc. Doch Vögel, Laub und Wolken sind nicht a priori Anzeichen, sondern sie werden durch ihren Kontext dazu gemacht. Im folgenden Abschnitt geht es um unterschiedliche Konzepte der Kommunikation: Semiotische, systemische und massenmediale, die allesamt in den KMW in verschiedenen Kombinationen Verwendung finden.

1. Kommunikatives Handeln im Kontext der Zeichen und Symbole

Den interpretatorischen Kontext symbolischer Kommunikation haben lange von den KMW *verschiedene Nachbardisziplinen* untersucht: Sprachphilosophie, Linguistik und insbesondere die Semiotik, die Wissenschaft von den Zeichen (griech. semeion = Zeichen). Sie wurde von dem Philosophen Charles Sanders Peirce (1839–1914) und dem Schweizer Sprachwissenschaftler und Vater der modernen Linguistik, Ferdinand de Saussure (1857–1913), begründet.[21] Die semiotischen Kernaussagen lauten: 1.) Symbole sind nicht identisch mit dem Bezeichneten, sondern stehen nur als Stellvertreter für das zu Bezeichnende. 2.) Die Zeichenverwendung setzt immer zwei Seiten voraus – Sender und Empfänger, Sprecher und Hörer etc. – und gibt ihrer Beziehung Ausdruck.

Zugvögel oder Laub sind *natürliche* oder *indexalische Zeichen*; *ikonische Zeichen*, die dank ihrer Ähnlichkeit etwas repräsentieren, ermöglichen komplexere menschliche Kommunikation; die abstrakten Zeichen heißen *Symbole*.[22] Die ikonischen und symbolischen

Zeichen werden im Folgenden detaillierter betrachtet. Die Zeichentheorie der Kommunikation kann als *zwei- oder dreigliedriges Beziehungssystem* aufgebaut werden. Mit de Saussure wird zwischen *Signifikant* (lat. = Bezeichnendes) einerseits und *Signifikat* (lat. = Bezeichnetes) andererseits unterschieden.[23] Den symbolischen Zeichenträger und den bezeichneten Gegenstand verbindet eine Beziehung, keine Identität. Symbole stehen nie ausschließlich für sich selbst, sondern bezeichnen immer auch etwas Weiteres. Das berühmte Gedicht «A Rose is a Rose is a Rose ...» von Gertrude Stein (1874–1946) spielt mit der mehrdeutigen Interpretation der Rose auch mit dem Unterschied zwischen Zeichen und Bezeichnetem. Diese *doppelte Repräsentation* müssen kleine Kinder erst mühsam lernen. Die Herstellung der Beziehung heißt *Referenz*; der *Referent* stellt die Beziehung her. Damit ist das Beziehungssystem in Anlehnung an Aristoteles (384–322 v. Chr.) und Peirce dreigliedrig und wird in der Regel wie folgt dargestellt:

Abbildung I-4: Semiotisches Dreieck[24]

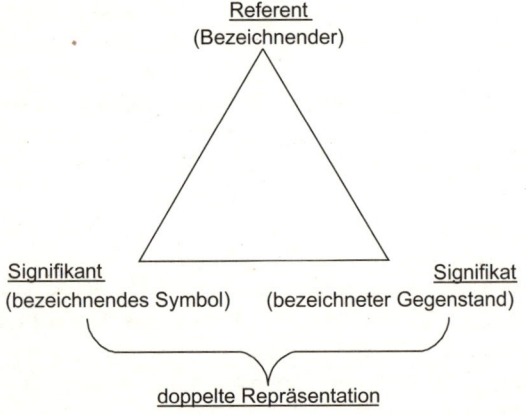

Erst durch den Verweis auf das Andere erhalten die Symbole ihre Bedeutung. Die Festlegung der Bedeutung ist einerseits willkürlich, andererseits der Tradition verhaftet, denn Symbole sind immer Bestandteil eines Systems von Regeln und Konventionen. Sie werden tradiert und wurden irgendwann einmal (willkürlich) geschaffen. Das Verhältnis von *Signifikant* zum *Signifikat* kann darum unterschiedlich ausfallen. Es gibt piktografische (ikonische) und abstrakte (nicht-ikonische) Symbole. Piktografische Symbole haben eine bildhafte Ähnlichkeit mit dem Bezeichneten; abstrakten, nicht-ikonischen mangelt es daran. Ein *ikonisches Symbol* ist das Kreuz, es stand ursprünglich für eine römische Hinrichtungsart. Durch den Prozess Jesu, den Richterspruch des Pontius Pilatus und die allgemein bekannten Folgen wurde daraus das Symbol für das Christentum. Auch kindliche Tierbezeichnungen – Wau Wau für Hund, Miez Miez für Katze – enthalten zwar nicht bild- doch lautähnliche ikonische Elemente. Die Mehrzahl der Wörter in den meisten Sprachen sind hingegen abstrakte *symbolische Zeichen*: Sie sind letztlich beliebig; das wird schon daran deutlich, dass die gleichen Gegenstände in vielen Sprachen anders heißen: Hund auf Englisch «dog», Französisch «chien» und Lateinisch «canes». Da aber Frösche im Deutschen quaken, im Koreanischen «gäkol» und im Amerikanischen «ribbit» machen, enthält selbst die Lautähnlichkeit willkürliche Elemente.[25]

Wörter sind als Symbole komplexer und weniger eindeutig als Buchstaben. Ein Symbol von geringer Komplexität ist eine Ziffer wie die «1» oder ein Buchstabe wie «A» – bisweilen werden Ziffern und Buchstaben daher als *primäre Symbole* bezeichnet. Aus Buchstaben oder Ziffern zusammengesetzte Wörter oder Zahlen werden dann *sekundäre Symbole*. Selbst primäre Symbole haben mehr als eine Bedeutung. Es ist für meine Haushaltskasse wichtig, ob ich ein Auto, einen Apfel oder eine Hose kaufen will. In Kombination mit der «0» ergibt sie die Zehn, mit zwei Nullen die Hundert etc. In der Maschinensprache der Computer steht die «0» für «Strom aus», die «1» für «Strom an» bzw. «Stromkreis geschlossen». Ziffern und Buchstaben haben ohne Kontext kaum eine Bedeutung. Bei den Ziffern ist der Minimalkontext die Kombination mit anderen Ziffern, so dass die Ziffer zur Zahl wird. (Ausnahmen sind selbstredend die Ziffern von 0–9, die sowohl Ziffern als auch Zahlen sind.) Die «8» ist eine Acht, «88» aber nicht nur Achtundachtzig, sondern kann – im Kreis der Neonazis – zweimal für den achten Buchstaben im Alphabet stehen: für das «H», also «88» wie «Heil Hitler». Bei der Mehrzahl der Bevölkerung werden solche Symbole wohl zumeist als bedeutungslos abgetan und darum auch nicht registriert. Daraus ergibt sich für diejenigen, die sie bewusst verwenden, der doppelte «Vorteil», sich öffentlich mit ihresgleichen gemein zu machen und trotzdem von der Öffentlichkeit nicht entdeckt zu werden.

Da Symbole immer interpretationsbedürftig sind, sind sie *Projektionsflächen*, auf die die Nutzer ihre jeweiligen Bedeutungen projizieren. Je größer die Bedeutungsvarianz der Symbole ist, desto vieldeutiger ist die Kommunikation. Dadurch changiert jede Symbolbedeutung zwischen Ein- und Vieldeutigkeit. Das veranschaulicht ein Schnittmengenmodell:

Abbildung I-5: Bedeutungsschnittmengen der symbolischen Kommunikation

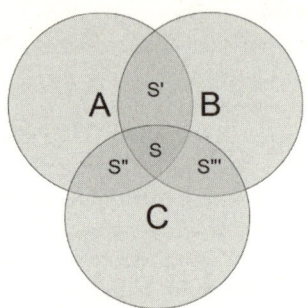

Die Schnittmengen verkörpern die verständliche Substanz des Symbols, die Teilmengen außerhalb der Schnittmenge (A, B, C) sind individuell unterschiedliche Bedeutungszuweisungen – A, B und C mag für drei Personen stehen. Im Zentrum der Abbildung steht die Schnittmenge «S» der von allen Dreien geteilten Symbolbedeutung; es gibt daneben auch Bedeutungen, die nur zwei miteinander teilen: A teilt mit B die Schnittmenge S', A mit C die S'', B mit C die S'''. Für eine funktionsfähige Kommunikation muss die Schnittmenge selbstverständlich größer sein, als hier dargestellt. In diesem Beispiel ist die Gefahr des *Missverstehens* viel zu groß und gefährdet den kommunikativen Austausch sogar stärker als *Nichtverstehen* bei vollständigem Fehlen gemeinsamer Symbolbedeutungen. Denn wenn man eine andere Sprache nicht spricht, fällt das zumindest auf. Glaubt man hingegen zu verstehen und interpretiert die Symbole dennoch falsch, wiegt man sich in der trügerischen Sicherheit gelungener Kommunikation. Augenfälligstes Beispiel sind die «falschen Freunde», gleichlautende Wörter, die in verschiedenen Sprachen unterschiedliches bedeuten: z. B. Sympathie/sympathy. Das deutsche Wort bedeutet Zuneigung, das englische Mitgefühl.

Wären die Symbole der Sprache allerdings völlig unverbindlich, bräuchte man sie nicht, sie würde nicht verstanden. Dank der Sprache ist der Mensch ein soziales und politisches Wesen: «Der Mensch ist das einzige Tier, dem die Sprache gegeben ist», hat schon Aristoteles festgestellt.[26] Die wichtigste Kommunikationsform des Menschen vermittelt die Welt symbolisch. Der sogenannte *symbolische Interaktionismus (SI)* – George Herbert Mead (1863–1931) gilt vereinfachend als sein Gründer – hat daraus eine kommunikative Handlungstheorie abgeleitet (vgl. Kapitel II.C.3).[27] Mead war von den engen Zusammenhängen zwischen Sprache, Denken und Sozialkontakten überzeugt: Menschliche Kommunikation habe sich aus einem Reiz-Reaktionsschema, wie es auch im Tierreich auftrete, entwickelt; während jedoch bei Tieren der Reiz reflexartig eine Reaktion erzeuge, die dann ihrerseits einen erneuten Reiz darstelle, denke der Mensch über Kommunikation nach. Die menschliche Kommunikation zeige zwar ebenfalls reflexartige Reaktionen auf Signale, aber nicht ausschließlich; vielmehr zeichne der Mensch sich vor allen Tieren durch den Gebrauch *«signifikanter Symbole»* aus. Mead formulierte als Axiom, der Mensch sei sich beim Gebrauch signifikanter Symbole bewusst, welche Reaktion er bei anderen auslöse. Er wisse oder unterstelle, dass dieses oder jenes signifikante Symbol beim Gegenüber zur gleichen Reaktion führe, wie umgekehrt bei ihm. Weil der Mensch um die Denotation, die wortwörtliche Bedeutung der Symbole wisse, könne er sie bewusst einsetzen. Beinahe immer eröffne der Variantenreichtum der Sprache mehrere Möglichkeiten. Die Auswahl, die der Sprecher treffe, hänge davon ab, welche für opportun gehalten werde; das wiederum beruhe darauf, dass sich die Sprecher in die Gegenüber hineinversetzen.

Somit steht für Mead die *Reflexivität* im Zentrum menschlicher Kommunikation; über den Sprachgebrauch in sozialen Beziehungen sei das abstrakte Denken erst möglich geworden. Der Unterschied zwischen Reflex und Reflexivität liegt im Grad der Kontrolle: Reflexe laufen unbewusst ab; Reflexivität hingegen bedenkt die Reaktionen der anderen, die möglichen Folgen des eigenen Handelns und legt die Grundlage für kooperatives Verhalten. Erst die signifikanten Symbole der Sprache haben nach Mead dem Menschen das abstrakte Denken ermöglicht. Das jedoch sei nicht als Errungenschaft eines einzelnen Individuums denkbar, sondern nur im sozialen Verbund, denn die Herausbildung signifikanter Symbole erfordere die Verständigung über die Bedeutungen. Allerdings behauptete Mead nicht, signifikante Symbole besäßen eine eineindeutige Denotation. Vielmehr betonte er den Bedeutungskern, der von allen Mitgliedern der gleichen sozialen Gemeinschaft geteilt werde; darüber hinaus existierten individuelle Konnotationen oder Unterschiede in der Bedeutungszuweisung. Nur soziale Beziehungen machten die Individualität erfahrbar; Mead unterschied dabei zwischen dem «I», dem «Ich an sich», und dem «me», dem «sozialen Ich».[28]

Im Zentrum der *Sprechakttheorie* des Sprachwissenschaftlers und Psychologen Karl Bühler (1879–1963) steht die intersubjektive Verständlichkeit der menschlichen Sprache. Sein Hauptwerk erschien fast zeitgleich mit Meads wichtigstem Buch. Bühler entwickelte die Sprechakttheorie in kritischer Auseinandersetzung mit Ferdinand de Saussure, der zwischen «langue» und «parole» unterschieden hatte; im Deutschen ist diese zentrale Unterscheidung nicht ohne Erläuterung verständlich; im Englischen könnte man analog von «language» und «speech» sprechen. Mit «langue» ist Sprache als abstraktes Zeichensystem oder -vorrat gemeint, mit «parole» Sprache als Rede oder Sprachhandlung.[29] Bühler entwickelte vier Axiome der Sprache; nur wenn alle gemeinsam gegeben seien, dürfe man von (menschlicher) Sprache sprechen: Axiom A, Sprache ist ein Organon = (griech.) Werkzeug; Axiom B, die Sprache besitzt Symbolcharakter; Axiom C, Sprache konstituiert sich in einem Vierfelderschema aus Sprechakt und -handlung sowie Sprachwerk und -gebilde; Axiom D, die Intersubjektivität der Sprache konstituiert sich in der Grammatik (Wortbedeutung und Syntax).[30] Im Organon-Modell verknüpfte Bühler drei Sinnbezüge:

Abbildung I-6: Bühlers Organon-Modell[31]

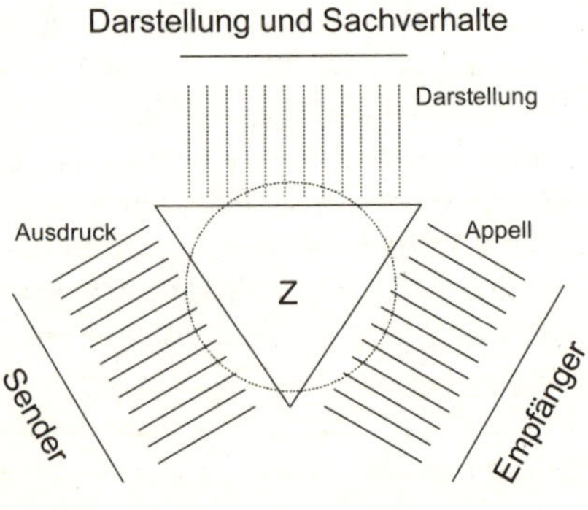

Darstellung und Sachverhalte

Darstellung

Ausdruck   Appell

Z

Sender   Empfänger

Bühler unterschied drei Funktionen der Zeichen: «*Symbol* (ist es [das Zeichen]) kraft seiner Zuordnung zu Gegenständen und Sachverhalten, *Symptom* (Anzeichen, Indicium) kraft seiner Abhängigkeit vom Sender, dessen Innerlichkeit es ausdrückt, und *Signal* kraft seines Appells an den Hörer, dessen äußeres und inneres Verhalten es steuert wie andere Verkehrszeichen».[32] Damit verbindet das Organon-Modell verschiedene Ebenen: die Mikroebene der Zeichen mit der Makroebene der Sprache. Der doppelte Kontext der Symbole – im Kontext einzelner Sprachelemente und im Zusammenhang des größeren Ganzen – bestimmt die Verwendung der Sprache. Dafür hat sich in der modernen Linguistik der Ausdruck Pragmatik eingebürgert.[33]

So wird aus dem Symbolsystem Sprache ein handlungstheoretischer Prozess. Wenn die Einzelheiten und das Ganze in den Kontext ihres Entstehungszusammenhangs gestellt werden, erhält der Zuhörer die Chance, die Botschaft in der intendierten Bedeutung zu interpretieren. Bühler unterschied *Sprechhandlung*, *Sprechakte*, *Sprachwerke* und *Sprachgebilde*. Sprechhandlungen und Sprachwerke bezeichnen das größere Ganze: ein Buch, den Artikel oder Vortrag. Sprechakte und Sprachgebilde betreffen das Einzelelement: den Satz. Sprechakte und Sprechhandlung sind prozessual und auf das Subjekt bezogen; ohne einen aktuellen Sprecher sind sie nicht denkbar. Das ergibt eine Matrix mit vier Möglichkeiten:

Tabelle 1-1: Bühlers Sprechakttheorie[34]

	subjektgebundener Prozess (mit aktuellem Sprecher)	*objektbezogenes Produkt (ohne aktuellen Sprecher)*
Einzelelemente	Sprechakt	Sprachgebilde
Das größere Ganze	Sprechhandlung	Sprachwerk

Ein Sprechakt ist der frei formulierte Satz. Die Sprechhandlung wird mit einer Aneinanderreihung von Sätzen, z. B. einem Vortrag, vollzogen. Sprachgebilde und Sprachwerke sind hingegen ohne aktuellen Sprecher denkbar; da sie als Endprodukte schon fixiert sind, können sie intersubjektiv nachvollzogen werden. Dieser niedergeschriebene Satz ist nach Bühler ein Sprachgebilde, das ganze Buch hingegen ein Sprachwerk. Die Interpretation der Kommunikation muss damit zwischen dem *Prozess* einerseits und dem *Produkt* andererseits unterscheiden, weil prozessuale Kommunikation (Sprechakte, Sprechhandlungen) ohne den aktuellen Kontext nicht richtig eingeordnet werden kann. Hingegen stehen bei den Endprodukten, den Sprachgebilden und -werken, zeit- und raum-unabhängige Gültigkeiten im Vordergrund. Die Intersubjektivität der Sprache führte Bühler auf ein zugrundeliegendes grammatisches Regelsystem zurück. Die Grammatik funktioniere als Konvention auf zwei Ebenen, dem «Dogma vom Lexikon» und der Syntax. Aus der Zwei- wurde eine Dreiteilung, zuerst formuliert von Charles W. Morris (1903–1979), einem Schüler George Herbert Meads:

- *Semantik* – Konventionen der Wortwahl und Wortbedeutung (Beziehung zwischen Signifikat und Signifikant);
- *Syntaktik* – Konventionen des Satzbaus und der sprachlichen Ordnung (Beziehung zwischen den Signifikanten);
- *Pragmatik*, Konventionen der Sprechhandlung und Sprachverwendung (Beziehung zwischen Referent, Signifikat und Signifikant).[35]

Da Bühler sich ausführlich mit der Sprechhandlung beschäftigt hatte, ist im Nachhinein nur mit Blick auf de Saussure verständlich, dass sein viertes Axiom nicht explizit von drei Ebenen sprach, zumal sich die drei Beziehungsebenen kaum trennen lassen: Die semantische Beziehung zwischen den Wortbedeutungen und ihren Symbolen bleibt ohne Syntax zusammenhanglos; ohne die pragmatische Beziehung, den Verwendungskontext, ist sie nicht zu interpretieren; Syntaktik und Pragmatik wiederum sind ohne Semantik inhaltsleer. Während Semantik also die Beziehung zwischen Symbol und bezeichnetem Gegenstand betrifft, steht mit der Syntaktik die Beziehung zwischen den Zeichen im Mittelpunkt. Erst zusammen mit dem Dritten, der von Fall zu Fall oder Episode zu Episode aktualisierten pragmatischen Sprachverwendung, wird Kommunikation verständlich: durch den Ausdruck oder die Performanz von Sprache. Analog zur Abbildung I-5 heißt das, dass verständliche Kommunikation nicht nur eine von den Personen A, B und C geteilte Schnittmenge, sondern drei voraussetzt: eine der *semantischen Wortbedeutungen*, eine zweite der *syntaktischen Regeln* und eine dritte der *pragmatischen Anwendung*. Das wäre nur mit einer vierdimensionalen Abbildung zu veranschaulichen. Da sich Semantik, Syntax und Pragmatik zudem mit der Zeit – in der vierten Dimension – ändern, bräuchte man eine fünfdimensionale Darstellung.

Sprechakte werden im Anschluss an die amerikanischen Sprachwissenschaftler John L. Austen (1911–1960) und John R. Searle (* 1932) nach ihrer Funktion in *lokutive, illokutive* und *perlokutive Akte* untergliedert. Lokutiv beschreibt den Sprechakt hinsichtlich seiner Äußerungsform, illokutiv bezogen auf intendierte Absicht und Handlungszweck des Sprechers, perlokutiv bezüglich der erzielten Wirkung. Die unterschiedlichen Funktionen sind also nicht so zu verstehen, dass der eine Sprechakt diese und der andere jene Funktion erfüllt, sondern so, dass jeder Sprechakt aus unterschiedlichen Blickwinkeln betrachtet werden kann; je nach Frage stehen mal die lokutiven, mal die illokutiven oder dann die perlokutiven Funktionen im Mittelpunkt.[36]

Das Zusammenspiel von Semantik, Syntaktik und Pragmatik bestimmt die Qualität der Kommunikation. Dabei hat sich die Gegenüberstellung von *elaboriertem* und *restringiertem Code* eingebürgert: Ob die Sprecher komplexe oder einfache Strukturen (derselben Sprache) verwenden, hängt zumeist an sozialer Zugehörigkeit und Bildung. Der Variantenreichtum betrifft jedoch nicht die Sprache allein, sondern lässt sich ebenfalls auf andere Medien übertragen. *Paraverbale Unterschiede* wie Variationen der Modulation oder Stimmhöhe sowie *extralinguistische Kommunikationsunterstützung* durch Gestik und Mimik geben den Zuhörern im Allgemeinen Hinweise auf die intendierte Pragmatik. Das ermöglicht den Adressaten die Interpretation.[37]

So hat die *Sprechakttheorie doppelte Bedeutung* für die KMW: Zum einen ist sie handlungstheoretisch (vgl. Kapitel II. C.3). interessant. Jürgen Habermas (* 1929) verknüpfte in seiner «Theorie des Kommunikativen Handelns» die verschiedenen Sprechakttheorien u. a. mit dem symbolischen Interaktionismus Meads. Zum anderen lässt sich mit ihr ein weiter Textbegriff verbinden und nicht nur nach den «grammatischen» Regeln sprachlicher, sondern auch bildlicher und weiterer Kommunikate fragen: Gibt es eine allgemein verständliche «Universalgrammatik» und eine universelle Symbolik des Films? Aus diesem Grund verwendet die Medienwissenschaft einen äußerst weiten Textbegriff, der nicht nur Literatur oder Presseartikel umfasst, sondern auch audiovisuelle und szenische Medien wie das Theater und selbst so unterschiedliche Objekte wie Computerprogramme, Schrift, Bild und Blatt u. v. m. (vgl. Kapitel III.A. 2).[38] Einschränkend sei gesagt, dass die «Grammatik» audiovisueller Texte mindestens so kompliziert ist wie die der sprachlichen: Denn einerseits sind Filme auf der zeichentheoretischen Ebene vordergründig einfacher zu interpretieren, da ihre Zeichen häufig eher indexalisch oder ikonisch und seltener symbolisch sind; bisweilen spricht man gar von «Kurzschlusszeichen», bei denen Signifikat und Signifikant (beinahe) identisch sind. Andererseits sind die audiovisuell-grammatischen Regeln weniger verbindlich, können leichter gebrochen werden und sind mithin schwieriger zu interpretieren als die sprachlicher Texte. So finden Filme aus Hollywood in aller Welt ihr Publikum, ob es jedoch eine universelle Symbolik, vielleicht sogar eine filmische Universalgrammatik oder universale filmische Rhetorik gibt, darf diskutiert werden (vgl. Kapitel III.C.2).[39]

Die These der sprachlichen *Universalgrammatik* hatte vor vierzig Jahren der (auch politisch) einflussreiche Linguist Noam Chomsky (* 1928) aufgestellt: Der individuelle Spracherwerb sei bei allen Menschen ähnlich. Die Gründe für die Universalität der Grammatik lägen in der evolutionären Geschichte des Menschen, den daraus resultierenden «Prinzipien der Nervenorganisation» begründet und seien angeboren.[40] Chomsky meinte, die Evolution habe den Menschen mit einem Gehirn ausgestattet, in dem die Grundregeln für den Spracherwerb angelegt seien. Er war jedoch nicht der Meinung, dass alle heute gesprochenen Sprachen auf eine gemeinsame Ursprache zurückgingen. Vielmehr meint Universalgrammatik, dass jeder Mensch weitgehend mit den gleichen angeborenen Fähigkeiten zum Spracherwerb auf die Welt komme; der Spracherwerb vollziehe sich daher sowohl bei der Erlernung schon existierender wie auch bei der Schaffung neuer Sprachen weitgehend ähnlich; die universal (allgemein) gültigen Regeln müssten nur noch dadurch ergänzt werden, dass man die jeweiligen Besonderheiten erlerne. Der linguistische Streit um die Universalgrammatik ist zwar in letzter Zeit erneut aufgeflammt, muss hier aber nicht weiter verfolgt werden. Wichtiger ist, dass Chomskys Universalgrammatik zugleich eine *generative Grammatik* ist: Mit einer beschränkten Zahl von Regeln lässt sich eine unendliche Zahl von verständlichen Aussagen erzeugen (generieren). Das gilt für nahezu jede Kommunikationsform.

Die Praxis weist jedoch etliche *Verständnisbarrieren* auf; menschliche Kommunikation ist ein hochkomplexer Vorgang.[41] Der Kontext der Kommunikation ergibt mal mehr, mal weniger Interpretationsspielraum. Weil die symbolische Kommunikation *per se* unscharf ist, macht sie ein *Konsensangebot*; in den Kommunikationshindernissen liegt die Chance zu ihrer Überwindung. Eindeutigkeit ist nicht immer von Vorteil und Vieldeutigkeit nicht immer von Übel. Mit dem Gebrauch von Symbolen machen die Sprecher einerseits ein Angebot zur Verständigung, andererseits lassen sie Interpretationsspielräume zu. Ein Politiker, der sich vor der Wahl unscharf und mehrdeutig ausdrückt, kann nach der Wahl nicht bezichtigt werden, Wahlversprechen gebrochen zu haben.

Die *interkulturelle Kommunikation* verdeutlicht unerwünschte Verständigungsbarrieren in besonderem Maße. Die Hypothese zweier amerikanischer Linguisten, Edward Sapir (1884–1939) und Benjamin L. Worf (1897–1941), die «Sapir-Worf-Hypothese», pointierte: Der Mensch könne erstens nur das denken, was sich auch sprachlich ausdrücken lasse; zweitens gebe es wegen der sprachlich-kulturellen Unterschiede zwischen allen Sprachen Differenzen, die zur partiellen Unübersetzbarkeit führten. Missverstehen sei schlimmer als Nichtverstehen. Das Für und Wider der Hypothese kann hier nicht im Detail diskutiert werden. Ein modernes sprachwissenschaftliches Standardwerk stellt fest: «In abgeschwächter Form wird die Sapir-Worf-Hypothese heute jedoch allgemein akzeptiert».[42] Unter Einbeziehung von Semiotik, symbolischem Interaktionismus und Sprechakttheorien hat die Theorie des «Coordinated Management of Meaning» eine Reihe von Randbedingungen formuliert, welche Verständigungsbarrieren mindern und Bedeutungsmanagement ermöglichen; sie lässt sich auf so unterschiedliche Gebiete wie die interkulturelle Kommunikation oder die Organisationskommunikation anwenden.[43]

Eine der Möglichkeiten, die Interpretationsspielräume einzuengen und damit die kommunikative Verständlichkeit zu erhöhen, liegt darin, nicht nur das Kommunikat zu betrachten, sondern auch die *Kontexte*, die in jedem der bisher behandelten Konzepte in der einen oder anderen Form eingeführt wurden: 1.) In der Informationstheorie und der Verhaltenspsychologie als Störung, 2.) im symbolischen Interaktionismus als Umwelt, 3.) in sprachwissenschaftlichen Modellen über die Pragmatik, 4.) in der Semiotik sind Signifikate Kontext der Signifikanten. Ein Sonderfall der Kommunikation soll dies als Nächstes verdeutlichen: die Kommunikation in systemischem und massenmedialem Kontext.

2. Kommunikation im Kontext der Massenmedien und Systeme

Ein Verständnis, das nur partiell an die bisherigen Begriffsbestimmungen anschließt und gleichwohl in den KMW hohes Ansehen genießt, analysiert *Kommunikation im systemischen Kontext*. Der Soziologe und Systemtheoretiker Niklas Luhmann (1927–1998) hatte Kommunikation axiomatisch als «kleinstmögliche Einheit eines sozialen Systems» definiert;[44] ohne die (fortdauernde) Kommunikation zwischen Menschen, er nennt sie «psychische Systeme», gäbe es keine Gesellschaft. Daher ist seine Systemtheorie für die KMW partiell sehr attraktiv: Luhmann betrachtet Kommunikation als die wichtigste soziale Operation, wichtiger als soziales Handeln. Sein zweites Axiom ist problematischer: Nur «Kommunikation kann kommunizieren» – Kommunikation bezieht sich also ausschließlich auf sich selbst; die fortwährende *Selbstreferenz* ermöglicht die Selbsterhaltung (Autopoiesis) sozialer Systeme. Damit wird Kommunikation zu einer eigenständigen Größe, an der menschliche Individuen gar nicht beteiligt sind. Den Ausschluss des Menschen aus dem kommunikativen Prozess relativiert das dritte Axiom: Kommunikation sei eine dreifache Selektion aus *Information*, *Mitteilung* und *Verstehen*.[45] Die dreifache Auswahl werde von *Ego* und *Alter* – dem Ich und dem Anderen – vorgenommen. *Alter*, der Andere, wählt aus der Vielzahl aller möglichen Informationen diejenigen aus, die ihn interessieren. Aus dieser ersten Auswahl trifft er eine weitere: Was soll dem *Ego* mitgeteilt werden; an der Auswahl ist aber auch *Ego* beteiligt; mit der dritten Selektion schließt *Ego* die Kommunikation, indem das Ich eine Auswahl des Mitgeteilten versteht oder verstehen will: Die Gefahr des Nicht- oder Missverstehens ist groß – und zwar im doppelten Sinn. Zum einen wird Kommunikation durch die dreifache Auswahl solange unwahrscheinlich, bis Ego und Alter die gleiche Bedeutung auswählen; die «Kommunikation ist unwahrscheinlich […] obwohl wir sie jeden Tag erleben, praktizieren und ohne sie nicht leben würden».[46] Das steht der Aussage, man könne «nicht nicht kommunizieren», explizit entgegen – an anderer Stelle pflichtet Luhmann Watzlawick ebenso ausdrücklich bei.[47] Zum anderen ist Luhmanns Beschreibung deshalb leicht misszuverstehen, weil die meisten Menschen Ego und Alter vermutlich genau andersherum anordnen würden: Das Ich beginnt den kommunikativen Akt, der Andere reagiert. Luhmann hingegen meint, dass «Kommunikation […] sozusagen von hinten her ermöglicht» wird.[48] Wird die dreifache Selektion von Information, Mitteilung und Verstehen umgedreht, spricht Luhmann von «Anschlusskommunikation».

Luhmanns soziale Systeme tendieren sowohl zu *Autopoiesis* als auch zu *Emergenz*; sie erhalten sich selbst, und aus ihnen entsteht etwas substanziell Neues. Kommunikation ist einerseits unwahrscheinlich und andererseits die Basis gesellschaftlichen Zusammenlebens. Kommunikation reduziert Komplexität, und dennoch baut jedes soziale System mittels Kommunikation eine eigene Komplexität auf, etc.[49] Über jeden der vermeintlichen oder tatsächlichen Widersprüche ließe sich lange diskutieren.[50] Die Paradoxien der Luhmannschen Gedanken gründen in dem Anspruch, mit der *Systemtheorie eine Supertheorie für Alles* zu liefern. Sie ist dabei so widersprüchlich wie das Leben selbst und nicht falsifizierbar; da Kausalitäten von Luhmann verneint und – wie auch von der Palo Alto-Schule – nur als individuelle Zuschreibungen begriffen werden, sprechen Kritiker dem Luhmannschen Theoriegebäude den Charakter einer Theorie ab. Auf Niklas Luhmann wird noch zurückzukommen sein, wenn die Systemfunktionen zu erörtern sind (vgl. Kapitel II.B.1). Hier sei nur der Hinweis erlaubt, dass das sehr formalistische systemtheoretische Kommunikationskonzept von der Journalismusforschung bis zu Soziologie und Literaturwissenschaft überzeugte Anhänger hat.[51]

Abbildung I-7: Kommunikation als 3fach-Selektion mit Anschlusskommunikation

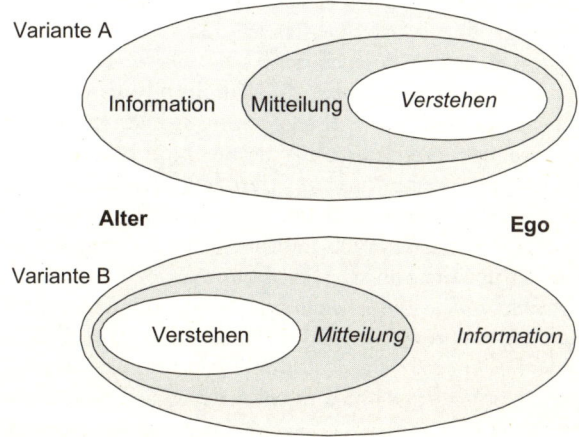

Kommunikation als Selektionsleistung trägt auch in massenmedialem Kontext. Luhmann formulierte im berühmten Auftakt seiner «Realität der Massenmedien»: «Was wir über unsere Gesellschaft, ja über die Welt, in der wir leben, wissen, wissen wir durch die Massenmedien.» Der Zuspitzung kann man durchaus widersprechen.[52] Einige Zeilen später definierte er Massenmedien als «alle Einrichtungen einer Gesellschaft […], die sich zur Verbreitung von Kommunikation technischer Mittel der Vervielfältigung bedienen […], sofern sie Produkte in großer Zahl mit noch unbestimmten Adressaten erzeugen. […] Entscheidend ist auf alle Fälle: daß keine Interaktion unter Anwesenden zwischen Sender und Empfängern stattfinden kann.»[53]

Sender und Empfänger, im Alltagsgespräch Sprecher und Zuhörer, werden im Kontext der Massenkommunikation zumeist als *Kommunikator* und *Rezipient* bezeichnet. Die Begriffe drücken anders als in persönlicher Kommunikation eine gewisse massenmediale Anonymität aus. Der Massenkommunikation fehlen Rückkopplungsmöglichkeiten und weitere sinnliche Informationen wie Händedruck oder Geruchssinn; sie benutzt andere *Vermittlungsmodi*,[54] weil zwischen Sender und Empfänger eine anders geartete Beziehung als in persönlicher Kommunikation besteht. Wenn ein Sender sich in einem gewöhnlichen Gespräch an einen Empfänger richtet, so ist das der Modus eins zu eins *(one to one)*. Weitere Medien, die dem *one to one*-Modus entsprechen, sind Brief oder E-Mail. In diesem Vermittlungsmodus sind nur über eine Kette von *Eins-zu-eins*-Kommunikationen, beispielsweise in Kettenbriefen, viele zu erreichen. Richtet sich ein Kommunikator über Massenmedien an eine Vielzahl von Rezipienten, spricht man vom Modus einer an viele *(one to many)*. Alle klassischen Massenmedien wie Presse und Rundfunk entsprechen diesem Muster. Während sich der Schreiber eines Briefes an einen individuellen Empfänger wendet, ist ein offener Brief oder eine Mailingliste an viele adressiert. Kommuniziert hingegen jeder mit jedem, ist das der Modus viele an viele *(many to many)*; in größerem Maßstab ermöglichen das erst die multimedialen Vermittlungsformen, etwa eine Chat-Community. Häufig wird in der Literatur zudem zwischen *synchronen* und *asynchronen* Medien unterschieden, zwischen zeitlich unmittelbaren und mittelbaren. Im persönlichen Gespräch oder bei einem Telefonat kommuniziert man zeitlich unmittelbar. Mit E-Mail hingegen können Anschreiben und Antwort zeitlich deutlich auseinander liegen.

Eine Vielzahl von Rezipienten wird als *Publikum* bezeichnet, von publicus (lat.) = zum Volke gehörig, öffentlich. Bisweilen wird der Plural Publika verwendet, oder es wird vom *dispersen Publikum* gesprochen – dispers, von dispersus (lat.) = zerstreut. Dieser zentrale Begriff unterscheidet das Modell der Massenkommunikation von der face-to-face Kommunikation des gewöhnlichen Gesprächs oder dem dialogischen Austausch in Briefen und E-Mails: Die massenmedialen Kommunikatoren haben beim dispersen Publikum keine genaue Vorstellung von ihren Adressaten; die Rezipienten verschwinden in der Anonymität einer größeren Masse. Sie sprechen zwar die gleiche Sprache, haben den gleichen Symbolvorrat, ähnliche Interessen an Information und Unterhaltung und teilen vergleichbare Vorlieben und ähnliche Lebensumstände, doch gleichen sie sich nicht vollständig: Die Sprachkompetenz streut; der Symbolvorrat ist nur auf den kleinsten gemeinsamen Nenner zu bringen; die materiellen Interessen unterscheiden sich ebenso wie die sozialen Lebensumstände; und die medialen Vorlieben ähneln sich nur insoweit, als dass die Individuen die gleiche Zeitung kaufen, den selben Sender einschalten oder den gleichen Film besuchen.

Aber auch *die massenmedialen Kommunikatoren sind* (partiell) *anonym*. Die meisten Artikel der Tageszeitungen basieren auf Agenturmaterial, bei dem die Leser allenfalls die Nachrichtenagentur als Kürzel (dpa, AP, Reuters etc.) angezeigt bekommen. Selbst in namentlich gezeichnete Kommentare fließt anonymes Hintergrundmaterial ein; auch hinter den Hauptnachrichtensprechern der großen Fernsehsender steht die anonyme Redaktion von einfachen Redaktionsmitgliedern bis zu den politischen Chefredakteuren, die zumindest im öffentlich-rechtlichen Fernsehen so wichtig sind, dass die großen politischen Parteien im Proporzverfahren die Posten besetzen: Ist der Chefredakteur CDU-nah, hat der Stellvertreter SPD-Stallgeruch und umgekehrt. Massenkommunikation ist also erheblich undurchsichtiger als die einfache menschliche Kommunikation. Hinzu kommt noch ein weiterer Unterschied: Im persönlichen Gespräch scheinen immer individuelle Interessen durch. In der Massenkommunikation sind die persönlichen Interessen der Kommunikatoren zwar ebenfalls präsent, doch existiert das Ideal der *nicht*interessierten Vermittlung; Journalisten und Publizisten wollen und sollen unvoreingenommen informieren.[55] Der wichtigste deutsche Kommunikationswissenschaftler des frühen 20. Jahrhunderts, Otto Groth (1875–1965), hat Massenkommunikation darum als «vermittelte Mitteilung» bezeichnet.[56]

In diesem Zusammenhang und als Überleitung zum Modell der Massenkommunikation muss das *Kommunikationsmodell* von Bruce H. *Westley* und Malcolm S. *MacLean* erwähnt werden, das sowohl auf die individuelle als auch auf die Massenkommunikation anwendbar ist. In technisch bedingter Massenkommunikation seien weniger Sinne eingebunden und weniger Feedback möglich. Westley/MacLean unterscheiden zwischen intentionaler und unabsichtlicher Kommunikation. Sie weisen den Kommunikatoren entweder die Rolle von Anwälten (mit Kommunikationsinteressen) oder die von Agenten (ohne Eigeninteresse) zu – die Agenten-Rolle kommt den neutral vermittelnden Journalisten zu. Die Kommunikation der Agenten sei nur durch die Zwänge und Möglichkeiten des Mediums eingeschränkt bzw. geprägt. Die Auswahl von Botschaften aus einer «totality of objects and events out there» (der Umwelt) durch die Agenten/Journalisten geschehe interesselos.[57]

Die Unterscheidung der Kernbegriffe Kommunikator, Rezipient und disperses Publikum hat Gerhard Maletzke (* 1922) in Deutschland populär gemacht. Sein Schlüsselwerk *Psychologie der Massenkommunikation* erfuhr zunächst wenig Anerkennung, erst mit Verspätung befruchtete es die deutsche Kommunikationswissenschaft.[58] Maletzke hatte vor mehr als vierzig Jahren Westley/MacLean und die zeitgenössische US-amerikanische Kommunikationsforschung aufgegriffen und zu einem schlüssigen Modell integriert. Er definierte: «Diejenige Masse, die im Zusammenhang des Wortes ‹Massenkommunikation› gemeint ist und die sich treffender als ‹disperses Publikum› bezeichnen läßt, ist weder eine Situationsmasse, noch eine Menge, noch eine Gruppe, noch eine Organisation. Sie ist zwar mit all diesen Erscheinungen des sozialen Lebens teils mehr, teils weniger verwandt, hebt sich aber deutlich von ihnen allen ab. Diese Masse stellt offenbar ein soziales Gebilde sui generis mit eigenen konstitutiven Merkmalen dar. [...] Unter Massenkommunikation verstehen wir jene Form der Kommunikation, bei der Aussagen öffentlich (also ohne begrenzte und personell definierte Empfängerschaft), durch technische Verbreitungsmittel (Medien) indirekt (also bei räumlicher oder zeitlicher oder raumzeitlicher Distanz zwischen den Kommunikationspartnern) und einseitig (also ohne Rollenwechsel zwischen Aussagendem und Aufnehmendem) an ein disperses Publikum [...] vermittelt werden.»[59] Die Komplexität der Massenkommunikation, basierend auf den vier Grundfaktoren Kommunikator (K), Aussage (A), Medium (M) und Rezipient (R), hat Maletzke als *Feldschema* veranschaulicht:

Abbildung I-8: Maletzkes Feldschema der Massenkommunikation[60]

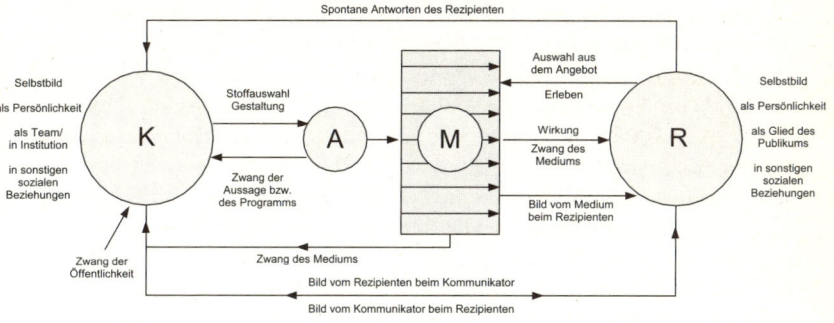

Maletzkes einflussreiches *Feldschema* orientiert sich an den Schemata aus Informationstheorie und Kybernetik: Wie diese ist es nicht richtig oder falsch, sondern allenfalls sinnvoll oder nicht. Das Grundmodell erscheint nur auf den ersten Blick als eine direkte Verkettung von Ursache und Wirkung; es integriert die Elemente wie in einem Schaltplan zu einem kybernetischen oder systemischen Interdependenzmodell. Da in dem Feldschema kein Zeichenvorrat eingezeichnet ist, ergänzten Münsteraner Kommunikationswissenschaftler um Henk Prakke das Schema um die Symbolschnittmenge.[61] Das Schema wird in nahezu jeder Überblicksdarstellung zur Massenkommunikation abgebildet oder zumindest zitiert und nicht minder oft weiterentwickelt.[62]

Die *Zwänge des Mediums* wirken auf Kommunikatoren wie Rezipienten: Man rezipiert Film, Fernsehen und Radio zeitgebunden, Buch, Zeitung oder Zeitschrift hingegen in selbstbestimmtem Tempo. Die Kommunikatoren müssen mediale Inhalte, die Aussage, in der Presse anders aufbereiten als in dem auditiven Medium Hörfunk oder dem audiovisuellen Fernsehen. Alle Medien, zu denen Maletzke auch technische Verbreitungsmittel zählte, die nichtaktuelle Inhalte vermitteln (Buch, Film, Schallplatte), haben eigene Produktionsregeln und folgen spezifischer Rationalität. Einerseits trivial, andererseits äußerst wichtig ist die Feststellung, dass Rezipienten wie Kommunikatoren individuelle Persönlichkeit besitzen. Beide haben zudem ein mehr oder weniger reflektiertes Selbstbild: Rezipienten sehen sich vielleicht als aufgeklärt und interessiert, vielleicht als konsumorientierte Couch-Potato, vielleicht heute so und morgen so. Kommunikatoren können sich als investigative Reporter, als elegante Edelfedern, als neutrale Informanten, als Advokaten dritter Interessen oder in weiteren Rollen sehen. Sie agieren in einem doppelten Umfeld: Zum einen arbeiten sie in einem kleineren, mittleren oder großen Medienunternehmen *und* zum anderen stehen sie – wie alle Menschen – in ihrem sonstigen sozialen Umfeld (Familie, Freundschaften, Gemeinde etc.). Auch Rezipienten sind nicht sozial isoliert, sondern haben zunächst ein doppeltes soziales Umfeld: Zum einen ihr persönliches, zum anderen das virtuelle als Teil des dispersen Publikums. Hinzu kommt ein drittes: Die Rezipienten bauen zu Personen, die sie nur aus den Medien kennen, eine Sozialbeziehung auf, die zumindest gedanklich anderen Sozialbeziehungen ähnelt; die Kommunikationswissenschaft spricht hier von *parasozialer Interaktion*; die Medienwissenschaften von *mimetischem Begehren*. Selbstverständlich können parasoziale Interaktion und mimetisches Begehren in großer Bandbreite vorliegen: Sie können von pathologischen Beziehungen eines «Fans» zu Stars der Populärkultur bis zur vertrauenserweckenden Präsenz von Moderatoren reichen.[63]

Mit dem *Zwang der Öffentlichkeit* sind Kommunikatoren neben latenten Erwartungen und manifesten Mediengesetzen insbesondere der PR- und Öffentlichkeitsarbeit unterworfen. Dieser Bereich wird bei Maletzke noch recht knapp behandelt, erst in den letzten Jahrzehnten hat sich die PR-Forschung als eigenständiges Teilgebiet der Kommunikationswissenschaft etabliert.[64] Doch auch die Rezipienten stehen unter dem Zwang der Öffentlichkeit und sind darüber hinaus manifesten Geboten unterworfen, z. B. Jugendschutzgesetzen, die den Kinobesuch, den Erwerb von Computerspielen oder pornografischer Literatur an Altersstufen koppeln.

In Maletzkes Modell sind *Rückkopplungseffekte* von den Rezipienten an die Kommunikatoren schwach ausgeprägt: Während der Rezipient eine direkte Beziehung zum Medium aufbaut, verschwindet für ihn der Kommunikator samt seinen Absichten hinter dem medialen Produkt. Gleiches gilt für den Kommunikator: Auch er hat kein Bild vom Rezipienten, das auf direktem Kontakt fußt. Sieht man einmal von spontanen Leserbriefen, E-Mails oder Telefonaten ab, verschwindet der Rezipient in der anonymen Masse des Publikums. Strukturell bedingt ist also die Rückkopplung in der Massenkommunikation erheblich indirekter (oder seltener direkt) als bei individueller Kommunikation. Die offensichtlich schwachen Rückkopplungen hatte Maletzke nicht als erster bemerkt, vielmehr ist die Asymmetrie wiederholt als ungleiche Machtverteilung bedauert worden. Insbesondere in den Medienwissenschaften regelmäßig zitiert sind zwei Forderungen, die Einseitigkeit zu beenden: Bert Brechts (1898–1956) «Radiotheorie» und Hans Magnus Enzensbergers (* 1929) «Baukasten zu einer Theorie der Medien».[65] Beide verlangten, die Rezipienten zu emanzipieren und sie stattdessen zu Sendern zu machen. Noch die Diskussion um Bürgerfunk und offene Kanäle bezog sich auf diese Texte. Mit Bürgerfunk sind Sendeplätze in Hörfunk und Fernsehen gemeint, auf denen engagierte Laien ihre politischen, kulturellen oder sozialen Anliegen kommunizieren können.[66] Doch erst das Internet bietet richtiges Feedback.

3. Zwischenfazit

Was also ist Kommunikation? Lässt man den Sonderweg des systemtheoretischen Zugriffs vorerst außer Acht, so kann Kommunikation über eine Kaskade von Eingrenzungen definiert werden: Zunächst einmal ist Kommunikation nicht *Verhalten*, sondern sein Spezialfall. Lebendiges kann sich verhalten, ein Stein hingegen nicht. Kommunikation ist darüber hinaus eine Form von *Handeln*. Handeln, als Spezialfall des Verhaltens, dient immer einem Zweck: Intentionales folgt dem Zweck bewusst, bei nichtintentionalem Handeln ist das dem Handelnden hingegen nicht bewusst. Handeln kann kognitiv wie vegetativ, intellektuell wie emotional begründet sein. Kommunikation ist als Spezialfall des Handelns jedoch noch nicht hinreichend präzise erfasst; vielmehr ist Kommunikation der Spezialfall einer Sonderform des Handelns – des *sozialen Handelns*. Die klassische Definition des Soziologen Max Weber (1864–1920) lautet: «Soziales Handeln aber soll ein solches Handeln heißen, welches seinem von dem oder den Handelnden gemeinten Sinn nach auf das Verhalten *anderer* bezogen wird und daran in seinem Ablauf orientiert ist.»[67] Soziales Handeln ist auf soziale Gemeinschaft gerichtet und mithin reflexiv; das soziale Handeln des Menschen ist eher intentional als nichtintentional, eher kognitiv als vegetativ, doch gleichermaßen intellektuell wie emotional begründet. Humankommunikation ist also *kommunikatives Handeln* und damit ein Spezialfall des sozialen

Handelns: Humankommunikation bedarf abstrakter (signifikanter) Symbole (Herbert Mead) und einer Reihe von verabredeten Regeln, die in einem weiten Verständnis als Grammatik der Kommunikation bezeichnet werden können. Die Kaskade kann als ineinander geschachtelte Teilmengen veranschaulicht werden, soziales Handeln hat mehr Varianten als kommunikatives Handeln; Handeln ist umfassender als soziales Handeln, und Verhalten setzt sich ebenfalls nicht ausschließlich aus Handlungselementen zusammen.[68]

Abbildung I-9: Kommunikation, soziales Handeln, Verhalten

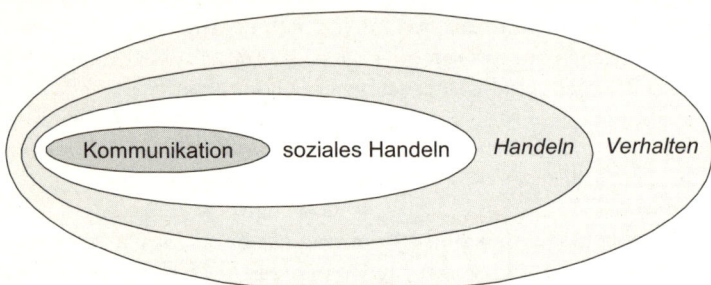

In dieser Abbildung fehlen noch zwei zentrale Begriffe: Massenkommunikation und Information. Massenkommunikation ließe sich als Teilmenge der Kommunikation unterordnen. Im Sinne der KMW hingegen ist Information – als «Korrelat von Unkenntnis» (Harry Pross) – keine weitere Teilmenge, sondern sowohl Bestandteil der Humankommunikation im Allgemeinen als auch der Massenkommunikation im Besonderen. Informationstheoretisch könnten Informationen darüber hinaus alles beschreiben: Verhalten, Handeln, soziales Handeln, kommunikatives Handeln und Massenkommunikation. Nimmt man die Kaskade, so ergeben sich daraus für die Humankommunikation einschneidende Randbedingungen: 1.) Kommunikation verfolgt einen Zweck. 2.) Kommunikation ist immer reflexiv. 3.) Kommunikation wird symbolisch vermittelt.

Der Zweck mag sich den Beteiligten nicht immer erschließen; die Reflexivität kann sowohl in den Kommunikationsstrukturen (u. a. als grammatische Regeln) angelegt sein als auch von den Beteiligten bewusst erkannt werden; der Symbolgebrauch ist einerseits unabdingbar und trägt andererseits Unschärfen in den Kommunikationsprozess. Die drei Bedingungen sind für sich genommen notwendig und in der Summe hinreichend. Etliche andere, häufig genannte Bedingungen der Kommunikation mögen hilfreich sein, doch sind sie weder notwendig noch hinreichend. So sind intentionale Signale ein wesentliches Element der Humankommunikation, müssen sie aber nicht zwingend einleiten; man kann auch mit Luhmann Kommunikation als (rückwärtig) durch Interpretation geschlossen definieren. Doch ist Intention für das kommunikative Handeln zumeist förderlich und verbessert wie andere Faktoren den Kommunikationsprozess unzweifelhaft, insbesondere indem sie die Kommunikation aufrechterhält. Diese systemtheoretisch als Anschlusskommunikation bezeichnete Pragmatik mildert den in der Literatur bisweilen als unüberbrückbar hingestellten Gegensatz zwischen system- und handlungstheoretisch-pragmatischen Ansätzen. Wenn eingangs formuliert wurde: «Kommunikation ist der Austausch und die Verständigung über Bedeutungen, an der mindestens zwei Menschen beteiligt sind», so können jetzt weitere Voraussetzungen der menschlichen Kommunikation ergänzt werden:

Tabelle I-2: Voraussetzungen der Human-Kommunikation

notwendige Voraussetzungen	*hilfreiche Voraussetzungen*
Kommunikation ist ein sozialer Prozess, an dem mindestens zwei Menschen beteiligt sind.	Alles, was Nähe erzeugt oder Distanz überwindet, ist von Vorteil. Die Beteiligten müssen aber nicht in direktem Kontakt miteinander stehen.
In Kommunikationsprozessen werden Symbole verwendet, deren Bedeutung die Beteiligten (mehr oder minder) teilen. Die semantische, syntaktische und pragmatische Verwendung von Symbolen setzt Intelligenz voraus.	Für die Aufrechterhaltung des Kommunikationsprozesses ist Intention zwingend. Doch die intendierte, bewusste Weitergabe von Symbolbedeutungen ist nicht unbedingt Voraussetzung für den Beginn einer kommunikativen Handlung.
Kommunikation bedient sich vor allem des Gesichts- und des Hörsinns.	Die kommunikativen Symbole können, müssen aber nicht über technische Medien vermittelt werden.

C. Medien: Ontologische und soziale Konzeptionen

Medien, so wurde eingangs bestimmt, sind das «vermittelnde Element». Doch was vermitteln Medien? Muss man so weit gehen wie eine neuere voluminöse, system-, literatur- und medientheoretische Abhandlung, die apodiktisch festhält: «Medium ist ein prinzipiell unbestimmbarer, undefinierbarer Begriff»?[69] Sicherlich ist daran richtig, dass mit «Medium» je nach Kontext höchst Verschiedenes bezeichnet wird: Für Physiker sind Luft, Wasser oder Gestein Medien, die Schallwellen übertragen; Licht und elektromagnetische Wellen sind ebenfalls physikalische *Trägermedien*. Im spiritistischen Sinne sind die Glaskugel oder ein Schamane Medien, um die Geister Verstorbener herbeizurufen. In der Wirtschaft gilt Geld als *Steuerungsmedium*, in der Politik Macht. Geld und Macht wurden – zunächst von dem amerikanischen Soziologen und Systemtheoretiker Talcott Parsons (1902–1979), später von Niklas Luhmann ähnlich – als *generalisierte Tauschmedien* bezeichnet, mit denen innerhalb und zwischen sozialen Systemen gehandelt wird.[70] Die ganze Vielfalt der Einrichtungen, die in den KMW als Medien bezeichnet werden, hat Parsons *Einflussmedien* genannt. Nur um sie dreht es sich im Folgenden. Dabei sind 1.) Medienkonzepte vorzustellen, die von äußeren Eigenschaften ausgehen, 2.) wird eine Mediensystematik entwickelt, die die soziale Funktionalität in den Mittelpunkt stellt.

1. Medienontologische Konzepte und Systematiken

Das Wesen (die Onotologie) der Medien kann *induktiv oder deduktiv* bestimmt werden. Induktiv sind Beispiele zu nennen, die für die KMW von Interesse sind: Sprache, Musik, Zeitungen, Zeitschriften, Presse allgemein, Hörfunk, Fernsehen, E-Mail, Brief, Plakat, Film etc.[71] Jede für den Moment vollständige Liste ist, sobald ein neues Medium entsteht, wieder unvollständig; die Aufzählung von Medien unterschiedlicher Qualität stört damit mehr, als dass sie hilft. Da ist eine Ableitung des Besonderen aus dem Allgemeinen zielführender. Die beliebteste dieser Deduktionen geht von der Medientechnik aus und überhöht das technische Kriterium bisweilen zu dem allein gültigen Apriori: Alle Veränderungen seien immer von der Technik ausgegangen.[72] Unter den mehr oder minder technisch orien-

tierten Medienontologien sind zwei Hauptrichtungen zu unterscheiden:
- Eine Technikphilosophie begreift Medien als Werkzeuge.
- Eine andere stellt die Vermittlungstechnik in den Vordergrund.

Medien haben *Werkzeugcharakter*: Der Fernseher zeigt beispielsweise weit entfernte Ereignisse, die mit bloßem Auge nicht wahrzunehmen sind. Der kanadische Medientheoretiker Marshall McLuhan (1911–1980) betrachtete daher jede Erweiterung menschlicher Fähigkeiten als Medium; er fasste so unterschiedliche Gebrauchsgegenstände und Konsumartikel wie das Auto oder die Kleidung als Medien auf und argumentierte, mit dem Auto könne man sich schneller von Ort zu Ort begeben als zu Fuß. Kleidung sei Medium, weil sie «als Ausweitung unserer Haut […] Energie speichern» hilft oder weil «Kleidung [als] wortloses Manifest politischer Auflehnung» gelten kann.[73] Doch kann der unstrittig vorhandene Werkzeugcharakter der Medien nicht verabsolutiert werden: *Medien sind auch Werkzeuge, sie sind es aber nicht in erster Linie.* Es wäre absurd, den Fernseher auf die Funktion eines elektronischen Feldstechers zu reduzieren.

Problematischer ist McLuhans Unterscheidung der heißen und kalten Medien – je nach Grad der Anregung der Rezipienten zur aktiven Mitarbeit. In gewissen Grenzen hilfreich ist hingegen McLuhans Axiom: «*The medium is the message*»; nicht der Inhalt, sondern die Wesensart des Mediums sei ausschlaggebend. Die Botschaft jedes Mediums sei die «Veränderung des Maßstabs, Tempos oder Schemas, die es der Situation des Menschen» bringe. Die Wirkung der Medien werde durch Inklusion anderer Medien erzielt: Der «Inhalt eines Mediums [ist] immer ein anderes Medium». Der Inhalt mache gegenüber der «Wesensart des Mediums» blind: «Die Wirkung des Mediums wird gerade deswegen so stark und eindringlich, weil es wieder ein Medium zum Inhalt hat. Der Inhalt eines Films ist ein Roman, ein Schauspiel oder eine Oper. Die Wirkung des Films ist ohne Beziehung zu seinem Programminhalt.»[74]

Doch *das Medium ist nicht die ganze Botschaft*, denn was der Film explizit zeigen kann, beispielsweise das Aussehen der Hauptdarsteller, muss das Buch der Phantasie seiner Leserschaft überlassen; was im Text hingegen zu formulieren ist wie der innere Monolog eines Protagonisten, wird im Film entweder ausgeblendet oder vereinfacht visualisiert. Die Adaption eines Stoffes für ein anderes Medium bedingt daher immer Unterschiede: Die Inhalte werden nie eins zu eins in ein neueres Medium übernommen; immer kommt es zu Kürzungen, Zusätzen oder Veränderungen; das Wie des Vermittlungsmodus wirkt zwangsläufig auf das Was des Vermittlungsinhalts; alle Medien besitzen spezifische Limitierungen *und* besondere Möglichkeiten. McLuhan hätte also richtiger, wenn auch weniger prägnant formulieren sollen: «Im *Medium* steckt eine Botschaft.» Der Medienwissenschaftler Knut Hickethier (* 1945) hat hier von den *Transformationen* gesprochen, denen die Medieninhalte unterworfen sind.[75] Der Kommunikationswissenschaftler Günter Bentele (* 1948) stellte vor Jahren fest, es sei «evident, dass dieses Medium [Fernsehen] eine Reihe von älteren Kommunikationsmedien integriert, oder, wie man auch formulieren könnte, als ‹Schichten› enthält: mündliche Sprache, die Schrift, Musik, das Photo, den Film sowie eigentlich alle früheren Kommunikationsmedien, die überhaupt akustisch und visuell reproduzierbar sind.»[76]

Ähnlich häufig wie McLuhan wird – zumindest in der deutschsprachigen Medienwissenschaft – eine Medienanalyse des Germanisten Friedrich Kittler (* 1943) zitiert. In dem kontrovers rezipierten Werk *Aufschreibsysteme 1800–1900*[77] stellt er die These auf, die Literatur um 1800 sei sich der technischen Bedingtheit der Literaturproduktion noch nicht bewusst gewesen; die Literatur um 1900 sei hingegen durch die Technik determiniert worden. Für die Medienwissenschaften wichtiger ist seine Unterscheidung von *Speicher-, Verarbeitungs- und Übertragungsmedien*: Im Anschluss an Kittler nennt die «Große Medienchronik» 1.) Schrift, Druck, Post, 2.) optische Medien, 3.) akustische Medien, 4.) Übertragungsmedien und 5.) den Computer. Eine andere Systematik unterscheidet *Mensch-, Gestaltungs-, Schreib- und Druckmedien* etc.; mit Gestaltungsmedien sind architektonische Werke gemeint, mit Menschmedien Herolde, Minnesänger etc. In der Kommunikationswissenschaft ist nicht von Menschmedien, sondern von Kommunikatoren in der Agenten-Rolle die Rede.[78] Eine weitere Einteilung trennt zwischen *Struktur- bzw. Verteilungsmedien* (Waren, Geld, Bildung), *Verbreitungsmedien* (v. a. Massenmedien) und *Kommunikationsmedien* (Individualmedien wie das Telefon).[79]

Die *Vorteile der Konzepte* lassen sich leicht benennen: Zunächst einmal haben alle Unterscheidungen dem Konzept McLuhans voraus, dass sie nicht ausschließlich den Werkzeugcharakter, sondern verschiedene Medienfunktionen betonen: Bücher speichern Informationen, Nachrichtenagenturen verarbeiten Nachrichten, die Telegrafie überträgt sie usw. Das Radio ist ein primär akustisches Medium, der Film oder das Fernsehen primär ein visuelles. Alle Massenmedien und auch Individualmedien wie das Telefon verbreiten Kommunikation; Herolde, Minnesänger, aber auch Nachrichtensprecher etc. überbringen Botschaften. Insbesondere der Begriff Speichermedien hat sich aus nachvollziehbaren Gründen eingebürgert: Vor allem für die Träger audiovisueller Informationen scheint er eine geeignete Sammelbezeichnung zu sein: 1.) für Bild- und Tonträger von Edisons Schallwalze über die Schallplatte bis zu den modernen Silberscheiben (CD, CD-ROM, Video- und Audio-DVDs); 2.) für magnetische Aufzeichnungsträger von den magnetisierten Drähten der ersten Tonbandgeräte über Tonbänder, Tonband- und Video-Kassetten bis zu Computerfestplatten; 3.) für weitere Informationsträger wie Speicherchips.

Die *Nachteile der Konzepte* fallen ebenso ins Auge: So sinnvoll die Einzelbegriffe erscheinen, alle zusammen sind nur bedingt geeignet, eine geschlossene Systematik zu etablieren, denn die Konzepte sind nicht trennscharf: Sie zielen einerseits auf die materielle Existenz (Papier, Film, Bits etc.), andererseits auf die medialen Funktionen (Senden, Empfangen, Verarbeiten, Speichern, Gestalten etc.). Die materielle Existenz erscheint als Kriterium zu oberflächlich, und die Unterscheidung nach wichtigen Eigenschaften charakterisiert nicht die Medien als Ganzes. Das Gegensatzpaar Speicher- und Übertragungsmedium hat noch die größte Überzeugungskraft; doch ist der Begriff Übertragungsmedium redundant, denn Medien vermitteln, und Vermitteln ist ein Synonym von Übertragen. Zudem lassen sich Speicher- und Übertragungsmedien nur in der Theorie trennscharf unterscheiden. In der Praxis treten die Funktionen in den meisten Medien immer gemischt auf: Bücher, Schallplatten und Musikkassetten – typische Speichermedien – speichern zwar ohne Zweifel Informationen, vermitteln sie aber auch.[80] Typische Übertragungsmedien wie Zeitungen und Zeitschriften, Telefon oder Rundfunk erschöpfen sich nicht in der Informationsübertragung; sie oder die technischen Zusatzgeräte (Anrufbeantworter, Tonbandgerät) speichern auch Informationen. Speichern und Übertragen sind zwei Seiten der gleichen medialen Medaille: Sie beziehen sich auf die Dimensionen des Raums *und* der Zeit. Buchdruck, Fotografie, Schallplatte, CD, Festplatte, u. a. Medien speichern Informationen, um diese dem Nutzer oder Dritten für später verfügbar zu halten.

Ähnliche Argumente gelten für *Menschmedien, Verarbeitungsmedien, Gestaltungsmedien* etc. 1.) der Begriff Menschmedien verwechselt das Inszenierte mit dem Inszenierenden.[81] 2.) Verarbeiten trifft ein Medium nie ganz und fehlt keinem vollständig. 3.) Gestaltungsmedien überliefern nur bedingt komplexe und manifeste Botschaften: So vermitteln Pyramiden noch heute einen überwältigenden Eindruck von der vergangenen Macht, aber um Architektur eindeutig zu lesen, sind die übermittelten Informationen zu anspielungsreich. Architektur, Münzen, Standbilder etc. sollten daher als *Artefakte mit Medienqualitäten* bezeichnet werden.

Die eingängigste Mediendefinition entwickelte Harry Pross aus den Unterschieden der medialen Vermittlungstechnik: Er sprach von *primären, sekundären und tertiären Medien*: Primäre Medien seien alle «Mittel des menschlichen Elementarkontaktes». Als Beispiele nannte Pross Lachen, Weinen, Sprache, Gesten, Zeremoniell, daneben auch Stafette und Rufer.[82] Und weiter: «Wir nennen Sekundärmedien solche Kommunikationsmittel, die eine Botschaft zum Empfänger transportieren, ohne daß der ein Gerät benötigt, um die Bedeutung aufnehmen zu können, also Bild, Schrift, Druck, Graphik, Fotografie, auch in ihren Erscheinungen als Brief, Flugschrift, Buch, Zeitschrift, Zeitung – alle jene Medien also, die nach einem Gerät, der Druckerpresse, als Presse im weitesten Sinn bezeichnet werden.»[83] Unter tertiären Medien fasste er Telegrafie, Nachrichtenagenturen, Schallplatte, Tonband, Film, Radio und Fernsehen zusammen: «Eine dritte Gruppe, bei deren Gebrauch sowohl Sender wie Empfänger Geräte benötigen, beginnt mit der elektrischen Telegraphie und umfaßt die elektronischen Kommunikationsmittel. Sie heißen tertiäre Medien.»[84]

Pross ergänzend wurde wiederholt für eine Erweiterung der Systematik plädiert: Die digitalen Medien sollten als *quartäre Medien* angesprochen werden. Begründet wird das mit den neuen Qualitäten von Multimedia: Interaktivität und Virtualität.[85] Doch auch die digitalen Medien genügen dem Kriterium der tertiären Medien: Sowohl Kommunikatoren als auch Rezipienten müssen sich technischer Hilfsmittel bedienen, um Kommunikation zu vermitteln. Es gibt daher nur zwei Möglichkeiten: Entweder belässt man es bei der Einteilung von Pross und die digitalen Medien werden nicht quartäre, sondern bleiben tertiäre. Oder man spricht ihnen eine neue Qualität zu, dann wird jedoch die Unterscheidung der drei ersten Stufen hinfällig. Nach Pross dürften wie in folgender Tabelle nur solche Medien als quartäre bezeichnet werden, bei denen die Sender keine, die Empfänger hingegen technische Unterstützung benötigen. Doch diese

Medien gibt es nicht; allenfalls existieren Hilfsmittel wie Hörgeräte; denen aber ist der Medincharakter abzusprechen.

Tabelle I-3: Primäre, sekundäre, tertiäre (und quartäre) Medien

Sender ▶ Empfänger ▼	ohne Technik-Unterstützung	mit Technik-Unterstützung
ohne Technik-Unterstützung	primäre Medien: Sprache, Gestik, Mimik	sekundäre Medien: Presse
mit Technik-Unterstützung	–	tertiäre Medien: Radio, Fernsehen, Internet

Obwohl die Dreiteilung auf den ersten Blick trennscharf erscheint, war schon Harry Pross sich seiner Einteilung nicht sicher: «Wir haben die optische Telegraphie den sekundären Medien zugezählt, weil ihre Zeichen mit bloßem Auge wahrnehmbar sind. Eine strengere Einteilung würde sie vielleicht schon zu den Medien rechnen, bei denen auf der Sender- wie auf der Empfängerseite Geräte notwendig sind, denn die Übertragung erfolgte von Gerüst zu Gerüst, und der Empfänger verwendete in manchen Systemen ein Fernglas.»[86] Umgekehrt könnte der Film zu den sekundären Medien gezählt werden, wenn die Vorführgeräte im Kino noch dem Kommunikator zugerechnet werden. Abgesehen von diesen Randunschärfen liegt die Stärke der Einteilung in ihrer Beschränkung: Sie stellt die Notwendigkeit technischer Rezeptionshilfen in den Mittelpunkt der Systematik.

Argumentierten die bisher betrachteten Medienkonzepte reduktionistisch bzw. monokausal, so folgt nun die Beschreibung eines holistischen oder ganzheitlichen Ansatzes. Obwohl von der Technik ausgehend, stellen *Dispositiv-Ansatz* oder *Apparatus-Theorie* solch einen ganzheitlichen Ansatz dar. *Dispositiv* stammt ursprünglich aus der Rhetorik, in der das lateinische dispositio = Anordnung die Ordnung innerhalb einer Rede bezeichnete. Die poststrukturalistische Philosophie benennt damit die Anordnung der Machtstrukturen.[87] Ein medienwissenschaftliches Lexikon definiert: «Das D.[ispositiv] ist ein Netzwerk von sozialen Konventionen, technischen Voraussetzungen und Dispositionen der Einbildungskraft, ein interdisziplinär beschreibbarer Schnittpunkt von Psychoanalyse, Medienästhetik, Soziologie und Technikgeschichte.»[88] Es sind also sehr heterogene Elemente bei gleichzeitig weitem Textbegriff, die im Dispositiv verbunden werden. Der Dispositiv-Ansatz findet nur auf die tertiären Medien Anwendung, besonders in der Filmwissenschaft, doch auch für Fernsehen und Radio. Ob der Ansatz für Multimedia brauchbar ist, wird derzeit diskutiert. Für die Pressemedien hingegen lässt er sich wohl kaum nutzen.[89]

In einem einflussreichen Aufsatz parallelisierte der französische Filmtheoretiker Jean-Louis Baudry (* 1930) *Kino und Traum*.[90] In Anlehnung an Sigmund Freud (1856–1939) und Platon (428/7–348/7 v. Chr.) meinte Baudry, das Kino-Dispositiv ähnele dem Traum, weil in beiden unbewusste Erinnerungen verarbeitet würden: beim Traum Individuell-Unterbewusstes, im Kino Gesellschaftlich-Unbewusstes. Im Traum wie im Kino erfahren Schlafende wie Zuschauer eine Variation der Wirklichkeit. Mit dem Dispositiv-Konzept vollzog die Filmwissenschaft die Abkehr von der Konzentration auf Kameraführung und filmischen Inhalt. Die Einbeziehung der Rezeptionssituation liegt vor allem deshalb nahe, weil der Film (und in geringerem Umfang auch das Fernsehen) davon lebt, dass sich die Zuschauer, zumeist ohne es zu merken, die Perspektive der Kamera zueigen machen: Die Betrachter- und die Regisseurs-Perspektive verschmelzen. Erst wenn die Kinobesucher sich selbst beobachten, bemerken sie die Suggestivität der Kamera.

Abbildung I-10: Dispositiv

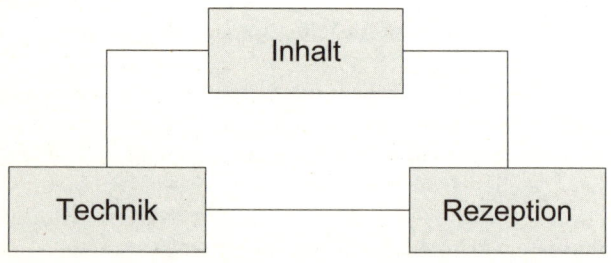

Im Ambiente der Rezeptionssituation unterscheiden sich Kino- und DVD- oder Fernsehkonsum grundlegend: Das Kino ist verdunkelt, das private Wohnzimmer als Umfeld aller Fernsehkonsumarten nicht; im Kino sieht man eine Auflichtprojektion, im Wohnzimmer strahlt der Fernseher selbst; im Kino kann man nicht mal eben an den Kühlschrank; im Kino unterhält man sich nicht – zumindest gilt das seit der Einführung des Tonfilms, zuvor waren Kommentare und Applaus die Regel. Die dispositive Anordnung unterscheidet sich demnach auch bei verwandten Medien deutlich; zudem ändert sie sich im Laufe der Zeit. So liegt der *Vorteil des Dispositiv-Ansatzes* nicht so sehr in der theoretischen Ausgestaltung als vielmehr in seiner heuristischen Qualität: Das Konzept sensibilisiert für Fragen, die ansonsten nicht gestellt würden. Zwar kann der Dispositiv-Ansatz nur auf einige Medien angewandt werden, doch werden zumindest die audiovisuellen aus ganzheitlicher Perspektive betrachtet; das leitet über zum nächsten Abschnitt.

2. Proto-, Basis- und Verbreitungs-Medien: Eine soziofunktionale Systematik

Die Vielfalt der soeben vorgestellten Medienkonzepte lässt sich weder komplett noch widerspruchsfrei kombinieren. Nur unter dem Gesichtspunkt der sozialkulturellen Funktionalität der Medien ist ein gemeinsamer Nenner zu finden: Die Kommunikationswissenschaft betrachtet Medien explizit als soziale Institutionen, die Medienwissenschaften setzen diese Perspektive zumindest implizit voraus. Medien als Einrichtungen, die allgemein-menschliches sowie gesellschaftliches, kulturelles, politisches, wirtschaftliches und andere Varianten des Zusammenlebens erst ermöglichen, legen ihre Dreiteilung nahe: in *Proto-, Basis- und Verbreitungs-Medien*. Die Unterteilung markiert den soziokulturellen Entstehungszusammenhang: *Proto-Medien*, die der unmittelbaren Kommunikation dienen, sind die ältesten. Sie entwickelten sich parallel zur Evolution des Menschen aus animalischen Kommunikationsformen. Als nächstes «erfand» die Menschheit kulturelle *Basis-Medien*, um Botschaften über die Zeit hinweg zu bewahren. Für den sozialen Zusammenhalt der Gemeinschaft scheint Traditionsbildung besonders wichtig. Hochkultur entsteht, wenn auf gespeicherte Informationen zurückgegriffen werden kann. Anschließend wurden *Verbreitungs-Medien* entwickelt: In gleichem Maße, in dem Gemeinschaften größer und differenzierter wurden, durfte Kommunikation nicht mehr ausschließlich als Überlieferungskette vermittelt, sondern musste auch zeitnah räumlich verbreitet werden.

Die *Proto-Medien* (Mimik, Gestik, Sprache und Körpersprache) sind keine Medien im klassischen Sinn und häufig nur am Rande Thema der KMW; gleichwohl sind sie die unerlässliche Vorbedingung der Humankommunikation, weil jedes spätere Medium auf ihnen aufbaut. Ohne Sprache gäbe es weder die Schrift, noch den Druck, den Film, den Hörfunk und das Fernsehen, E-Mail etc. Wann die menschliche Sprache entstand, weiß man nicht genau. Schon Frühmenschen dürften über eine einfache Sprache verfügt haben, mit der zumindest konkrete Gegenstände benannt werden konnten. Auf molekulargenetische Analysen gestützt wird vermutet, dass die Mutation des Gens FoxP2 vor ca. 200 000 Jahren im menschlichen Erbgut auftauchte. Damit verbesserten sich die Sprachfähigkeiten des modernen Menschen gegenüber seinen Vorfahren dramatisch. Er war auf einmal in der Lage, grammatikalisch und semantisch komplexe Aussagen zu formulieren; doch die Evolution neuen Potenzials bedeutet in der Regel nicht dessen sofortige Verwendung. Spätestens vor 70–100 000 Jahren dürften jedoch erste komplexe Sprachen existiert haben. Wahrscheinlich entwickelte sich die Sprache parallel zur Menschwerdung aus paralingustischen oder protomedialen Elementen wie Gesten, Mimik und Körpersprache in Kombination mit primitiven Lauten. Diese Elemente sind nicht allein den Menschen zueigen, sondern auch vielen höheren Tieren. Schon vor Jahrzehnten hat George H. Mead die Entstehung der menschlichen Kommunikation als Weiterentwicklung der Reize und Reaktionen (Gesten, Laute) zu abstrakten (signifikanten) Symbolen geschildert. Daraus formte sich die zu abstraktem Denken befähigende menschliche Kommunikation, mittels derer wir uns verständigen, planen und zwischen Handlungsalternativen auswählen können.[91]

Die Sprache ist das wichtigste Proto-Medium; ohne sie ist menschliche Kultur unmöglich. Kulturen, in denen (noch) nicht die Schrift der wichtigste Überlieferungsträger war, hatten alle eine besondere Form der oralen Tradition. Am besten lässt sich das an frühen Heldenepen studieren (Gilgamesch, Ilias und Odyssee, Nibelungen-Sage), die erst nach Generationen dauernder mündlicher Überlieferung schriftlich fixiert wurden. Mündlichkeit ist nur in einer Kette von Überlieferungen über die Zeit zu bewahren oder von Ort zu Ort zu übertragen. Über die Entstehung von Gesang und Musik – beide sind mit der Sprache eng verwandt – können ebenfalls nur Mutmaßungen angestellt werden. Bisweilen wird die These vertreten, Gesang sei als modulierte Sprache entstanden; daneben findet sich die

Theorie, menschliche Musik habe den Vogelgesang nachahmen wollen; zudem wird angenommen, Musikinstrumente hätten zunächst der Signalübermittlung über größere räumliche Distanzen gedient.[92] Alle Proto-Medien adressieren bestimmte Sinne.[93] Der Handschlag, der Kuss, die Umarmung etc. sprechen als unmittelbarste Formen menschlichen Kontakts den Tast-, Geruchs- und (in Grenzen) Geschmackssinn an, finden allerdings nur bedingt das Interesse der KMW.

Die *Basis-Medien:* Basis-Medien sind eine medienwissenschaftliche Sammelbezeichnung für Ton/Bild – sinnliche Basis-Medien einerseits – und Zahl [nicht Ziffer!]/Buchstabe – nicht-sinnliche andererseits.[94] Davon liegen Schrift und Bild auf einer Ebene und sind die wichtigsten. Solange der Mensch als Jäger und Sammler in kleinen Personenverbänden (Sippe, Stamm) umherstreifte, dürften die Proto-Medien den Kommunikationsbedürfnissen genügt haben. Allerdings entstand das erste Basis-Medium schon, als der Mensch noch in Höhlen wohnte: die Höhlenmalereien vor ca. 30–35 000 Jahren. Die hohe ästhetische Qualität der erhaltenen Bilder spricht dafür, dass sie nicht die frühesten waren. Viel wahrscheinlicher haben ältere Versuche die Zeit nicht überdauert.[95] Visuelle Kommunikation spielte somit schon immer eine zentrale Rolle, in den KMW ist sie jedoch – von den wichtigen Ausnahmen des Film und Fernsehens abgesehen – eher randständig.[96]

Die Schrift ist das bedeutendste Basis-Medium; mit ihr entwickelten sich Hochkulturen. Die ursprünglichen sozialen Funktionen der Schrift lassen sich deutlich erkennen. Die mehrfach und unabhängig voneinander entstandene Schrift dürfte primär erfunden worden sein, um heute etwas für morgen zu fixieren, um die Zeit zu überbrücken. Obwohl die Motivsuche bei der Bild- wie bei der Schriftentstehung Spekulation bleiben muss: Die ältesten überlieferten Schriften unterstreichen die Informationsfunktion; möglicherweise deuten Knochen-Einkerbungen aus frühmenschlicher Zeit schon auf den Gebrauch von Zahlen hin; am Anfang der eigentlichen Schriftgeschichte stand die Buchführung in Palastarchiven, später kamen magische und sakral-politische Inschriften hinzu. Aber vielleicht war es auch umgekehrt; das könnten Ausgrabungen einer Totenstadt in Ostanatolien vermuten lassen, die auf ca. 12 000 v. Chr. zu datieren sind.[97] Sicher hingegen ist, dass seit dem 4. Jahrtausend vor Christus geschrieben wurde: In Mesopotamien, dem Zweistromland an Euphrat und Tigris im heutigen Irak, ritzten die Sumerer seit dem 4. Jahrtausend v. Chr.

(spätestens seit 2900 v. Chr.) Keilschrift in Tontafeln. Keilschrift wird sie wegen der charakteristischen Einkerbungen in Keilform genannt, die automatisch entstehen, wenn ein eckiger Griffel in eine Tafel aus weichem Ton gedrückt wird. Die Keilschrift war zunächst eine piktografische Bilder-Schrift: Grundlage waren Symboldarstellungen, aus denen sich das bezeichnete Objekt noch erkennen ließ. Im Laufe ihrer langen Nutzungszeit bis ins 1. Jahrtausend v. Chr. wurde die Schrift immer abstrakter und entwickelte sich über eine Silbenschrift zu einer Alphabetschrift. Viele Völkerschaften im mittleren und vorderen Orient – Akkader, Babylonier, Assyrer, Hethiter etc. – übernahmen die Keilschrift und passten sie ihren Bedürfnissen an. Die aus Syllabogrammen bestehende Laut-Silbenschrift hatte den Vorteil, mit weniger Zeichen als bei einer reinen Hieroglyphenschrift auszukommen; noch weniger Zeichen benötigen die Alphabetschriften. Aber selbst reine Alphabetschriften wie die heutigen bewahren noch Reste aus der Frühzeit. An vielen Stellen stolpern wir über Icons oder Logogramme, etwa bei Währungssymbolen wie $, €, £ etc., die sich mit den frühen Schriften vergleichen lassen. In jüngster Vergangenheit sind mit den Emoticons in der Internetkommunikation sogar etliche neue hinzugekommen.

Eine ähnliche Entwicklung wie die Keilschrift nahm auch die ca. 500 Jahre jüngere ägyptische Hieroglyphenschrift – hieros (Griechisch) = heilig, glyphe (Griechisch) = in Stein geritzt. Wohl seit ca. 3000 v. Chr. in Gebrauch, wurde die Zahl der Hieroglyphen mit der Zeit geringer, zugleich wurden die Symbole abstrakter. Am Ende stand eine Silbenschrift, das Demotische – von demos (Griechisch) = Volk, das ab ca. 650 v. Chr. geschrieben wurde. Auch die frühesten in Europa überlieferten Schriften aus dem 2. Jahrtausend v. Chr. in der griechischen Ägäis, die kretischen Linear-A- und Linear-B-Schriften, waren noch Silbenschriften. Von den Silbenschriften war es nur noch ein kleiner, doch entscheidender Schritt zu der modernen Alphabetschrift. Die Bezeichnung rührt von den ersten beiden Buchstaben des griechischen Alphabets her: Alpha und Beta. Erfunden wurde die Schrift um 1500 v. Chr. im heutigen Libanon von den Phöniziern. Die Phönizier waren, wie die Völker des Zweistromlandes, Arabiens und Israels, Semiten. Die semitischen Schriften kamen ohne Vokale und Umlaute aus und begnügten sich mit Zeichen für die Konsonanten. Umlaute und Vokale wurden erst von den Griechen hinzugefügt, die das phönizische Alphabet zwischen 1100 und 800 v. Chr. übernahmen, ihren Bedürfnissen anpassten und seither konsequent mit der

Alphabetschrift schrieben. Damit war die Schriftentwicklung grundsätzlich abgeschlossen. Spätere Entwicklungen passten die Alphabetschriften den Besonderheiten der nationalen Sprachen an oder veränderten aus ästhetischen Gründen das Erscheinungsbild der Schrift.[98]

Aus den Schriften entwickelte sich schon in der Antike die Notenschrift. Analog zur Fixierung des Proto-Mediums Sprache bewahrt die Notenschrift das Proto-Medium Musik. Neben den Ägyptern waren die Griechen die ersten, die sie aufzeichneten. Sie verwandten Buchstaben, denen verschiedene Tonhöhen zugeordnet waren. Obwohl die Notenschrift im Abendland seit der Frühen Neuzeit recht komplex geworden ist (mit Tonlängen-, Takt-, Tempus und weiteren Angaben), ist sie, verglichen mit der abzubildenden Musik, nie vollständig: Partituren lassen immer Platz für verschiedene musikalische Interpretationen.[99]

Mit der Schrift lassen sich Traditionen besonders gut bewahren. *Traditionsbewahrung* hat verschiedene Ebenen: 1.) eine pragmatische, 2.) eine sakral-politische, 3.) eine politisch-rechtliche und 4.) eine unterhaltende. Ganz am Anfang in Mesopotamien stand wohl die *pragmatische Funktion* im Vordergrund. Mit der Schrift wurden Informationen über Sachen, Besitztümer, Steuern und Abgaben aufgezeichnet. Die Tontafeln wurden zumeist nur getrocknet, nicht gebrannt; daher zerfielen sie im Lauf der Zeit. Wenn jedoch Feuer wüteten, was nicht selten der Fall war, wurde die Tontafel in der Hitze gebrannt und haltbar genug, um die Jahrtausende zu überdauern. Daher ist die Altertumskunde über viele Vorgänge des wirtschaftlich-sozialen Lebens in Mesopotamien besser informiert als über manche Epoche des europäischen Mittelalters. Der Wortschatz kam mit wenigen Schriftsymbolen aus. Man benötigte Zahl-Symbole, um die Menge zu bezeichnen, Symbole für die magazinierten Gegenstände und Zeichen für Besitzer oder Lieferanten. Angesichts der beschränkten Funktionen, des limitierten Symbolvorrats und der begrenzten Variationsmöglichkeiten der Schriftsprache konnten die ersten Schriften Bilderschriften sein: Sie bauten auf *Lexemen*, den objektbezogenen Grundeinheiten der Sprache, auf. Die Beherrschung der Schrift war zunächst die Kenntnis spezialisierter Fachkräfte. Allerdings ließ sich die Nutzung auch auf private Handelsgeschäfte ausweiten; die Ausbreitung der Schrift war daher nicht nur für eine kleine Oberschicht, sondern für viele Menschen nützlich; sie förderte die Verrechtlichung der Gesellschaften, indem

Kaufverträge aufgesetzt oder Ein- und Verkäufe dokumentiert wurden und mithin auch später noch nachprüfbar waren. Hier liegen die Anfänge sowohl der staatlichen Aktenführung als auch der privaten Korrespondenz.

Ein zweiter Aspekt der Traditionsbewahrung betrifft *sakral-politische Bedürfnisse*. Zuerst in Ägypten, später auch in anderen Ländern der antiken Welt war manche Schrift heilig, weil mit ihr etwas Heiliges, Unveränderliches ausgedrückt wurde. Die Hieroglyphen der großartigen Tempelanlagen von Theben (bei Luxor und Karnak) geben davon noch heute Zeugnis. Da die Herleitung der politischen Gewalt religiös begründet wurde, waren die sakralen Inschriften zugleich immer auch politische Manifestationen: Die Tempel-Inschriften riefen die Götter an, vergötterten den Pharao, verzeichneten seine großen Taten und werteten selbst Niederlagen in Siege über die auswärtigen Feinde um. Traditionsbewahrung ist daher nicht unbedingt der Wahrheit verpflichtet; die Schaffung des staatstragenden Mythos vom unbesiegbaren Pharao war mindestens ebenso identitätsstiftend. Damit steht die Schrift am Anfang politischer Propaganda; zugleich kann in der Mythenbildung auch der Ursprung der Literatur gesehen werden.[100]

Ein dritter Aspekt der Traditionsbewahrung, der *rechtlich-politische*, leitet sich aus den beiden anderen ab: An öffentlich zugänglichen Plätzen gingen die orientalischen Herrscher dazu über, Gesetze und Verlautbarungen in Stein gemeißelt der Öffentlichkeit zu präsentieren; die bekannteste dieser Stelen ist die des Herrschers von Babylon, Hammurabi (1728–1686 v. Chr.). Der Vorteil gegenüber öffentlicher Verlesung der Anordnung lag in der Dauerhaftigkeit und Reichweite: Nicht nur die Anwesenden hörten die Worte ihres Königs; jeder des Lesens Kundige konnte auch später noch einmal nachschauen; zugleich sind «in Stein gemeißelte» Anordnungen auch besser gegen Verfälschung geschützt. Staatliches Handeln wurde durch das Basis-Medium Schrift verbindlicher und erhielt zusätzliche Legitimität; der Grundsatz, dass Gesetze erst nach ihrer Veröffentlichung in Kraft treten, hat hier seinen Ursprung.

Unterhaltung, als vierter Aspekt der Traditionsbewahrung, wurzelt in der großen Variabilität der Schrift; sie führte zu Lyrik und Prosa; das mesopotamische Gilgamesch-Epos aus dem 3. Jahrtausend v. Chr. gilt als früheste hohe Literatur der Weltgeschichte. Indem die Schrift Literatur ermöglichte, wurde die mündliche Erzähltradition weniger wichtig. Schon Plato hat darauf hingewiesen.[101]

Die *Verbreitungs-Medien* schließlich umfassen jene komplexeren Medien, mit denen sich die KMW hauptsächlich beschäftigen. Die räumliche Ausweitung der Gemeinschaften und ihre soziale Differenzierung erzwang einen Funktionswandel der älteren Medien, und die Proto- und Basis-Medien wurden zu Verbreitungs-Medien, indem Infrastrukturen sie ergänzten. So konnte Kommunikation im Raum verbreitet werden. Ein Netz von Verkehrswegen oder zumindest Orientierungspunkten, um von Ansiedlung zu Ansiedlung zu finden, schaffte erste Voraussetzungen. Da Raumüberwindung zumeist auch Zeitverlust bedeutet, benötigten die frühen Verbreitungs-Medien die Unterstützung der Basis-Medien, mit denen Kommunikation gespeichert werden kann. So entstand die Presse aus einer Kombination von Buchdruck und Post. Erst mit Erfindung der elektrischen Telegrafie im 19. Jahrhundert kam die Menschheit in den Besitz des ersten Mediums, das den Raum (fast) ohne Zeitverlust überwinden konnte; jetzt existierte ein Verbreitungs-Medium, das (fast) ohne Hilfe von Basis-Medien auskam. Zumindest für die Übertragung musste nichts aufgezeichnet werden, allerdings ging man zumeist mit einer Aufzeichnung ins Telegrafenbüro, und am anderen Ende der Kette setzte die Telegrafie in der Regel einen Morsezeichendrucker in Gang, dessen Strich-Code in ein Telegrammformular übertragen und auf dem Postwege zugestellt wurde – selbstverständlich wieder unter Zeitverlust. Auch spätere Verbreitungs-Medien – Radio oder Fernsehen – konnten live «auf Sendung» gehen; sie mussten es sogar, weil Aufzeichnungsgeräte anfangs kaum existierten.

Die wichtigsten Verbreitungs-Medien sind die modernen Massenmedien; sie sind Kennzeichen ausdifferenzierter Gesellschaften. Sie werden auch bisweilen in eine *Kategorie erster und zweiter Ordnung* unterteilt: Zur ersten Ordnung zählen 1.) die nichtperiodischen Medien, 2.) die Presse-, 3.) Rundfunk- und 4.) Netzmedien. Als konkrete soziale Institutionen (Qualitäts-, Boulevardzeitungen etc.) bilden sie eine Kategorie zweiter Ordnung. Dabei orientiert sich die Kategorie erster Ordnung am technischen Kontext, die Kategorie zweiter Ordnung an den konkreten sozialen Funktionen, welche die Medien erfüllen.[102]

3. Zwischenfazit

Im ersten Teilkapitel standen Medienontologien im Mittelpunkt. Technik als auffälliges Merkmal der Medien wird häufig überbewertet. Aus geistes- und sozialwissenschaftlicher Perspektive ist die im zweiten Teilkapitel entwickelte soziale Dimension bedeutsamer. Medien sind unter vielen Aspekten komplexe soziale Institutionen: in ästhetischer, kultureller, ökonomischer, politischer, rechtlicher oder auch technischer Hinsicht. *Primärer Vermittlungsinhalt* der Medien ist menschliche *Kommunikation*, als *sekundären Vermittlungsinhalt* schließen sie häufig *andere Medien* ein. Die Inklusion beinhaltet 1.) *Proto-Medien* zur unmittelbaren Verständigung, 2.) zeitüberbrückende *Basis-Medien* und 3.) *Verbreitungs-Medien*.

Die Systematik verbindet einige wesentliche Aspekte kommunikations- wie medienwissenschaftlicher Medienbegriffe: Sie beruht 1.) auf den unterschiedlichen sozialen Funktionalitäten der Medien; 2.) greift sie die Differenzierung in primäre, sekundäre und tertiäre Medien auf, die Harry Pross vorschlug; 3.) kombiniert sie Kittlers Unterscheidung von Speicher- und Übertragungsmedien mit Maletzkes Verbreitungsmitteln und -medien; 4.) greift sie McLuhans These auf, Medien dienten der Erweiterung menschlicher Sinne; 5.) argumentiert sie mit dessen These von der Inklusion der Medien durch Medien; 6.) schließt sie formlos, und ohne die zumeist gewagten Schlussfolgerungen zu teilen, an die Unterscheidung der mündlichen Überlieferung von den Raum- und Zeit-Tendenzen der Medien an, wie sie u. a. der kanadische Wirtschaftshistoriker und akademische Lehrer von Marshall McLuhan, Harold A. Innis (1894–1952) vorschlug und Anthony Giddens (* 1938) *en passant* voraussetzte; 7.) beachtet sie die unterschiedlichen medialen Vermittlungsmodi.[103]

Schon vormoderne Menschen beherrschten die Proto-Medien; die danach entstandenen Basis-Medien Schrift und Bild lösten das zentrale «Problem Zeitreise»: Da man nicht alles genau erinnert, ist es hilfreich, Ideen und Konzepte zu fixieren. Um darauf aufbauend ein raumüberwindendes Mediensystem zu entwickeln, sind Infrastrukturen nötig. Das setzt zugleich eine komplexere soziale Organisation der Gesellschaft voraus. Die Verbreitungs-Medien tauchten daher als letzte in der Medienentwicklung auf. Die *Container-Metapher* betrachtet Medien darum als Behälter von kommunikativen Botschaften.

Abbildung I-11: Medien beinhalten Medien

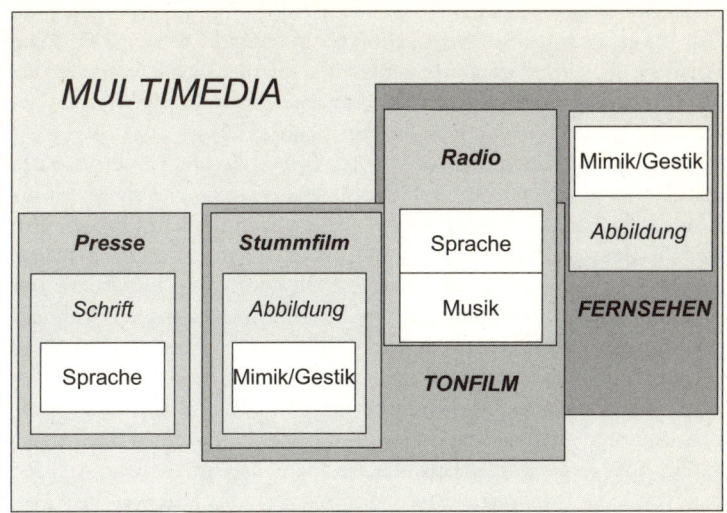

In der Grafik sind die *Proto-Medien* wie Sprache, Gestik und Mimik ohne Auszeichnung dargestellt; die *Basis-Medien* wie Schrift oder Abbildung sind kursiv ausgezeichnet; die *Verbreitungs-Medien* sind unterschiedlich markiert, weil sie noch weiter zu untergliedern sind. Die Inklusion von Medien durch Medien ist in der Grafik zwar nur unvollständig wiedergegeben, aber das Matroschka-Prinzip ist angedeutet: Schrift basiert auf Sprache, Presse basiert auf Schrift und mithin Sprache. Der Stummfilm kommt ohne Sprache aus – sieht man von den damals üblichen Zwischentiteln ab. Er benötigt schauspielerische Mimik und Gestik. Diese ist in einzelnen Abbildungen auf den Trägerfilm gebannt. Beim Tonfilm kommen noch Sprache und Musik hinzu. Sprache und Musik sind die elementaren Medien, die vom Radio übertragen werden. Das Fernsehen funktioniert analog zum Radio, ergänzt durch die Übertragung von Gestik, Mimik und Abbildungen. Man könnte auch verkürzen: Fernsehen ist Radio plus Film. Multimedia schließlich inkludiert (potenziell) alle anderen Medien.

Das Inklusionsmodell macht zum einen verständlich, warum der Mensch trotz vergleichsweise beschränkter *Medienkompetenz* nicht nur eine Vielzahl unterschiedlicher Medien nutzen kann, sondern sich dank weniger Kernkompetenzen auch leicht neue Medien aneignet: Wer eine Sprache versteht, kann Radio hören; wer lesen kann, dem sind Bücher, die Presse und das Internet zugänglich; Bilderkompetenz erleichtert das Verständnis von Film und Fernsehen etc. Das Inklusionsmodell vereinfacht zum anderen die wissenschaftliche Analyse; die *Methodenlehre* braucht nicht die Vielfalt der Einzel-Medien und konkreten Kommunikationen zu berücksichtigen, sondern nur wenige Grundelemente (vgl. Kapitel III).

Wegen der großen Bedeutung der *Proto-Medien* für die soziale Existenz und die Kultur des Menschen sowie wegen ihrer Inklusion in Basis- und Verbreitungs-Medien sollte jede Interpretation und Analyse menschlicher Kommunikate auf der sprachlichen und gegebenenfalls musikalischen, mimischen oder gestischen Ebene beginnen. Dabei sind Semantik, Syntaktik und Pragmatik zu analysieren. Die *Basis-Medien* Schrift und Bild legten das Fundament für die menschliche Hochkultur. Methodisch ist die zeichentheoretisch-symbolische Ebene in die Interpretation einzubeziehen. Bei Interpretation und Analyse der *Verbreitungs-Medien* kommen infrastrukturelle und organisationsspezifische Elemente hinzu. Damit fließt der Kontext ausdifferenzierter Gesellschaften, insbesondere das Mediensystem mit seinen historischen, ökonomischen, technischen, politisch-kulturellen und ästhetischen Besonderheiten, dem Charakter der medialen Erscheinungsformen sowie den jeweiligen Funktionen in die Interpretation ein. Zusammenfassend: Die Analyse
- der Proto-Medien erfordert die Prüfung der Regelverwendung (Grammatik),
- der Basis-Medien zusätzlich die Symbol-Interpretation und
- der Verbreitungs-Medien zudem die Betrachtung funktionaler Elemente.

D. Konzepte von Öffentlichkeit und öffentlicher Meinung

Ohne Medien und Kommunikation gäbe es weder Öffentlichkeit noch öffentliche Meinung. Wenn Kommunikation als Austausch von und Verständigung über Bedeutungen definiert wurde und Medien dabei die Mittel sind, die dem zwischenmenschlichen Austausch und der Verständigung dienen, dann ist *Öffentlichkeit das Forum*, die Plattform oder der Resonanzboden, auf denen Kommunikation stattfindet und Medien benutzt werden. Dabei ähnelt Öffentlichkeit als Forum den Medien: Beide bieten der Kommunikation eine Plattform. Im Unterschied dazu ist *öffentliche Meinung Produkt oder Prozess öffentlicher Kommunikation*; in der Literatur werden beide Begriffe bisweilen jedoch bis zur Ununterscheidbarkeit vermischt.

1. Öffentlichkeit und Öffentlichkeiten

«Öffentlich» bedeutet ursprünglich soviel wie offen vor Augen liegend, allgemein verständlich, aufrichtig, nicht geheim. Das Adjektiv taucht im Deutschen im 13. Jahrhundert, seine Substantivierung «Öffentlichkeit» im 17. auf. Während das deutsche Wort öffentlich zunächst keinerlei politischen Bezug hat, ist das mit dem lateinischen Pendant «publicus», «zum Volke gehörig» anders. Es steckt in den Fremdwörtern Publikum, publizieren, Publizität oder auch Republik. In der römischen Antike wurde die republikanische Staatsform mit «res publica» (Gemeinwesen, Staat), wörtlich «die öffentliche Sache», umschrieben. Noch die ersten Kaiser folgten äußerlich der republikanischen Staatsideologie: Augustus gab vor, die Republik wiederhergestellt zu haben. Doch die damaligen Verhältnisse entsprachen den heutigen nur bedingt; funktionell wurde Öffentlichkeit nicht auf Staat bezogen, vielmehr waren Gesellschaft, Öffentlichkeit und Staat in der Antike identisch. Die Fremdheit kann man sich mit einem nicht ganz realitätsnahen Vergleich veranschaulichen: Würden sich die Parlamentarier des Bundestags als *die* Bundesrepublik verstehen, wären nur die Bundestagsdebatten öffentlich. Alles, was außerhalb in Versammlungen oder Massenmedien kommuniziert würde, fände zwar statt, doch quasi unter Ausschluss der (bundesrepublikanischen) Öffentlichkeit. Im Umkehrschluss heißt das, die moderne Öffentlichkeit ist eine Folge der Ausdifferenzierung von Gesellschaft und Staat. Allerdings hat sich der staatliche Bezug nicht ganz verloren. So gibt es noch das «officium publicum», das öffentliche Amt; es gibt öffentliche Gebäude wie Gerichtsgebäude und öffentliche Orte wie den Marktplatz oder die kirchliche Kanzel. Auch der Gerichtsort und das Parlament sind öffentlich; um die Öffentlichkeit von Gerichts- und parlamentarischer Verhandlung wird bis ins 19. Jahrhundert gestritten.[104]

Begriffe sind auch anhand ihrer *Gegenbegriffe* zu fassen; in der Regel wird öffentlich drei Adjektiven gegenübergestellt: öffentlich <> nichtöffentlich, öffentlich <> privat und öffentlich <> geheim. Als Gegenbegriffe zum Substantiv Öffentlichkeit kennt die Sprache Privatheit und Geheimnis. Während die Gegenüberstellung öffentlich und geheim den Blick auf die kommunizierten Inhalte lenkt, wird mit Öffentlichkeit und Privatheit der Akzent auf das Forum, in dem kommuniziert wird, gelegt. In seinem Standardwerk *Kritik der Öffentlichen Meinung* schrieb der Soziologe Ferdinand Tönnies (1855–1936): «Die Öffentlichkeit ist ihrem allgemeinen Charakter nach mit jedem entwickelten politischen Leben verbunden. Daher zuerst in ausgeprägter Form mit dem Leben der Städte. Sie hat ihren ausgeprägten Ort [...] auf der Straße (‹in publico›), namentlich auf dem Marktplatze, sei es unter freiem Himmel, oder in geschlossenen Räumen, die für jeden zugänglich sind (Verkaufslauben, Markthallen, Basare).»[105] Und Gerd Maletzke definierte: «Ist die Aussage ausschließlich an eine bestimmte Person oder an eine begrenzte Anzahl von eindeutig definierten Personen gerichtet, nennen wir die Kommunikation privat. Ist dagegen [...] der Kreis der Aufnehmenden vom Aussagenden her weder eng begrenzt noch klar definiert, so hat die Kommunikation öffentlichen Charakter.»[106]

Im Unterschied zu privat ist öffentlich mithin unbeschränkt. Der Gegensatz konnte sich allerdings erst ausbilden, nachdem eine private Sphäre entstanden war. Schon in der Tierwelt finden sich Ansätze: Aus Futterneid verstecken in sozialen Tiergemeinschaften (wie Affen oder Krähen) rangniedere Tiere die entdeckten Speisen vor ranghöheren; rangniedrigere Männchen treiben Sex mit den Weibchen nicht vor dem Alpha-Tier. Möglicherweise lag eine der kulturellen Wurzeln der Privatheit in dieser (Quasi-)Intimität; zumindest der Gegensatz zwischen privat und intim dürfte vormenschliche Wurzeln haben. Der Unterschied zwischen privat und öffentlich hingegen konnte erst in menschlicher Frühzeit auftreten, als die Menschen zum Ackerbau und zur Sesshaftigkeit übergingen und sich in der Folge die Sozial- und Siedlungsstrukturen änderten: Seitdem die Familien in eigenen Hütten und Häusern lebten, die zunächst in einem Weiler oder Dorf und später in einer Stadt errichtet wurden, existierte neben dem privaten Raum der öffentliche, neben dem Haus der Weg, die Straße und der Platz. Allerdings ist das nicht mit unserer heutigen Öffentlichkeit zu verwechseln: Abgesehen davon, dass die Quellen fehlen, die vom Treiben auf diesen «öffentlichen» Plätzen berichten und aus denen sich auf deren Funktion schließen ließe, muss bezweifelt werden, dass Öffentlichkeit im Vorpolitischen eine Kategorie darstellte. Erst durch den Katalysator Politik konnte auch Öffentlichkeit entstehen. Das geschah zuerst im antiken Griechenland. Die Griechen unterschieden zwischen dem Haus (oikos) und der Stadt (polis). Ökonomie betrifft mithin ursprünglich die Ordnung (das Wirtschaften) des Hauses, Politik die (öffentlichen) Fragen, welche die gesamte Stadt betreffen.

Das Private umfasst auch das Intime und damit zugleich das Heimliche. Über den Gegensatz von öffentlich und geheim liegen zwei erschöpfende Analysen vor. Die eine analysiert die historische Herausbildung in der Frühen Neuzeit, die andere systematisiert den Gegensatz aus sozialwissenschaftlicher Perspektive.[107] Die Abgrenzung zur Praxis der Geheim- oder, wie es in der Frühen Neuzeit hieß, Arkanpolitik, war für die Herausbildung der modernen Öffentlichkeit von entscheidender Bedeutung. Mit «arcanum», lateinisch: das Geheime, wurden in der frühen Neuzeit alle Bereiche des politischen Geschäfts bezeichnet, die hinter geschlossenen Türen ver- und behandelt wurden.

Ob nun Öffentlichkeit oder der Plural Öffentlichkeiten bevorzugt werden sollte, ist in der Literatur umstritten. Der Singular wird entweder als Kollektivsingular (also mithin doch im Plural), oder aus Gewohnheit, oder um eine historische *Entwicklung von der Öffentlichkeit zu den Öffentlichkeiten* aufzuzeigen, gebraucht. Der Singular macht Sinn, wenn Öffentlichkeit als abstraktes Konzept verstanden wird. Diese Öffentlichkeit ist Appellations- oder Legitimationsinstanz. Man wendet sich an die Öffentlichkeit, wie man auf den Marktplatz geht. Aussagen wie «die Öffentlichkeit erfuhr davon» oder «die Öffentlichkeit verlangt» zeigen die Öffentlichkeit als Adressaten oder als Akteur. Immer jedoch basiert der Singular Öffentlichkeit auf einer Fiktion; denn es agiert keine konkrete Person und es wird auch niemand direkt angesprochen. Vielmehr agieren Stellvertreter für und in der Öffentlichkeit: seien es Medien (Zeitungen, Rundfunksender …), seien es prominente Sprecher (als Experten, Politiker etc.). Als Adressat ist Öffentlichkeit ebenfalls nicht genau zu erkennen. Das Publikum ist entweder das disperse, massenmediale Publikum im Sinne Maletzkes, oder es besteht aus einer Menge von Individuen (in der Kirche, auf dem Marktplatz, in der Versammlung), bei denen kein Redner sicher sein kann, wer wirklich zuhört. Sinnvollerweise kann von *der* Öffentlichkeit nur gesprochen werden, wenn man sich raum-zeitlich eine konkrete Öffentlichkeit vorstellt: die Öffentlichkeit in einer Affäre oder die Öffentlichkeit bei dem Wahlkampfauftritt eines Politikers. Prinzipiell scheint also der Plural Öffentlichkeiten besser; wenn dennoch im Weiteren bisweilen von Öffentlichkeit gesprochen wird, dann im Kollektivsingular. Dabei haben sich die

Öffentlichkeiten evolutionär ausdifferenziert: in profane und religiöse Öffentlichkeit, politische und unpolitische, wirtschaftliche und kulturelle etc.

Aus der großen Vielzahl von Konzeptionen – ein Autor hat davon gesprochen, Öffentlichkeit sei «ein Sammelsurium diverser und diffuser Kommunikations- und Funktionszusammenhänge»[108] – seien zwei exemplarisch beleuchtet: 1. das Konzept des Strukturwandels der Öffentlichkeit und 2. das Arenenmodell.

Seit mittlerweile vier Jahrzehnten erfreut sich das geschichtsphilosophische Konzept vom *Strukturwandel der Öffentlichkeit* von Jürgen Habermas[109] großer Wertschätzung in der wissenschaftlichen Öffentlichkeit. Habermas behandelt in seiner Habilitationsschrift die frühe Neuzeit und die Moderne von ca. 1700 bis Mitte des 20. Jahrhunderts. Er zeichnet ein kulturkritisches Verfallsszenario in der Absicht, die Realität der (bundesrepublikanischen) Demokratie und des Sozialstaats am werteorientierten Anspruch der (sozialen) Demokratie zu überprüfen: «Am Strukturwandel der bürgerlichen Öffentlichkeit läßt sich studieren, wie es vom Grad und der Art ihrer Funktionsfähigkeit abhängt, ob der Vollzug von Herrschaft und Gewalt als eine gleichsam negative Konstante der Geschichte beharrt – oder aber, selber eine historische Kategorie, der substantiellen Veränderung zugänglich ist.»[110]

Das grundlegende Axiom des *Strukturwandels* versteht Öffentlichkeit als *Diskursmodell*: Öffentlichkeit ist Gegenöffentlichkeit zu dem staatlichen Bereich der repräsentativen Öffentlichkeit; das *Publizitätsprinzip* wird *gegen* die *Arkanpraxis* der frühneuzeitlichen Staaten gestellt. Damit macht sich Habermas die Argumentation der Aufklärung zueigen: Die Aufklärung sah es als wichtigste Aufgabe an, dem Menschen aus «selbstverschuldeter Unmündigkeit» (Immanuel Kant, 1724–1804) herauszuhelfen.[111] Daher bezeichnet man das Habermas'sche Diskursmodell auch als deliberativ, beratschlagend; es diene der Durchsetzung des besseren Arguments. Nicht über Mythen, sondern über rationalen Diskurs seien die modernen (aufgeklärten) Gesellschaften integriert. Doch sei heute – in der zweiten Hälfte des 20. Jahrhunderts – der rationale Diskurs nicht mehr so grundlegend wie noch zu Zeiten der Aufklärung.

Der *Strukturwandel der Öffentlichkeit* beschreibt zwei Zustände und deren Wandel: einerseits die soziale Struktur und den *Wandel der Sozialstruktur*, andererseits die politische Funktion und den politischen *Funktionswandel der Öffentlichkeit*. Die Sozialstruktur wandle sich, weil sich das Bürgertum ausdifferenziert habe und auch unterbürgerliche Schichten zum Publikum geworden seien. Damit gehe ein sozialer Strukturwandel einher, bei dem das ursprünglich literarische, kulturräsonierende und kritische zu einem vorwiegend unkritischen und konsumierenden Publikum wurde. Die Bedeutung der ursprünglichen literarischen Öffentlichkeit habe darin gelegen, diskursive, demokratische Muster «der Kraft des besseren Arguments»[112] einzuüben, die zur politischen Öffentlichkeit hätten umfunktioniert werden können. Der Zerfall habe mit der Ausweitung der Rezeptionsschichten begonnen und sei von der Massenpresse, Taschenbüchern und anderen kulturindustriellen Produkten erzeugt worden. Dabei sei die Unmittelbarkeit verloren gegangen: Die «verselbständigte[n] Massenmedien […] mediatisierten [das] Publikum» und schöben sich als Kontrollinstanz zwischen Bürger und Staat.[113] Mit Blick auf die «Bildzeitung» konstatiert Habermas eine Machtverschiebung zwischen Qualitäts- und Massenpresse: «Im Verhältnis zur Erweiterung des Zeitungspublikums verliert daher, langfristig gesehen, die politisch räsonierende Presse an Einfluß».[114] So sei eine über die Massenmedien verbreitete «Integrationskultur» entstanden.[115] «Die durch Massenmedien erzeugte Welt ist Öffentlichkeit nur noch dem Scheine nach.»[116]

Die *empirische Grundlage* seiner Beobachtungen sind die Entwicklungen in westlichen Staaten, insbesondere in Deutschland, Frankreich, Großbritannien und den USA. Gültigkeit beansprucht sein Modell in erster Linie für die Herausbildung und Entwicklung des modernen Verfassungsstaats. Im britischen Beispiel sieht er ab der Wende vom 17. auf das 18. Jahrhundert das paradigmatische Vorbild dieser Entwicklung: einerseits mit Blick auf das parlamentarische System und die Verantwortlichkeit der Kabinettsregierung, andererseits wegen der Entwicklungen der Presse. Frankreich zeige die Dialektik der politischen Entwicklungen: von den vorrevolutionären Spannungen über die Französische Revolution mit der Erklärung der Menschenrechte von 1789 und der Verfassung von 1793 bis zu Napoleon Bonapartes (1769–1821) Eingrenzung der politisch-diskursiven Freiheiten, insbesondere der Pressefreiheit. An den Entwicklungen in den USA kritisiert Habermas einerseits den Einfluss der Kulturindustrie, andererseits die «Meinungspflege» und inszenierte «öffentliche Meinung» durch Medien, PR und Öffentlichkeitsarbeit. Statt dem Austausch von Argumenten über reale Interessen zu dienen, würden Interessen vorgeschützt und Diskurs simuliert: «Dem im

Zeichen eines fingierten public interest durch raffinierte opinion-molding services erzeugten Konsensus fehlen Kriterien des Räsonablen überhaupt.»[117]

Jürgen Habermas' *Strukturwandel* steht in der *Tradition der Kritischen Theorie*, der «Frankfurter Schule» um Theodor W. Adorno (1903–1969). Zu Max Horkheimer (1895–1973), dem anderen führenden Kopf des Frankfurter «Instituts für Sozialforschung», hatte Habermas hingegen ein gespanntes Verhältnis.[118] In Anlehnung an Adorno sprach Habermas von der «patentierte[n] Kulturindustrie», die dem Publikum einen «quietive[n] Handlungsersatz» biete.[119] Der Strukturwandel der Öffentlichkeit ist eine Erscheinungsform der «Dialektik der Aufklärung».[120] In theoretischer Hinsicht – Überprüfung der Wirklichkeit des Sozialstaats – zeigte er sich zudem dem Betreuer seiner Habilitation, dem Marburger Soziologen Wolfgang Abendroth (1906–1985), verpflichtet. Weitere Anleihen übernahm Habermas u. a. von Kant über Karl Marx (1818–1883) bis hin zu dem Juristen Carl Schmitt (1888–1985) – von Schmitt allerdings nur in negativer Abgrenzung.

Habermas' Modell des Strukturwandels ist ebenso breit rezipiert wie häufig kritisiert worden, stellvertretend seien die Soziologen Jürgen Gerhards (* 1955) und Friedhelm Neidhardt (* 1934) zitiert: «Schwierigkeiten für die Forschung ergeben sich allerdings aus der bei Habermas nie völlig aufgegebenen Konfundierung [Vermengung] empirischer und normativer Elemente seines Konzeptes.»[121] In der Neuauflage seines Werkes von 1990 setzt sich Habermas mit seinen Kritikern auseinander. Er akzeptiert die *Kritik* an den «empirischen Defiziten» und konzediert Schwächen. Dennoch eigne sich der Begriff der «politischen Öffentlichkeit» weiterhin als «Grundbegriff einer normativ angelegten Demokratietheorie».[122]

Der Kritik seien noch *weitere Argumente* beigefügt. 1.) war der «Strukturwandel» zu sehr von der Gegenwart (1962) her gedacht und beschränkte sich auf westeuropäisch-atlantische Beispiele. 2.) identifizierte Habermas die politische Öffentlichkeit hauptsächlich mit Parlament und Presse. 3.) glaubt er an die Utopie der Aufklärung, das bessere Argument führe (quasi automatisch) zu einer besseren Gesellschaft. 4.) ist die Erkenntnis eines Strukturwandels der Öffentlichkeit trivial, da historischer Wandel immer mit dem Wandel sozialer und demografischer Strukturen einhergeht. 5.) und nicht zuletzt wird man feststellen müssen, dass Habermas – und nach ihm alle, die sich auf ihn beziehen – den entscheidenden Wandel der Öffentlichkeit viel zu spät verortet. Der eigentliche Wandel setzte schon deutlich früher ein, in den «Revolutionen» des 16. und 17. Jahrhunderts: in der Reformation, die zur Auflösung der Glaubenseinheit in Europa führte, in der englischen Revolution und der französischen Fronde, die der altständischen Politik das Ende bereiteten. In allen europäischen Ländern hätten die politisch-religiösen Auseinandersetzungen einen anderen Verlauf genommen, wenn sie nicht von Gutenbergs Erfindung und von den Flugschriften und Zeitungen unterstützt worden wären. So entstanden die diskursiven Öffentlichkeiten gegen die frühneuzeitliche, konsensual-einstimmige «Öffentlichkeit der Macht». Der politisch-öffentliche Diskurs, den Habermas als Ausgang seines Strukturwandels bestimmt, war selbst schon eine Folge von Veränderungen des 15. bis 18. Jahrhunderts.[123]

Der *Stellenwert* des Modells vom Strukturwandel der Öffentlichkeit ist trotz der genannten Defizite immer noch hoch. Dabei kann als paradoxes Ergebnis festgehalten werden, dass die heutige Öffentlichkeit sich als Gegenöffentlichkeit gegen die staatlich-repräsentative Öffentlichkeit formierte. War Öffentlichkeit ursprünglich Synonym der Macht, so gefährdete die diskursive Öffentlichkeit zunächst das staatliche Machtmonopol, und dann fand sie in den demokratischen Gesellschaften über die Gefährdung zu deren Kontrolle und Legitimation.

Weniger wertend als analytisch-beschreibend stellt sich ein anderes weitverbreitetes Modell der Öffentlichkeit dar: das *«Arenenmodell»* der Soziologen Jürgen Gerhards und Friedhelm Neidhardt.[124] Den Namen verdankt das Modell einer Analogie: Wie in einer Arena wird zwischen Akteuren und Publikum unterschieden; dabei agieren (bildlich gesprochen) die Sprecher in der Arena, während das Publikum auf den Rängen sitzt und zuschaut. Axiomatisch versteht das Arenenmodell jede Öffentlichkeit als «intermediäres System», das zwischen den Medien aufgespannt und durch Mediengebrauch konstituiert wird. Das Arenenmodell kennt drei verschiedene Interaktionssysteme oder Öffentlichkeitsebenen, mehrere Kommunikations- und Rollenmuster sowie Prozessstufen. Den Kern des Modells bilden drei Ebenen der Öffentlichkeit (Interaktionssysteme), die sich durch die Reichweite beim Publikum, die Zutrittschance der Teilnehmer, die strukturelle Verankerung in der Gesellschaft und ihre Teilnehmerzahl unterscheiden: 1.) die Encounter-Öffentlichkeit, 2.) die Versammlungsöffentlichkeit und 3.) die massenmediale Öffentlichkeit.

Abbildung I-12: Das Arenenmodell

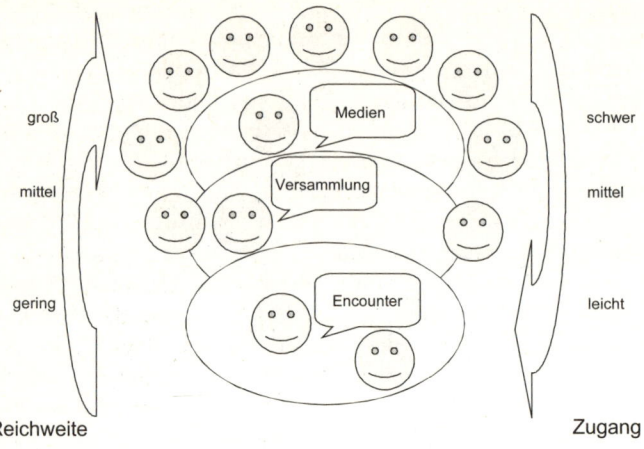

Das einfachste Interaktionssystem ist die sogenannte *Encounter-Öffentlichkeit*, aus dem Englischen encounter = Begegnung. Damit sind episodische, zufällige Begegnungen auf der Straße, dem Markt oder im Hausflur gemeint. Diese «Öffentlichkeit» ist wenig strukturiert und hat so gut wie keine Reichweite, die Kommunikation beschränkt sich auf wenige zufällig Anwesende. Der Zugang unterliegt keiner Beschränkung, und aufgrund ihrer Unverbindlichkeit können die Akteure die Encounters als Probebühne nutzen. Obwohl es diese «Öffentlichkeit» gegeben hat, seitdem Menschen miteinander kommunizieren, ist sie demokratietheoretisch von Bedeutung: wegen der Schwierigkeit der Kontrolle durch die Obrigkeit. Da Menschen sich immer und überall «über den Weg» laufen, lässt sich totalitäre Kontrolle bis auf diese Ebene nicht vollständig ausdehnen. Selbst das NS-Regime konnte nicht verhindern, dass sich die «Volksgenossen» Flüsterwitze erzählten und Gerüchte weitergaben. Allerdings verfügen Diktaturen über diverse Instrumente, um Misstrauen unter ihren Bürgern zu säen; Encounters sind also weder in der Regel noch automatisch subversive Zirkel – sie können jedoch so funktionieren.

Das nächste Interaktionssystem ist die *Versammlungsöffentlichkeit*. Sie besitzt eine thematische Strukturierung: Menschen kommen zum Wahlkampfauftritt von Politikern; die Hauptversammlung eines Sportvereins diskutiert über das abgelaufene Vereinsjahr (sportlich, finanziell, sozial); man geht in die Kirche, ins Theater oder zu einer

Karnevalssitzung. Alle definieren sich über ein gemeinsames Thema (Politik, Vereinsangelegenheiten, Religion, Unterhaltung). Versammlungen können als Probebühne für Diskussion und Meinungsführung gelten. Die Versammlungsöffentlichkeiten weisen eine mittlere Reichweite und ebenfalls mittlere Zugangsmöglichkeit auf. Zugang verlangen nur die Interessierten, der Zutritt kann an Mitgliedschaft gebunden sein. Wer teilnimmt, erreicht mehr Menschen als bei einer zufälligen Begegnung. Eine Sonderform der Versammlungsebene bilden kollektive Proteste, Demonstrationen u. ä., weil dort nicht diskutiert, sondern kollektiv gehandelt wird.

Die *Massenmedien* bilden das dritte öffentliche Interaktionssystem. Vorausgesetzt wird die technische Infrastruktur der Medien und die Existenz des dispersen Publikums: Es ist nicht physisch anwesend und wird ohne die direkte Feedback-Möglichkeit mit den Aussagen des Mediums konfrontiert. Je größer das Publikum ist, desto mehr Laien sind anwesend; in der Zusammensetzung ist es heterogen, nicht repräsentativ; der Organisationsgrad der verstreuten Individuen ist gering. In Abwandlung von Maletzkes Feldschema konstruieren Gerhards und Neidhardt einen indirekten Publikumseinfluss als Kreislauf der Meinungen auf allen drei Ebenen. Das Publikum hat in der massenmedialen Öffentlichkeit die geringste Zugangschance, die kommunizierten Botschaften haben jedoch die größte Reichweite von allen drei Öffentlichkeitsebenen. In den Massenmedien professionalisieren sich die Leistungsrollen: Einerseits produzieren die Medien eigene Beiträge, andererseits nehmen sie die Themen des Publikums auf.

Mit dem *Internet* gibt es zahlreiche weitere *Sonderformen*, die Gerhards und Neidhardt noch nicht bedenken konnten: 1.) als Plattform typisch massenmedialer Öffentlichkeiten in den Angeboten klassischer Massenmedien (Rundfunkanstalten, Presse); 2.) enthält es typische Elemente der Versammlungsöffentlichkeit, sei es in ökonomischer Hinsicht (z. B. Ebay), sei es in den Newsgroups und Chat-Rooms zu jedem Thema. 3.) lassen sich auch Encounter-Elemente beobachten: bei Instant-Message-Systemen wie ICQ (abgeleitet von I seek you). 4.) Weblogs oder Blogs weisen gar Elemente aller drei Ebenen auf: Für die Vergleichbarkeit mit der Encounter-Öffentlichkeit spricht die leichte und zudem mehr oder minder zufällige Zugänglichkeit; die Kommunikation hat Gesprächscharakter; die Reichweite ist schon deshalb gering, weil es Abertausende Blogs gibt – man spricht hier vom «long tail» der Blogosphäre. Daneben lassen sich

Merkmale der Versammlungsöffentlichkeit feststellen: Viele Blogs sind themenzentriert, genießen in der spezialisierten Öffentlichkeit eine gewisse Reichweite, zugleich wird der Zugang über das thematische Interesse gesteuert. Letztlich sind Blogs auch Massenmedien: Denn einerseits ist die Reichweite potenziell unbeschränkt, andererseits werden sie technisch vermittelt. Die auf Blogs spezialisierte Suchmaschine technorati[125] hilft nicht nur, abgelegene Blogs zu finden, sondern erstellt auch regelmäßig eine Liste der Blogs mit der größten Reichweite.[126]

Das Arenenmodell ist nicht so einfach konstruiert, wie es auf den ersten Blick erscheint. Da es auf der strukturell-funktionalistischen Systemtheorie Parsonscher Prägung (vgl. Kapitel II.B.1) beruht – allerdings ohne dessen generalisierte Medien zu übernehmen –, betrachtet es Politik, Wirtschaft, Wissenschaft und weitere Bezugssysteme als Teilsysteme der Gesellschaft mit jeweils systemspezifischen Öffentlichkeiten und eigener Logik. Die wichtigste gesellschaftliche Funktion dieser Öffentlichkeiten ist Vermittlung; sie konstituieren sich im Diskurs zwischen den und über die Medien. In den Öffentlichkeiten handelt es sich um *Laienkommunikation*, die a) prinzipiell unabgeschlossen ist, sich b) nicht allein durch Anwesenheit definiert, und deren Teilnahme c) nicht an Stand oder Status gebunden ist. In partiellem Widerspruch zur Betonung der Laienkommunikation stehen die (professionellen) *Rollenmuster* der Sprecher mit ihren fünf Idealtypen: 1.) die Repräsentanten, die als Stellvertreter nominiert sind – u.a. Parlamentsvertreter; 2.) Advokaten, die als Anwalt einer Sache oder dritter Personen an der öffentlichen Diskussion teilnehmen – z.B. Vertreter von Bürgerinitiativen; 3.) Experten stellen im öffentlichen Diskurs den Fachverstand zur Verfügung; 4.) Intellektuelle liefern rational begründete Argumente; 5.) die Gruppe der Kommentatoren fasst Meinungen zusammen und akzentuiert sie. Die Sprecher verwenden nach Gerhards und Neidhardt drei *Kommunikationsmuster*: a) das Verlautbarungsmodell, bei dem Kommunikation als Einbahnstraße funktioniert; b) das Agitationsmodell, bei dem alle Beteiligten aneinander vorbeireden; c) das Diskursmodell, in dem die Teilnehmer von gleich zu gleich kommunizieren. Immer aber ist Aufmerksamkeit ein knappes Gut. Schließlich unterscheiden Gerhards und Neidhardt noch drei *Prozessstufen* in der öffentlichen Kommunikation mit jeweils spezifischen Aufgaben oder Funktionen: 1.) Input oder Informationssammlung, 2.) Throughput oder Informationsverarbeitung und 3.) Output oder Informationsanwendung.

Wenn die *Kritik* Gerhards und Neidhardts Modell bisweilen vorwirft, es sei simplizistisch, dann deshalb, weil es der älteren, einfacheren Systemtheorie à la Parsons näher steht als der jüngeren, komplexeren à la Luhmann. Doch liegt die Einfachheit der Konstruktion auch daran, dass Öffentlichkeit, wie die Urheber des Arenenmodells zu Recht betonen, wegen der Vielzahl der Einflussfaktoren per se «überkomplex» ist.[127] Die Komplexität der Öffentlichkeit ergibt sich aus den zahllosen Variationsmöglichkeiten von Interaktionssystemen, Prozessstufen, Kommunikations- und Rollenmustern. So ist das Arenenmodell nur vordergründig simpel; die überschaubaren Modellelemente verdeutlichen jederzeit die ungleich größere Komplexität der Wirklichkeit. Zwar besitzt das Modell wegen der massenmedialen Stufe nur in der Neuzeit seit Gutenberg Geltung, die jedoch beschreibt es systematisch. Zudem lässt es sich wegen seiner Systematik mit anderen Modellen kombinieren, um komplexere Fragestellungen zu operationalisieren – im folgenden Fallbeispiel mit Habermas' normativem Öffentlichkeitsverständnis:

Tabelle I-4: Witze als Prüfstein kommunikativer Freiheiten[128]

	Encounter-Öffentlichkeit	*Versammlungs-Öffentlichkeit*	*Massenmediale Öffentlichkeit*
frei (Demokratie)		W 3	W 5
halbfrei (autoritäres Regiment)	W 1	W 4	
unfrei (totalitäres System)	W 2		

Das strukturierende Element steht in der Tabellen-Überschrift. Der damit kombinierte Grad der Freiheit des Politischen wird in der 1. Spalte angezeigt. Als Ausgangshypothese zur Überprüfung der kommunikativen Freiheiten mittels des politischen Witzes kann mithin formuliert werden: Je größer sich die Chance für aggressive, nicht systemkonforme Witze darstellt, in Versammlungen und medialen Öffentlichkeiten verbreitet zu werden, desto besser ist es um die Meinungsfreiheit bestellt. Dabei kann es im Sinne der Hypothese keinen politischen Witz geben, der in einer vollständig freien Gesellschaft nur auf die Encounter-Öffentlichkeit beschränkt ist. Umgekehrt dürfte es gemäß der Hypothese in autoritären Regimen keine nonkonformen Witze geben, die in den Massenmedien Verbreitung finden. Totalitäre Regime dürften gemäß der Hypothese nonkonforme Witze weder in Massenmedien noch in Versammlungen dulden.

2. Öffentliche Meinung, öffentliche Meinungen

Im Zusammenhang mit Öffentlichkeit oder Öffentlichkeiten fällt der verwandte Begriff *öffentliche Meinung*, mal in Klein-, mal in Großschreibung, ebenfalls mal im Singular, mal im Plural. Öffentlichkeit und öffentliche Meinung werden in der Literatur häufig bis zur Ununterscheidbarkeit miteinander vermischt. Vergleichbar mit den eingangs erwähnten 160 Definitionen von Kommunikation zählte vor Jahrzehnten der amerikanische Politikwissenschaftler Harwood L. Childs (1898–1972) in einer Metastudie zur öffentlichen Meinung mehr als 50 Definitionen auf; auch hier sind inzwischen weitere hinzugekommen.[129] So vielschichtig der Öffentlichkeitsbegriff, so variantenreich wird auch öffentliche Meinung verwendet. Hier wie da hängen die verwendeten Begriffe mit den präferierten Modellen und Konzepten zusammen. Wer von «öffentlichen Meinungen» spricht, weist ihnen damit nur ein vergleichsweise geringes Gewicht und zugleich ein hohes Maß an Virtualität zu. Wer hingegen den Singular benutzt und womöglich «Öffentlich» zudem noch groß schreibt, betont damit nicht nur die Bedeutung des Phänomens, sondern vertritt ein Konzept, das die Öffentliche Meinung als aktiv handelndes Subjekt sieht.

«Öffentliche Meinung» taucht als Begriff während der Französischen Revolution in Übersetzung von «opinion publique» auf. Im Englischen würde man «public opinion» sagen, im Lateinischen könnte man sowohl «vox populi» (Stimme des Volkes) als auch «communis opinio» (Meinung aller) verwenden, wobei im ersten Fall eher an ein sozialpsychologisches Phänomen, im zweiten eher an eine rational gewonnene Übereinkunft zu denken wäre. Zwischen den beiden Polen changiert das heutige Verständnis des Begriffs. Das war nicht immer so: Bis weit ins 20. Jahrhundert war mit öffentlicher Meinung fast ausschließlich die in der Presse veröffentlichte gemeint. Man stritt sich nur darum, ob sie als *Organ* zu verstehen sei, welches die Meinungen und Einstellungen der Bevölkerung hervorbringt, oder ob die veröffentlichte Meinung wie ein *Spiegel* die Meinungen und Einstellungen der Bevölkerung reflektiere. Wenn heute unter öffentlicher Meinung zumeist die vox populi verstanden wird, so liegt das nicht zuletzt an den demoskopischen Umfragen, die seit der Mitte des 20. Jahrhunderts in der Sozialforschung eingesetzt werden. Bis dahin wurde, um die vox populi zu bezeichnen, zumeist das Begriffspaar «öffentliche Stimmung» oder «allgemeine Stimmung» gewählt. Öffentliche Meinung ist – wie die Öffentlichkeit – ein historisch verwurzeltes Phänomen. Konstituiert sich Öffentlichkeit als Forum oder Resonanzboden für Kommunikation, ist öffentliche Meinung als kommunikatives Produkt oder kommunikativer Prozess zu verstehen. Auch in diesem Abschnitt sollen exemplarisch zwei theoretische Konzeptionen vorgestellt werden. Obwohl sie partiell kaum gegensätzlicher sein könnten, bauen sie dennoch aufeinander auf, die Entwürfe von 1.) Ferdinand Tönnies und 2.) Elisabeth Noelle-Neumann.

Der wichtigste Theoretiker der öffentlichen Meinung im frühen 20. Jahrhundert war der Soziologe *Ferdinand Tönnies* (1855–1936) mit seinem Hauptwerk *Kritik der öffentlichen Meinung*. Tönnies unterschied zwischen der unartikulierten «öffentlichen Meinung» und der artikulierten «Öffentlichen Meinung», die er axiomatisch als Meinung der Klügsten verstand: «Aber die Volksstimmung ist nicht die Öffentliche Meinung. Diese ist […] gleichsam kristallisiert [in der] Gelehrtenrepublik.»[130] Die Presse sei nicht das Organ der öffentlichen Meinung, sondern ein anderen öffentlichen Orten (Salon, Wirtshaus, Kaffeehaus) vergleichbares Forum.[131] Öffentliche Meinung ist für Tönnies der manifestierte soziale Wille. Schule gemacht hat seine Unterscheidung von drei Stufen der Verfestigung in Anlehnung an die gasförmigen, flüssigen und festen Aggregatzustände der klassischen Physik. Bei der individuellen Meinung sei der gasförmige durch Unruhe gekennzeichnet, feste Meinung durch im Individuum verwurzelte Überzeugungen; der flüssige Aggregatzustand – zwischen Unruhe und fester Überzeugung – sei bei den Menschen der Normalzustand. Analog dazu definierte Tönnies *drei Aggregatzustände der öffentlichen Meinung*: 1.) Gasförmig sei die öffentliche Meinung des Tages wie die Auseinandersetzung in der Tagespresse. 2.) Flüssig seien Parteiauseinandersetzungen, bei denen die allgemeinen Grundsätze der Zielrichtung gleich, die Einzelheiten über Wege und Mittel hingegen unterschiedlich betrachtet würden. 3.) Ein fester Aggregatzustand der öffentlichen Meinung sei dann erreicht, wenn eine Einstellung zur Überzeugung des ganzen Volkes oder gar der ganzen zivilisierten Menschheit geworden sei, beispielsweise das Werturteil, Folter sei verwerflich.[132]

Tönnies ist mit dieser Unterscheidung ein Vorläufer der Theorie der Schweigespirale von Elisabeth Noelle-Neumann (* 1916), insofern auch er den Konformitätsdruck betont: «Die Öffentliche Meinung tritt immer mit dem Anspruch auf, maßgebend zu sein, sie heischt Zustimmung und macht wenigstens das Schweigen, das Unterlassen des Widerspruchs zur Pflicht.»[133] Für die ohne äußeren Zwang hergestellte äußere Konformität sei das Schweigen bedeutsam, denn darin zeige sich die Anpassung des Individuums an das herrschende Meinungsklima. Allerdings gibt es zwischen Tönnies und Noelle wichtige Unterschiede.[134] Tönnies betrachtet die rationale Gelehrtenrepublik als höchste Vervollkommnung der «Öffentlichen Meinung» und weist ihr eine manifeste Funktion zu: die zweckgerichtete Problemlösung. Im Unterschied zu Noelle hält Tönnies öffentliche Meinung nicht für eine anthropologische Konstante mit universalem Gültigkeitsanspruch, sondern in Zeit verhaftet: «Auch die Öffentliche Meinung [...] ist eine neuzeitliche Erscheinung.»[135]

Die heutige *Bedeutung* der *Kritik der öffentlichen Meinung* liegt zum einen in der Systematik der Aggregatzustände, zum zweiten in der eben erörterten Traditionslinie, die bis hin zu Elisabeth Noelle-Neumann führt. Zum dritten ist Tönnies bleibendes Ansehen darin begründet, dass er eine Debatte wissenschaftshistorisch analysiert, die von der griechischen Antike, über staatsphilosophische Denker der frühen Neuzeit (Niccolò Machiavelli, 1469–1527; John Locke, 1632–1704; David Hume, 1711–1776 u. a.) bis zu frühen Vertretern der Medien- und Kommunikationswissenschaft (u. a. Wilhelm Bauer, 1877–1953) reicht. Allerdings ist in jüngerer Vergangenheit mehrfach und unabhängig voneinander beklagt worden, dass eine inhaltliche Auseinandersetzung mit Tönnies bislang kaum stattgefunden habe.[136] Veraltet hingegen wirkt das Konzept, da der «Gelehrtenrepublik» besonderes Gewicht zugesprochen wird. Tönnies steht hier, wie Jürgen Habermas, in der Tradition der Aufklärung und überschätzt den rationalen Diskurs. Zugleich verstellt die Überbetonung des Intellektuellen Tönnies die Sicht auf die Funktion der Öffentlichen Meinung als Kontrollorgan staatlicher Macht. Tendenziell sieht er sie sogar mit der Macht verbündet.[137] Das trennt ihn deutlich von Habermas, für den öffentliche Meinung die manifeste Funktion hat, Korrelat zur Macht der Regierung zu sein. Allerdings lehnen beide die Auffassung ab, öffentliche Meinung sei Mehrheitsmeinung. Habermas meint, die sozialpsychologisch entstandene «formlose Reaktion der Masse» sei aus ihrem Funktionszusammenhang mit dem politisch-administrativen System gerissen und verliere damit automatisch den Charakter der öffentlichen Meinung.[138] Die Geringschätzung der «Volksstimmung» durch Tönnies klingt ähnlich. Diese Gemeinsamkeiten trennen beide von einem Konzept, das zum Abschluss dieses Abschnitts vorgestellt werden soll:

Elisabeth Noelle-Neumanns Theorie der Schweigespirale ist wohl das meistzitierte kommunikationswissenschaftliche Konzept der letzten Jahrzehnte aus dem deutschsprachigen Raum und wird in jedem einschlägigen Handbuch, in jedem Lexikon und in jeder Einführung behandelt.[139] Zweimal wurde sie in dem «Zentralorgan» der Kommunikationswissenschaft, der *Publizistik*, rezensiert – mit gegensätzlicher Tendenz. Das geschieht höchst selten und deutet schon die Brisanz des Modells an.[140] Während die bislang behandelten Öffentlichkeitskonzeptionen nur zeitlich und räumlich begrenzte Gültigkeit reklamierten – im Wesentlichen die Neuzeit und Moderne in den westeuropäisch-atlantischen Staaten[141] –, beansprucht das erste Axiom der Schweigespirale deren universale, zeit- und kulturübergreifende Gültigkeit – von den «Naturvölkern» über die Antike bis zur Gegenwart. Noelle-Neumanns Ansatz will eine Makro-Theorie sein. Ausgangspunkt war allerdings ein raum-zeitlich eng begrenztes Phänomen: Sie wollte erklären, warum sich die Wähler bei mehreren Bundestagswahlen in den 1960er und 1970er Jahren kurzfristig (in der Wahlkabine) anders entschieden hatten, als die demoskopischen Erhebungen zuvor erwarten lassen durften. Sie definiert die – auch bei ihr groß geschriebene – «Öffentliche Meinung» als «wertgeladene, insbesondere moralisch aufgeladene Meinungen und Verhaltensweisen […], die man – wo es sich um fest gewordene Übereinstimmungen handelt, zum Beispiel Sitte, Dogma – öffentlich zeigen muß, wenn man sich nicht isolieren will; oder bei im Wandel begriffenem ‹flüssigem› (Tönnies) Zustand öffentlich zeigen kann, ohne sich zu isolieren.»[142] Ein zweites Axiom benennt soziale Kontrolle als Funktion der Öffentlichen Meinung; bewusst grenzt sie ihre Definition von dem sogenannten Band-Waggon-Effekt ab, demzufolge die Menschen zu den Erfolgreichen überlaufen.[143]

In der Definition sind schon zwei *Randbedingungen* oder Voraussetzungen, unter denen die Schweigespirale Gültigkeit beansprucht, genannt: 1.) Objekt der Öffentlichen Meinung können nur emotional aufgeladene, mit Werturteilen verbundene Themen sein; auch Politik ist ohne moralische Aufladung nicht möglich. 2.) müssen die Themen aktuell im Wandel begriffen sein.¹⁴⁴ 3.) kommt hinzu, nur massenmedial vermittelbare Themen in Presse, Hörfunk, Fernsehen oder neueren Medien können die Öffentliche Meinung prägen. Wegen dieser dritten Randbedingung ist der engere Aussagenbereich der Schweigespirale auf die Neuzeit seit Gutenberg beschränkt – trotz der universalistischen Tendenzen.

Die *zentralen Begriffe* sind a) Isolationsfurcht, b) Meinungsklima und c) Schweigespirale. Jeder Mensch lebe als soziales Wesen in *Isolationsfurcht*, die eine anthropologische Konstante sei. Daher würde jedes Individuum versuchen, das Meinungsklima bei moralisch aufgeladenen Themen einzuschätzen: Der Mensch prüfe mit seinem quasistatistischen Wahrnehmungsorgan, welche Ansichten und Verhaltensweisen gebilligt werden und mehrheitsfähig sind. Das Organ sei bemerkenswert genau und verhindere die Isolation des Individuums. Dennoch komme es bisweilen zu verzerrten Wahrnehmungen der Realität. Die Mehrheit könne sich über die Mehrheit täuschen. Das Phänomen wird als «pluralistic ignorance» bezeichnet. Um das *Meinungsklima* einzuschätzen, nehme jeder die unmittelbare, eigene sowie die mediale Umwelt wahr. Insbesondere bei konsonanter (übereinstimmender) und kumulativer (anhäufender) Berichterstattung der Medien würden die Massenmedien eine starke Wirkung entfalten. Dabei könne die Wahrnehmung gestört sein, wenn ein doppeltes Meinungsklima herrsche, sich die Einschätzung der herrschenden Meinung signifikant von der herrschenden Meinung in Medien unterscheide. Die Selbst- und Fremdwahrnehmung führe unter gegebenen Randbedingungen zu einer *Spirale des Schweigens*; Noelle-Neumann formuliert die Annahme, «daß die Vertreter der Mehrheitsmeinung oder einer zunehmenden Meinung redefreudiger sind, [...] während diejenigen, die fühlen daß sie in der Minderheit sind oder mit ihren Ansichten Boden verlieren, in der Öffentlichkeit lieber schweigen».¹⁴⁵ Sie verwendet hier einen weiten Begriff von Meinungen, der auch «Verhaltensdispositionen» umfasst. Um sich also nicht zu isolieren und um der eingeschätzten Mehrheitsmeinung gerecht zu werden, zeige oder verberge das einzelne Mitglied der Gesellschaft die eigentliche Meinung. Damit wird die Öffentliche Meinung mit der herrschenden Meinung der Bevölkerung identifiziert. Die Massenmedien übernehmen eine wichtige Artikulationsfunktion; Noelle-Neumann spricht, wie später Gerhards und Neidhardt, den Medien Thematisierungs- und Überzeugungsstrategien zu; sogar deren Kreislaufgedanke, dass öffentliche Meinungen über die Rückkopplung von Encounter, Versammlungen und Massenmedien entstehen, findet sich in ähnlicher Form schon in der Schweigespirale.

Doch sind bei Noelle-Neumann nicht die Medien der Träger der Öffentlichen Meinung; vielmehr verfolgt sie mit der Schweigespirale einen sozialpsychologischen Ansatz, bei dem Öffentliche Meinung als dynamischer Prozess in der Öffentlichkeit entsteht. In der *Öffentlichkeit als Pranger* oder Tribunal können nur wenige dem sozialen Druck widerstehen: Noelle-Neumann nennt sie «Ketzer, Avantgardisten, Außenseiter». Die wenigen seien potenzielle Meinungsführer und könnten mit ihrem Schwimmen gegen den Strom der Öffentlichen Meinung einen Wandel einleiten. Die Abweichler seien entweder gegen Isolationsdruck notorisch unempfindlich, oder sie hätten persönlich oder thematisch bedingte Gründe, sich gegen die wahrgenommene Mehrheitsmeinung zu stellen: beispielsweise ein katholischer Priester zu Fragen der Geburtenkontrolle.[146]

In der *empirischen Überprüfung* von Redebereitschaft und moralischer Auflading der Themen setzt Noelle-Neumann verschiedene Instrumente ein, darunter den «Eisenbahntest», bei dem der Interviewte gebeten wird, sich gedanklich in ein Eisenbahnabteil zu versetzen. Sodann wird gefragt, ob man für oder gegen dieses oder jenes Thema Stellung beziehen möchte. Eisenbahnabteile sind eine Form von Encounter-Öffentlichkeit, bei der die zufälligen Teilnehmer einander zunächst unbekannt sind. Was schon den ersten Rezensenten nicht einleuchtete, war die Unterstellung, das der Isolationsfurcht ausgesetzte Individuum könne selbst in der einsamen Wahlkabine «nicht zur Souveränität zurückfinden».[147] Immerhin deuteten sozialpsychologische Experimente aus den 1960er Jahren darauf hin, dass extremer Gruppendruck sich sogar bei geheimer Abstimmung auszuwirken vermag.[148]

Doch die Ergebnisse der zitierten Studien widersprechen der Schweigespirale: Aus den berühmten *Konformitäts-Experimenten* der 1950er und 1960er Jahren zitiert die Schweigespirale keine widersprechenden Details, sondern nur, dass Menschen durch psychologischen Druck dazu zu bewegen seien, Behauptungen aufzustellen oder Handlungen auszuführen, von deren Unrichtigkeit sie innerlich überzeugt waren.[149] Solomon E. Asch (1907–1996) wollte nicht primär Konformität messen, sondern die sozialen und persönlichen Umstände prüfen, unter denen Menschen sich dem Konformitätsdruck widersetzen. Stanley Milgram (* 1933) unternahm ähnliche

Experimente.¹⁵⁰ Aschs Experimente waren so aufgebaut, dass eine Testperson mit unterschiedlich langen Strichen konfrontiert wurde; eingeweihte Mitarbeiter – die Testpersonen hielten sie ebenfalls für Testkandidaten – machten mal korrekte, mal falsche Aussagen zur Länge der Striche. Wenn eine Testperson mit den Falschaussagen der Mitarbeiter konfrontiert wurde, setzte sie das dem Gruppendruck aus. Trotzdem blieben 68 Prozent der Testpersonen bei ihrer sachlich richtigen Aussage; 25 Prozent ließen sich gar nicht beeinflussen, nur 33 Prozent waren überhaupt bereit, ihr Urteil zu revidieren, sofern sie völlig isoliert dastanden. Sobald die Mitarbeiter nicht mehr einmütig falsches Zeugnis gaben, fiel die Quote der Umfaller um ca. 50 Prozent. So stellte sich der Konformitätsdruck nur ein, wenn ein isolierter Proband einer geschlossenen Ablehnungsfront gegenüberstand; selbst dann war nicht jeder zur Falschaussage zu bewegen. Aschs Ergebnisse legten mithin nahe, dass nur bei vollständiger Isolation der Testperson der Druck übergroß werden kann, ansonsten aber die Mehrheiten irrelevant sind. Im Unterschied zu den Konformitätsexperimenten Aschs konfrontierte Milgram die Probanden mit unterschiedlichen Tönen und erreichte ähnliche Ergebnisse. Asch und Milgram zeigten beide, dass nur die absolute Vereinzelung so starken Konformitätsdruck bei den Individuen aufbaut, dass sie sich anpassen; in Noelle-Neumanns Modell geht es um anderes, um die Wahrnehmung von und Anpassung an Mehrheiten.

Die Schweigespirale ist vermutlich nicht nur das meistzitierte, sondern auch das meistkritisierte Modell der letzten Jahrzehnte. Die *Kritik* ist *partiell wissenschaftlich, partiell ideologisch* begründet. Die empirischen Gegenstudien sind zahlreich: Am Eisenbahntest wurde kritisiert, er simuliere keine typische Öffentlichkeit. Die Redebereitschaft hänge nicht nur von Isolationsfurcht, sondern auch vom Interesse oder der öffentlichen Bedeutung eines Themas ab. Soziale Bezugsgruppen seien wichtiger als die medialen Wahrnehmungen.¹⁵¹ Zur *wissenschaftlichen Kritik:* Wolfgang Donsbach (* 1949), ein Schüler Noelle-Neumanns, formuliert im Sinne des kritischen Rationalismus, dass zumindest diskutiert werden müsse, «ob [die Schweigespirale] eine Theorie im wissenschaftstheoretischen Sinne» sei. «Vermutlich [sei sie …] gegen jegliche Operationalisierung resistent.»¹⁵² Falsifizierbar ist die Schweigespirale kaum, denn mit den Randbedingungen und den Störungen des Spiralprozesses verfügt sie über genügend «Joker», um abweichende Ergebnisse zu dulden. Das beginnt mit der unscharfen Formulierung der Definition Öffentlicher

Meinung, die auf verfestigten Werturteilen beruhe, die man öffentlich teilen müsse oder – schwächer – wandelbaren Urteilen, die man teilen könne. Die redebereiten Abweichler bringen zusätzliche Unschärfe in das Modell. Auch das doppelte Meinungsklima und die «pluralistic ignorance» gewähren genügend Spielräume für die Erklärung von Beobachtungen, die von den Vorhersagen der Schweigespirale abweichen. Daher ist sie keine Theorie im Sinne des kritischen Rationalismus, sondern eher ein Konzept. Dass sie keine Theorie ist, lässt sich auch mit der induktiven, allerdings unvollständigen Beweisführung begründen: Von der Bibel angefangen über Staatstheoretiker der Frühen Neuzeit bis zu Juristen und Wissenschaftlern des 20. Jahrhunderts nennt die Schweigespirale Zitate, die belegen sollen, dass die sozial-psychologische Interpretation der Öffentlichen Meinung schon immer als Instrument der sozialen Kontrolle zu finden war. Mit dieser Methode, die Literaturgeschichte der Menschheit als Steinbruch zu nutzen, kann man jedoch alles und damit eben nichts beweisen.[153] Ausgerechnet der Begründer der modernen Sozialpsychologie, Gustave Le Bon (1841–1931), den man durchaus erwarten dürfte, taucht in der zusammengetragenen Literatur nicht auf.[154]

Hinzu kommt etwas anderes: Wenn Öffentliche Meinung über soziale Kontrolle definiert wird, muss die Gesellschaft zumindest so frei sein, dass sie den latent-indirekten Druck durch Isolationsfurcht möglich macht und nötig hat. Für Diktaturen ist beides zu bezweifeln: Im Nationalsozialismus und in der DDR wurden zwar auch politische Themen moralisch aufgeladen. Der Druck bestand jedoch nicht in Isolationsfurcht, sondern in Gestapo- und Stasi-Terror.

Weitaus grundsätzlicher, aber wenig fundiert ist die *ideologische Kritik*. Partiell stieß die Schweigespirale schon wegen der politischen Vita ihrer Urheberin auf Vorbehalte. Elisabeth Noelle hatte 1946 den späteren CDU-Abgeordneten Peter Neumann (1912–1973) geheiratet; im folgenden Jahr gründeten beide das erste demoskopische Institut in Deutschland, das «Institut für Demoskopie» (IfD) in Allensbach. Ihre Verbindungen machten sie seit den 1950er Jahren zu einer einflussreichen politischen Ratgeberin, zuerst des ersten Bundeskanzlers, Konrad Adenauer (1876–1967), später beriet sie Helmut Kohl (* 1930). Dass die «Entdeckung» der Schweigespirale eng mit den demoskopischen Beobachtungen der Bundestagswahlkämpfe in den 1960er und 1970er Jahren verknüpft ist, stützte die politisch begründeten Vorbehalte zusätzlich. Die oben erwähnte zweite *Publizistik*-Rezension warf der Schweigespirale vor, «atheoretische [...]

Politikberatung» mit dem «Versuch einer autoritärpopulistischen Mobilisierungsstrategie» zu verbinden.[155] Noch grundsätzlicher als diese tagespolitisch verortete Kritik kam Mitte der 1990er Jahre der Vorwurf des amerikanischen Kommunikationswissenschaftlers Christopher Simpson, Elisabeth Noelle sei Mitarbeiterin des nationalsozialistischen «Sicherheits-Dienstes» (SD) gewesen und habe die Schweigespirale in der NS-Zeit entwickelt.[156] Dieser Vorwurf erwies sich letztlich aber als unhaltbar, so dass selbst Noelle-kritische Autoren sich in ihren Artikeln nicht mehr auf Simpsons Anschuldigungen beziehen.[157]

3. Fazit und Ausblick

Die Öffentlichkeit oder *die* Öffentliche Meinung gibt es weder als Konkretum noch als Abstraktum: Als Konkretum, in unserer sozialen Wirklichkeit, gibt es viele Varianten, die parallel und verschachtelt auftreten; als Abstraktum, als wissenschaftliches Konzept, existieren die Öffentlichkeit und die Öffentliche Meinung ebenso wenig. Weil Geistes- und Sozialwissenschaften nicht nach der einen Wahrheit streben, sondern in Rede und Gegenrede die Argumente austauschen, wird bisweilen, nicht immer Konsens erzielt. Die wissenschaftliche Diskussion der Phänomene Öffentlichkeit und öffentliche Meinung ist sowohl Metakommunikation als auch Meta-Öffentlichkeit. Doch kann man die Vielzahl der Konzepte drastisch reduzieren, indem Idealtypen gebildet werden: *rationaler Diskurs* einerseits und das *sozialpsychologische Konzept* andererseits. Beides umschreibt die Extreme eines Kontinuums und bezieht sich ausschließlich auf die Dimension der Informationsverarbeitung. Macht man die Informationsverbreitung zum Kern der Idealtypenbildung, kann die massenmedial, die versammlungstechnisch und die gesprächsweise verbreitete Meinung gegeneinander gestellt werden.[158]

Die idealtypischen Konzepte lassen sich auf *unterschiedliche Interessen* zurückführen. Noelle-Neumann legitimiert mit der Schweigespirale ihr Arbeitsgebiet, die Demoskopie. Denn Öffentliche Meinung als *vox populi* ist heute ausschließlich mit dem sozialwissenschaftlichen Instrument der Befragung zu erkunden. Damit ist das Konzept weder richtig noch falsch, sondern formuliert nur die pragmatisch-demoskopische Operationalisierung der sozialpsychologischen Öffentlichen Meinung; die Schweigespirale liefert den theoretischen Überbau, um auf griffige Weise zu erklären, wie Politikvermittlung unter den Bedingungen moderner Mediendemokratien funktioniert. Dass diese Erklärung nicht jeden überzeugt, liegt in der Natur der Sache. Habermas', Tönnies' oder Gerhards' und Neidhardts Konzeptionen lassen sich nicht so leicht durch die biografischen Lebens- und Arbeitsumstände erklären. Bei Habermas ist der Charakter als wissenschaftliche Qualifikationsschrift (Habilitation) in Rechnung zu stellen. Qualifikationsarbeiten, von der BA- über MA-Arbeit, Dissertation bis zur Habilitation werden in der Regel nicht gegen die wissenschaftlichen Ansichten des Betreuers geschrieben. Aus den Bewertungskategorien des Betreuers (Wolfgang Abendroth) und des früheren Mentors (Theodor W. Adorno) lassen sich viele der Habermasschen Zuspitzungen im *Strukturwandel* ableiten. Für Habermas, der in der Zeit nach dem Nationalsozialismus sozialisiert wurde, war Wertorientierung äußerst wichtig. Anders bei Tönnies, Gerhards und Neidhardt: Tönnies hatte in seinem Alterswerk *Kritik der öffentlichen Meinung* primär Erkenntnis- und Systematisierungsinteressen formuliert. Ähnliche Interessen bestimmten auch den Entwurf von Gerhards und Neidhardt.

Tabelle I-5: Öffentlichkeitskonzepte, Gemeinsamkeiten, Unterschiede

	Tönnies	Habermas	Noelle-Neumann	Gerhards u. Neidhardt
Ansatz	historisch-soziologisch	normativ-philosophisch	sozialpsychologisch	systemtheoretisch
Grundlagen	Geschichte, Soziologie, Philosophie	Philosophie (Kritische Theorie)	Experimente, Philosophie, Demoskopie	Soziologie, Kommunikationswissenschaft
Eigeninteresse	Erkenntnis und Systematisierung	Erkenntnis, Qualifikation, Bewertung	Legitimation der Demoskopie, Systematisierung	Erkenntnis und Systematisierung

Die Gegenüberstellung zeigt, dass es sinnvoll ist, auf den Kontext der Theorien, Konzepte und Modelle zu achten, wenn man sie verstehen will; dazu müssen auch die Grundlagen, die sich in dem Anmerkungsapparat, der zitierten Literatur und der Empirie- und Quellen-Basis spiegeln, berücksichtigt werden. Interessant ist noch ein Drittes, das zumeist bei der Beurteilung von Theorien, Konzepten oder Modellen vergessen wird: *Was wird ausgeblendet?* Auf welche Literatur und welche Quellen wird nicht eingegangen, obwohl sie einen Hintergrund der jeweiligen Theorie darstellen? Das kann exemplarisch an der Gegenüberstellung der Konzepte von Elisabeth Noelle-Neumann und Jürgen Habermas veranschaulicht werden, die beide von Carl Schmitts Freund-Feind-Gegensatz als Grundbegriff des Politischen profitiert haben.[159] Bei Schmitt war Politik permanenter Bürgerkrieg nach Innen und in letzter Konsequenz Krieg nach Außen. Schmitt lehnte die auf Interessenausgleich bedachte Demokratie vehement ab und griff daher zu seiner emotional aufgeladenen Bewertung, statt Interessen- und mithin Sachpolitik zum Kriterium zu erheben. Auch bei Noelle-Neumann ist das gesellschaftliche Leben ein fortwährender Abgrenzungsprozess, in dem Zugehörige von Fremden unterschieden werden müssen. Ohne positive und negative Identifikation funktioniere die Integration der Gesellschaft nicht, sie müsse zerfallen. Noelle-Neumanns Isolationsdrohung könnte als Handlungsanweisung interpretiert werden, soziale Macht einzusetzen und Freunde gegen Feinde auszuspielen. Habermas hingegen vermeidet den Freund-Feind-Begriff konsequent. Er setzt auf das Gute, das Öffentliche, das nicht das Licht scheuen muss. Er verteidigt den «sozialen und demokratischen Rechtsstaat» als beste Form der neuzeitlichen Staatsentwicklung; damit steht er Schmitts demokratiefeindlicher Parlamentarismuskritik diametral gegenüber. Habermas beklagt, der Strukturwandel habe «Freund-Feind-Verhältnisse» in die Öffentlichkeit hineingetragen.[160]

Bisher wurden verschiedene Konzepte und Modelle von Kommunikation, Medien und Öffentlichkeit behandelt. Bevor im folgenden Kapitel konkretere Theorien, Interpretationen und Befunde im Mittelpunkt stehen, stellt sich abschließend noch einmal die Frage nach dem *Zusammenhang von Kommunikation, Medien, Öffentlichkeit und öffentlicher Meinung*. Die nächste Grafik soll die bisher behandelten Begriffe Kommunikation, Medien und Öffentlichkeit/Öffentliche Meinung im Zusammenhang veranschaulichen: Man kann sich die mediale Öffentlichkeit und kommunikative öffentliche Meinung als ein mehrdimensionales Gebilde vorstellen. An der medialen Basis haben wir es mit verschiedenen Ebenen, Plattformen oder Foren der Öffentlichkeit zu tun: mit Gerhards und Neidhardt in Encounter-, Versammlungs- und massenmediale Öffentlichkeit strukturiert. Die Encounter- und Arenen-Öffentlichkeiten werden von den Proto- und den Basis-Medien, die massenmedialen Öffentlichkeiten von den Verbreitungs-Medien hergestellt. Grundsätzlich sind Öffentlichkeiten aus dieser Perspektive als intermediäre Systeme zu betrachten. Zugleich wären Medien ohne Kommunikation hohle Gefäße und Öffentlichkeiten nur leere Foren. Indem Medien kommunikative Prozesse vermitteln und die Öffentlichkeiten konstituieren, werden aus den Öffentlichkeiten die öffentlichen Meinungen. Ob die kommunikative öffentliche Meinung diskursiv oder sozialpsychologisch verstanden wird, ist dabei unerheblich: beide sind ohne Kommunikation nicht denkbar. Kommunikation transformiert Öffentlichkeit in öffentliche Meinung.

Die Kommunikation bedient sich unterschiedlicher Medien. (Individual-) Kommunikation nutzt zumindest die Proto-Medien, häufig auch die Basis-Medien, Massenkommunikation benötigt Verbreitungs-Medien. Da Medien einander einschließen, sind die Proto- und Basis-Medien auch an Massenkommunikation beteiligt. Daraus ergibt sich ein geschlossener Kreislauf, die zirkuläre Kommunikation in den drei idealtypischen Öffentlichkeitsstufen von Gerhards und Neidhardt. Die einzige Kommunikation, die *per definitionem* aus diesem System von Öffentlichkeit und öffentlicher Meinung herausragt und ein eigenes System aus Kommunikation, Medien, Öffentlichkeit und öffentlicher Meinung bildet, ist die Meta-Kommunikation: die Kommunikation über Kommunikation, wie sie u. a. die Kommunikations- und Medienwissenschaften leisten. Da jedes System unvollständig bleibt, weil es nicht in der Lage ist, sich selbst vollständig zu beschreiben, ist Meta-Kommunikation notwendig.

Kommunikation nutzt unterschiedliche Modi und Prozessstufen: Die Kommunikationsmodi reichen vom persönlichen one to one bis zum massenmedialen one to many, die Verarbeitungsprozesse von sozial-psychologischen bis zu rational-diskursiven. Ohne Medien (zumindest ohne Proto-Medien) gäbe es keine Öffentlichkeit und ohne Öffentlichkeit keine öffentliche Meinung. Ob die Kausalität auch umgedreht werden kann, hängt davon ab, wie weit die Begriffe definiert werden: Wer öffentliche Meinung mit öffentlichem Diskurs und Kommunikation im weitesten Sinn gleichsetzt, muss anneh-

Abbildung I-13: Medien, Kommunikation und Öffentlichkeiten

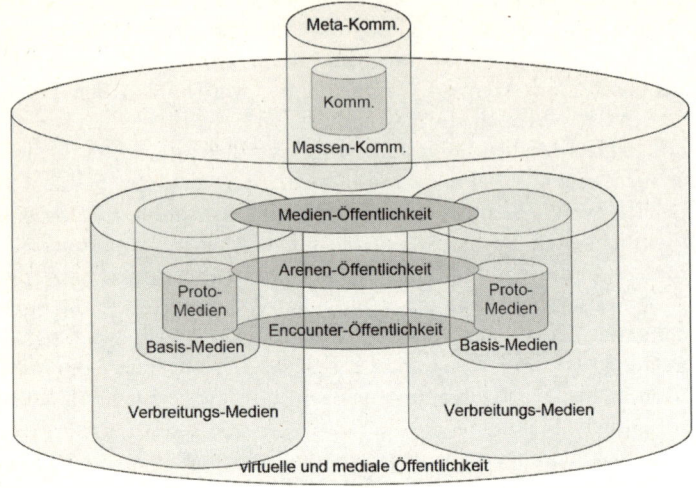

men, dass es ohne öffentliche Meinung keine Öffentlichkeit gibt. Da scheint es besser, Öffentlichkeit mit Medien und öffentliche Meinung mit Kommunikation zu vergleichen. Öffentlichkeit bietet der Kommunikation eine Plattform und ist mithin ein intermediäres System. Das führt zurück zu einem detaillierteren Blick auf Kommunikation und Medien.

II. Befunde und Theorien

A. Entstehung, Struktur und Kontext der Medien

Im nächsten Abschnitt geht es hauptsächlich um komplexere Medien, die Verbreitungs-Medien. Im Unterschied zu Literatur, die «Verbreitungsmedien» als Synonym für Massenmedien benutzt,[1] sind hier mit Verbreitungs-Medien neben den Massenmedien weitere wie Buch oder Telefon gemeint. Das zentrale Charakteristikum der Verbreitungs-Medien ist die Existenz von (medialen) Infrastrukturen. Im Folgenden sollen die Verbreitungs-Medien dreifach beschrieben werden: 1. die verallgemeinerbaren Gründe der Entstehung, 2. die Strukturmerkmale, 3. der kulturelle, ökonomische, politische und rechtliche Kontext.

1. Entstehung der Verbreitungs-Medien

Die Entstehung der Medien ist nicht technisch, sondern soziokulturell bedingt. Das lässt sich paradoxerweise besonders gut herausarbeiten, indem man zunächst von der Technik ausgeht. Für die größeren Zusammenhänge sei auf weitere Literatur verwiesen.[2] Zwei Medientechniken, ohne welche die Neuzeit nicht denkbar wäre, wurden schon in Antike und Mittelalter erfunden, eine dritte markiert die Wende vom Mittelalter zur Neuzeit. Die älteste der drei Erfindungen ist das *Papier*, die nächste das *Buch*, die jüngste der *Buchdruck*. Für die Neuzeit sind weitere Entwicklungsstränge nachzuzeichnen: *Nachrichtentechnik*, *Film* und *Rundfunk*. Im *Computer*, sowohl ein Kind der Nachrichten- wie der Rundfunktechnik, konvergieren mittlerweile alle Medien- und Kommunikationstechniken.

Papier und papierähnliche Beschreibstoffe sind mindestens viermal erfunden worden: Die Ägypter nutzten seit dem 4. Jahrtausend v. Chr. das getrocknete und kreuzweise verklebte Mark der Papyrusstaude. Vom 2. oder 3. Jahrhundert v. Chr. an wurde im kleinasiatischen Pergamon gegerbtes Leder ungeborener Kälber als Pergament beschrieben. In China wurde vermutlich im 2. Jahrhundert n. Chr.

aus Lumpen erstmals modernes Papier hergestellt, im Mittelalter kam es nach Europa. Mitte des 19. Jahrhunderts schließlich wurde das Holzschliffpapier erfunden. Das moderne *Buch* und seine antiken Vorläufer unterscheiden sich deutlich: Die Völker des Altertums schrieben ihre Aufzeichnungen auf Bücher in Rollenform. Das Aufschreibsystem wurde in der Spätantike durch das gebundene Buch ergänzt und später fast vollständig ersetzt. Seit dem 4. Jahrhundert n. Chr. verbreitete es sich zuerst im Mittelmeerraum. Das gebundene Buch (Kodex) hat gegenüber der Schriftrolle ähnliche Nachschlags- und Zugriffsvorteile, wie sie CD-ROMs oder Internet-Datenbanken gegenüber dem Buch bieten.[3]

Auch der *Buchdruck* ist mehrfach erfunden worden, spricht man hingegen vom Buchdruck mit beweglichen Lettern, kommt die Erfinderehre wohl allein Johann Gensfleisch, gen. Gutenberg (ca. 1400-1468), zu.[4] Gutenbergs Technik blieb beinahe 300 Jahre fast unverändert, wurde nur schrittweise perfektioniert. Zu seiner Hochdrucktechnik (Letterndruck, Holzschnitt und -stich) trat mit Kupfer- und Stahlstich der Tiefdruck. Beim Hochdruck sind die zu druckenden Elemente erhaben und werden eingefärbt; beim Tiefdruck ist es umgekehrt: Die Farbe wird in die vertieften Zwischenräume eingerieben. Während der Hochdruck nur Vollfarben ergibt, lassen sich mit Tiefdruck Zwischentöne erzeugen. Erst im 19. Jahrhundert revolutionierten verschiedene Neuerungen die Drucktechnik. Zum Hoch- und Tiefdruck kamen diverse Flachdruckverfahren (Lithografie, Offset, digitale Drucktechniken), bei denen die «Einfärbung» mittels chemischer oder elektrostatischer Anziehung oder Abstoßung erzeugt wird. Zudem wurde über verschiedene Zwischenstufen der moderne Rotationsdruck entwickelt. Gutenberg hatte noch Fläche gegen Fläche gedruckt; im Rotationsdruck befindet sich die Druckvorlage auf einer rotierenden Rolle, und Endlospapier wird über ein komplexes Rollensystem daran vorbei geführt. Auch der Satz konnte seit dem späten 19. Jahrhundert maschinell erfasst werden; um dieselbe Zeit ermöglichte die Bildrasterung (Autotypie) den Abdruck von Fotos. Sieht man davon ab, dass immer noch mit Farbe auf Papier gedruckt wird, haben allermodernste Druckereien mit Gutenbergs Presse so gut wie nichts mehr gemein, sondern ähneln in der Grundkonfiguration der Kombination von PC und Drucker.

Mindestens so komplex wie das Vervielfältigungsproblem war das der Übermittlung. Schon antike Großreiche hatten diverse Stafetten- und Postsysteme entwickelt. Die moderne Post geht auf die Etablierung regelmäßiger Beförderung durch die Familie der Thurn und Tassis (Taxis) im späten 15. Jahrhundert zurück. Eine erste Vorform der modernen *Telegrafie* errichteten die Gebrüder Chappe im Frankreich der Französischen Revolution: optische Telegrafen, bei denen alle paar Kilometer in Sichtabstand Signalstationen standen. Die Botschaft wurde Zeichen für Zeichen und von Station zu Station signalisiert – mit Winkelementen, den heutigen Eisenbahnsignalen durchaus ähnlich. Die optische Telegrafie war personalintensiv und teuer, die Übermittlung dauerte lange und war kompliziert; bei schlechtem Wetter und des Nachts war sie unbrauchbar. Aufgrund der geringen Übermittlungskapazität war das Telegrafennetz in Frankreich – und den meisten europäischen Staaten, die später das System nachahmten – nur den Behörden und Militärs zugänglich. Im 18. Jahrhundert begannen auch erste Versuche mit elektrischer Telegrafie, Anfang des 19. Jahrhunderts existierten arbeitsfähige Versuchsanlagen; sie waren jedoch noch viel zu kompliziert und teuer: Langfristig setzte sich das sogenannte Morsealphabet von Samuel Morse (1791–1872) durch. Es basiert auf der Kombination dreier «diskreter» Stromsignale: lang, kurz, kein Signal. Diskret bedeutet in diesem Zusammenhang abgeschlossen, der Unterschied zwischen Signal und Nichtsignal ist eindeutig. Das berühmte Hilfesignal SOS besteht aus dreimal kurz, dreimal lang, dreimal kurz: «... – – – ...». Das Morsealphabet wurde mit einem Drucker kombiniert, bei anderen Systemen hatten die Telegrafisten mitschreiben müssen.

Wer gewohnt ist, dass Strom aus der Steckdose kommt und auch drahtloses Telefonieren für selbstverständlich hält, dem mögen die technischen Probleme trivial erscheinen, doch waren bei der Errichtung des Telegrafennetzes viele Probleme von Grund auf zu lösen: Die Stromversorgung mit Batterien oder leistungsfähigen Generatoren, die Verlegung von Abertausenden von Leitungskilometern (über Kontinente und Meere hinweg), der Bau von Verstärkern und Relaisstationen, die Produktion isolierter Leitungsdrähte etc. So existierte erst nach teuren Fehlschlägen eine zuverlässige Isolations- und Armierungstechnik für die störungsanfälligen Leitungen; erst 1866 konnte ein Transatlantikkabel dauerhaft verlegt werden. Die Lösung der technischen Probleme führte zum ersten Großsystem der Moderne. In konsequenter Weiterentwicklung entstanden Telefon, Hörfunk, Fernsehen und Computer. Das Internet ist im Kern nichts anderes als ein digitalisiertes und ungleich leistungsfähigeres Telegrafennetz, mit einem entscheidenden Unterschied: Es ist dezentral aufgebaut.

Die *Filmtechnik* musste ebenfalls mehrere grundsätzliche Fragen angehen. Vor dem frühen 19. Jahrhundert war die Trägheit des Auges noch unbekannt; erst als man entdeckte, dass der Mensch nur bis zu 10 Einzelbilder je Sekunde wahrnehmen kann, schnellere Bildfolgen jedoch verschmelzen, war es theoretisch möglich, Bewegungsabläufe zu zeigen. Es fehlten die Aufnahme- und Projektionstechnik; allerdings kannte die Frühe Neuzeit mit Camera obscura und Laterna magica zwei Vorformen.[5] Mit der in der ersten Hälfte des 19. Jahrhunderts erfundenen Fotografie konnten schon Einzelbilder belichtet werden; über die Reihenfotografie führte der Weg zur Filmkamera. Noch gab es kein geeignetes Trägermaterial; der erste moderne Kunststoff, das Zelluloid, bot sich an. Sehr wichtig, doch zumeist vergessen, sind zwei technische Voraussetzungen: das Stromnetz und die Glühbirne. Erst Ende des 19. Jahrhunderts waren alle nötigen Basis-Technologien vorhanden.

Bei der *Rundfunktechnik* war es ähnlich: Physikalische Grundlagenforschung, die Entdeckung des Maxwellschen Feldes und der Hertzschen Wellen, ermöglichte (theoretisch) die drahtlose Übertragung von Information. Zunächst funktionierte jedoch nur Sendung und Empfang von diskreten Signalen – man spricht daher auch von drahtloser Telegrafie. Um analoge und kontinuierliche Informationen (Musik, Sprache) zu senden, wurden Verstärker benötigt, ebenso für die Verstärkung der empfangenen Signale; alle Verstärker bis in die 1950er Jahre basierten auf elektronischen Röhren, seither wurden sie von Transistoren und integrierten Schaltkreisen abgelöst. Leistungsfähige Lautsprecher existierten erst seit den 1920er Jahren. Auf dem Hörfunk basiert das *Fernsehen*: Nur geeignete Kameras und Monitore mussten noch hinzugefügt werden. Erste Versuche funktionierten noch elektromechanisch – ein grundlegendes Patent datiert aus dem späten 19. Jahrhundert; diese Variante war wenig leistungsfähig und sehr störanfällig. Vollelektronische Fernsehtechnik funktioniert heute in den Grundzügen noch so ähnlich, wie sie dann in den 1920er und 1930er Jahren entwickelt wurde: Das Bild wird in Rasterpunkte zerlegt und Punkt für Punkt übertragen. Auch diese Technik macht sich die Trägheit des menschlichen Auges zu Nutze.

Die *Computer- und Internettechnik* entwickelte die älteren Medientechniken fort. Auch hier wurden wichtige Konzepte zwischen dem 17. und dem 19. Jahrhundert entwickelt. So basiert alle Rechentechnik auf dem dualen Zahlensystem aus dem 17. Jahrhundert: Statt zehn Ziffern wie im Dezimalsystem werden nur Nullen und Einsen verwendet. Die diskreten Signale lassen sich als «Strom aus» und «Strom an» interpretieren. Der Zahl 2 im Dezimalsystem entspricht die Ziffernfolge «1 0» im dualen Zahlsystem, der 10 die Ziffernfolge «1 0 1 0». Mit mechanischen Maschinen ließ sich das Prinzip zunächst nicht nutzen: Im 19. Jahrhundert konzipierte Charles Babbage (1791–1871) einen Rechner mit Arbeitsspeicher («store»), zentraler Recheneinheit («mill») sowie Ein- und Ausgabeschnittstellen («control»), an die eine Reihe von Peripheriegeräten (Drucker etc.) angeschlossen werden sollten. Er scheiterte allerdings an der damals nur unzureichend entwickelten Technik. Erst zum 200. Geburtstag Babbages konnte ein funktionierendes Exemplar nachgebaut werden. Es ist naheliegend, dass moderne Computer – wie auch Rundfunk und Film – eine funktionierende Strominfrastruktur voraussetzen. Erste elektromechanische Vorläufer, die sogenannten Hollerithmaschinen – nach einem deutsch-amerikanischen Erfinder –, entstanden Ende des 19. Jahrhunderts. Bis zur Mitte des 20. Jahrhunderts entwickelte sich die heutige Computertechnik in den Grundzügen: Sie basiert auf einer Konzeption wie der von Babbage – verfährt aber nicht mechanisch. Wesentlich ist die Trennung von Hard- und Software. Durch Softwareprogramme sind die Universal-Computer frei programmierbar; daneben gibt es eine zunehmende Zahl von Spezial-Computern, deren Steuerung «fest verdrahtet» in Chips abgelegt ist. Universal-Computer berechnen alles – von Mathematik im engeren Sinn bis zu Audio- und Video-Dateien; Spezial-Computer erfüllen nur eine Aufgabe: die Kontrolle der Bräune des Toasts, die Sprachausgabe des Handys oder andere. Spezial-Computer wie ein einfaches, modernes Handy haben ein Vielfaches der Rechenkapazität implementiert, die die Amerikaner zum Mond brachte.

Das Internet startete in den späten 1960er Jahren mit dem Verbund von vier Computern in den USA, im Kern ist es immer noch ein Rechnerverbund. Bei Computer und Internet ist das Diktum von Krieg als Vater aller Dinge ausnahmsweise einmal berechtigt. Beschleunigte sich die Computerentwicklung im Zweiten Weltkrieg nachdrücklich, so war der Kalte Krieg und das Wettrüsten zwischen der Sowjetunion und den USA Anlass für das Internet.[6] Die zentrale Idee des Internet lässt sich mit dem Transport von genormten Containern auf Schiene, Straßen und Schiffen vergleichen: Soll ein Container mit chinesischer Konsumelektronik nach Deutschland verbracht werden, so ist der Transportweg prinzipiell nicht festgelegt. Er könnte über die Transsibirische Eisenbahn, um das Kap der Guten

Hoffnung, durch den Panamakanal oder auf dem Luftwege erfolgen. Wichtig ist nur, dass die Zieladresse auf dem Container vermerkt ist. Im Internet werden analog zum Container-Transport die Dateien in Datenpakete unterteilt. Jedes Paket ist mit Herkunfts- und Zieladresse versehen. Beim Empfänger werden die Datenpakete von dessen Internetprogrammen wieder kombiniert: Vielleicht ist eines der Pakete über einen Router in Australien, ein weiteres über die USA, ein drittes über Indien gelaufen. Die dezentrale und gestückelte Verbreitung der Information war während des Kalten Krieges dazu gedacht, die Kommunikation auch im Falle eines atomaren Erstschlags der Sowjets aufrechtzuerhalten. Bei herkömmlicher Telegrafen- oder Telefon-Infrastruktur hätten hingegen nur wenige Zentralen ausgeschaltet werden müssen.

Die bisherigen Ausführungen zeigen: *Eine Reihe von Konstellationen wiederholt sich regelmäßig.* 1.) Erfindungen wurden zumeist eher unsystematisch betrieben. 2.) Etliche Erfindungen gelangen mehrfach. 3.) Häufig waren Erfindungen mit hohem Kapitaleinsatz verbunden. 4.) Die meisten medientechnischen Erfindungen sollten ältere Kulturtechniken verbessern. 5.) Neue Medien entstanden immer in Kombination verschiedener Neuerungen. 6.) Das richtige Umfeld war von besonderer Bedeutung.

Die Entstehungsregeln neuer Kulturtechniken lassen sich in drei Phasen zusammenfassen: *Invention, Innovation* und *Diffusion*. Das Konzept geht auf den österreichischen Ökonomen Joseph Alois Schumpeter (1883–1950) zurück und hat in der Wirtschafts- und Technikgeschichtsschreibung, aber auch in der Kommunikationswissenschaft weite Verbreitung gefunden. Die Diffusionsforschung versteht unter der ersten Phase die Entdeckung oder Erfindung von etwas grundsätzlich Neuem. Während der Innovationsphase wird die Neuerung für die Übernahme des Neuen in sozialen Gebrauch vorbereitet. Das dritte Stadium kennzeichnet ihre allgemeine Ausbreitung in die Gesellschaft – die Neuerung diffundiert.[7] Erfinder betreiben in der Inventionsphase zunächst einmal die Basiserfindungen, in späteren Phasen arbeiten sie an weiteren Verbesserungen. Produkte sind die Hardware und Software der neuen Medien. Dabei müssen nicht nur die Eigenschaften technischer Gerätschaften und die Inhalte betrachtet werden, sondern auch die Produktions- und Fertigungstechniken.

Tabelle II-1: Erfinder und ihre Produkte in Invention, Innovation und Diffusion

	Invention	*Innovation*	*Diffusion*
Erfinder/ Entwickler	Tüftler, unzusammenhängend, planlos	systematisch, von Firmen, z. T. Unterstützung durch den Staat	systematisch, in Händen von Großfirmen, staatliche Zuschüsse rückläufig
Produkte	teuer, unzuverlässig, experimentelle Fertigung, exotische Materialien, isolierte Detaillösungen	Komplettlösungen werden zuverlässiger, Verbesserung des Fertigungsprozesses, Verbesserung der Materialien	alltagstaugliche Komplettlösungen, Reduktion der Komplexität

Fertige Produkte kennt die Inventionsphase nur als Unikate, Labormuster oder Prototypen. Mit den Fertigungstechniken wird noch experimentiert; die Herstellung der Prototypen ist zeitaufwendig und teuer, zumal die Werkstoffe exotisch sind. Was mit der Verbindung der Einzelerfindungen zum Ganzen entstehen wird, ist noch nicht deutlich, daher existieren in der Inventionsphase weder gesetzliche Regelungen noch einheitliche Bezeichnungen. Mit Abschluss der Invention liegt die Blaupause eines neuen Mediums vor; erst in der nächsten Phase wird die Basiserfindung in mehrfacher Hinsicht angepasst.

Der Innovationsforscher Everett M. Rogers (1931–2004) definierte Innovation als die Entscheidung der Menschen für Übernahme oder Zurückweisung einer Neuerung.[8] Wenn die Inventionsphase unter dem Gesichtspunkt der Erfindung selbst diskutiert werden muss, so ist für die *Innovationsphase* der Verwendungszweck – mithin die soziale und kulturelle Bedeutung – das entscheidende Kriterium. Die Zuweisung des Nutzens ist ein länger dauernder, allmählicher Prozess. Die Sozialwissenschaften bezeichnen ihn als *Institutionalisierung*. Sie kann als abgeschlossen betrachtet werden, wenn die Gesellschaft sich verbindlich auf neue Aspekte des Nutzens verständigt hat. Die Institutionalisierung bestand für die Presse darin, dass ihre Qualität als Medium zur Übermittlung aktueller Informationen entdeckt wurde. Beispielgebend waren die in ersten Flugblättern verbreiteten «Neuen Zeitungen» – so nannte man in der Frühen Neuzeit die Nachrichten. Für die Telegrafie klärte sich der Verwendungszweck mit der Gründung von Nachrichtenagenturen, der Übermittlung von Börsenkursen und der Fahrplankoordinierung durch die Eisenbahngesellschaften. Das Telefon, zunächst als Sonderform der Telegrafie betrachtet, musste sich erst von dieser emanzipieren. Anfangs dominierte das geschäftliche Telefonat, heute der private sogenannte Freud- und Leidverkehr. Der Film wurde anfangs von Wanderschaustellern auf Jahrmärkten vorgeführt und zeigte zusammenhanglose Episoden; die Klärung des Verwendungsnutzens bestand in der Emanzipation vom Schaustellergewerbe und der Entwicklung des erzählenden Spielfilms. Der Rundfunk musste sich aus den Fesseln der Vorstellung befreien, drahtlose Kommunikation sei nur im Modus *one to one* möglich. Ähnlichen Beschränkungen ihrer Fantasie unterlagen die ersten Fernsehpioniere. Solange der Hörfunk noch nicht realisiert worden war, hielten sie sich an folgende Gleichung: Telefon + Bild = Fernsehen. Erst als der Rundfunk an alle existierte, drängte sich auch das Fernsehen als Programmmedium nahezu von selbst auf. Die geläufige Formel lautet seither: Hörfunk + Bild = Fernsehen. Die ersten Verwendungszwecke des Internet waren File- und Timesharing sowie E-Mail. Datenaustausch und Rechnerverbünde verbesserten die Nutzung der Einzelplatzrechner, E-Mail war die elektronische Form der Briefkommunikation. Erst mit WWW und insbesondere der sogenannten Social Software des Web 2.0 zeichnen sich neue Nutzungsmodalitäten ab, die weit über ältere hinausweisen. Man kann verallgemeinern: Die erste Verwendung neuer Medien tendiert dazu, sich an alten Medien zu orientieren. Doch wesentlich für die Institutionalisierung neuer Kommunikationsmöglichkeiten ist, dass ein neuer Verwendungszweck entdeckt wird, der von den alten Medien nicht ausgefüllt werden konnte.

Tabelle II-2: Der Verwendungszweck in Invention, Innovation und Diffusion

Invention	*Innovation*	*Diffusion*
Verwendung unklar, keine Reglementierung	Verwendung geklärt (Indikator: abgeschlossene Begriffsklärung) Experimente mit Reglementierung und im Rahmen älterer Bestimmungen	Verwendung selbstverständlich, etablierte Reglementierung

In der Inventions- und Innovationsphase spielt die Ökonomie durchaus eine Rolle, auch in der *Diffusionsphase* werden noch weitere Erfindungen gemacht. Nur geht es jetzt nicht mehr um Basiserfindungen, sondern um Verbesserungsinnovationen. Die Menschen gewöhnen sich an die neuen kommunikativen Optionen, können besser mit ihnen umgehen, kennen die Verwendungszwecke und erachten die ehemals neuen Medien als zunehmend selbstverständlichen Bestandteil ihrer Kultur. Die Kommunikationspolitik erschöpft sich in Anpassungen.

Das wichtigste Charakteristikum der Diffusionsphase ist die dynamische Ausbreitung der neuen Medien; häufig wird das als Lebenszykluskurve abgebildet. Neue Medien finden zunächst bei den Neuerern Zuspruch, dann bei der frühen und späten Mehrheit und zuletzt bei den Nachzüglern. Die moderne Diffusionsforschung hat bestimmte soziodemografische Faktoren ausgemacht, welche die Übernahmebereitschaft stützen: Je jünger die Rezipienten, je besser sie qualifiziert sind und je mehr sie verdienen, desto aufgeschlossener sind sie. Von den Flugschriften der Reformation bis zur Nutzung der Onlinemedien wurden diese Befunde immer wieder bestätigt.[9]

Tabelle II-3: Produkte und Publikum in Invention, Innovation und Diffusion

	Invention	*Innovation*	*Diffusion*
Produkte	teuer, unzuverlässig, exotische Materialien, experimentelle Fertigung, isolierte Detaillösungen	Verbilligung des Fertigungsprozesses, Verbilligung der Materialien	bei stabilen Preisen werden Produkte besser, bei gleicher Produktqualität sinken die Preise
Publikum	Erfinder, Wissenschaftler, Patentamte, Großorganisationen	Wirtschaft: kommerzielles Interesse, Massenpublikum: erwachendes Bedürfnis	zunächst dynamische Zunahme, langsame Verflachung der Zuwachsraten, Marktsättigung

In der Innovationsphase klärte sich nicht nur der kommunikative Nutzen, sondern auch der ökonomische; mit Geschäftsmodellen war experimentiert worden; bis zur Diffusionsphase stand fest, wie sich mit neuen Kommunikationsmöglichkeiten am besten Geld verdienen ließ. Für die Diffusion war die Verbilligung von besonderer Bedeutung, da nur so breitere Käuferschichten in den Genuss der neuen Medien kommen konnten. Dabei ließen sich einige Beobachtungen immer wieder machen: 1.) Insbesondere Serienprodukte wurden tendenziell billiger, um breitere Schichten zu erreichen. Denn Zeitungs- und Zeitschriftenabonnements, Telefon- oder Rundfunkgebühren belasteten die Haushalte mit fixen, weil regelmäßig wiederkehrenden Kosten. 2.) «Einmalprodukte» wie Bücher, Flugschriften oder Kinofilme blieben hingegen deutlich preisstabiler. Die Produzenten kalkulierten sie so, dass alle Einwohner mit regelmäßigem Einkommen sich den Konsum der neuen Medien ab und zu leisten konnten. 3.) Am deutlichsten ist die Tendenz zur Verbilligung bei medientechnischen Geräten. Bei Hörfunk, Fernsehen oder Multimedia fallen wesentliche Kosten bei der Gerätebeschaffung an. 4.) Die Verbilligung erfolgte direkt oder indirekt: Die direkte und absolute war Folge größerer Medienkonkurrenz sowie verbesserter und kostengünstigerer Produktionsmethoden. 5.) Die indirekte und relative Verbilligung funktionierte nur bei guter Konjunktur, wenn die Einkommen zunahmen und so gleichbleibende absolute Medienpreise die Haushalte immer geringer belasteten. Dies war über längere Jahrzehnte im 19. und 20. Jahrhundert beobachtbar. 6.) Die Medien konnten den Rezipienten über offene oder verdeckte Finanzierung in Rechnung gestellt werden: Offen sind die Abonnements- und Einzelverkaufspreise, Gerätekosten, Telefon- oder Rundfunkgebühren; das ist tendenziell die ältere Form. 7.) Die verdeckte Finanzierung wurde zumeist später eingeführt. Zu ihr zählt Werbung jeder Art, bei der die Zeitungsleser oder Rundfunkkonsumenten mit ihrer Aufmerksamkeit bezahlen. 8.) Das Fernsehen bestätigte die Ausnahme von der Regel: Pay-TV-Angebote wurden – aus technischen Gründen – erst erheblich später als gebühren- oder werbefinanzierte eingeführt. 9.) Keine Regelmäßigkeit lässt sich bei der Frage beobachten, ob Medien erst in späten Lebenszyklusphasen vollständig über verdeckte Preise refinanziert werden oder nicht: Zwar sind Gratiszeitungen erst eine Entwicklung des letzten Jahrzehnts, der vollständig werbefinanzierte Hörfunk gehörte jedoch schon zu den frühesten Geschäftsmodellen. 10.) Eine Grundregel scheint allerdings zu sein, dass Medien – wie alle Güter – im Verlauf ihres Lebenszyklus billiger werden.

Die Verbilligung beschreibt jedoch nur eine Seite der Medaille. Der rational operierende *homo oeconomicus* stellt ausgesprochen oder unausgesprochen immer Kosten-Nutzen-Analysen an. Die Steigerung der Leistungsfähigkeit und Qualität der Medien war daher ein wichtiger Faktor, der ihre Diffusion unterstützte. Auch hier gilt, dass die Leistungsfähigkeit bei den Geräten tertiärer Medien am offensichtlichsten ist. Das Pendel konnte auch vollständig in diese Richtung ausschlagen: Ein Beispiel sind die seit knapp einem Jahrzehnt mehr oder minder preisstabilen PCs, deren Leistung dabei allerdings exponentiell gewachsen ist. Weitere Faktoren der Leistungssteigerung sind die Standardisierung der Produkte; insbesondere Netzmedien erlauben nur dann Kommunikation, wenn sie auf Standards basieren. Hinzu kommt die Vereinfachung der Bedienung. Auch dies gilt hauptsächlich für die Geräte der tertiären Medien. Allerdings könnte auch in der verbesserten grafischen Aufbereitung der Pressemedien eine «Bedienungs»-Vereinfachung gesehen werden: Medien, die bei wachsender Konkurrenz ihren Inhalt übersichtlicher aufbereiteten, erzielten Wettbewerbsvorteile.

2. Struktur der Verbreitungs-Medien

Die Medientechnik, das hat der vorige Abschnitt gezeigt, ist nur ein Faktor unter mehreren: Für die Entstehung neuer Medien ist die gesellschaftliche Institutionalisierung von zentraler Bedeutung. Die Verbreitungs-Medien erster Ordnung, von der die technikwissenschaftliche Literatur spricht,[10] unterscheiden sich keineswegs nur technisch, sondern auch rechtlich-politisch, wirtschaftlich und kulturell. Dabei wird zumeist in drei Großgattungen untergliedert, die um eine vierte, vorgelagerte zu ergänzen sind: 1.) nichtperiodische Medien, 2.) periodische Pressemedien, 3.) Rundfunkmedien und 4.) Netzmedien. Aus dem komplexen kulturellen Kontext werden in der folgenden Tabelle stellvertretend die Ebenen der Programm-Produktion und -Rezeption aufgeführt.

Tabelle II-4: Strukturunterschiede zwischen den Verbreitungs-Medien

	Nicht-periodische	Presse	Rundfunk	Netzmedien
rechtlich-politisch	Jugendschutz	Presserecht	Rundfunkrecht	Netzwerkaufsicht
ökonomisch (Organisation und Gut)	Org.: verlagsähnlich; Club-Güter; Fixkostendegr.	Org.: Verlag; Club-Güter; Fixkostendegression	Org.: Rundfunkanstalten; öffentliche Güter; keine Fixkostendegr.	Org.: Netz- und Contentprovider; private u. öffentliche Güter; keine Fixkostendegression
Technik	unterschiedliche Vervielfältigung	Drucktechnik	elektronisch	elektronisch
Programmproduktion	extern wie intern	vorwiegend intern	extern wie intern	dezentral
Programmrezeption	individualisierte Habitualisierung	kollektive Habitualisierung	kollektive Habitualisierung	individualisierte Habitualisierung

Nichtperiodische Verbreitungs-Medien fassen eine Reihe von Einzelmedien (zweiter Ordnung) zusammen: das *Buch*, *Audio-Medien* wie Schallplatte, Tonband, Kassette, CD, Audio-DVD und Hörbuch, *Video-Medien* wie Film/Kino, Video-Kassette und Video-DVD sowie *Computer-Medien* (mit Programminhalten) wie Disketten, CD-ROMs und DVD-ROMs.[11] Die Gruppe ist heterogen, weil sie sich während der langen Zeit ihrer Existenz in immer mehr Subformen ausdifferenzierte. In der Anfangszeit unterstand manches nichtperiodische Medium der Vorzensur. Heutzutage und hierzulande werden weder Bücher noch Filme einem (staatlichen) Zensor vor der Veröffentlichung zur Genehmigung vorgelegt. Freiwillige Selbstkontrolleinrichtungen für den Film oder jugendgefährdende Schriften gelten nicht als Zensur, denn sie operieren nichtstaatlich, die Entscheidungen werden erst nach der Produktion getroffen und nur Vertriebseinschränkungen (für Jugendliche), aber keine Verbote, sind die Folge.

Ökonomisch gilt für diese Medien in der Regel, dass sie in Verlagen oder verlagsähnlichen Unternehmen produziert werden. Verlag kommt von Vorlegen, dem Vorstrecken der Gelder. Buch- wie Musik-Verlage, auch Filmproduzenten gehen ein großes ökonomisches Risiko ein, weil die Herstellungskosten häufig recht hoch sind, der Absatz sich jedoch nicht vorhersehen lässt. Diese Medien sind zudem in der Regel sogenannte *Club-Güter*: Sie rivalisieren nicht im Konsum, die Verkäufer können allerdings Nichtzahler vom Genuss ausschließen. Konsum-Rivalität heißt, dass die Güter verbraucht werden. Ein Brötchen kann man nur einmal essen, eine CD jedoch so oft hören, wie man will. Konsum-Ausschluss heißt, dass man nicht konsumieren kann, solange man nicht gezahlt hat: So entscheidet sich an der Kino-Kasse, wer eingelassen wird. Vom Atmen der Luft oder dem Empfang analog-terrestrischer Hörfunkprogramme kann jedoch (bislang) niemand ausgeschlossen werden. Ein weiteres ökonomisches Kriterium ist die starke Fixkostendegression nichtperiodischer Medien; die Kosten für die Erstellung des Originals bzw. der ersten Kopie sind sehr hoch; je höher die Auflage, desto stärker können die Fixkosten (u. a. das Autorenhonorar) auf die abgesetzten Exemplare verteilt werden. Die variablen Kosten (z. B. für Papier und Druckerfarbe) verändern sich dabei ebenfalls.

Die nichtperiodischen Medien werden mit unterschiedlichen Techniken vervielfältigt. Wäre Technik also das Grundmerkmal der Medien erster Ordnung, dürfte es die Gruppe der nichtperiodischen nicht geben. Gemeinsam ist ihnen, dass immer ein Original vorliegen muss. Das wird gesetzt und gedruckt (Buch und Begleitmaterialien zu den anderen) oder kopiert (alle anderen). Die Programmproduktion erfolgt extern von «Subunternehmern», oder intern von Angestellten. Der klassische Buchverlag honoriert (mehr oder weniger großzügig) die Leistung der Autoren. Im Musikgeschäft dominiert eine Mischform zwischen externer und interner Programmproduktion: Zumeist sind die Interpreten für eine gewisse Vertragslaufzeit an die Musikproduktionsfirma gebunden. Im Filmgeschäft und in der Software-Industrie herrscht zwar die interne Produktion vor, daneben wird auch zugekauft.

Die Rezeption ist so stark individualisiert, dass sich Generalisierungen verbieten: Die Nutzungsfrequenz reicht von gar nicht bis extrem oft – das gilt für den Kinobesuch, das Lesen von Büchern, das Hören oder Sehen von Audio- oder Video-Konserven bis zu Computerspielen. Am letzten Beispiel lassen sich die Gründe illustrieren: Wer keinen Computer hat, kann nicht spielen; wer den Computer nur zum Arbeiten nutzt, wird es nicht; «heavy-user» hingegen kommen wie der Junkie von der Nadel – selten oder nie. Der Verwendungszweck ist ebenso individualisiert: Von der Nutzung als Bildungsmedium bis zur reinen Unterhaltung ist alles denkbar. Dennoch dürfte, bei allen Unterschieden, wie bei den anderen Medien auch, das Konzept der Habitualisierung zum Tragen kommen (vgl. Kapitel II. C.3). Mit «Habitus» bezeichnete der französische Soziologe Pierre Bourdieu (1930–2002) verinnerlichtes, traditionales gewohnheitsmäßiges Handeln.[12]

Periodische Pressemedien umfassen Zeitungen und Zeitschriften, Kalender und Jahrbücher.[13] Moderne Zeitungen besitzen Aktualität, Periodizität, Publizität und Universalität. Die *Aktualität* der Informationen ist so groß wie möglich, die *Periodizität* heute in der Regel der tägliche Erscheinungsabstand. *Publizität* heißt, dass ein breites Publikum angesprochen wird; die Inhalte sind *universal*, d. h. alles, was beim Publikum Interesse findet oder finden mag, wird in der Zeitung behandelt. Aktualität und Periodizität hängen eng zusammen; ebenso kann breite Publizität nur bei thematisch umfassender, universaler Berichterstattung erreicht werden. Anhand der vier Kriterien lässt sich die Tagespresse trennscharf definieren. Zeitschriften hingegen kaum – allenfalls negativ: Was nicht Zeitung ist, ist Zeitschrift. Zeitschriften erscheinen mindestens zweimal im Jahr und nicht öfter als einmal die Woche. Jahrbuch, Kalender und Almanach besitzen geringere, Zeitungen dichtere Periodizität.

Das Presserecht ist ein historisch gewachsener, für die periodische Presse formulierter Rechtsbereich. Am wichtigsten sind in Deutschland heutzutage die Landespressegesetze. In ihnen und im Grundgesetz (Art. 5) wird bestimmt, dass jeder, also nicht nur Staatsbürger, ohne Genehmigung ein Presseunternehmen gründen darf. Das war früher nicht selbstverständlich. Die periodische Presse darf nicht zensiert werden, hat aber als wichtigste Kontrollinstanz einen «inneren Zensor»: den strafrechtlich verantwortlichen Redakteur. Ökonomisch ist die Grundlage des Geschäfts der Presseverlag. Er funktioniert insoweit anders als der Buchverlag, aus dem er hervorgegangen ist, als die Inhalte vorwiegend in Redaktionen verfasst werden, die dem Verlag angeschlossen sind. Daneben gibt es verschiedene Formen externer Programmproduktion: die Meldungen der Nachrichtenagenturen, ausgelagerte (outgesourcte) Lohnschreiberei oder den Zukauf von Freien oder Festen Freien: Das sind Journalisten, die auf eigene Rechnung recherchieren und schreiben, und solche, denen vom Verlag die Abnahme einer festgelegten Artikelmenge garantiert ist.

Die Presse ist in der Regel ein Club-Gut – mit dem Abonnement tritt man dem «Club» der Abonnenten bei. Gratis-Zeitungen könnte man als Allmende-Güter bezeichnen: Ihr Konsum rivalisiert, und es gibt kein Ausschlussprinzip, da sie umsonst verteilt werden. Derzeit existieren in Deutschland keine Gratis-Tages-, sondern nur Gratis-Wochenzeitungen (Anzeigenblätter). Der Anzeigenraum ist ein sogenanntes Privat-Gut mit Ausschlussprinzip: Nur wer zahlt, darf eine Anzeige schalten; der Konsum rivalisiert – Anzeigenraum, der von einem Inserenten gebucht wurde, steht anderen Inserenten nicht zur Verfügung. Presse basiert technisch (derzeit noch) auf der Drucktechnik. Über die Zuordnung der Internet-Zeitungen zur Presse wird in der Forschung gestritten. Dafür spricht die pressetypische Herstellung der Inhalte, dagegen der elektronische Vertrieb. Die Pressenutzung ist im Unterschied zu den nichtperiodischen Medien stärker habitualisiert: Trotz recht individueller Nutzungsmuster gibt es Gemeinsamkeiten, die wie die Frühstückslektüre auf ein hohes Maß an Gewöhnung hinweisen, so dass sogar von der Presse als Sozius gesprochen worden ist.[14]

Bei der Presse ist die Fixkostendegression hoch – mit erwartbaren Konsequenzen: Je höher Auflage, desto billiger kann die einzelne Ausgabe verkauft werden. Bei einer Millionen-Auflage schlagen die festen Kosten kaum noch zu Buche, die variablen Kosten (z.B. für Papier und Druckerfarbe) wachsen allerdings mit der Auflage. Rechnen wir ein fiktives, aber durchaus typisches Beispiel:[15] Eine Regionalzeitung verkauft eine Auflage von 75 000, der Einzelverkaufspreis beträgt 1 €. Bei 26 Ausgaben im Monat erlöst die Zeitung über den Vertrieb ca. 2 Mio. €. Die Vertriebseinnahmen machen in der deutschen Presse derzeit ca. 40 Prozent, Werbeeinnahmen ca. 60 Prozent aus, somit kommen ca. 3 Mio. € Werbeeinnahmen hinzu. Mit der Zeitung werden mithin ca. 5 Mio. € monatliche Gesamteinnahmen erzielt. Geht man von einer durchschnittlichen Rendite von 10 Prozent im Zeitungsgeschäft aus, stehen dem ca. 4,55 Mio. € Gesamtausgaben gegenüber. Von diesen Gesamtausgaben entfallen als fixe Kosten auf Redaktion und Verwaltung ca. ein Drittel: ca. 1,5 Mio. €. Umgelegt auf die Gesamtauflage von 75 000 stecken im Verkaufspreis mithin ca. 77 Cent Redaktions- und Verwaltungskosten. Könnte die

Zeitung ihre Auflage verdoppeln, entfielen nur noch 38 Cent vom Verkaufspreis auf diese fixen Kosten. Würde sich hingegen ein reicher Nabob den Luxus der Zeitung als persönlichen Informationsdienst leisten, dürfte man die 1,5 Mio. € nur durch 26 Monatsausgaben teilen. Ohne Druck- und weitere Kosten schlüge die einzelne Ausgabe mit ca. 58 000 € zu Buche. Würden sich zwei Reiche die Zeitung nutzen, wären es noch 29 000 €. An dem Beispiel sieht man, dass die Fixkostendegression anfangs besonders hoch ist; man sieht auch, dass eine typische Regionalzeitung in der Herstellung soviel kostet, dass sie sich ohne Werbung nicht rechnet.

Rundfunk ist im bundesdeutschen Sprachgebrauch der Sammelbegriff für Hörfunk und Fernsehen.[16] Er ist politisch-rechtlich ein eigenständiger Bereich, dessen Regulierung sich erst allmählich herausgebildet hat. Manche Regulierungsinstrumente, z.B. die strafrechtliche Verantwortung, sind der Presse ähnlich; anders wird jedoch (bislang) die Zulassung behandelt. Um einen Rundfunksender zu gründen, benötigt man eine Lizenz der Landesmedienanstalten, denn noch stehen nur begrenzt Ausstrahlungs-Frequenzen zur Verfügung, sie sind mithin ein knappes Gut. Rundfunk ist in der Regel ein öffentliches Gut: Der Konsum rivalisiert nicht, weil es egal ist, wie viele Zuhörer oder Zuschauer eingeschaltet haben. Außerdem war der Ausschluss der Nichtzahler (Schwarzhörer) lange Zeit nicht möglich – zumindest gilt das für die allmählich auslaufende analogterrestrische Verbreitung. Kabel- oder verschlüsselte Satelliten-Programme sind hingegen Club-Güter: Die Verschlüsselung sichert das Ausschlussprinzip, der Konsum rivalisiert trotzdem nicht. Im Unterschied zur Presse gibt es in der Rundfunkökonomie keine Fixkostendegression. Die Ausstrahlung des Programms kostet immer das Gleiche, für ein Publikum von 100 wie für sechs Milliarden. Das hängt mit der immateriellen Verbreitung zusammen – unabhängig davon, ob die Rundfunktechnik noch analog oder schon digital funktioniert.

In der Programmproduktion ähnelt der Rundfunk stärker den nichtperiodischen Medien, in der Programmrezeption mehr der periodischen Presse. Die Inhalte werden teils intern in den Sendeanstalten produziert, so die meisten Nachrichtensendungen, teils wie die Spielfilme zugekauft. Zumeist schlagen hohe Lizenzkosten zu Buche, so für Sportrechte. In der Programmrezeption haben sich, wie bei der Presse, starke Gewohnheiten entwickelt: Man hat Lieblingssender; wegen der von diesen vorgegebenen Zeitraster entwickeln die Rezipienten auch stark habitualisierte, fast schon ritualisierte Nutzungsgewohnheiten. Das lässt sich an Sendungen, bei denen man nicht gestört werden möchte, illustrieren. Für die einen mag das die Hauptnachrichtensendung sein, für andere die Bundesligakonferenz am Samstag, für dritte eine Daily-Soap.

Die *Netzmedien* könnte man auch als Vertriebsplattformen bezeichnen, die Infrastruktur ist hier besonders wichtig.[17] Erstes neuzeitliches Netzmedium war die Post (seit dem 15./16. Jahrhundert), die nächsten die Telegrafen- und Telefonnetze (seit dem 19. Jahrhundert), das neueste stellen die Internet-basierten Medien dar. Aber auch der Presse-Vertrieb könnte den Netzmedien zugeschlagen werden, da ein Netz von Grosso- und Einzelhandel existiert (vgl. Tabelle I-5). Die Regulierung der Netzwerke begann historisch mit dem Privileg für die Fürsten von Thurn und Taxis. Später nahm sich der Staat das Recht, Telegrafie und Telefon selbst zu betreiben oder das Betreiben zu erlauben – man spricht daher vom Telegrafenregal (im Sinne von Königsrecht, von rex, regis [lat.] = König). Noch die Netzaufsicht der heutigen Infrastrukturregulierung leitet sich von dem Regal ab.

Die Netzökonomie hatte seit Anbeginn zwei Bereiche, die man neudeutsch als Access und Content bezeichnen. Zum einen verkauft der Netzbetreiber den Zugang zu seinem Netz: Die Post befördert Briefe und Pakete, Telefon- und Telegrafen-Dienste bezahlt man für Anschluss oder Zustellung, die Internet-Access-Provider verkaufen Zugangszeit oder Datenvolumen. Zum anderen werden mit dem Inhalt Geschäfte gemacht: Schon als im 17. Jahrhundert die ersten Zeitungen aufkamen, versuchte die Post, das Zeitungsgeschäft zu monopolisieren. Telefon- und Telegrafen-Dienste können mit Zeit-, Wetter-, Verkehrs-, Sport- und sonstigen Ansagen und Nachrichten Geld verdienen. Auch im Internet wird mit Inhalten Geld verdient. Das offensichtlichste fällt kaum auf – die Werbung. Da allerdings etliches umsonst angeboten wird, vermögen nur Premium-Anbieter mit selbsterstellten Inhalten Geld zu verdienen. Insoweit sind manche Inhalte ein öffentliches Gut. Fixkostendegression im eigentlichen Sinn existiert bei den Netzmedien nicht.

Die Produktion der Inhalte lässt sich nicht generalisieren, mit einer Ausnahme: Sie erfolgt dezentral. Das gilt für die Briefschreiber, die Thurn- und Taxis' Post nutzten, ebenso wie Gesprächsteilnehmer im Telefonnetz und E-Mailer oder Blogger. Im Nutzungsverhalten ähneln die Netzmedien den nichtperiodischen Medien, es ist überaus individuell: Manche schreiben (viele) Briefe, andere gar keine; manche telefonieren ständig, andere sind froh, wenn sie auch einmal nicht zu erreichen sind; manche sind heavy-user des Internets, andere fürchten den nach einem Urlaub überquellenden E-Mail-Eingang.

3. Der soziale Kontext der Verbreitungs-Medien

Im sozialen Kontext unterliegen die Verbreitungs-Medien vielfältigen Einflüssen. Vereinfacht lässt sich zwischen (1) kulturellen, (2) ökonomischen, (3) staatlichen und (4) rechtlichen *Feldern oder Subsystemen* unterscheiden; zusammengenommen konstituieren sie die Gesellschaft. Dabei ist die nächste Abbildung wie folgt zu lesen: Die vier Gattungen der Verbreitungs-Medien, die alle auf Proto- und Basis-Medien aufbauen, sind kulturellen, wirtschaftlichen, rechtlichen und politischen Einflüssen ausgesetzt. Jedes der vier Felder ist systemische Umwelt für die Medien. Die Kugeln sollen andeuten, dass jedes gesellschaftliche Subsystem oder Feld nach eigenen Regeln funktioniert; zugleich beeinflussen sie sich wechselseitig; die Systemtheorie Luhmanns bezeichnet das als «strukturelle Kopplung»; auch Bourdieu betont Interdependenzen, Regeln und Wandelbarkeit der Felder. Nun unterscheidet sich die Systemtheorie vom Feld-Konzept deutlich, ihr funktionaler Schematismus steht sogar in direktem Gegensatz; Bourdieus Felder sind zumeist enger geschnitten (z. B. nicht Kultur, sondern u. a. Wissenschaft oder Literatur); wo es bei Bourdieu darum geht, ökonomische, kulturelle oder soziale Kapitalien zu akkumulieren (u. a. Anerkennung), spricht Luhmann von funktionalen Tauschmedien (von Geld über Liebe bis zu Kommunikationsmedien). Im Folgenden stehen nicht die theoretisch-argumentativen Unterschiede, sondern die Beschreibung realer gesellschaftlicher Phänomene im Vordergrund.[18]

Jedes der vier gesellschaftlichen Felder kann unterschiedliche Ausprägungen annehmen: In der Abbildung sind sie – wiederum stark vereinfachend – als drei gestapelte Kreise angezeigt. Das *Feld der Kultur* changiert zwischen volkstümlicher und elitärer Ausprägung. Volkstümlich umschreibt alles Populäre, zum Beispiel sowohl Volks- als auch Popmusik; elitäre Medien stoßen auf geringen Zuspruch. Elitär versus populär ist ein Differenzial, zwischen den Extremwerten gibt es fließende Übergänge. Jede Mediengattung hat ebenso populäre wie elitäre Vertreter: Boulevardpresse <> Qualitätszeitungen,

Abbildung II-1: Medien in den Feldern der Gesellschaft

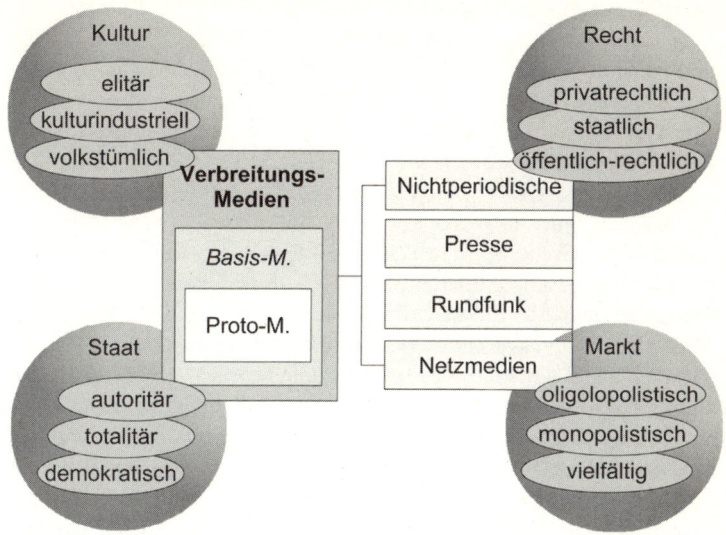

Blockbuster <> Avantgarde- oder Experimentalfilme, triviale Bestseller <> hohe oder Außenseiter-Literatur etc. Somit beruht der Gegensatz elitär <> populär auf mindestens zwei Komponenten: Quantität und Qualität. Während die Quantität unstrittig festzustellen ist, lässt sich über Qualität streiten. Zwar können informationsbezogene Elemente wie Richtigkeit und Vollständigkeit geprüft werden, nicht jedoch präsentationsbezogene wie Ästhetik, Schönheit, Stil etc.

Insbesondere der Charakter der künstlerischen Qualität hat durch die modernen Reproduktionstechniken (seit Gutenberg) enorme Veränderungen erfahren, aus denen eine dritte Komponente resultiert: die kulturindustrielle. Das Konzept der *Kulturindustrie* geht auf die *Kritische Theorie* zurück. Insbesondere Walter Benjamin (1892–1940), Theodor W. Adorno und Max Horkheimer sind hier zu nennen. Benjamin vertrat die These, die Reproduzierbarkeit der Kunst habe ihr die Würde genommen: «[W]as im Zeitalter der technischen Reproduzierbarkeit des Kunstwerkes verkümmert, das ist seine Aura.» Der Vorgang stehe «im engsten Zusammenhang mit den Massenbewegungen unserer Tage. Ihr machtvollster Agent ist der Film.» Der Film bedeute die «Liquidierung des Traditionswertes am Kulturerbe».[19] Im Unterschied zu Benjamin argumentierten Adorno und Horkheimer mit den ökonomischen Bedingungen der Kultur.[20] Das erste Axiom der Kritischen Theorie unterstellt dem Kulturbetrieb ein Primat der Ökonomie. Adorno und Horkheimer exemplifizierten ihre Thesen insbesondere an Film und Rundfunk: 1.) Die Kulturindustrie zeichne sich durch Standardisierung und Serienproduktion aus. Die medialen Produkte seien durchkalkuliert und auf Wirkungen berechnet. Erfolg garantierende Bestandteile würden immer wieder verwendet. Heute setzt das Popcorn-Kino neben anderen Faktoren auf etablierte Stars, um den Kassenerfolg sicherzustellen. 2.) Es bestehe eine generelle Abhängigkeit der Kulturindustrie von anderen Industrien wie der Elektroindustrie und externen Geldgebern wie den Banken. 3.) Das Publikum besitze keine Auswahlmöglichkeiten. Die Vielfalt sei nur scheinbar und ermögliche nur die Wahl zwischen dem Gleichen. Damit die Gleichförmigkeit nicht auffalle, biete die Kulturindustrie den Einzelnen die Pseudoindividualisierung, die Illusion individueller Lebensstile. 4.) Die Reduzierung der Auswahl sei zugleich Zweck der Kulturindustrie: Die Massen würden abgelenkt und dadurch an die Demütigung in ihrem «Knechtsdasein» gewöhnt. Outsider sollten verhindert werden: Über Gleichschaltung, Ausrichtung und Verhinderung der Individualität solle die Gesellschaft integriert werden. Besonders wichtig sei der Erhalt der Arbeitskraft. Die Bevölkerung werde desensibilisiert, die Kulturindustrie verdumme die Massen, verhindere die Erkenntnis der eigentlichen Interessen und spiele damit den Mächtigen in Politik und Wirtschaft in die Hände. Dieser Zweck wird als Schlussfolgerung der Kritischen Theorie getarnt und ist im Prinzip deren zweite axiomatische Voraussetzung. Darum stehen moderne Nachfahren der Kritischen Theorie in Soziologie, Cultural Studies und Kulturwissenschaften dem Konzept auch nicht ohne Distanz gegenüber.[21]

Wenn man die Kritische Theorie aus dem Abstand von 60 Jahren selbst der *Kritik* unterzieht, so ist zunächst ihr Entstehungszusammenhang zu bedenken. Horkheimer und Adorno waren vor den Nationalsozialisten in die USA geflüchtet und formulierten vor dem Hintergrund von Erfahrungen, die sie mit der Selbstaufgabe der Demokratie in Weimar, der Rolle der Medien, der nationalsozialistischen Propaganda und letztlich auch des stark kommerzialisierten Kultur- und Medienbetriebs in ihrem Gastland gemacht hatten. Sie sprachen später vom «Exil im Glamourland». Heute ist der Einfluss der Politik auf die Medien insbesondere in Wahlkampfzeiten oder im

Fall des öffentlich-rechtlichen Rundfunks immer noch recht groß, doch werden die Medien nicht im Entferntesten so geknebelt wie in der NS-Zeit. Zwar haben Bürgerfunk und offene Kanäle Brechts und Enzensbergers Forderungen nach Beteiligung der Rezipienten aufgegriffen, doch ist der Kulturbetrieb heute stark kommerzialisiert, und so bleibt die Kritische Theorie eine ansatzweise brauchbare Zustandsbeschreibung: Presse und Rundfunk, auch Netzmedien und nichtserielle Medien wie Film oder Popmusik vermitteln Images von «Berühmtheiten», die vom Publikum teilweise als Blaupausen zu individuellen Lebensentwürfen aufgenommen werden und damit dem kulturkritischen Verdikt der Pseudoindividualisierung recht nahe kommen. Wichtige Vorbehalte aber bleiben: Die Kritische Theorie zeigt verschwörungstheoretische Züge und kann den Beweis nicht führen, dass eine Gleichrichtung der Interessen von Wirtschaft und Politik existiert. Weder kann generell eine Homogenität der Interessen der Mächtigen angenommen werden noch die ausnahmslose Dummheit des Publikums. Schon 1970 kritisierte der damals radikal linksdemokratische Publizist Hans Magnus Enzensberger die Manipulationsthese vom angeblichen «Oktroi falscher [...] Bedürfnisse», obwohl er zugleich mit Versatzstücken der Kritischen Theorie argumentierte.[22] Die Kritische Theorie ist also in der Beschreibung der Oberflächenphänomene deutlich genauer als bei der Analyse der Ursachen.

Die Ausführungen zur Kulturindustrie verdeutlichen, dass sich die Kultur vom *wirtschaftlichen Subsystem* nicht trennen lässt. Augenfällig ist, dass die ältere Generation der Medienökonomen im deutschsprachigen Raum alle mehr oder minder stark dem kulturkritischen Paradigma verpflichtet sind.[23] Medien sind gleichermaßen Wirtschafts- und Kulturgut, alle Verbreitungs-Medien müssen sich am Markt bewähren. Das gilt selbst für Subgattungen, die sich prima vista dem Markt verweigern, z. B. die Open-Source-Software; diese Veröffentlichung ist beispielsweise teilweise in Open Office entstanden, einem Programmpaket, das Microsofts Wettbewerber Sun Microsystems initiierte, um den übermächtigen Konkurrenten anzugreifen. Die nicht kommerziell vertriebene Software legt ihre Programmierung (Quellcode) offen, so dass jeder sie verbessern kann. An der Software-Industrie lässt sich die Hauptfurcht der Medienökonomen vor dem sogenannten Marktversagen gut demonstrieren: Ein Markt funktioniert immer dann problemlos, wenn bei Angebot *und* Nachfrage große Vielfalt herrscht. Für die Messung der Vielfalt existiert eine Reihe von Verfahren, die hier nicht im Detail vorgestellt werden können, sie haben alle Vor- und Nachteile.²⁴

Noch grundsätzlicher stellt sich jedoch (theoretisch wie auch in jedem praktischen Kartellverfahren) die Frage, wie der sogenannte *relevante Markt* zu bestimmen ist. Darunter versteht die Ökonomik in sächlicher wie räumlicher Hinsicht jenen Markt, auf dem Güter in Wettbewerb zueinander stehen: Nur Güter, die man wechselseitig ersetzen kann, konkurrieren. Die Ökonomen sprechen hier von Substituierbarkeit. Ein einfaches und ein kompliziertes Beispiel: Das Brötchen des einen kann leicht durch das eines anderen Bäckers ersetzt werden, wenn die Schlange bei dem einen zu lang ist oder der Preis drastisch erhöht wurde. Aber würden Leser der FAZ oder «Süddeutschen Zeitung» die «Bild» kaufen, wenn ihr Leib- und Magenblatt ausverkauft ist? In einer Hinsicht bewegen die drei Zeitungen sich auf demselben relevanten Markt: Sie sind überregionale Zeitungen – so gesehen könnte man die «Bild» ersatzweise kaufen. Ein zweites denkbares Kriterium für relevante Märkte ließe FAZ und SZ als Qualitäts- und die «Bild» als Boulevardzeitung betrachten – unter diesem Gesichtspunkt könnte die «Bild» die anderen beiden nicht ersetzen. Ein drittes mögliches Kriterium wäre die politische Richtung. Dabei könnte man wieder eine größere Nähe von «konservativer» FAZ und «Bild» im Unterschied zur «liberalen» SZ ausmachen – die FAZ-Leser könnten zur «Bild» greifen, SZ-Leser hingegen nicht.

Da Verbreitungs-Medien generell durch hohe First-Copy-Costs gekennzeichnet sind, ist die Fixkostendegression medienwirtschaftlich immer lukrativ: Bei der Programmierung von Windows oder einem Office-Paket entstehen nur einmal Kosten; je mehr Kopien verkauft werden, desto niedriger können die Verbraucherpreise kalkuliert werden. Für die Unternehmen ist es daher von Vorteil, als Monopolist den Markt zu beherrschen. Aber auch die häufig anzutreffende oligopolistische Marktausprägung – wenige Anbieter, die sich schiedlich-friedlich den Markt teilen – ist für Medienunternehmen besser als große Anbietervielfalt. Die Vorteile der Standardisierung und Serienproduktion mit dem Effekt der Fixkostendegression generiert mithin eine Wirtschaft der *Größenvorteile* (*economy of scale*), was wiederum die Gefahr des Marktversagens verstärkt: Wenn letztlich nur noch ein Monopolist übrig bleibt, oder wenige in Absprache den Markt aufteilen, kann den Verbrauchern der Preis diktiert werden. Der Trend zur Größe gilt auch für nichtserielle Medien

(Buch- und Musikverlage, Filmproduktion), Pressemedien, Anbieter von Netzmedien (Google und anderen Telekommunikationsunternehmen). Selbst im Rundfunk ist es ähnlich, obwohl die immaterielle Verbreitung keine Fixkostendegression erlaubt. Dort machen indirekte Größenvorteile den Nachteil wett, wenn eine große Senderkette ihre eigenproduzierten oder eingekauften Programme mehrfach verwertet. Ökonomen sprechen hier von *Verbundvorteilen* oder einer *economy of scope*.

Die *Auflage-Anzeigen-Spirale* (oder Werbespot-Reichweiten-Spirale) demonstriert die Wechselwirkungen von Mikro- und Makroökonomie, zwischen Medien-Betriebswirtschaft und Medienmärkten; Größen- und Verbundvorteile verstärken sich: Eine höhere Auflage macht die Presse für die Anzeigenkunden interessanter; die Einnahmen steigen, in interessantere Zeitungen und Zeitschriften kann investiert werden; das hat positive Folgen für Auflage und Anzeigenaufkommen. Je höher die Auflage, desto niedriger ist der relative Anzeigenpreis, hier der Preis je Abonnent/Leser. So ziehen auch die Inserenten aus höheren Auflagen einen Preisvorteil, obwohl die absoluten Anzeigenpreise in der auflagenstarken Presse höher sind als in der kleinen. Die Wechselwirkung entfaltet sich auch zwischen der Reichweite und den Werbespots in Hörfunk und Fernsehen. Als Faustformel gilt für einen Markt mit zwei Wettbewerbern, dass sich die Auflage-Anzeigen-Spirale positiv zugunsten des Marktführers und negativ zu Lasten des nachrangigen Wettbewerbers auszuwirken beginnt, sobald die Marktanteile ein Verhältnis von 60:40 überschreiten.

Da durch die Größen- und Verbundvorteile Konzentrationstendenzen gefördert werden, die letztlich in Marktversagen münden können, versucht die politische Ökonomie mit kartell- und medienrechtlichen Maßnahmen gegenzusteuern. Dabei wird je nach Mediengattung zu verschiedenen Instrumenten mit unterschiedlicher Aufsichtsstrenge gegriffen. Während bei den Netzmedien eine Regulierungsbehörde auf nationaler Ebene den Wettbewerb der Access-Provider regelt, ist eine besondere kartellrechtliche Aufsicht über die Anbieter von Inhalten (Content-Provider) derzeit nicht nötig. Eine medienrechtliche Aufsicht über nichtserielle Medien jenseits des normalen Kartellrechts von Bundeskartellamt und Europäischer Kommission scheint momentan ebenfalls nicht dringlich. Hingegen gilt für Pressebetriebe (noch) ein zwanzigfach schärferes Kartellrecht als für sonstige Wirtschaftsunternehmen. Die Rechtsverschärfung wird mit besonderen *externen Effekten* begründet, das sind Auswirkungen, die jenseits der Ökonomie auftreten: Die demokratierelevanten Effekte der Presse zählen u. a. hierzu – darum ist derzeit ein neues Kartellrecht in Arbeit. Der Rundfunk unterliegt noch stärkerer Kontrolle. Zum einen bedarf schon die Gründung eines Rundfunkunternehmens einer Genehmigung (Lizenz), zum anderen kontrollieren die für die Aufsicht über den privaten Rundfunk zuständigen Landesmedienanstalten die Zuschauermarktanteile. Ab 25 Prozent Marktanteil prüfen sie genau und erteilen gegebenenfalls Auflagen, ab 30 Prozent Marktanteil werden Zusammenschlüsse und weiteres Wachstum generell verhindert. Dieses seit 1997 gültige Zuschauermarktanteilsmodell legitimierte damals im Nachhinein den Ist-Zustand: Alle öffentlich-rechtlichen Sender zusammen kommen in Deutschland auf ca. 40 Prozent Anteil am Zuschauermarkt, mithin blieb der Rest des Fernsehmarkts für die beiden damaligen Hauptwettbewerber: Bertelsmann und die Kirch-Gruppe. Das war politisch gewollt.

Das *Feld der Politik* ist ebenso eng mit der Ökonomie verwoben wie die Wirtschaft mit der Kultur. Drei Ausprägungen sollen unterschieden werden: totalitär, autoritär und demokratisch – das geht auf die ältere «Theory of the Press» zurück. Eine neuere Dreiteilung, die in den letzten Jahren in der Kommunikationswissenschaft weithin rezipiert wurde, konzentriert sich auf Unterschiede zwischen demokratischen Mediensystemen und soll, da sie nur einen Ausschnitt des regulativen Spektrums umfasst, hier außer Betracht bleiben.[25] Die *drei Ausprägungen totalitär, autoritär und demokratisch sind idealtypisch* zu verstehen: Autoritäre Regime sind die historisch ältesten; in Deutschland gehören sie der Vergangenheit an; in etlichen Staaten der Welt sind sie noch Gegenwart. Autoritäre Regime stehen zwischen den totalitären und den demokratisch-liberalen Gesellschaftsordnungen; erstere sind durch extreme Überwachung gekennzeichnet, letztere durch weitgehende Freiheitsrechte. Autoritär umfasst dabei ebenso eine gewisse Bandbreite wie demokratisch-liberal. Ob es überhaupt totalitäre Gesellschaften gibt, darf zumindest in Zweifel gezogen werden; damit ist eher der Anspruch als die Wirklichkeit totaler Kontrolle gemeint. Selbst die DDR hat sich allenfalls in der stalinistischen Frühphase das Adjektiv verdient, und sogar damals hatte Ulbrichts Totalitarismus Lücken: Die Menschen konnten Westfunk hören. Auch das NS-Deutschland war nie so totalitär wie Hitler und Goebbels es gerne gehabt hätten – selbst im Zweiten

Weltkrieg nicht. Das vermutlich totalitärste Regime der Gegenwart, Nordkorea, hat ebenfalls seine Schwachstellen: sporadische Telefonkontakte in den Süden und eine halbdurchlässige Grenze im Norden zur Volksrepublik China. An den Systemen 1.) der Pressemedien, 2.) nichtserieller Medien (unter besonderer Berücksichtigung des Films) und 3.) der Netzmedien lassen sich die Charakteristika der drei Ausprägungen erläutern.

Autoritäre oder kulturkonservative Staaten, wie die deutschen Staaten bis ins 19. Jahrhundert, zeichneten sich in der inhaltlichen Kontrolle der Pressemedien durch externe Vor- und Nachzensur aus; die Unternehmenskontrolle arbeitete mit Privilegien, Konzessionierung und Sicherungsgebühren (Kaution); manche autoritären Presseregime kannten Monopolzeitungen. Parteizeitungen wurden nur in engen Grenzen toleriert. Berufskontrolle war lange Zeit weitgehend unbekannt, nur technische Berufe (Drucker etc.) waren der Zunftkontrolle unterworfen. Die Verbreitung wurde zumeist über das sogenannte Postdebit kontrolliert: Ohne behördliche Erlaubnis konnten Zeitungen oder Zeitschriften nicht auf dem Postwege verbreitet werden. Da Pressemedien Öffentlichkeit schaffen, wurden sie von den autoritären Regimen zumeist negativ (demeritorisch) besteuert. Liberale und *demokratische Staaten* wie die Bundesrepublik Deutschland sprechen hingegen ein Zensurverbot aus; nur juristische Nachkontrolle der Presse, vor Gericht, ist erlaubt; die Kontrolle der Unternehmen beschränkt sich auf Kartellrecht und Wettbewerbskontrolle, der journalistische Berufszugang ist frei und kennt viele Ausbildungswege; auch die Verbreitung der Pressemedien wird nicht behindert. Parteiliche Medien sind erlaubt, allerdings in den meisten modernen Demokratien kaum noch anzutreffen: Während die Parteipresse in der Weimarer Republik noch eine bedeutende Rolle spielte, verlor sie diese nach dem Zweiten Weltkrieg gänzlich. Presseunternehmen unterliegen zumeist reduzierten Steuersätzen, die Besteuerung ist meritorisch. *Totalitäre Systeme* unterwerfen die Presse häufig interner Vorzensur und zusätzlicher, externer Nachzensur; gleichzeitig werden die Nachrichten kontrolliert; es gibt Zentralorgane, Konzessionierung bisweilen (in der DDR, nicht aber im Nationalsozialismus); Parteipresse ist im Kern Staatspresse. Die journalistischen Berufe sind nicht frei: Ausbildung und Zugang werden kontrolliert, die Mitgliedschaft in Berufsverbänden ist obligatorisch. Die Verbreitungskontrolle nutzt unterschiedliche Instrumente: Auflagekontrolle, Papierkontingentierung und staatlichen Vertriebszwang. Für eine

Presse, die zu propagandistischen Zwecken genutzt wird, ist die Besteuerung relativ unwichtig.

Die inhaltliche Kontrolle nichtserieller Medien, die insbesondere am Film zu verdeutlichen ist, benutzt in *autoritären oder kulturkonservativen Regimenten* die Zensur vor der Erstaufführung; die Zensoren sprechen Schnittauflagen und Verbotsmöglichkeiten aus; die heimische Kulturproduktion wird häufig durch Preise und Prädikate gefördert; der Markt durch Quotierung gegen ausländische Konkurrenz geschützt. Liberale und *demokratische Staaten* verbieten Vorzensur, erlauben jedoch juristische Nachkontrolle. Kulturförderung erstreckt sich zudem auf Kartellrecht und Wettbewerbskontrolle; die Filmförderung der Bundesrepublik kennt ebenfalls die Prädikatisierung. *Totalitäre Systeme* wie die NS-Filmkontrolle nutzen verschiedene Instrumente zur Kontrolle der Inhalte: Vorzensur, Drehbuchkontrolle und Aufsicht während der Filmproduktion. Die Filmförderung kombiniert Prädikatisierung mit staatlicher Kreditvergabe, oder es existieren Produktionsgesellschaften in staatlicher Regie; auch Aufführungs- und Kinobesuchsgebote werden erlassen.

Die Kontrolle des Internets durch *autoritäre Regimente* zielt auf Zugangsbegrenzung: Der Zugang ist häufig recht teuer und nur über staatliche Provider möglich; die Zensur überwacht Kommunikatoren und sperrt missliebige Sites. Der Netzzugang in liberalen und *demokratischen Gesellschaften* ist frei, relativ kostengünstig und wird über private oder öffentlich-rechtliche Provider geöffnet; inhaltliche Kontrolle findet in Form gerichtlicher Nachprüfung statt; wichtig ist außerdem die Abwehr von Cyberkriminalität – einerseits Wirtschaftskriminalität, andererseits politischer Extremismus. *Totalitäre Regime* handhaben den Internetzugang sehr restriktiv und gestatten ihn nur ausgewählten, verlässlichen Personen des Partei- oder Staats-Apparats; behördliche Überwachung von Kommunikatoren und Rezipienten bei Sperre missliebiger Sites ist die Regel.

Das *rechtliche Subsystem* ergänzt die drei bisher benannten Felder.[26] Auch hier lassen sich drei *Ausprägungen* unterscheiden: *privat- und öffentlich-rechtlich sowie staatlich*. Bei den meisten Mediengattungen dominiert zumeist die private Form. Allerdings gibt es unter den Netzwerk-, den Presse- und den nichtseriellen Medien auch staatliche und öffentlich-rechtliche Varianten. Staatlich waren (bzw. sind) etliche Nachrichtenagenturen oder Telekommunikationsunternehmen. Öffentlich-rechtlich war die Wochenzeitung «Die

Zeit» und ist die «Frankfurter Allgemeine», da beide in Stiftungsbesitz waren oder sind. Auch die Wikimedia-Foundation – mit dem Lexikon Wikipedia – ist eine öffentlich-rechtliche Stiftung. Die Unterschiede der drei Formen lassen sich insbesondere anhand der Organisation des Rundfunks illustrieren:

In *staatlichen Rundfunksystemen* sind die Rundfunksender in vielfältiger Weise vom Staat abhängig: bei Personalauswahl, Struktur- und Programmentscheidungen sowie finanziell. Sie kennen keine Meinungsvielfalt, die Sender sind vielmehr Sprachrohr der Regierung oder der herrschenden Partei. Die Finanzierung erfolgt über staatliche Zuwendungen, Steuern oder auch zweckgebundene Gebühren. In Deutschland war der Rundfunk in der späten Weimarer Republik, während des Nationalsozialismus und in der DDR nach staatlichem Muster organisiert.

Öffentlich-rechtliche Rundfunksysteme hingegen sind staatsfern, die Sender sind eigenständige juristische Personen. Der Gesetzgeber formuliert nur den öffentlichen Auftrag und den gesetzlichen Rahmen. Über Personal-, Struktur- und Wirtschaftsfragen entscheiden die Anstalten weitgehend autonom. Bei öffentlich-rechtlichen Systemen sind die Sender in der Regel binnenplural organisiert: Verschiedene gesellschaftliche und politische Gruppen kontrollieren sie gemeinsam und sollen ausgewogen zu Wort kommen. Das gilt auch für Minderheiten. Die Finanzierung erfolgt in der Regel über Steuern und/oder zweckgebundene Gebühren, partiell auch über Werbung.

Private Rundfunksysteme zeichnen sich durch Sender in privatrechtlicher Verantwortung aus. Der Gesetzgeber gibt der Vielzahl der privaten Sender nur den Rahmen vor: die Marktorganisation. Und er verpflichtet die Sender auf Einhaltung allgemeiner Gesetze. Meinungsvielfalt wird – analog zur Presse – außenplural, durch die Vielzahl der Sender, erzeugt. Die Finanzierung ist über den Verkauf von Werbung, von Programmen oder von Rundfunk- und Fernsehgeräten denkbar. Als Musterland des privaten Rundfunks können die USA gelten. In Deutschland wurde der private Rundfunk nach 1984 eingeführt. Seither hat die Bundesrepublik ein duales Rundfunksystem: privat und öffentlich-rechtlich.

Tabelle II-5: Staatlicher, privater und öffentlich-rechtlicher Rundfunk

	staatlicher Rundfunk	*öffentlich-rechtlicher Rundfunk*	*privater Rundfunk*
Finanzierungsart	zumeist Steuern, aber auch Gebühren	zumeist Gebühren, aber auch Steuern und Werbung	Werbung oder Bezahlsysteme
Struktur-, Programm-, Personalentscheidungen	extern, von Partei und Staat oktroyiert	intern, Gesetzgeber formuliert Rahmen	intern, Gesetzgeber regelt Lizenzierung
Pluralität	keine Pluralität	Binnenpluralität	Außenpluralität
öffentliche Aufgabe	Sprachrohr von Partei, Staat, Regierung	Grundversorgung, Minderheitenschutz	Gesetzestreue (u.U. Grundversorgung)

Von den Ausprägungen der vier Felder passen manche besser, andere weniger gut zueinander. So legt ein totalitärer Staat die monopolistische Marktsituation und eine staatsnahe rechtliche Organisation der Medien nahe. Ein demokratisches System harmoniert am besten mit vielfältiger Medienlandschaft, die entweder privat oder öffentlich-rechtlich strukturiert ist. Darum versuchen demokratische Staaten der Medienkonzentration vorzubeugen, allerdings: Die Volkstümlichkeit der Medien lässt sich nicht erzwingen, kulturindustrielle Tendenzen kaum vermeiden, die Gefährdung der medialen Vielfalt durch monopolistische oder oligopolistische Strukturen ist stets gegeben.

4. Zwischenfazit

Die Entstehung der Medien wird häufig ausschließlich unter technischen Aspekten diskutiert. Diese Perspektive greift zu kurz. Kommunikation, Medien und Öffentlichkeit sind soziokulturelle Phänomene, die sich parallel zur Entwicklung der menschlichen Kultur verbreiten. Das Kontinuum der medientechnischen und soziokulturellen Kulturentwicklung veranschaulicht die folgende Tabelle. Da etliche medien- und kommunikationstechnische Darstellungen selbst dort exakte Jahreszahlen angeben, wo man mangels Quellen nichts Genaues weiß, gibt sie bewusst Zeiträume der «Erfindung» an und bezieht auch noch einmal die Proto- und Basis-Medien ein.

Tabelle II-6: Erfindungen von Medien- und Kommunikationstechniken

	Zeitraum der Erfindung
Sprache	vor ca. 200 000 Jahren genetische Veränderung, Entstehung komplexer Sprache zwischen 100 000 und 35 000 v. Chr.
Bild	spätestens vor 35 000 Jahren
Schrift	zwischen 10 000 und spätestens 3500 v. Chr.
Buch	als Rolle parallel zur Schrift im 4. Jahrtausend v. Chr.; als Buch in heutiger Form (paginierter Codex) 2.–4. Jh. n. Chr.
Buchdruck	Ganzseitendruck 8. Jh. n. Chr. (China), 14. Jh. (Europa); Buchdruck mit beweglichen Lettern Mitte des 15. Jh.s
periodische Presse	Chroniken, Zeitschriften: spätes 16. Jh.; Zeitungen: frühes 17. Jh.
Telegrafie/ Telefon	optische Telegrafie: spätes 18. Jh. (Vorläufer schon in der Antike); elektrische Telegrafie: frühes 19. Jh.; Telefon: 2. Hälfte 19. Jh.
Film	frühes bis spätes 19. Jh.
Hörfunk	spätes 19. Jh. bis frühes 20. Jh.
Fernsehen	spätes 19. Jh. bis 1920er/1930er Jahre
Computer, Internet, Multimedia	erste elektronische Rechner: 1. Hälfte 20. Jh.; Internetkonzept: 1960er Jahre; PC und World Wide Web: 1970er-1990er Jahre

Nun kann man zwar die *Erfindung oder Entdeckung* an den Anfang eines jeden Mediums stellen, doch wird man dabei wiederholt feststellen, dass zwischen a) individuellen und gesellschaftlichen Bedürfnissen, b) kulturellen, wirtschaftlichen und (proto-)politischen Rahmenbedingungen sowie c) technischen und intellektuellen Möglichkeiten äußerst enge Wechselwirkungen bestehen. Darum erscheint die These des technischen Apriori zu einseitig. Viel sinnvoller ist es, die Entwicklung von Kommunikation, Medien und Öffentlichkeiten im Lichte von Diffusions- und Evolutionstheorien zu diskutieren.

Von dem österreichischen Ökonomen Joseph Alois Schumpeter stammt das Ausgangskonzept; es unterschied zwischen *Invention und Innovation*. In der heutigen Diffusionsforschung wird die dritte Phase der *Diffusion* ergänzt. Die drei Phasen sind idealtypischer Natur; sie überlappen sich teilweise. Während in der (1.) Inventionsphase die technische Erfindung besonders wichtig ist, wird in der (2.) Innovationsphase über Annahme oder Ablehnung einer Neuerung entschieden und insbesondere der soziale Verwendungszweck diskutiert. In der (3.) Diffusionsphase verbreiten sich die neuen Kulturtechniken, wobei insbesondere ökonomische Mechanismen zum Tragen kommen. Unter soziokulturellen Gesichtspunkten könnte man die 2. Phase zur entscheidenden erklären, denn in ihr wird eine neue technische Möglichkeit zu einem revolutionär neuen Kulturinstrument: Erfindungen orientieren sich in der 1. Phase an gesellschaftlichen Notwendigkeiten und verbessern zunächst nur eine alte Kulturtechnik. In der 2. (mal längeren, mal kürzeren) Phase entdeckt die Gesellschaft, dass sich mit der neuen Technik nicht nur traditionelle Verfahren verbessern lassen, sondern dass in ihr auch neue Möglichkeiten stecken. So wurde aus Gutenbergs verbesserter Buchproduktion die Presse und aus der dezentralen militärischen Kommunikation des frühen Internets die soziale Kommunikationsform des Web 2.0.

Die *Emergenz neuer Möglichkeiten* aus älteren Vorformen geht mit der gesellschaftlichen Institutionalisierung der neuen Medien einher.[27] In diesem Abschnitt standen die Verbreitungs-Medien im Vordergrund. Sie werden in der medien- und kommunikationswissenschaftlichen Literatur zumeist in drei Hauptgattungen unterschieden; es scheint jedoch sinnvoll, sie um eine vierte, vorgelagerte zu ergänzen: Die vier Hauptgattungen sind 1.) nichtperiodische Medien, 2.) periodische Pressemedien, 3.) Rundfunkmedien und 4.) Netzmedien. Alle vier zeichnen sich durch spezifische Charakteristika in Politik, Ökonomie, Programmgestaltung und -rezeption sowie in rechtlicher Hinsicht aus. Man kann die Kombination von Besonderheiten auf vier Subsysteme der Gesellschaft projizieren: auf Kultur, Recht, Staat und Markt. Jeder Teilbereich kann unterschiedliche Ausprägungen annehmen: Die Kultur kann in volkstümlich versus elitär sowie in eine kulturindustrielle Ausprägung differenziert werden; Markt und Wirtschaft changieren zwischen Vielfalt und Monopol und diversen oligopolistischen Zwischenformen; staatliche Medien können von öffentlich- und privatrechtlichen unterschieden werden; die politischen Makrostrukturen schließlich können als autoritäre, demokratische oder totalitäre Erscheinungsformen auftreten. All diese Differenzierungen sind wiederum idealtypischer Natur.

In den Sozial- und Geisteswissenschaften wurden schon um die Existenz, erst Recht um die Hierarchie der Subsysteme endlose Debatten geführt: Wem kommt warum das Primat zu? Das ist müßig, da die Antwort von der Perspektive des Betrachters abhängt. Die Kritische Theorie, die in diesem Abschnitt erörtert wurde, machte die Wechselwirkungen deutlich. Unabhängig davon, ob man die konkrete Analyse teilt, lassen sich Auswirkungen politischen Handelns auf Ökonomie und Kultur ebenso wenig leugnen wie umgekehrt. Doch wenn alles mit allem zusammenhängt, so mag das zwar richtig sein, der Analyse ist es aber nur bedingt zuträglich. Darum soll im Folgenden die funktionale Seite der komplexen Verhältnisse näher erläutert werden.

B. Kommunikationskonstruktionen und Medienrealitäten

Um die funktionale Seite der medialen Kommunikation zu beleuchten, sind 1.) einige Bemerkungen zur Realität und Konstruktion medialer Kommunikation notwendig, sodann werden 2.) die Kommunikationsfunktionen Information und Unterhaltung genauer betrachtet.

1. Systemfunktionen: Realität und Konstruktion medialer Kommunikation

Ein vieldeutiger Schlüsselbegriff, der schon wiederholt auftauchte, wurde bislang nicht erörtert: Mit *Funktionen* werden Annahmen/Hypothesen über vermutete bzw. Beobachtungen von tatsächlichen Leistungen der Kommunikation und Medien bezeichnet.[28] Der Funktionsbegriff ist auch im medienwissenschaftlichen Zusammenhang wichtig: So macht unter funktionalen Gesichtspunkten die medienwissenschaftliche Unterscheidung von Verarbeitungs-, Gestaltungs-, Speicher- und Übertragungsmedien mehr Sinn, wenn stattdessen nach *Verarbeitungs-, Gestaltungs-, Speicher-, Übertragungsfunktionen* differenziert wird: Hinsichtlich der *Verarbeitung* von Inhalten unterscheiden sich die Medien wenig; Bücher zielen stärker auf überzeitliche Relevanz, die serielle Presse und der Rundfunk (Hörfunk und Fernsehen) hingegen vor allem auf Aktualität. In der *Gestaltung* unterscheiden sich die Medien schon deutlicher. Tendenziell, wenn auch nicht generell, betreiben jüngere Medien einen höheren Gestaltungsaufwand. Hinsichtlich des *Speichers* unterscheiden sich Buch und Presse nicht. Der Rundfunk kam ursprünglich fast ohne Speicherfunktionen aus: Sowohl der Hörfunk als auch das Fernsehen starteten überwiegend als Live-Medien, Speichermöglichkeiten kamen erst nach und nach in Gebrauch. Die neuen Multimedien sind ohne die integrierten digitalen Speicher unmöglich. Bei der *Übertragung* ähneln sich Buch und Presse einerseits und Rundfunk und Multimedia andererseits: Im ersten Fall müssen Vertriebsorganisationen aufgebaut werden. Im zweiten Fall verlässt man sich auf elektronische Infrastrukturen, die prinzipiell ähnlich funktionieren; beim Rundfunk hat die Verbreitung via terrestrischer Sendemasten und extraterrestrischer Satelliten eine erheblich größere Bedeutung, bei der multimedialen Kommunikation das Internet als Netz der Netze.

Größere Bedeutung als im medienwissenschaftlichen Zusammenhang besitzen Funktionen allerdings im kommunikationswissenschaftlichen Kontext. Die zentralen Begriffe, die über die Kommunikationswissenschaft hinaus auch in den Sozialwissenschaften Anwendung finden, wurden von wenigen Wissenschaftlern geprägt. An erster Stelle wäre Robert K. Merton zu nennen. Er unterschied zwischen *latenten und manifesten Funktionen*.[29] Manifeste Funktionen sind sowohl beabsichtigt als auch offensichtlich, latente Funktionen hingegen weder beabsichtigt noch unmittelbar ersichtlich. Am Beispiel des Funktionärs in einer Organisation, der mit der Geschäftsführung beauftragt ist, lässt sich der Unterschied demonstrieren. Zugleich ist sie oder er ein kommunikativer Mensch und kann nicht nur gut mit dem Telefon umgehen, sondern hat auch ein ausgleichendes Temperament. In dem konstruierten Fall erfüllen die im Arbeitsvertrag benannten Aufgaben manifeste Funktionen – beispielsweise die Leitung des Geschäftsbüros und alle damit verbundenen Tätigkeiten. Die aus Stil und Persönlichkeit resultierende integrative

Tabelle II-7: Verarbeitungs-, Gestaltungs-, Speicher- und Übertragungsfunktion der Medien

	Buch	Presse	Rundfunk	Multimedia
Verarbeitung	von Inhalten aktueller oder zeitübergreifender Relevanz	von Inhalten aktueller oder zeitübergreifender Relevanz	von Inhalten aktueller oder zeitübergreifender Relevanz	von Inhalten aktueller oder zeitübergreifender Relevanz
Gestaltung	sprachlich-stilistische und optische Aufbereitung	sprachlich-stilistische und optische Aufbereitung	audiovisuelle Aufbereitung	sprachlich-stilistische, audiovisuelle und interaktive Aufbereitung
Speicher	auf Papier	auf Papier	nicht zwingend, doch zumeist auf Magnetbändern, Schallplatten oder digitalen Speichern	auf digitalen Speichern
Übertragung	über den Buchhandel	durch den Zeitungsvertrieb	terrestrisch, per Satellit oder Kabel	in elektronischen Netzen (terrestrisch, per Satellit oder Kabel)

und ausgleichende Wirkung hingegen steht nirgends und stellt sich erst im Nachhinein nach längerer Beschäftigung heraus; sie ist eine latente Funktion. Das personalisierte Beispiel zeigt zugleich, dass Funktion ein hohler Begriff ist, solange die Bezugsgrößen nicht genannt werden – hier der Verein mit seinen Mitgliedern und Funktionären. Kompliziert sind Funktionen, weil sie sich nicht von positiven oder negativen Bewertungen trennen lassen: Soweit Kommunikation und Medien den beiden Hauptfunktionen dienen, werden sie als *funktional* bezeichnet. Sind sie hingegen mit negativen, gegenteiligen Ergebnissen verbunden, gelten sie als *dysfunktional* – auch diese Unterscheidung geht auf Robert K. Merton zurück.[30]

Tabelle II-8: Bezugsgrößen der Funktionen von Kommunikation und Medien

	Ausprägungen
Individuen	Person: Sie, ich, Dritte
	Rolle: Kommunikator/Rezipient
Gemeinschaften	Öffentlichkeiten: kulturelle, politische, ökonomische

Kommunikation und Medien zeigen Funktionen, die auf das Individuum als *Person* sowie in den *Rollen* als *Kommunikator* und *Rezipient* bezogen werden können. Darüber hinaus ist der Mensch ein soziales Wesen. In traditionellen Gemeinschaften, modernen Gesellschaften oder anderen organisierten Strukturen (Vereinen, Unternehmen, Religionsgemeinschaften etc.) kommen komplexe kommunikative und mediale Funktionen hinzu, die sich nach den Funktionen für *politische, kulturelle und ökonomische Organisationen, Gemeinschaften und Gesellschaften* unterscheiden lassen. Mit diesen Fragen im weitesten Sinne beschäftigen sich die Systemtheorien.

Mit den *Systemtheorien* sollen die ausdifferenzierten modernen Gesellschaften analysiert werden; sie formulieren keine Theorien im Sinne des kritischen Rationalismus, da sie sich nicht falsifizieren lassen. Ihre Stärke liegt vielmehr darin, komplexe Strukturen analytisch zu beschreiben. Dabei lenken sie das Augenmerk einerseits auf die eigengesetzlichen Regeln, auf denen die Systeme – Wirtschaft, Recht, oder auch Medien – basieren, und andererseits auf Funktionen und Dysfunktionen der Systeme.[31]

Die wichtigste *Wurzel der Systemtheorie* ist die Informationstheorie und die aus ihr entwickelte Kybernetik (vgl. Kapitel I. A. 1). Der amerikanische Soziologe Talcott Parsons entwarf die erste moderne Systemtheorie. Seit dem Soziologen Georg Simmel (1858–1918) treibt die Soziologie die Frage um «Wie ist Gesellschaft möglich?»[32] Mit dem bekannten AGIL-Schema wollte Parsons eine Antwort darauf geben: Er unterschied vier Grundfunktionen zur Erhaltung der Gesellschaft bzw. eines sozialen Systems; A für die *Adaptive Funktion*, die anwendungsbezogenen Mittel um ein System an seine Umwelt anzupassen (adaptieren); G steht für die *Goal-Attainment-Funktion*, die werteorientierte Verwirklichung selbstgesteckter Ziele. Der Aufrechterhaltung des Systems dient im weiteren das I, die *Integrations-Funktion*; Integration funktioniert über Normen und Werte; dabei lässt das Schema nicht erkennen, ob System- oder soziale Integration gemeint ist. Zuletzt das L, *Latent Pattern Maintenance*, benennt die wichtige Funktion der Strukturerhaltung des Systems. Darum wird Parsons Systemtheorie auch als *strukturell-funktionell* bezeichnet – er selbst verwahrte sich gegen diese Vereinfachung.[33] Medien und Kommunikationen tragen zu jedem der Aspekte bei: zur Anpassung an die Umwelt, zur Zielverwirklichung, zu Integration und zu Strukturerhaltung.

Abbildung II-2: Funktionen und Leistungen

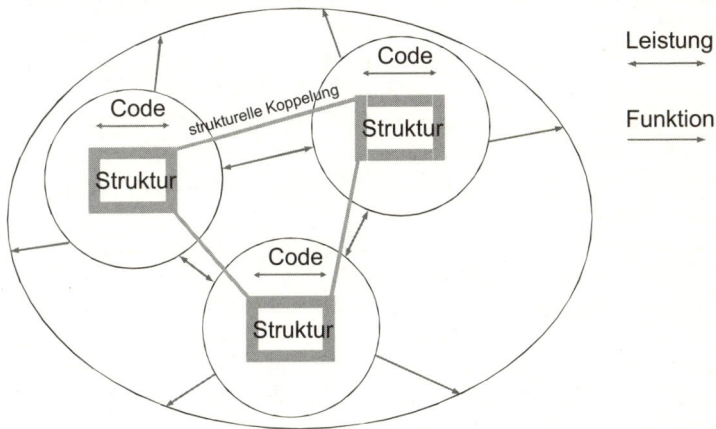

Niklas Luhmann, der viele Anregungen von Parsons aufnahm, drehte die Gewichtung um und rückte statt der Strukturen die Funktionen in den Vordergrund; Luhmanns Systemtheorie wird daher als *funktionell-strukturell* bezeichnet. Er unterschied zwischen autopoietischen, sozialen Systemen und allopoetischen Maschinen: Maschinensysteme produzieren Fremdes, soziale Systeme hingegen erhalten sich selbst. Luhmann trennte zwischen Leistung und Funktion; Funktionen erfüllen Systeme für ihre *Umwelt* – all das, was nicht zum System gehört –, Leistungen werden zwischen den Subsystemen erbracht.[34] Wenn man, wie Luhmann, Kommunikation als kleinste Einheit sozialer Systeme betrachtet (vgl. Kapitel I.B.2), lässt sich also fragen: Welche Funktionen erbringt Kommunikation für und in der Gesellschaft? Und: Was leistet das Mediensystem für andere Systeme (Wirtschaft, Politik etc.) in seiner gesellschaftlichen Umwelt? Die Fragen ähneln zumindest entfernt denen der Kritischen Theorie (vgl. Kapitel II. A. 3). Vor deren Hintergrund wurde Luhmanns Systemtheorie in der Tat entwickelt, doch war sie als Alternativentwurf zum vorherrschenden Paradigma der 1960er Jahre gedacht. Habermas und andere Vertreter der Frankfurter Schule haben Luhmann daher vorgeworfen, eine «affirmative» Theorie formuliert zu haben, die die herrschenden Verhältnisse nicht ändern, sondern befestigen wolle.[35]

Bei allen Systemtheorien, die an Luhmann anschließen, ist der *Code* für das Funktionieren des Systems zentral. Systemtheoretisch bedeutet Code etwas anderes als in Informationstheorie oder Semiotik. Dort waren Informationen kodiert, d. h. sie konnten ver- und entschlüsselt (en- und dekodiert) werden. In der Systemtheorie ist mit Code hingegen die binäre Ja-Nein-Unterscheidung gemeint, mit der ein System arbeitet, und die zu (Arbeits-)Programmen ausgestaltet ist. Man kann sich das analog zur Funktionsweise moderner Computer vorstellen: Die Software arbeitet auf der binären Basis von ja/nein (Strom an/aus).[36]

Was sich dem Schema des Codes unterordnen lässt, gehört zum System; was nicht in das binäre Raster passt, steht außerhalb. Nur mittels Code und Programmen stabilisieren die Systeme sich selbst. Ein Beispiel: Als Leitunterscheidung des Justizsystems gilt der Code Recht <> Unrecht; die Justiz befindet über beides. Urteile über schön oder hässlich hat die Justiz hingegen nicht zu fällen; als Werturteile sind sie etwas Drittes, daher gehören Fragen der Ästhetik nicht vor Gericht und ergo nicht zum Justizsystem. Nun hat Niklas Luhmann definiert: «Der Code für das System der Massenmedien ist die Unterscheidung von Information und Nichtinformation.»[37] Dieser Code funktioniert jedoch grundlegend anders als die Unterscheidung Recht <> Unrecht, denn das massenmediale System entscheidet mit der Unterscheidung Information <> Nichtinformation, was verbreitet werden soll (Information); das wäre einem Rechtssystem vergleichbar, das nur Recht sanktionierte, Unrecht hingegen gar nicht erst vor Gericht zuließe.

Eine Fortentwicklung der Systemtheorie sind der *Konstruktivismus* und dessen Variante, der *radikale Konstruktivismus*. Das Konzept ist naturwissenschaftlich und philosophisch fundiert; sein Axiom postuliert, es gebe keine objektive Realität. Jede Spezies könne die Welt nur aufnehmen, wie es ihre Sinnesorgane zulassen: Fledermäuse leben in einer Welt, die den Menschen immer unzugänglich bleiben wird. Doch nicht die biologische, sondern v. a. die kulturelle Konstruktion der Realität steht im Kern des Konstruktivismus. Die nicht immer trennscharfe Unterscheidung zwischen Konstruktivismus und radikalem Konstruktivismus lässt sich am ehesten wie folgt treffen: Konstruktivisten gehen davon aus, dass die Beobachter sich die Realität konstruieren; radikale Konstruktivisten behaupten darüber hinaus, dass die Realität erst durch den Akt der Beobachtung geschaffen wird. Wichtige naturwissenschaftliche Vertreter sind Humberto R. Maturana (* 1928) und Francisco J. Valera (1946–2001), die wichtigsten philosophischen Heinz von Foerster (1911–2002) und Ernst von Glasersfeld (* 1917). Der Konstruktivismus stellt fest, dass unsere Weltsicht durch biologische, kulturelle und nicht zuletzt mediale Faktoren geprägt ist.[38]

Der konstruktivistische Ansatz hatte in den 1990er Jahren seine Blütezeit und war besonders eng mit dem Münsteraner «Institut für Kommunikationswissenschaft» verbunden; er entfaltete einen starken Einfluss auf die neuere Journalismusforschung.[39] Mit ihm lässt sich danach fragen, wie Nachrichten konstruiert sein müssen, um Nachrichtenwert zu erhalten. Ob sich überprüfen lässt, wie die Medienrealität die Realität abbildet, ist umstritten: Kommunikationswissenschaftliche Konstruktivisten vertreten die Auffassung, sie verglichen nicht die Realität mit der Medienrealität, sondern die unterschiedlichen Medienrealitäten miteinander. Das entspricht Glasersfelds Maxime: «Intersubjektive Wiederholung von Erlebnissen liefert die sicherste Garantie der ‹objektiven› Wirklichkeit.»[40] Doch warum sollten sich ausgerechnet die (unterschiedlichen) Medienrealitäten intersubjektiv überprüfen lassen? Und wie könnten diese – zudem noch quantifizierend – gemessen werden? Da «Realität» (im konstruktivistischen Sinne) nicht existiert und die Rezipienten viele individuelle Wirklichkeiten konstruieren, lassen sich auch die Medienrealitäten nicht intersubjektiv prüfen.[41]

Systemische und konstruktivistische Paradigmen lassen sich insbesondere auf die *Nachrichtenwerttheorie* anwenden. Die Grundunterscheidung zwischen *Ereignis* und *Nachricht* enthält konstruktives Potenzial: Das Ereignis liegt der Berichterstattung zugrunde, die Nachricht ist die Berichterstattung über das Ereignis. Dabei trennt die Literatur zumeist zwischen genuinen, medialisierten und inszenierten Ereignissen – auch Pseudoereignisse genannt. Genuine Ereignisse sind solche, die unabhängig von der Berichterstattung passieren: z. B. Naturkatastrophen. Medialisierte Ereignisse sind solche, über die berichtet wird. Pseudoereignisse wiederum sind nur jene, die ohne die Medienpräsenz nicht stattgefunden hätten. Ein genuines Ereignis kann das Gipfeltreffen von Politikern sein, da es, vom Zwang politischer Umstände diktiert, auch ohne Medien stattgefunden hätte; da über das Treffen in der Regel berichtet wird, wird es damit zu einem medialisierten Ereignis. In der Regel nutzen die politischen Akteure die Routinen der Medien, indem sie Pressekonferenzen und Interviewtermine anbieten. Damit schaffen sie Pseudoereignisse.[42]

Von zentraler Bedeutung sind die Begriffe *Nachrichtenwerte* und *Nachrichtenfaktoren*. Die Literatur behandelt sie einerseits als Synonyme: Beide werden als Entscheidungshilfe aufgefasst, um zu prüfen, ob ein Ereignis zur Nachricht werden kann oder nicht; damit lassen sie sich auch als Verzerrungsfaktor nutzen, mit dem eine Nachricht höher oder niedriger einzustufen ist; die Aufwertung wird als «instrumentelle Aktualisierung» bezeichnet. Andererseits trennt ein Teil der Literatur zwischen Nachrichtenfaktor und -wert: Mal wird der Wert als Merkmal der Realität, der Faktor hingegen als journalistische Selektionsleistung verstanden. Mal wird der Nachrichtenwert mit einer Bewertung des Ereignisses gleichgesetzt, der einzelne Faktoren hoch- oder herunterspielt. Von wieder anderen wird der Nachrichtenfaktor als Summe aus Nachrichtenwert und journalistischen Routinen verstanden.[43] Daher werden sie in der Literatur unterschiedlich systematisiert: Die strukturierteste Systematik nennt 1.) Status (Elite-Nation, -Institution und -Person), 2.) Valenz (Aggression, Kontroverse, Werte, Erfolg), 3.) Relevanz (Tragweite oder Betroffenheit), 4.) Identifikation (Nähe, Ethnozentrismus, Emotionalisierung), 5.) Konsonanz (Thematisierung, Stereotypie, Vorhesehbarkeit) und 6.) Dynamik (Frequenz, Ungewissheit, Überraschung).[44]

Die Nachrichtenwerteforschung hat unterschiedliche Hypothesen erarbeitet: 1.) gilt die Selektionshypothese (o. a. Additivhypothese), nach der die Anzahl der Faktoren die Chance eines Ereignisses bestimmt, zur Nachricht zu werden. Daneben existiert 2.) die Verzerrungshypothese, laut der die stärkere Betonung bestimmter Faktoren zur Auswahl führen. 3.) geht die Wiederholungshypothese davon aus, dass Auswahl und Verzerrung sich im Nachrichtenprozess mehrfach wiederholen. 4.) spricht die Komplementaritätsthese davon, dass Faktoren, die fehlen, durch andere ausgeglichen werden können.[45]

Die Massenmedien bilden nur bedingt die Normalität ab; die meisten Nachrichtenwerte zielen auf abweichendes Verhalten in der einen oder anderen Form. Grundsätzlich stellt sich die Frage, ob die Einteilungen unabhängig von Kultur, Zeit und Raum gelten. Nachrichtenwerte wurden eingeführt, um Wirklichkeitsverzerrung zu prüfen; inzwischen sind sie bei den Journalisten bisweilen zu Handlungsanweisungen mutiert, um die eigene Berichterstattung zu optimieren. Daher unterscheidet die kommunikationswissenschaftliche Literatur auch zwischen dem Kausal- und dem Finalmodell: Nach dem *Kausalmodell* sind die Faktoren reale Ursache der Berichterstattung, nach dem *Finalmodell* hingegen konstruierte Folge der Publikationsentscheidung und werden durch die journalistische Selektion den Ereignissen zugewiesen. Damit lässt sich auch eine realistische von der konstruktivistischen Variante der Nachrichtenwerteforschung unterscheiden: In der realistischen gelten die Faktoren als unabhängige Merkmale, in der konstruktivistischen hingegen als Handlungsanweisung.[46] Da das eine die Voraussetzung des anderen ist, gilt immer beides.

Den Nachrichtenwertstudien verwandt sind *Gatekeeper-Studien*. Das Konzept geht auf eine Metapher von Kurt Lewin sowie eine erste Studie von David Manning White (1917–1993) zurück, der mit «Mr. Gates» den journalistischen Schleusenwärter in einer Nachrichtenredaktion bezeichnete.[47] Gatekeeper-Studien prüfen Selektionsprozesse der Nachrichtenauswahl. Während die normale Nachrichtenwerteforschung in der Regel mit einer Inhaltsanalyse der Medien auskommt, ist die Methode der Gatekeeper-Forschung komplexer. Vereinfacht lässt sie sich als Input-Output-Analyse beschreiben: Welche Nachrichten werden als Input in die Redaktion eingespeist, welche werden zur Grundlage der Nachrichten und Berichte? Warum haben sie die Schleuse passiert? Das kann einerseits mit einer doppelten Inhaltsanalyse, des Agenturmaterials und der Berichterstattung des untersuchten Mediums, geschehen. Daneben werden Befragungen oder die begleitende Beobachtung eingesetzt.

Nach den individuellen und institutionellen Studien der Frühzeit sind die Gatekeeper-Studien inzwischen häufig dem systemtheoretischen Ansatz verpflichtet. Im *Ergebnis* lässt sich festhalten, dass die Selektion A) abhängig von individueller Disposition, Einstellungen und Erwartungen der Journalisten ist. Das individuelle Handeln der Gatekeeper kann sowohl von eigenen Interessen bestimmt sein als auch in subjektive Bewertungen münden. B) beeinflussen prozedurale und professionelle Erfordernisse in den Redaktionen den Gatekeeper: z. B. der Redaktionsschluss oder das Platzangebot (müssen noch Seiten gefüllt werden oder nicht?). C) konnte festgestellt werden, dass die In-Group-Orientierung der Journalisten stärker ist als deren Vorstellung vom Publikum; sie richten sich stärker nach ihresgleichen. D) gehört zu diesem Komplex der Sonderfall der redaktionellen Linie; in den Boulevardmedien finden Sensationsnachrichten in der Regel stärkere Beachtung als in Qualitätsmedien. E) bestimmen die allgemeinen Selektionsregeln der Nachrichtenwerte und -faktoren, sofern nicht durch D) verändert, die Handlungen des Schleusenwärters. Agenturmaterial ist dabei sehr wichtig. Zielten die bisher genannten fünf Faktoren auf die Regeln und Entscheidungen im Journalisten, so zielt ein Komplex von Ergebnissen auf die Möglichkeit, dass sich Externe die genannten redaktionsinternen Prozeduren zunutze machen: So können F) mit dem Wissen um Nachrichtenwerte Pseudo-Events geschaffen werden; dabei sind insbesondere die korrekte Aufbereitung und das exakte Timing des Events wichtig.

2. Kommunikationsfunktionen: Information und Unterhaltung

Der Kommunikationswissenschaftler Emil Dovifat (1890–1969) hatte Information mit Nachrichten gleichgesetzt; er definierte sie als «Mitteilungen über neue […] Tatsachen».[48] Harry Pross beschied bündig, Information sei das «Korrelat von Unkenntnis». Informationen minimieren demnach Wissensdefizite. Der Kommunikator gibt Informationen weiter, der Rezipient möchte welche erhalten, und auch für die Gesellschaft hat Information zentrale Bedeutung. Das wird als *Informationsfunktion* bezeichnet; sie bedeutet für Rezipienten und Kommunikatoren, von Situation zu Situation und je nach gesellschaftlichem Kontext anderes:
- Wenn Information für die Rezipienten das Korrelat von Unkenntnis ist, soll die Informationsfunktion sie beseitigen.
- Wenn Information für Kommunikatoren das Korrelat von Unkenntnis ist, die den Rezipienten unterstellt wird, sehen sie die Informationsfunktion darin, die mutmaßlichen Defizite zu beheben.
- Für Gesellschaft und Öffentlichkeit könnte Information als Prüfstein dienen, um die vermutete von der tatsächlichen Unkenntnis des Publikums zu unterscheiden; die Informationsfunktion prägt dann den Prüfprozess.

Aus jeder der drei Perspektiven ist es schwierig, den Informationswert zu bestimmen, da weder Gehalt noch Nutzwert der Informationen leicht zu erkennen sind. Denn immer ist Vorwissen nötig. Daraus ergibt sich das *doppelte Informationsparadoxon*: Um Informationen zu bewerten, muss man schon Informationen haben. Und nur, wer Informationen hat, kann das eigene Nichtwissen abschätzen. Damit bestimmen Informationen auch das Informationsbedürfnis und haben Einfluss auf andere Informationen.

Die Rezipienten-Perspektive: Um die eigene Unkenntnis zu beseitigen, kann man unterschiedlich verfahren. Man kann sich selbst Informationen beschaffen oder sich welche beschaffen lassen: Durch eigene Anschauung gewonnene Ansichten beruhen auf *Primärerfahrungen*. Informationen, die auf Kommunikation beruhen, bieten hingegen lediglich *Sekundärerfahrungen*. Zwar liest man in sozialwissenschaftlicher Literatur nicht selten, der Umfang der unmittelbar gewonnenen Primärerfahrungen sei im Verlauf der Zeit geschrumpft, die medial vermittelten Sekundärerfahrungen hätten zugenommen. Doch darf man nicht nur die Ausweitung des medialen Angebots, sondern muss auch so unterschiedliche Aspekte wie Arbeitswelt, Freizeitverhalten, Mediennutzungsmotive, Mobilität, Urlaubsreisen etc. berücksichtigen.

Da sich diese Darstellung auf Kommunikation und Medien beschränkt, sollen die Primärerfahrungen weitgehend ausgeblendet und nur die medial vermittelten Sekundärerfahrungen berücksichtigt werden. Vermutlich wählen Kommunikator und Rezipient zumeist die Kommunikationsform und jene Medien, die ihren Bedürfnissen bei geringstem Aufwand am besten entsprechen; die Kosten-Nutzen-Relation ist, darauf weist die Mediennutzungsforschung hin (vgl. Kapitel II. C.2), veränderlich. Doch schon die Benutzung von Kommunikation und Medien ist *per se ökonomisch*; Informationen aus erster Hand «kosten» hingegen: immer Zeit, häufig Geld. Da wir je nach Interessen, Befindlichkeit und Vorkenntnissen einen unterschiedlichen Informationshunger haben, mag es für den einen wichtig sein, am Samstagnachmittag die Bundesligakonferenz der ARD-Hörfunksender einzuschalten; so kann Mann oder Frau jedes Tor und jedes Foul ohne (wesentlichen) Zeitverzug miterleben. Wem die Bundesliga-Konferenzschaltung nicht reicht, der besucht um der Primärerfahrung willen ein Fußballstadion. Das ist eindeutig die teuerste und zeitaufwendigste Rezeption des Fußballspiels. Wieder anderen mag es genügen, die Ergebnisse in «heute» oder in der «Tagesschau» zu erfahren, und manchen reicht die Zeitung vom folgenden Montag. Das ist unstrittig die billigste und unaufwendigste Rezeption. Diese Gruppe dürfte vermutlich äusserst klein sein, denn wer bis Montag warten mag, schlägt den Sportteil wahrscheinlich gar nicht auf, weil Fussball nicht interessiert. Diese Gruppe würde nie den «Kicker» kaufen; jene, die in die Stadien pilgern, stellen hingegen den Kern der Käufer der Zeitschrift dar, sie wollen das Selbsterlebte nochmals nachlesen.

Regelmässig wiederkehrende Ereignisse wie Bundesligaspiele erzeugen ein geregeltes Informationsbedürfnis. Anders sieht es bei Vorkommnissen aus, die sich wie die Tsunami-Katastrophe Weihnachten 2004 oder die Anschläge vom 11. September 2001 unerwartet ereignen. Nach dem Seebeben verzeichneten alle Internet-Suchmaschinen eine grosse Nachfrage nach Erklärungen des geologischen Phänomens. In den Tagen nach «nine-eleven» nutzten die Menschen die ganze Palette der Medien, je nach deren Leistungsfähigkeit: Das Fernsehen bebilderte den Terror-Akt, Zeitungen und Wochenblätter lieferten Hintergrundinformationen. Verschwörungstheorien, die zunächst im Internet verbreitet und dann in Buchform zusammengefasst wurden, fanden reichlich Abnahme – in Europa mehr als in Amerika. Auch ernst zu nehmende Analysen in Buchform wurden massenweise gekauft. Sofern Verwandte, Freunde, Bekannte oder Kollegen in den Urlaubsgebieten im Indischen Ozean oder in den USA möglicherweise betroffen waren, nutzten die Menschen nicht nur massenmediale Informationsangebote, sondern versuchten sich mit individuellen Medien wie E-Mail oder Telefon zu vergewissern, dass keiner zu Schaden gekommen war, dem man nahe stand. Diese Informationsbeschaffung kann Primärerfahrungen zwar nicht ersetzen, Individualmedien gelten dennoch als authentischer als die Massenmedien, obwohl sie Informationen ebenfalls filtern – allerdings nach anderen, weil individuellen Präferenzen.

Die Suche nach dem besten Preis-Leistungs-Verhältnis im Informationsangebot drückt sich in medialen *Funktionsverschiebungen* aus. Während im Zeitalter vor den elektronischen Massenmedien den Menschen nichts anderes übrig blieb, als die Zeitung zu konsultieren, konnte nach dem Aufkommen des Hörfunks der Neuigkeitsdurst schneller mit dem Radio befriedigt werden. Das Bedürfnis nach immer aktuelleren Nachrichten hatte im 19. und frühen 20. Jahrhundert dazu geführt, dass etliche Zeitungen mehrfach am Tag erschienen. Doch selbst dreimaliges Erscheinen wäre heute keine Konkurrenz mehr zu den sogenannten Info-Radios oder dem Internet. Daher gibt es keine Zeitungen mehr, die zwei- oder dreimal täglich erscheinen. Die Rezipienten wenden sich allerdings zur Befriedigung ihres Bedarfs an Hintergrundinformationen immer noch den Pressemedien zu. Die Zeitungen, Zeitschriften und Bücher haben nämlich den Vorteil, dass die Informationsaufnahme selbstbestimmt geschieht: Man kann zurückblättern, noch einmal lesen und Begriffe, die unbekannt sind, nachschlagen. Bei Radio und Fernsehen ist man hingegen zeitgebunden den Vorgaben der Sendung ausgeliefert; Pressemedien eignen sich somit besser zur Rezeption von komplexen Zusammenhängen. So hat das Informationsbedürfnis der Rezipienten zu einem Funktionswandel bei den Medien beigetragen.

Aus *Kommunikator-Perspektive* dreht sich die Informationsfunktion nicht nur einfach um: Kommunikatoren können *a priori* keine Kenntnis von Informationsdefiziten des Gegenübers haben. Sie verbreiten daher mit Informationen kein «Korrelat von Unkenntnis», sondern mindern allenfalls Unkenntnis, die sie den Kommunikationspartnern unterstellen. Sie werden für die aktuellste Verbreitung von Nachrichten Radio, Fernsehen oder Internet wählen. Um hingegen komplexere Hintergrundinformationen zu vermitteln, werden sie Pressemedien nutzen, bei denen die Rezipienten die Geschwindigkeit der Informationsaufnahme selbst bestimmen können. Den Wahlzwang hatte das Modell von Gerd Maletzke als Zwang des Mediums bezeichnet (vgl. Abbildung I-8).

Manfred Rühl (* 1933) hat den Publizisten die Aufgabe zugeschrieben, *Themen bereitzustellen*, auszuwählen und aufzubereiten.[49] Das kann heißen: Kommunikatoren verbreiten nicht nur Informationen, sondern können auch mit gefälschten Informationen Desinformationspolitik betreiben, einzelne Rezipienten oder die gesamte Öffentlichkeit täuschen. Manipulationen lassen sich auch mit Verfälschung erreichen, indem dienliche Informationen betont, missliebige unterdrückt oder Nachrichtenwerte hoch- oder heruntergespielt werden. Komplex wird die Kommunikation dadurch, dass jeder Kommunikator zugleich Rezipient ist. Das gilt von der Alltagskommunikation bis zur massenmedialen: Journalisten erhalten tagein, tagaus eine beträchtliche Anzahl von interessegeleiteten PR-Kommunikaten. In der Forschung wird der Einfluss der PR und Öffentlichkeitsarbeit auf den Journalismus unterschiedlich beurteilt. Einerseits unterstellt die *Determinismushypothese* die Abhängigkeit des Journalismus von der PR: Wenn die PR-Texte den journalistischen

Berufsregeln entsprechen (Beachtung der Nachrichtenwerte, Schreibregeln der Darstellungsformen, Timing etc.), sei die Chance groß, (nahezu) unverändert von den Medien übernommen zu werden.[50] Andererseits betont die *Intereffikationshypothese* (intereffcare, lat. = sich ermöglichen), dass Journalismus und PR sich wechselseitig beeinflussen: Der Journalismus benötigt neben Selbstrecherchiertem auch Informationen seitens der Öffentlichkeitsarbeit, die PR kann sich zwar auch direkt an die Öffentlichkeit wenden, bedarf daneben aber der Massenmedien. Zudem und zu Recht wird darauf hingewiesen, dass neben Journalisten und PR-Kommunikatoren zwei weitere Akteursgruppen zu bedenken sind: die Fachkommunikatoren und Rezipienten.[51]

Normativ sollten sich Kommunikatoren grundsätzlich um die Qualität ihrer Informationen bemühen; sie müssen dann sowohl auf die *Angemessenheit* der Präsentation als auch auf die *Objektivität* der Berichterstattung achten.[52] Wenn in der Wirtschaftsberichterstattung Nüchternheit der angemessene Stil ist, so erlauben sich Boulevardformate durchaus schrille Töne. Angemessenheit ist also variabel; sie betrifft Aufbereitung, Aufmachung und Stil. Die Objektivität der medial vermittelten Informationen wird über *journalistische Routinen und Hilfskonstrukte* angestrebt: Die wichtigsten sind *Aktualität* und *Relevanz*, *Vollständigkeit* und *Vielfalt*, *Neutralität* und *Ausgewogenheit*, *Transparenz* und *Verständlichkeit* der Informationen sowie *Gründlichkeit* und *Qualität* der Recherche. An jedes dieser Kriterien schließt sich eine ausführliche Diskussion an; manche, wie das Relevanzkriterium, sind höchst umstritten, da Relevanz subjektiv zugewiesen wird.[53]

Die Hilfskonstrukte und Routinen unterscheiden sich von Medium zu Medium. Manche Medien stehen unter größerem Druck als andere: Aktualität als zeitnahe Berichterstattung vom Geschehen heißt im Radio mindestens stündlich aktualisierte Nachrichten, in der Zeitung nur täglich neue. Gründlichkeit der Recherche muss sich eine Wochenzeitung eher leisten als eine Tageszeitung; dass hingegen eine Qualitätszeitung mehr Sorgfalt als ein Boulevardblatt walten lässt, ist nicht zwingend. Auch die unterschiedlichen medialen Zwänge lassen sich nicht immer vereinbaren: Am 13. 4. 1964 meldete die *Deutsche Presseagentur* fälschlich den Tod des damalig mächtigsten Mannes der Sowjetunion, Nikita Chruschtschow (1894–1971). Zu der spektakulären Falschmeldung war es gekommen, weil dpa unbedingt der Konkurrenz zuvorkommen wollte und daher die obligate Gegenprüfung unterließ: Zwischen Aktualitätszwang und Sorgfaltspflicht existiert ein latenter Zielkonflikt. Wünschenswert wäre daher, dass alle Medien zur Standardprozedur des *Wall Street Journal* übergingen. Die Zeitung veröffentlicht nur solche Nachrichten, die zwei Quellen unabhängig voneinander bestätigt haben. Vollständigkeit und Vielfalt sind ebenfalls Chimären, kein Medium kann das Weltgeschehen komplett abbilden. Immer müssen sich die Kommunikatoren um Auswahl und Komplexitätsreduktion bemühen; daher wird zwangsläufig vereinfacht.

Aus *gesellschaftlicher Perspektive* zielt die Informationsfunktion hauptsächlich auf Öffentlichkeit. Es gibt nicht eine Öffentlichkeit, sondern viele, die nicht nur unterschiedlich groß, sondern auch von verschiedenen Themen bestimmt sind (vgl. Kapitel I.D). Begnügen wir uns hier mit einer einfachen, thematischen Unterteilung von kulturellen, politischen und wirtschaftlichen Öffentlichkeiten. Öffentlichkeit besteht aus Kommunikatoren und Rezipienten, aus Sendern wie Empfängern. Informationen, die für die Rezipienten das Korrelat zur Unkenntnis darstellen, und von den Kommunikatoren unter der Annahme kommuniziert werden, dass ihre Adressaten Kenntnisdefizite aufweisen, heißt bezogen auf die Öffentlichkeit: Information ist der Prüfstein, um die tatsächliche von der vermuteten oder unterstellten Unkenntnis zu unterscheiden. Information generiert somit in doppelter Hinsicht *Überraschung*: Rezipienten sind über das Neue überrascht, Kommunikatoren reagieren überrascht, wenn ihre vermeintliche Neuigkeit keine Überraschung bereithielt. Bei jenen, die eine Information als Wiederholung aufnehmen, werden Verstärkungs- und Bestätigungseffekte eintreten. Jene, die zuvor uninformiert waren, werden in Kenntnis gesetzt. Idealtypisch sollte in der Öffentlichkeit ein orientierender Ausgleich zwischen den weniger und den besser Informierten stattfinden, doch die Wissenskluftforschung ist ein eigenes Thema (vgl. Kapitel II.C.2).

Die Informationsfunktion, welche Kommunikation und Medien für den Einzelnen besitzen, lässt sich für die Öffentlichkeit als *Orientierungsfunktion* übersetzen: Die Gesellschaft braucht in der politischen Öffentlichkeit politische Orientierung, in kulturellen Zusammenhängen eine kulturelle und auf dem Marktplatz der Wirtschaftsinformationen die unerlässliche wirtschaftliche. Aus diesem Grund schrieb das deutsche Bundesverfassungsgericht im Spiegel-Urteil von 1966 dem Mediensystem die Orientierungsfunktion zu, einen Meinungsmarkt zu bilden, die Regierung zu beobachten und über Missstände zu informieren. Orientierung bedeutet also nicht nur, Informationsdefizite zu beheben und Licht in das Dunkel unlauterer Vorgänge zu bringen, sondern auch, die einzelnen Informations-Bausteine zu bewerten. Das setzt die Konfliktträchtigkeit der Themen voraus: Im engeren Sinne, also auf politische Magazine in Hörfunk oder Fernsehen angewendet, folgt aus der Orientierungsfunktion, dass es sich um Informationen über gesellschaftlich strittige Agenden handeln sollte, zu denen der Konsens erst noch gefunden werden muss. Erst die Kenntnisnahme von Meinungsunterschieden setzt eine Gesellschaft in den Stand, zu diskutieren und über die Diskussion zu (Neu-)Orientierung und gemeinsamem Handeln zu finden. *Meinungsbildung* findet also durch Information über Informationen, mithin *durch Metainformation* statt. Dem wohnt ein Verdichtungsprozess inne, der ebenso notwendig wie gefährlich ist. Einerseits reduziert sich durch Bewertung die Komplexität der wahrgenommenen Realität, andererseits besteht die Gefahr der Übervereinfachung. Diese ist umso gravierender als Menschen sich leichter einfache Werturteile als komplexe Sachinformationen merken können.[54]

Orientierung wird nicht nur durch Sachinformationen und identifizierbare Meinungen ermöglicht, sondern trägt auch zur *Legitimation* von Politik, Gesellschaft, Wirtschaft und Kultur bei. Legitimation führt zur Akzeptanz der Verhältnisse und hat zur Folge, dass unausweichliche Interessenskonflikte friedlich mit politischen oder wirtschaftlichen Mitteln ausgehandelt werden. So bietet Orientierung die Voraussetzung für gesellschaftliches Miteinander. Die Legitimierung der herrschenden Verhältnisse ist jedoch nur möglich, weil Medien und Kommunikation in der Öffentlichkeit eine *Integrationsfunktion* entfalten. Diese kann nicht direkt und explizit zur Aufgabe der Medien gemacht werden. Sollte eines Tages der Gesetzgeber auf die Idee kommen, sie von den Medien einzufordern, so wäre das verfassungswidrig, da Integrationserfolg in keiner Demokratie erzwingbar und wünschenswert ist. In Diktaturen hingegen ist Integrationszwang obligatorisch, die NS-Diktatur sah beispielsweise in den Medien Führungsmittel. Daher ist die Integration der Gesellschaft über die Öffentlichkeit in der Demokratie nur eine latente Funktion. Sie wurzelt in einer anderen latenten Funktion, der *Sozialisationsfunktion*. Die Sozialisation ist für die Herausbildung der individuellen Identität unerlässlich: Auf die primäre Sozialisation durch die Erziehung im Elternhaus folgt die sekundäre in der Schule und die tertiäre im Berufsleben. Die Sozialisation durch Medienkonsum könnte man mithin als quartäre bezeichnen, allerdings begleitet sie uns von Kindesbeinen an und erzielt entsprechende Identitätsbildungs- und Sozialisationseffekte.

Eine weitere aus der Informationsfunktion abgeleitete Aufgabe der Medien ist die *Kritik- und Kontrollfunktion*. In der Bundesrepublik ist beispielsweise erwünscht, dass die Medien als *4. Gewalt* auftreten, allerdings nicht in Form einer exekutiven Sanktionsgewalt, sondern indem sie Skandale, Schlampereien, Behördenwillkür und anderes öffentlich machen; so dienen sie über den Umweg der Information der Selbstreinigung der Gesellschaft, dem Schutz der Demokratie und der Legitimität des Systems. Das funktioniert nur indirekt, und es bedarf des Zusammenspiels mit den drei klassischen politischen Gewalten.[55] Wenn also ein Minister sein Amt missbraucht hat, ist die Aufgabe der Medien damit erfüllt, den Skandal aufzudecken; alle weiteren Schritte obliegen den Verfassungsorganen. Aus demokratischer Perspektive ist die Kritik- und Kontrollfunktion also wünschenswert oder funktional. Im NS-Deutschland hingegen war beides nicht erwünscht; Kritik wäre dysfunktional gewesen.

Die Kritik- und Kontrollfunktion ist selbstredend auch auf das Wirtschaftsleben zu übertragen; ganze Zeitschriftensegmente leben davon, dass sie Produkte prüfen, Kritik üben und damit indirekte Kaufempfehlungen geben. Die positiven oder negativen Unternehmensbewertungen in der Wirtschaftspresse funktionieren ähnlich; ob selbstrecherchiert oder auf den Aussagen von Analysten beruhend, entscheiden sie über das Wohl und Wehe der Unternehmen an der Börse und dienen mithin ihrer Kritik und Kontrolle. So bedeuten Information und Orientierung für den wirtschaftlichen Sektor, Waren-Märkte und -Preise transparent zu machen. Transparenz wiederum integriert die Teilnehmer, bietet die Voraussetzung für den Kreislauf von Waren und Geld und macht damit die Wirtschaft erst funktionsfähig.

Im kulturellen Sektor sind Information, Orientierung, Kritik und Kontrolle ähnlich wichtig. Ein Teilaspekt der Integrationsfunktion ist hier die Traditionsbildung. So wird der Barock-Komponist Georg Friedrich Händel (1685–1759) als Deutscher von Geburt und Engländer durch seinen langjährigen Aufenthalt in London von beiden Nationen gleichermaßen als Nationalkomponist geschätzt. Im weiteren Sinn gehören alle bildenden Künstler von Rang längst zum kulturellen Erbe der Menschheit, weil ihre Werke permanent von den Medien verbreitet werden. Kultur dient damit auch der Unterhaltung.

In der wissenschaftlichen Literatur ist der Begriff der *Unterhaltung* mehrdeutig: Vermischt werden die *Faktizität* des medial Vermittelten, der *Nutzungszweck* und *Themenfelder*. Zur Faktizität: Manchmal ist mit Unterhaltung das mediale Angebot gemeint, das über die Machart oder über den Inhalt (mit Show- oder fiktionalen Elementen) definiert wird; daneben gilt Nichtfiktionales (z. B. Talkshows) als Unterhaltung. Zum Nutzungszweck: Selbst Fiktionales kann zu Informationszwecken rezipiert werden; der Gang ins Kino oder die Lektüre eines neuen Romans erlauben es einem, mitreden zu können. Zu den Themenfeldern: Keineswegs ist Wirtschaft und Politik immer mit Information und Kultur/Gesellschaft mit Unterhaltung verbunden; auch ein politischer Schlagabtausch (im Parlament oder in einer Gesprächsrunde) kann sehr unterhaltsam sein. Somit ist die bisweilen anzutreffende Zuordnung der Unterhaltung zu den weicheren Themenfeldern Kultur und Gesellschaft einseitig; ebenso wenig ist Information die Domäne der politischen und wirtschaftlichen Öffentlichkeiten.[56]

Information und Unterhaltung sind also keine trennscharfen Begriffe; das eine kann jeweils Subfunktion des anderen sein. Für unterhaltende Informationssendungen existiert sogar ein Gattungsbegriff, der die Mischung anzeigt: *Infotainment*.[57] Wenn man definiert, Unterhaltung sei alles, «was nicht langweilig ist»,[58] so gilt das erst recht für Information. Die folgende Tabelle veranschaulicht die Vielfalt der Kombinationen; sie ist nicht zeilenweise sondern als Matrix zu lesen; werden die Ausprägungen der Kategorien Faktizität und Nutzungszweck untereinander kombiniert, ergeben sich vier Möglichkeiten, und acht, wenn man die verschiedenen Themenfelder hinzunimmt.

Tabelle II-9: Acht Kombinationen aus Faktizität, Nutzungszweck und Themenfeldern

Faktizität	*Nutzungszweck*	*Themenfelder*
Nichtfiktionales	Informationsfunktion	Politik/Wirtschaft
Fiktion	Unterhaltungsfunktion	Kultur/Gesellschaft

Um der Unschärfe des Unterhaltungsbegriffs zu entkommen, wäre es am konsequentesten, sich ausschließlich auf den funktionalen Aspekt für die Rezipienten zu beschränken. Es liegt wohl am kulturkritischen Misstrauen gegenüber der Masse, dass im politischen und wissenschaftlichen Diskurs die *Unterhaltungsfunktion* weniger als ihr informatives Pendant zählt. Nimmt man die Quantität des medialen Angebots, müsste die Wertschätzung eigentlich genau umgekehrt ausfallen, denn unterhaltende Inhalte werden vom Publikum mehr geschätzt als Information. Das wird allerdings häufig mit der Wertung auf den Kopf gestellt, Information sei nützlich, Unterhaltung hingegen würde bestenfalls vom Wesentlichen ablenken, Eskapismus Vorschub leisten und schlimmstenfalls sogar verdummen.[59] Dabei seien einige Aspekte besonders hervorgehoben:

1.) Unterhaltung befriedigt *Grundbedürfnisse*, sonst würde sich das Publikum ihr nicht in großem Umfang zuwenden. Ablenkung von Sorgen, Zerstreuung, mentale Ruhephasen, Regeneration, Projektionsflächen für eigene Traumwelten, Verminderung der Langeweile etc., welche die Unterhaltung bietet, besitzen als individuelle Erwartungshaltungen ihren eigenen Wert. Soweit sie die Menschen friedfertiger, ausgeglichener und ausgeruhter werden lässt, kann der gesellschaftliche Nutzen der Unterhaltung nicht geleugnet werden. Erst wenn die Friedfertigkeit und Ausgeglichenheit in Lethargie und Desinteresse am Gemeinwesen umschlägt, zeitigt sie dysfunktionale Folgen.

2.) Unterhaltung ist keineswegs nur eine passiv-konsumtive Funktion. Es gibt nicht nur die Rezipienten, sondern auch Kommunikatoren. Unterhaltung ist kreativer als Information. Der technischkühle Ausdruck Kommunikator ist darum zumeist weniger angebracht als der des Künstlers oder Entertainers. Künstler nutzen die ganze Bandbreite der Medien. Gemeinsam ist Sängern, Schauspielern, Literaten, Malern, Bildhauern oder auch Entertainern, dass sie Gefühle und Impressionen ausdrücken oder veranschaulichen. Kreative Unterhaltung hat damit eine *Darstellungsfunktion*. Erst wenn die Kreativität gegenüber der Selbstdarstellung in den Hintergrund tritt, überwiegt die Dysfunktionalität.

3.) Gegen eine Abwertung der Unterhaltung spricht, dass die Künste als Kern der kreativen Unterhaltung Wahrheiten äußern (können): Im Unterschied zu den offensichtlichen (Un-)Wahrheiten der faktenbezogenen Informationen, besitzen sie zwar weder vordergründige Aktualität, noch lassen sie sich falsifizieren, doch drücken sie bisweilen *die tieferen Wahrheiten* aus. Zudem sind die Inhalte desto universaler, je allgemeinverständlicher die Werke der bildenden, literarischen oder sonstigen Künste sind und je länger sie im kulturellen Erbe der Menschheit gepflegt und tradiert werden. Dysfunktionalitäten in Form von Geschmacks- und Modediktaten oder eifernden Absolutheitsansprüchen sind nicht auszuschließen.

3. Zwischenfazit

Cum grano salis steht die informative Kommunikation im Mittelpunkt der Forschungsinteressen der Kommunikationswissenschaft, die unterhaltende Kommunikation hingegen im Zentrum der Medienwissenschaft. Das ist selbstredend eine Vereinfachung, denn beide Teildisziplinen interessiert das jeweils andere ebenfalls. Die Vereinfachung ist auch deshalb grob, weil mit Information und Unterhaltung keine Gegensätze benannt sind. Der Anglizismus Infotainment (Information und Entertainment), mit dem ein mediales Mischangebot bezeichnet wird, veranschaulicht die Abgrenzungsprobleme.

So ist der Funktionsbegriff vielschichtig. Besondere Bedeutung hat er in den Systemtheorien. Zwar ist in der Literatur immer wieder von *der* Systemtheorie zu lesen, doch lassen sich von der Kybernetik über die strukturell-funktionale, die funktionell-strukturelle bis hin zum Konstruktivismus vier Hauptströmungen unterscheiden. Vor allem die letzten beiden genießen in der Kommunikationswissenschaft größte Wertschätzung; in den Medienwissenschaften spielen Systeme und Funktionen hingegen nur eine untergeordnete Rolle. In der Kommunikationswissenschaft sind die *Informations- und die Unterhaltungsfunktion* sowie als dritte noch die *Meinungsbildungsfunktion* besonders wichtig; da letztere sich aus den beiden ersten herleitet, ist sie gewissermaßen eine Meta-Funktion. Die Orientierungsfunktion ist eine weitere Meta-Funktion; sie leitet sich ebenfalls aus der Kombination verschiedener Informationen, Meinungsangebote etc. ab.

Die Komplexität der Funktionen drückt sich ebenfalls in der Zwangsläufigkeit von *Zielkonflikten* aus: Eine Funktion kann als Dysfunktion einer anderen auftreten. Das Funktionsdilemma der Medien hat der Kommunikationswissenschaftler Gerhard Vowe (* 1953) für die Kommunikationspolitik auf den unauflöslichen Zielkonflikt zwischen Bewahrung dreier Werte gebracht: Freiheit, Gleichheit und Sicherheit.[60] Ein Zielkonflikt besteht bei der Informationsfunktion zwischen Aktualitätszwang und Gründlichkeit der Recherche. Bei der Orientierungsfunktion existiert der Zielkonflikt zwischen Vielfalt und Integration: Einerseits soll die Vielfalt der Meinungen die (Neu-) Orientierung der Gesellschaft ermöglichen, andererseits sollen Medien (in Maßen) integrieren; je mehr Vielfalt desto weniger Integration und umgekehrt. Der Ausweg aus dem Dilemma ist nur möglich, wenn trotz Vielfalt in einem Bereich, in dem anderen die Integration überwiegt. Die gleichzeitige Gewährleistung von Vielfalt und Integration ist denkbar, wenn die Medien in einer Gesellschaft zwar unterschiedlichen politischen Anschauungen die Äußerungschance geben, die Gesellschaft zugleich jedoch davon überzeugen, dass die demokratischen Strukturen des politischen Systems bewahrenswert sind.

Funktionen sind manifest oder latent, verweisen auf bewusstes Handeln oder auf nicht-beabsichtigte Folgen; überlagert werden die manifesten Funktionen von latenten. Aus Sicht der Medien- und Kommunikationssysteme sind die drei wichtigsten *latenten Funktionen* die *Legitimation* von Politik, Gesellschaft, Wirtschaft und Kultur, die *Sozialisation* der Menschen und die *Integration* der Gesellschaft. Aus der Perspektive der Politik hingegen hat jede der drei Funktionen manifesten Charakter. Die Folgen von medialer Kommunikation können positiv oder negativ, *funktional oder dysfunktional* sein. Sie können für Kommunikator und Rezipient gegensätzlich ausfallen, und es können sich Zielkonflikte in der Funktionserfüllung ergeben. Daher sind auch die Anforderungen an Medien, Kommunikation und Öffentlichkeit von Fall zu Fall unterschiedlich. Informationen können beispielsweise zur Orientierung einer Gesellschaft, aber auch dysfunktional zu deren Desorientierung beitragen; gleiches gilt für die Wirkung der Unterhaltung, sie kann das Individuum orientieren oder auch eskapistischen Tendenzen Vorschub leisten. Die nachstehende Tabelle listet erwünschte und unerwünschte Folgen am Beispiel von Information und Unterhaltung auf. Sie erfolgt aus der Perspektive einer demokratischen Gesellschaft, aus der Sicht eines Diktators oder einer autoritären Regierung wäre manches umgekehrt zu werten.

Tabelle II-10: Dialektik der funktionalen und dysfunktionalen Teilfunktionen von Information und Unterhaltung[61]

	funktionale Teilfunktionen	dysfunktionale Teilfunktionen
Information	<ul><li>Unterhaltung, Zerstreuung</li><li>Wissensvermittlung, Bildung</li><li>Meinungsbildung, Sinnstiftung</li><li>Appell, Signal, Ausdruck</li><li>Selektion, notwendige Komplexitätsreduktion</li><li>Orientierung der Gesellschaft</li><li>Kritik, Kontrolle der Macht</li><li>Beobachtung, Selbstbeobachtung</li><li>Verständigung, Integration, Sozialisation</li><li>Legitimation</li><li>Zeitersparnis</li></ul>	<ul><li>Ablenkung</li><li>Desinformation, Verbildung</li><li>Manipulation, Täuschung</li><li>Befehl, Vergewaltigung</li><li>unzulässige Vereinfachung, Stereotypenbildung</li><li>Desorientierung</li><li>Hyperkritik der Macht, Überwachung des Einzelnen</li><li>Blendung</li><li>Desintegration, parasoziale Beziehungen (Kontaktersatz)</li><li>Untergrabung der Legitimität</li><li>Zeitvernichtung</li></ul>
Unterhaltung	<ul><li>Information</li><li>Darstellung</li><li>Kreativität und Originalität</li><li>Bildung</li><li>Orientierung, Anschlusskommunikation</li><li>Integration</li><li>Beschäftigung</li><li>Rekreation</li></ul>	<ul><li>Ablenkung, Desinformation</li><li>egomane Selbstdarstellung</li><li>Klischee, Kitsch, Stereotype</li><li>Scheinbildung</li><li>Desorientierung, Realitätsflucht, Eskapismus</li><li>Desintegration</li><li>zeitfüllender Lückenbüßer</li><li>Erschöpfung</li></ul>

C. Wirkung und Nutzen des kommunikativen Handelns

1. Ansätze der Medienwirkungsforschung

Wenn von Medienwirkungen die Rede ist, sind zumeist Wirkungen gemeint, die von medialen Inhalten ausgelöst werden und die Reaktion der Rezipienten betreffen: sei es deren Wissen, Einstellung oder Handeln. Noch grundlegender sind Wirkungen, die von der *Existenz der Medien* abhängen; sie lassen sich schwerer erfassen als die Effekte kommunikativer Inhalte.[62]

Schon zweieinhalb Jahrtausende früher beschrieb Plato eben diesen Effekt in dem (fiktiven) Dialog zwischen dem ägyptischen Priester Teuth und seinem Pharao. Das Paradox des Dialogs sei vorab notiert: Plato argumentiert mit den Mitteln der Schrift gegen sie: «Als er aber an den Buchstaben war, sagte der Theuth: ‹Diese Kenntnis, o König, wird die Ägypter weiser und erinnerungsfähiger machen; denn als ein Hilfsmittel für das Erinnern sowohl als für die Weisheit ist sie erfunden.› Er aber erwiderte: ‹O du sehr kunstreicher Theuth! Ein anderer ist der, [...] der zu beurteilen vermag, welchen Teil Schaden sowohl als Nutzen sie [die Schrift] denen bringe, die sie gebrauchen werden. So hast auch du jetzt, als Vater der Buchstaben, aus Vaterliebe das Gegenteil von dem gesagt, was ihre Wirkung ist. Denn Vergessenheit wird dieses in den Seelen derer, die es kennenlernen, herbeiführen durch Vernachlässigung des Erinnerns, sofern sie nun im Vertrauen auf die Schrift von außen her mittelst fremder Zeichen, nicht von innen her aus sich selbst, das Erinnern schöpfen. Nicht also für das Erinnern, sondern für das Gedächtnis hast du ein Hilfsmittel erfunden. Von der Weisheit aber bietest du den Schülern nur Schein, nicht Wahrheit dar.›»[63] Der berühmte Dialog lässt sich auch auf modernere Medien übertragen. Das Problem spielt in der Medienphilosophie eine große, in der Kommunikationswissenschaft nur eine untergeordnete Rolle; es ist zwar interessant, gilt jedoch als methodisch nicht prüfbar. Hilfsweise könnte man es in kontrafaktische Fragen umformulieren, wie die, was geschehen wäre, wenn Gutenberg nicht die Presse erfunden hätte,[64] oder wie unsere Welt ohne Hörfunk, Fernsehen und Internet aussähe? Kontrafaktische Fragen schärfen zwar den Blick auf Randbedingungen, ihre Antworten bleiben aber hypothetisch und werden in der Kommunikations- anders als in den Medienwissenschaften kaum ernst genommen.

Der Unterschied von Existenz zu Nichtexistenz lässt sich nur ausnahmsweise konkret prüfen: Beispielsweise konnte Bernard Berelsons (1912–1979) mit einer Untersuchung des Zeitungsstreiks von 1945 in New York messen, was die ausbleibende Zeitungslieferung für die Leser bedeutete: Verlust an Information, Sozialkontakten, Sozialprestige, Zerstreuungsmöglichkeit, Alltagswerkzeug: «reading itself, rather than what is read, provides an important gratification».[65] Die Auswirkung medialer Präsenz (Existenz) zeigt sich auch am Fernseher- und Computerbesitz sowie Internetzugang von Schülern: Das schulische Leistungsvermögen von Kindern und Jugendlichen, die ein eigenes Gerät besitzen, ist deutlich schlechter als bei jenen, deren Eltern den medialen Zugang kontrollieren und ihrem Nachwuchs den PC und Fernseher im Kinderzimmer verweigern.[66]

Im Folgenden soll «Medienwirkung» als *Effekt der Inhalte und Programme* verstanden werden. Die Wirkungsforschung ist ein weites Feld und gehört zu den Kerngebieten der Kommunikationswissenschaft – die Medienwissenschaften wiederum interessieren sich für das Thema kaum. Grundsätzlich könnte man die Wirkungsforschung in die Frage kleiden: Was machen die Medien mit den Menschen? Inhalte können *vier verschiedene Wirkungen* bei den Rezipienten auslösen: 1.) kognitive Wirkungen, die das Wissen betreffen; 2.) emotionale Wirkungen; 3.) Verhaltens- sowie 4.) Einstellungs- oder Bewertungsänderungen. Maletzke nennt noch eine fünfte Wirkung im psychischen Tiefenbereich; die Effekte im Tiefenbereich entstehen kumulativ aus den vier anderen, allerdings nicht immer.[67] Die vier Wirkungen sind nicht isoliert, sondern stehen miteinander in Zusammenhang: So kann eine Änderung des Wissensstands sowohl einer Verhaltens- als auch einer Einstellungsveränderung vorausgehen. Emotionale oder Einstellungsveränderungen können sich ebenfalls in Verhaltensänderungen auswirken. Einige Wirkungstheorien beschäftigen sich ausschließlich mit einer der vier Wirkungen, andere betreffen den größeren Wirkungszusammenhang: Die Wissenskluftforschung untersucht kognitive Wirkungen, die «Mood-Management-Theorie» beschäftigt sich vornehmlich mit emotionalen Wirkungen, die Gewaltforschung konzentriert sich auf Verhaltensänderungen, die Theorie der Schweigespirale betrachtet sowohl Verhaltens- als auch Einstellungs- und Bewertungsveränderungen.

Nach Maletzke setzen die Wirkungen in *drei kommunikativen Phasen* an: 1.) in der präkommunikativen, 2.) in der kommunikativen und 3.) in der postkommunikativen Phase. In der präkommunikativen Phase werden insbesondere die Selektionsentscheidungen wirksam: Nur was als Kommunikat ausgewählt wurde, kann inhaltliche Wirkungen entfalten. Da die Selektionsprozesse in der präkommunikativen Phase Wirkungsvoraussetzungen schaffen, wird diese Phase nur der Wirkung im weiteren Sinne zugerechnet; Wirkungen im engeren Sinne treten in der 2. und 3. Phase auf.[68]

Um die Wirkung wird seit mehr als fünfzig Jahren eine fortdauernde und bis heute unentschiedene Kontroverse geführt. Einige Wirkungsbedingungen lassen sich an einem kurzen Witz erläutern: «Zwei Beamte treffen sich auf dem Gang ihrer Behörde. Fragt der eine: ‹Kannst Du auch nicht schlafen?›» Die einen finden ihn vielleicht überhaupt nicht komisch – sei es, weil sie Beamte sind; sei es, weil sie ihn nicht verstehen; sei es, weil sie in der Unterstellung, der Büroschlaf sei der gesündeste, nur ein Vorurteil sehen. Andere finden ihn vielleicht mäßig, wieder andere sehr komisch. Aber auch letztere dürften nur beim ersten Mal herzhaft lachen. Das Beispiel nennt schon drei Faktoren, welche die Medienwirkung beeinflussen: a) die Inhalte, b) die Rezipienten und nicht zuletzt c) die Zeit, denn auch die wirkungsvollsten Kommunikationsinhalte nutzen sich in der Wiederholung ab. Daneben gibt es weitere beeinflussende Variablen. Der amerikanische Kommunikationswissenschaftler Carl Hovland (1912–1961) kam 1959 zu dem Schluss, dass diese «so zahlreich und so miteinander verflochten sind, daß der Nutzen der Korrelationsmethode vor allem auf der Ebene der Hypothesenbildung und weniger im Nachweis von Kausalverhältnissen liegt.»[69]

Hinzu kommt der häufig unterschätzte *Einflussfaktor* der *Methode*; er generiert zwar keine Wirkung im eigentlichen Sinne; weil jedoch nur gemessene Effekte als Wirkungen gelten, hat die verwendete Methode immer Einfluss auf die beobachteten Ergebnisse. In der Wirkungsforschung werden zumeist zwei Forschungsdesigns benutzt: Laborexperimente und Feldstudien, wobei sich mit ersteren deutlich stärkere Wirkungen nachweisen lassen (vgl. Kapitel III. A. 4).

Die Frage *starker oder schwacher Wirkungen* ist bis heute nicht eindeutig beantwortet. Das liegt auch daran, dass mit dem Dualismus stark-schwach einerseits der Wirkungsgrad gemeint ist, also die Spannbreite zwischen keiner Wirkung und Eins-zu-eins-Effekten. Andererseits wird mit starken Wirkungen jeder Einstellungswechsel bezeichnet; Wirkungsverstärkung ohne Einstellungswechsel (egal in welchem Umfang) gilt dann als Beleg für schwache Effekte. Wenn also der Parteianhänger der politischen Linken aufgrund medialer Berichterstattung bei der nächsten Wahl die Liberalen oder Konservativen wählte, gälte das als starke Wirkung. Wenn ein moderater Anhänger der gleichen Partei hingegen zu einem fanatischen Anhänger mutierte, wäre das nur Ausdruck schwacher Medienwirkungen, weil die Medien in diesem Fall die Parteipräferenz nicht beeinflusst hätten.

Die Frage der starken und schwachen Medienwirkungen hat selbst eine *Wirkungsgeschichte*. Zumeist wird sie in den Lehrbüchern vereinfachend dargestellt; insbesondere geistert immer noch die Vorstellung eines Phasenmodells durch die Literatur: Demzufolge habe bis um 1940/50 die Annahme starker Medienwirkungen vorgeherrscht, danach bis ca. 1970 habe das Paradigma schwacher Medienwirkungen vorgeherrscht, danach sei es wieder zu einem Umschwung zur Annahme starker Wirkungen gekommen.[70] Bisweilen wird das Modell noch durch eine vierte Phase ab ca. 1980 ergänzt.[71] Das Phasenmodell ist vor einigen Jahren zerpflückt worden. Dabei wurde den Anhängern des Phasenmodells nachgewiesen, dass die grundlegende Literatur nur selektiv und zum Modell passend zur Kenntnis genommen worden ist; die kommunikationswissenschaftliche Literatur habe mit den Vereinfachungen einen Popanz aufgebaut, vor dessen Hintergrund sie die eigenen Erkenntnisfortschritte umso glänzender habe darstellen können; das Phasenmodell sei zudem der Bequemlichkeit geschuldet: Es habe sich ausbilden können, weil man nicht mehr die Originalstudien, sondern nur noch von Dritten verfasste Zusammenfassungen gelesen habe.[72]

Die Schlüsselbeiträge, um die es in der Auseinandersetzung ging, sind Propaganda-Artikel von Lasswell, eine Wahlstudie von 1944, eine Metastudie aus den 1960er Jahren und ein Aufsatz von Noelle-Neumann.[73] Anhand der Metastudie von Joseph T. Klapper (1917–1984), ein Lazarsfeld-Schüler, sollen im Folgenden zumindest wichtige Einflussfaktoren und Randbedingungen medialer Wirkungen erläutert werden. Klappers Untersuchung von 1960/66 gilt als Paradebeispiel für die Annahme schwacher Medien; schon das ist eine Vereinfachung. Vielmehr hat Klapper mehrfach betont, dass Verstärkereffekte und Einstellungswandel zwei Seiten der Medienwirkung sind, die sich gegenseitig ergänzen: Er spricht von Medienwirkung als «a concept of the process of effect in which both reinforcement and change are seen as related and understandable outcomes of the same general dynamics».[74] Damit legt er sich nicht auf eine der beiden

Möglichkeiten fest; die Kommunikationswissenschaft hat es nur so aufgefasst, weil es Klapper darauf ankam, die «general dynamics» der Medienwirkung in eine Reihe von Einflussfaktoren zu zerlegen und die Massenmedien nicht monokausal für etwaigen Einstellungswandel verantwortlich zu machen: Massenmedien könnten durchaus auch als Agent des Wandels fungieren, wenn entweder die intervenierenden Faktoren (temporär) außer Kraft gesetzt seien oder sogar selbst den Wandel bewirkten.[75]

Als intervenierende Faktoren sah Klapper a) die persönliche Disposition der Rezipienten, b) die Normen ihrer sozialen Gruppe, c) ihre interpersonale Kommunikation, d) Meinungsführerschaft und e) die Struktur des Mediensystems.[76] Er warnte vor «blindly minimizing the effects and potentialities of mass communication»; als starke Medienwirkungen betonte er Stimmungsveränderungen, den kulturellen Einfluss der Medien; Klapper unterstellte generell, dass in politisch aufregenden Zeiten der Medieneinfluss sehr groß sei.[77] Darüber hinaus enthielt die Metastudie einige Passagen, die spätere Konzepte mit angeregt haben dürften: die Schweigespirale[78], den Uses- and Gratifications-[79], den Agenda-Setting-Ansatz[80] sowie die Mood-Management-Forschung.[81] Joseph T. Klapper ist auch deswegen nicht überholt, weil er überzeugt war, dass die Schilderung messbarer Wirkungsphänomene zu kurz greife: Gerade die nachdrücklichsten, die die Durchdringung der Alltagskultur betreffen, wirkten zu langfristig und entzögen sich damit dem Nachweis durch standardisierte Messverfahren.[82]

Seit Klapper sind weitere *Metastudien* erschienen, die den (zumindest zeitlichen) Fortschritt der Wirkungsforschung dokumentieren. Schon in den 1960er Jahren erschien eine erste am Münsteraner Publizistik-Institut, eine der besten jüngeren ist erstmalig 1987, in dritter Auflage 2007 erschienen.[83] Über diese Metastudien hinaus, denen sich auch neuere aus dem Ausland zur Seite stellen ließen,[84] referiert beinahe jede Einführung in die Kommunikationswissenschaft zumindest die Ergebnisse der wichtigsten Wirkungsstudien und Forschungsansätze. Das kann an dieser Stelle aus Platzgründen nicht nachgezeichnet werden, doch sei zumindest darauf hingewiesen, dass die Wirkungsforschung von Dissonanz- bis zu Kongruenztheorien für Dutzende von Randbedingungen Erklärungen anbietet.[85] Hier werden statt all dieser Mikrotheorien nur die übergreifenden Ansätze der Wirkungsforschung erläutert, ohne die Vielzahl der teils widersprüchlichen Ergebnisse zu diskutieren. Die prima vista widersprüchlichen Ergebnisse ergeben sich zumindest in Teilen aus den Ansätzen der Fragestellung. Drei Ansätze sind zu unterscheiden: 1.) das Stimulus-Response-Modell, 2.) der Nutzen- und Belohnungsansatz und 3.) der dynamisch-transaktionale Ansatz.

Das einfachste Wirkungsmodell läuft unter den Bezeichnungen «*Stimulus-Response*», «magic bullet», «transmission belt», «hypodermic needle», Reiz-Reaktions-Schema o. ä. Das Axiom des Konzepts ist die einseitige Wirkungsrichtung vom Kommunikator zum Rezipienten. Massenmedien gelten als Vermittlungskanäle. Die Bezeichnungen Reiz-Reaktions-Schema und Stimulus-Response-Modell heben darauf ab, dass der Output dem Input entspricht; die anderen Benennungen orientieren sich an unterschiedlichen Bildern: Mit *hypodermic needle* ist gemeint, dass die Ärzte (= Kommunikatoren) den Patienten (= Publikum) die Medikamente (= Inhalte) unter die Haut spritzen. *Transmission belt* betrachtet die Medien als Treibriemen, der eine Kraft (den Medieninhalt) von der Maschine (dem Kommunikator) auf das Werkzeug (den Rezipienten) überträgt. *Magic bullet* ruft Jahrmarktassoziationen hervor: Kunstschützen (die Medien) treffen (das Publikum) immer.

Die *Effekte* sind in jedem Fall die gleichen: In der heutigen Literatur zur Wirkungsforschung wird insbesondere dann vom S-R-Modell gesprochen, wenn folgende Grundannahmen gegeben sind: Die Medien wirken 1.) monokausal, 2.) unidirektional, 3.) proportional und 4.) gleichförmig. Die Medieninhalte sind mithin in diesem Modell der einzige Faktor, der Wirkungen auslöst; die Wirkung betrifft ausschließlich die Rezipienten und ist bei allen gleich; die Stärke der Wirkungen hängt von der Stärke des Inputs ab.

Ob das Stimulus-Response-Modell das *älteste Wirkungskonzept* ist und ob es je ohne Einschränkung für gültig gehalten wurde, ist umstritten. Manche Autoren wie Harold D. Lasswell, denen nachträglich – nicht zuletzt wegen der Lasswell-Formel «Wer sagt was, zu wem, über welchen Kanal, mit welchem Effekt?» – zugeschrieben wurde, sie seien Anhänger des S-R-Modells gewesen, haben vereinzelte S-R-Effekte konstatiert, waren jedoch keine kompromisslosen Anhänger.[86] Insbesondere fachfremde Autoren, wie Gustave Le Bon, können allerdings als Vertreter eines S-R-Modells angesehen werden.

Zumeist werden Studien aus der Film- und Propagandaforschung am (amerikanischen) Vorabend des Zweiten Weltkriegs, die nach dem Leiter der militärischen Forschungsstelle, Carl Hovland, benannt sind, mit dem S-R-Modell in Verbindung gebracht.[87] Häufig werden die Studien aus Hovlands Umfeld auch als *Yale-Studien* zitiert, weil Hovland und Kollegen nach dem Zweiten Weltkrieg ihre Untersuchungen im «Yale Communication and Attitude Change Program» an der Universität fortsetzten. Darin wurde in ca. fünfzig Studien geprüft, welche beobachtbaren Kommunikationsstimuli bei welchen Prädispositionen der Rezipienten und unter welchen Verarbeitungsprozessen zu welchen beobachtbaren Effekten führten. Methodisch beruhten die Yale-Studien auf Laborexperimenten, die, was Hovland auch bewusst war (s. o.), zu eindeutigeren Wirkungsnachweisen tendieren.

Tabelle II-11: Wirksamkeit der Kommunikation

	Eigenschaften, die zu großer Wirkung führen
Kommunikator	Glaubwürdigkeit, Vertrauenswürdigkeit (aus Rezipientensicht) keine manipulative Absicht erkennbar (aus Rezipientensicht) Attraktivität, sympathisch (= Ähnlichkeit mit dem Rezipienten)
Botschaft	Argumente, wenn zu Beginn oder zum Ende vorgebracht (primacy or recency-Effekte) bei Furcht-Appellen widersprüchliche Ergebnisse: • Keine Gegenargumente und explizite Botschaft bei Rezipiententyp A mit geringer Intelligenz bzw. formaler Bildung • abgewogene Urteile und implizite Botschaft bei Rezipiententyp B mit hoher Intelligenz bzw. formaler Bildung
Rezipienten	hohe emotionale oder sachorientierte Beteiligung; schon vorherige Übereinstimmung mit der Botschaft

Das S-R-Modell ist eng mit dem *Behaviorismus* verknüpft. Diese Forschungsrichtung der Psychologie hatte sich im 19. Jahrhundert entwickelt; sie geht zurück auf Iwan Petrowitsch Pawlow (1849–1936), der die Instinktpsychologie begründete und das angeborene Verhalten bei Tieren untersuchte. Der Behaviorismus ging davon aus, dass man nur aus messbarem Verhalten Rückschlüsse ziehen dürfe; in die Menschen sei nicht hineinzuschauen, auch Selbstbeobachtung erbringe keine verlässlichen Ergebnisse, so John B. Watson (1878–1958) in seinem Schlüsselaufsatz von 1913.[88] Ein weiterer wichtiger Vertreter war Burrhus F. Skinner (1904–1990). Die Übertragbarkeit der Ergebnisse aus Instinktpsychologie und Behaviorismus auf das Feld der Medienwirkungen darf jedoch aus mehreren Gründen bezweifelt werden: Erstens setzten alle Studien auf kontrollierte Laborexperimente, zweitens ist ein Transfer von Tierexperimenten auf die Konditionierung von Menschen, wie von Skinner vorgenommen, problematisch. Drittens kann menschliches Verhalten auch bewusste Täuschung sein, auf Wirkung darf nicht unbedingt geschlossen werden.

Da das S-R-Modell in seiner Grundkonfiguration (A) auf die Dauer zu schlicht erschien, wurde es später abgewandelt, zunächst zum Stimulus-Organismus-Response (S-O-R)-Modell (B), bisweilen auch als Neobehaviorismus bezeichnet, dann zum Two-Step-Flow (C). Das S-O-R-Modell stellte den Rezipienten als «mediatisierenden Faktor» in den Mittelpunkt und führte weitere intervenierende Variablen ein. Das *Two-Step-Flow-Konzept* wurde von Lazarsfeld u. a. nach einer Studie entwickelt, die ursprünglich vom S-R-Modell ausgegangen war: Man hatte die vereinfachten Grundannahmen simultan-unmittelbarer Wirkungen nicht bestätigt gefunden, sondern stattdessen zeitverzögert-mittelbare. Da die Wähler/Rezipienten sich nicht direkt von den Medien beeinflussen ließen, führten Lazarsfeld und seine Koautoren die Opionleader (OL) ein. Meinungsführer wiesen folgende Charakteristika auf: politisches Interesse, regelmäßige Mediennutzung, Bildung und eine gewisse Weltläufigkeit. Lazarsfeld et al. stellte statt uniformer Reaktionen der Masse individuelle Reaktionen fest; von den Massenmedien diffundierten die Ideen über die Meinungsführer zu den weniger Interessierten. Die sieben Befragungswellen dieser sogenannten «Erie-County-Studie»[89] erbrachten somit ein deutlich komplizierteres als das vermutete Wirkungskonzept.[90]

Spätere *Kritik* am Meinungsführerkonzept bemängelte, die Ausgangsstudie habe zu stark vereinfacht und überzogene Schlussfolgerungen gezogen; es sei nur gemessen worden, dass Medienwirkungen nicht einfach als One-Step (S-R) zustande kämen; daraus folge nicht automatisch ein Two-Step-Flow, sondern Wirkungsdiffusion über mehrere Zwischenschritte. Das Two-Step-Flow-Konzept habe zudem die Themenabhängigkeit der Meinungsführerschaft nicht be-

Abbildung II-3: Vom S-R-Modell zum Two-Step-Flow

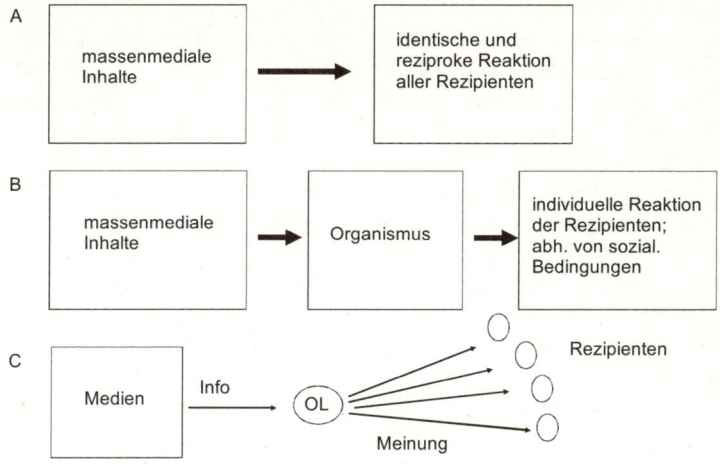

rücksichtigt: Eine politische Autorität sei nicht automatisch auch eine in Lifestyle- oder Fußballangelegenheiten. Den Verästelungen der weiteren Two-Step-Flow-Forschung muss nicht weiter nachgegangen werden: Ihre Untersuchungen fragen danach, wer Informationen und Meinungen sucht, wer zu welchen Themen als Experte und Ratgeber angesehen wird, wie und über wie viele Schritte sich die Kommunikation verbreitet, wie viele Medienkontakte die Menschen haben, wie sich Meinungsführer informieren, wie Informationen und Meinungen geteilt werden, wie massenmediale und interpersonale Kommunikation zusammenspielen, wer im Kommunikationsprozess aktiv und wer passiv ist, welche Medien für Kontaktarme als virtuelle Meinungsführer fungieren etc.[91]

Die Themenabhängigkeit und verschiedene Aspekte des S-R- sowie S-O-R-Modells griff ab den 1970er Jahren der *Agenda-Setting-Ansatz* auf. Nach Maxwell McCombs (* 1946) und Donald Shaw (ca. 1940), die die erste Agenda-Setting-Untersuchung durchführten, bewirken die Medien nicht, *was* die Menschen denken, sondern *worüber* sie nachdenken.[92] Ob «was?» oder «worüber?» – beides sieht die Medien als Stimulus; dabei wurde zunächst zwischen zwei Agenden unterschieden: der Bevölkerungs- und der Medienagenda. Neuere Untersuchungen kalkulieren zusätzlich mit der politischen Agenda und mit der Realität als Sachzwang. Dabei werden die Einflüsse der Thematisierung (Awareness), der Themenstrukturierung und -gewichtung (Salience) sowie als Verstärkung der Gewichtung die direkte Übernahme der Bedeutungseinschätzung (Priorities) aus den Medien durch die Rezipienten untersucht. Wirkungsfragen im Agenda-Setting-Ansatz untersuchen mithin den Einfluss, den die Medien auf Thematisierung, Gewichtung, Strukturierung und Bedeutungseinschätzung nehmen.

Die gegebene *Methode* ist eine Kombination aus Inhaltsanalyse (zur Ermittlung der Medienagenda) und Befragung (zur Ermittlung der Publikumsagenda) – einige Studien haben auch Experimente eingesetzt.[93] Inhaltsanalyse und Befragung müssen mindestens zweimal wiederholt werden; zu zwei oder mehr Zeitpunkten wird per Inhaltsanalyse die Medien- und durch Befragung die Publikumsagenda bestimmt. Das Vorgehen misst, welche Agenda von welcher abhängt, allerdings zunächst nur als statistische Wechselbeziehung zwischen den Messergebnissen. Die Korrelationen sagen noch nichts über Ursache-Wirkungs-Beziehungen aus. Vereinfachend wird nun angenommen, dass sich Kausalitäten per Kreuzkorrelation feststellen lassen: Wenn die Medienagenda zum Zeitpunkt t_1 und die Publikumsagenda zu t_2 stärker korrelieren als die Medienagenda t_2 zur Publikumsagenda t_1, so haben die Medien das Publikum beeinflusst; wenn nicht, dann verhält es sich umgekehrt. Weil zumindest theoretisch Ursache und Wirkung vertauscht werden können, ist der Agenda-Setting-Ansatz kein rein mediales Stimulus-Response-Konzept. Noch besser als zwei sind mehrere Messzeitpunkte, so dass eine Zeitreihenanalyse vorgenommen werden kann; auch sollten die Agenden möglichst genau, Thema für Thema, Medium für Medium sowie auf individueller Rezipienten-Ebene erhoben werden.

Die *Ergebnisse* der Agenda-Setting-Forschung muten zunächst trivial an: Die Entwicklung der Agenden kann von verschiedenen Faktoren, oder auch intervenierenden Variablen, beeinflusst werden. Bei den Rezipienten können soziodemografische Effekte greifen, durch die sich das Interesse, die Betroffenheit, oder das Orientierungsbedürfnis der Rezipienten ändert. Bei den Medien wirken sich Gewichtung, Präsentation und Strukturierung aus. Außerdem kann die mediale Glaubwürdigkeit durch interpersonale Kommunikation sowie Netzwerk- und Meinungsführerkommunikation beeinflusst werden. Bei den Themen wiederum ist ihre Aufdringlichkeit (obtrusiveness) wichtig: Arbeitslosigkeit oder Kriminalität gelten beispielsweise als aufdringliches Thema, Außenpolitik als nicht aufdringliches.

Weitere thematisch intervenierende Faktoren sind Bedrohlichkeit, Negativismus und Eindeutigkeit, sowie die Frage, ob Konkurrenzthemen vorhanden sind oder nicht. Einfluss auf das Themenbildungspotenzial hat auch der Zeitrahmen; insbesondere gilt das bei der politisch brisanten Frage, welche Politiker ein Thema zuerst besetzen. Die meisten Agenda-Setting-Studien haben daher die politische Kommunikation, insbesondere in Wahlkämpfen, untersucht. Die *Kritik* hat dem Ansatz mangelnde Theoriebildung vorgeworfen. Statt Wirkungsaussagen zu formulieren, würden nur Randbedingungen zur Umsetzung einer Untersuchungsstrategie formuliert. Hans-Bernd Brosius (* 1957) hat ihn als «Zählwerk, das die Häufigkeit verschiedener Themen in den Medien registriert», bezeichnet.[94] Differenziertere Untersuchungen fragen über das Agenda-Setting hinaus nach bewertenden Schemata, nach Rahmung (framing) und Grundierung (priming). Einerseits rahmen Journalisten die Nachrichten in einem bestimmten Kontext, andererseits interpretieren die Rezipienten Informationen im Rahmen grundierender, kognitiver Schablonen. Ein Beispiel: Es war für Darstellung und Wirkung der Nachrichten über den Bären Bruno im Bayern des Jahres 2006 von zentraler Bedeutung, ob er als «Kuschel-Bär» oder als «Problem-Bär» dargestellt bzw. wahrgenommen wurde.[95]

Komplexer als der A-S-Ansatz sind Fortentwicklungen von S-R und Two-Step-Flow, die als *Netzwerk- und Diffusionsstudien* bezeichnet werden. Sie fragen über die Two- und Multi-Step-Untersuchungen hinaus nach den Phasen der Informationsdiffusion. Ihr Interesse gilt den Knotenpunkten der Kommunikationsnetzwerke und den Verbreitungsmustern der Innovationen. Welche Eigenschaften kennzeichnen die Innovatoren, von denen die Neuerungen ausgehen; die «early adopters», die bereitwillig Innovationen übernehmen; die Mitglieder der frühen und der späten Mehrheit; welche die Nachzügler und Innovationsverweigerer? Nach einer klassischen Metastudie zur Innovationsforschung lassen sich fünf Stufen der Verbreitung von Neuerungen unterscheiden: 1.) die Kenntnis von der Existenz von Neuerungen, 2.) die Abwägung der Nützlichkeit von Innovationen, 3.) die Phase der Entscheidung über Annahme oder Ablehnung, 4.) die Implementierung der Innovation und 5.) die Phase der Bestätigung.[96] Über die Diffusion der Medieninhalte hinaus (vgl. die Wissenskluftforschung im nächsten Abschnitt) lassen sich mittels Diffusionstheorien auch wesentliche Aspekte der Verbreitung der neuen Medien erklären (vgl. Kapitel II. A. 1).

Die genannten Studien haben mit dem ursprünglichen S-R-Modell nicht mehr viel zu tun. Ihnen ist nur gemeinsam, dass sie wie im ursprünglichen S-R-Modell die Wirkungsrichtung vom Kommunikator zum Rezipienten untersuchen und damit dem gleichen Ansatz verpflichtet sind. Da auch in der Frühzeit der Kommunikationswissenschaft nicht an die reine Eins-zu-Eins-Wirkung geglaubt wurde, ist es besser, das S-R-Modell nicht als Wirkungsmodell, sondern als Forschungsansatz zu betrachten. Im Unterschied zum vielfach verbreiteten Phasenmodell – einer Abfolge starker, schwacher, erneut starker und zuletzt differenzierter Medienwirkungen – ist von einer Frühphase auszugehen, in der hauptsächlich untersucht wurde, was die Medien mit den Menschen machen. In der nächsten Phase herrschte die Frage vor: «What do people with the media?»[97] Heute stehen beide Forschungsansätze nebeneinander. Die zweite Phase firmiert schon nicht mehr als Medienwirkungstheorie, sondern als Nutzen-Ansatz und wird im Folgenden darzustellen sein.

2. Nutzungsforschung und andere Ansätze

Der *Nutzen-Ansatz* oder *Uses and Gratification Approach* entwickelt eine dem S-R-Modell entgegengesetzte Fragerichtung. Beide gelten als eher schlicht und theoriearm, doch wenn man sie nicht als Wirkungsaussagen, sondern als Forschungsansätze auffasst, können ihnen zwar Einseitigkeiten, nicht jedoch die Legitimität der Fragestellung an sich vorgehalten werden. Im Gegenteil: Beide ergänzen sich wie zwei Seiten einer Medaille. Das Axiom des Nutzen-Ansatzes verkehrt das des S-R-Modells in sein Gegenteil: Die Wirkung wird durch die Zuwendung der Rezipienten determiniert. Die Ergebnisse sollten daher nicht in Konkurrenz, sondern komplementär betrachtet werden.[98]

Vereinzelt wurde schon in den 1940er Jahren Nutzungsforschung betrieben, die aber noch sehr funktionalistisch war. Die Hochzeit begann in den 1960er und 1970er Jahren.[99] Die Begriffe «Nutzen» und «Uses and Gratification» setzen unterschiedliche Akzente: Nutzen meint den Nutzen für die Rezipienten, Uses and Gratification fragt darüber hinaus nach deren Bedürfnissen. Dabei wird zwischen nachgesuchten und befriedigten Bedürfnissen (gratification sought and obtained, vgl. Abbildung II-4) unterschieden. Die nachgesuchten Bedürfnisse sind Kommunikationsfunktionen vergleichbar (vgl. Kapitel II. B.2).

Die Rezipienten gelten als *aktive Individuen*, die entweder im Sinne des symbolischen Interaktionismus (vgl. Kapitel I.B.1) oder handlungstheoretisch (vgl. Kapitel II. C.3) betrachtet werden, wobei in der Kommunikationswissenschaft v. a. letztere Variante untersucht wird: Die Studien gehen zumeist von den rational entscheidenden Nutzern aus und fragen nach deren Bedürfnissen und sozialen Kontexten.

Eine *Vorstufe zu den Mediennutzungsstudien* sind Untersuchungen, die kumulativ die Zuwendung der Rezipienten zu den Medien, die Reichweite der Medien, die Kontakte mit medialen Aussagen, die zeitliche Dauer und die soziale Struktur der Rezipienten messen: Wie viele Leser erreicht eine Zeitung/Radioanstalt etc. täglich/wöchentlich? Wie hoch ist die Einschaltquote bei bestimmten Fernsehsendungen zu definierten Zeitpunkten? Wie viele «Visits» (Besuche einer Homepage) und «Pageimpressions» (Sichtkontakte einer untergeordneten Seite) erzielt ein Internetauftritt? In welcher soziodemografischen Verteilung treten die Rezipienten auf? etc.

Eine Reihe von kommerziellen Forschungsinstituten erhebt die Daten; in Deutschland sind als wichtigste die «Gesellschaft für Konsumforschung» (GfK), die «Arbeitsgemeinschaft Media Analyse» (AG.MA) und das «Institut für Demoskopie» (IfD) Allensbach zu nennen. Die AG.MA, in 1954 als «Arbeitsgemeinschaft Leseranalyse» von großen Verlagen und Werbeagenturen gegründet, veröffentlicht alljährlich Mediaanalysen, die auf mehr als 20 000 telefonischen Einzelinterviews (zur Presse) und mehr als 50 000 (zum Radio) beruhen. Die Interviews decken unterschiedliche Aspekte ab, die Ergebnisse werden zusammengeführt. Im Unterschied dazu fragt die «Allensbacher Werbeträger-Analyse» (AWA) des IfD in den (persönlich geführten) 20 000 Interviews jedes Medium ab, so dass keine Daten fusioniert werden müssen. Zwischen den Verfechtern der Datenfusion und der «Single Source»-Methode herrscht ein ebenso erbitterter Streit wie zwischen den Befürwortern von persönlichen und telefonischen Befragungen. Die GfK misst in ausgewählten Haushalten (derzeit 5700, mit ca. 13 000 Haushaltsmitgliedern) in der Bundesrepublik Deutschland Tag für Tag und minutengenau die Einschaltquote der Fernsehsendungen. Dabei kommt u. a. heraus, dass die Zuschauer der Polit-Talkshow *Sabine Christiansen* im Durchschnitt älter als 60 Jahre sind, dass jüngere Zuschauer tendenziell die privaten Fernsehanstalten bevorzugen, und dass bestimmte Fernsehsender eher von bildungsfernen und schlecht verdienenden Schichten rezipiert werden, so dass der Kabarettist Harald Schmidt das böse Wort vom «Unterschichtenfernsehen» in Umlauf brachte. Inzwischen werden auch für die Online-Medien jährlich die grundlegenden Nutzungsmuster erhoben und in der Zeitschrift *Media-Perspektiven* veröffentlicht. Die Online-Studien zeigen, dass Internet-Nutzer tendenziell jünger, höher gebildet, und besser verdienend sind. Immer noch surfen mehr Männer als Frauen. Doch ist in der letzten Dekade eine Nivellierung der Unterschiede festzustellen: Zunehmend haben sich auch Ältere, weniger Gebildete, Schlechtverdienende und Frauen dem neuen Medium zugewandt.[100]

Die *Media-Perspektiven* werden von der ARD-Werbung herausgegeben; ihre Online-Studien verfolgen in geringerem Umfang kommerzielle Interessen als die Erhebungen der privaten Institute. Der ökonomische Erhebungszusammenhang der Rezeptionsdaten ist problematisch. Alle Institute sind daran interessiert, Daten zu erheben, die sich verkaufen lassen; wertneutrale wissenschaftliche Fragen und Kategorisierungen sind weniger wichtig. Die erhobenen Kontakte der Rezipienten mit den Medien sind die Währung im Werbemarkt. Wer attraktive Sendungen bietet, die von vielen gesehen werden, kann das Werbumfeld teuer verkaufen. Wer junge Rezipienten hat, ist für die Hersteller von Rheumamitteln nicht interessant. Das gilt für alle Medien gleichermaßen.

Eine Ausnahme vom kommerziellen Erhebungszusammenhang ist die «Langzeitstudie Massenkommunikation», zugleich die Studie mit dem längsten Untersuchungszeitraum. Seit 1964 wurde in bislang neun Untersuchungswellen die Soziodemografie der bundesdeutschen Mediennutzer, ihre Zeitzuwendung etc. erhoben. 2000 wurde die Erhebungsmethode auf computerunterstützte Telefoninterviews umgestellt; dadurch ergaben sich Verschiebungen in den Ergebnissen, so dass sich die frühen Erhebungen nur noch bedingt mit den aktuellen vergleichen lassen.[101]

Die bisher genannten Untersuchungen bilden eine Vorstufe zur eigentlichen Nutzungsforschung. Ihre aggregierten Daten geben weder Auskunft zu Nutzungsmotiven noch zu der wichtigen Frage der Bedürfnisbefriedigung. Im Unterschied zur Vorstufe untersucht die *Uses and Gratification Forschung* ein ganzes Bündel von Fragestellungen zu den kognitiven (Wissen und Information), affektiven (Entspannung und Emotionen), gesellschaftlich-integrativen (Empathie,

Identifikation und Selbstfindung), interaktiven (Gesprächsstoff) und parasozialen Bedürfnissen (Identifikationsmöglichkeiten mit Prominenten und Stars). Welche Nutzungsaktivitäten sind hinsichtlich der Auswahl vor, welche während der Medienzuwendung und welche danach – sowohl in interpersonalen Beziehungen als auch intrapersonal – feststellbar? Welche Rolle spielt das Motiv des Eskapismus (Wirklichkeitsflucht) und der Ablenkung? Wie wichtig sind Unterhaltungs- und Entspannungsmotive? Welche Medien eignen sich funktional zur Befriedigung der Bedürfnisse in besonderem Maß? Man könnte mithin als *Teilbereiche* der Nutzungsforschung identifizieren: a) die Frage nach den erlernten, sozialen, angeborenen und psychologischen Bedürfnisursachen, b) die daraus resultierenden Erwartungen sowohl an Medien als auch an andere Freizeitangebote, c) die Muster der Mediennutzung, d) die Effizienz der Bedürfnisbefriedigung und e) die Frage nach den unbeabsichtigten Konsequenzen der Medienzuwendung. Drei Faktorenbündel werden unterschieden, welche die Handlungsmuster des Einzelnen prägen: 1.) die Lebensform – sie wird von den gesellschaftlichen Strukturen (Industrie oder Landwirtschaft, Stadt oder Land, Dritte Welt oder Industriestaaten etc.) bestimmt. 2.) die Lebensweise – sie ergibt sich aus der gesellschaftlichen Position des Individuums (hohe oder niedrige Bildung, geringes oder hohes Einkommen, Mann oder Frau etc.). 3.) der individuelle Lebensstil – er ist maßgeblich von Überzeugungen, Erziehung, Veranlagung geprägt.[102]

Der Nutzen-Ansatz geht von einigen *Grundannahmen* aus, die überprüfungsbedürftig sind: Zum einen werden aktive und reflektierte Nutzer vorausgesetzt, die die Medien rational nutzen und über ihre Nutzungsmotive etc. auch Auskunft geben können. Damit stehen viele Nutzungsforschungen den Rational-Choice-Theorien nahe. Neuere Ansätze wie der Mood-Management-Ansatz (s. u.) ziehen jedoch auch nichtrationale Nutzungsmotive ins Kalkül. Eine zweite Grundannahme betont das unterschiedliche Gewicht der Bedürfnisse; in Anlehnung an den amerikanischen Psychologen Abraham H. Maslow (1908–1970) wird eine Hierarchie der Bedürfnisse unterstellt, die von elementaren physiologischen Bedürfnissen (wie Nahrung) über soziale (u. a. Liebe) zu abstrakten Bedürfnissen reicht (z. B. Selbstverwirklichung).[103] Die ersten beiden Grundannahmen sind umstritten, eine dritte hingegen nicht: Der Medienkonsum bietet nur eine Möglichkeit unter anderen, um Bedürfnisse zu befriedigen.

Die *Methoden* der Nutzungsforschung (vgl. Kapitel III.A. 4) sind nicht ganz unproblematisch: Erstens gehören Laborexperimente mit künstlich angeregten Bedürfnissen zum Methodenspektrum – so kann die Aggressivität von Probanden durch eingeweihte, sich unverschämt gebende Personen gesteigert werden, um dann zu beobachten, welchen Medienangeboten die Teilnehmer sich zuwenden. Befragungen stellen ein zweites Instrument dar; Selbstbeobachtung ein drittes, die Rezipienten sollen über ihren Medienkonsum tagebuchartige Aufzeichnungen führen; das vierte Instrument ist die technische Messung. Alle vier Verfahren können die Ergebnisse verzerren. Ein anderes Problem sind die Zirkelschlüsse der Beweisführung: Mit der Mediennutzung werden Bedürfnisse erklärt, diese wiederum sollen die Nutzung begründen. Fraglich ist auch, ob sich Gratifikationen in mathematische Werte übertragen lassen.[104]

Abbildung II-4: Differenzmodell gesuchter und erhaltener Gratifikationen[105]

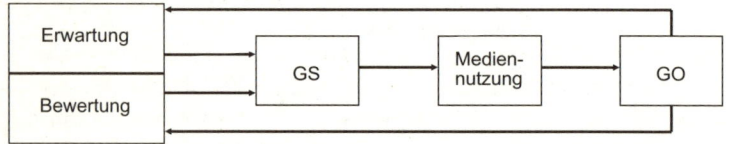

Von dem amerikanischen Medienkritiker Dolf Zillmann (* 1935) stammt der *Mood-Management-Ansatz*. Er warf der klassischen Nutzungsforschung vor, sie bringe nur geglaubte Motive zum Vorschein und betone die Nutzer-Rationalität zu stark. Zentrales Motiv der Nutzung sei aber Ablenkung: «Der Rezipient [ist ein] hedonistisches Wesen». Statt eine kalkulierte und rationale Selektionsentscheidung zu treffen, finde eine «unbewusst-rationale» Programmauswahl statt, die durch Erfahrung gesteuert sei.[106] Vereinfachend könnte man formulieren: Wer aus Liebeskummer traurig ist, wird sicherlich nicht «Vom Winde verweht» anschauen, sondern zu Ablenkungszwecken eher zu einer Komödie tendieren.

Mit dem Gegenteil von Emotionen beschäftigt sich ein spezieller Teil der Kognitionsforschung: die *Wissenskluft- oder «knowledge-gap»-Forschung*. Als Formen des Wissens werden «knowledge of», die Kenntnis von Tatbeständen, und «knowledge about», das systematische und analytische Wissen unterschieden; oder es wird zwischen Faktenwissen und prozeduralem Wissen getrennt – mit letzterem sind im Wesentlichen Kenntnisse in der Informationsbeschaffung gemeint. Die Wissenskluft-Forschung geht von der *Prämisse* aus, Medienzuwendung sei status-, bildungs- und einkommensabhängig. Außerdem verlaufe die Informationsaufnahme analog zum Informationsfluss.[107]

Die Wissenskluft-Untersuchungen kombinieren Längsschnitt- und Querschnittanalysen und setzen Inhaltsanalysen und Befragungen ein. Sie kommen zu dem *Ergebnis*, dass die Wissensentwicklung von verschiedenen Faktoren abhängt: 1.) von der Kommunikationskompetenz, den Lesens- und Verstehensfertigkeiten; 2.) von der Mediennutzung und den Bedürfnissen der Rezipienten. Beide Faktoren wirken sich 3.) auf das Vorwissen aus; höher Gebildete erreichen früher ihr Wissensmaximum, niedriger Gebildete erst später – das wird als Decken-Effekt (ceiling effect) bezeichnet. Zum 4.) hängen Wissensklüfte von den sozialen Kontakten der Rezipienten ab – die Wissensunterschiede zwischen Kontaktreichen und -armen sind groß. Ferner sind 5.) die Medien von Bedeutung – die Presse wirkt nachhaltiger auf die Verbreitung des Wissens als das Fernsehen. 6.) wirken sich Informationsqualität und -quantität aus. 7.) sind soziodemografische Unterschiede wie Geschlecht, Alter, Einkommen etc. von Bedeutung. 8.) ist die Wissensentwicklung themenabhängig. Bei besonderer gesellschaftlicher Bedeutung ist die Wahrscheinlichkeit für Wissensklüfte gering; gleiches gilt bei konflikthaltigen Themen. Das jeweilige Gegenteil provoziert hingegen Wissensunterschiede. Schließlich bedingt 9.) die Größe einer Gesellschaft die Wissensunterschiede: Je kleiner eine Gesellschaft, desto homogener ist das Wissensniveau.[108]

Die *Kritik an der Wissenskluft-Forschung* setzt bei der mangelnden Präzision der Wissensbegriffe und der unzureichenden Datenlage an. Auch lassen sich Zirkelschlüsse nicht vermeiden: Die Ergebnisse sind Prämissen und umgekehrt; es fragt sich, ob der Wissenszuwachs Folge vermehrter Medienzuwendung oder ob die Medienzuwendung Folge vermehrten Wissens ist. Trotz der Kritik ist die Wissenskluft-Forschung – nicht zuletzt mit Blick auf die neuen Medien – kommunikationspolitisch von Relevanz: Wie lassen sich Wissensklüfte und «digital divide» in der Gesellschaft vermindern?

Die Wissenskluft-Forschung steht mit ihren Grundannahmen zwischen dem S-R- und dem Nutzen-Ansatz. Wie beim S-R-Modell werden den Medien Effekte unterstellt: Angebotsorientierte Wissensklüfte funktionieren nach dem Ursache-Wirkungsschema. Daneben hält sich die Verstärker-Hypothese: Wissen erzeugt Wissen. Der Nutzen-Ansatz spielt ebenfalls eine Rolle, da die Wirkung von persönlichen Faktoren der Rezipienten abhängt und unterschiedliche Medienzuwendung nachfrageorientierte Wissensklüfte produziert. Man kann sie daher auch den Netzwerk- und Diffusionsstudien zuordnen (s. o.).

Der *dynamisch-transaktionale Ansatz* (DTA) verbindet die Nutzen- mit den Stimulus-Response-Ansätzen. In dem Titel zeigt «dynamisch» auf die Zeit als bestimmenden Faktor, die Effekte treten nicht linear auf. «Transaktional» verweist auf Austausch und Handlung, die in zwei Richtungen und auf zwei Ebenen Effekte bedingen: einerseits Intra-Transaktionen innerhalb von Rezipient(en) und Kommunikator(en); andererseits Inter-Transaktionen zwischen beiden. Die Transaktionen sind das Axiom des DTA – nur die Inter-Transaktionen lassen sich prüfen. Der DTA wurde von den beiden empirischen Sozialforschern Werner Früh (* 1947) und Klaus Schönbach (* 1949) entwickelt.[109]

Abbildung II-5: Der dynamisch-transaktionale Ansatz

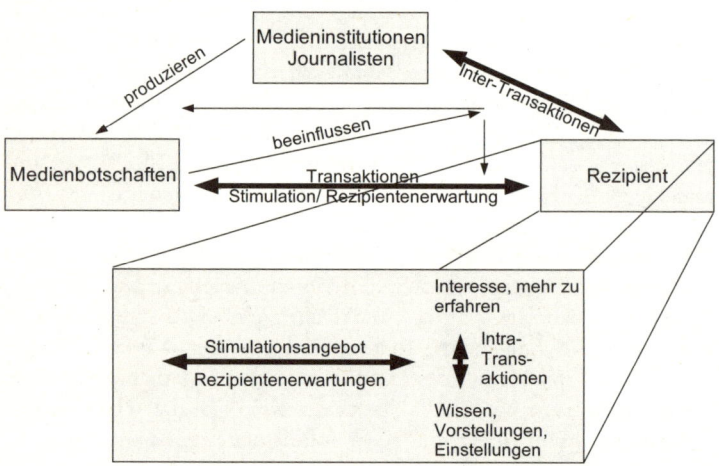

Der DTA verzichtet auf eindeutige Ursache-Wirkungsaussagen: «Insgesamt stellt sich heute [1982] eine Situation dar, in der die Wissenschaft Medieneffekte entweder mit der Perspektive Klappers untersucht – als stimulus-response-Vorgang unter erschwerten Bedingungen, oder halbherzig in der ‹Uses and gratifications›-Tradition stehend: [...] Charakteristisch für beide Funktionen ist die feste Funktion, der feste Platz, den Elemente des Wirkungsprozesses in ihnen einnehmen: Unabhängige Variablen wirken, abhängige werden beeinflußt, intervenierende Variablen stören dabei. Unabhängige Variablen sind – je nach Perspektive – Medienbotschaften oder Motive der Rezipienten; die jeweils andere Variable interveniert lediglich. Wir postulieren, daß solche Ansätze der Komplexität von Wirkungsprozessen nicht vollständig gerecht werden.»[110] Die «Menschen wenden sich in habitualisierter, fast ritualisierter Form den Medien zu, ohne daß es dazu eines besonderen Interesses an ihren spezifischen Inhalten bedarf.»[111] Beim DTA trete eine Wechselwirkung zwischen «Rezeptionsfähigkeit und Rezeptionsbereitschaft» auf.[112] Mit ihrem *multi-kausalen Ansatz* propagierten die Autoren zugleich einen *multi-methodischen Zugriff* in Kombination von a) Inhaltsanalysen, b) Befragungen, c) teilnehmender Beobachtung und d) Laborexperimenten. Die Kombination biete den Vorteil der nachträglichen Einordnung verschiedener älterer Forschungsergebnisse.[113]

Mit der Auflösung des Wirkungskonzeptes geht auch die Auflösung der üblichen Kategorien einher. Es gibt im DTA nicht mehr abhängige, unabhängige und intervenierende Variablen; vielmehr treten Abhängigkeit und Unabhängigkeit abwechselnd oder nebeneinander auf. Gleiches gilt für die Aktivität und Passivität von Kommunikator und Rezipient; der Kommunikator ist aktiv durch Auswahl und Gewichtung der Informationen, passiv hingegen, weil sowohl das Medium als auch die Rezipienten Rahmenbedingungen setzen; die Rezipienten sind aktiv durch ihre Wahl zwischen erwünschten und unerwünschten Informationen, passiv hingegen, weil sie nur aus der vorgegebenen Auswahl wählen können. Früh und Schönbach unterscheiden folgende Phasen: In der 1. Phase bieten die Medieninhalte Initialreize und erhöhen damit die Aktivierung des Publikums. In der 2. Phase dauert die Beschäftigung mit dem Thema an; die Rezipienten nehmen bei der Informationssuche eine Kosten-Nutzen-Analyse vor. Die 3. Phase zeigt bei ausreichendem Wissensstand den Abschluss der Informationssuche.

So einleuchtend der Ansatz ist, das *Hauptproblem* ist die *Operationalisierung*. Selbst Schönbach und Früh stellen fest: «Die Messeffekte schnell aufeinanderfolgender Befragungen und langfristiger, vor allem teilnehmender Beobachtungen zu reduzieren, stellt allerdings hohe Anforderungen an die Qualität von Fragebogen und Beobachtungsprotokollen.»[114] In ihrem jüngsten Beitrag kritisieren sie ihre Kritiker jedoch: «Wir haben z. B. nicht behauptet, der DTA sei eine empirisch prüfbare Theorie, und doch ist seine angeblich fehlende empirische Prüfbarkeit bis heute einer der Hauptkritikpunkte am DTA geblieben. Dieser Vorwurf ist im Grunde gegenstandslos, weil Modelle nicht auf ihre Gültigkeit prüfbar sind.»[115] Dennoch bleibt das Problem der Intra-Transaktionen ungelöst, da sie empirischer Verifikation unzugänglich sind. Ansonsten ist der DTA zwar aufwendig, aber durchaus empirisch zu prüfen.

3. Handlungs- und akteurstheoretische Ansätze

Unter *Handlungstheorien im engeren Sinn* wird eine größere Zahl von Ansätzen verstanden, die sich zwar unter einem Dach beschreiben, doch kaum auf einen gemeinsamen Nenner bringen lassen. Sie stehen einerseits in Gegensatz zu den systemtheoretischen Überlegungen (vgl. Kapitel II.B.1) und den Wirkungstheorien (vgl. den vorherigen Abschnitt), andererseits weisen sie mit beiden auch Überschneidungen auf. Einige Handlungstheorien haben starke Systembezüge, manche Wirkungsansätze (Agenda Setting oder DTA) nehmen schon in der Bezeichnung Bezug auf Handeln. Einige Handlungstheorien unterscheiden zwischen systemdeterminierten Handlungen und Handeln, das den Systemen zuwiderläuft (Habermas); andere betrachten die Gesellschaft, deren Strukturen und das System als logische Folge permanenten sozialen Handelns (Giddens). Im weiteren Sinne könnten auch der symbolische Interaktionismus und Bühlers Sprechakttheorie zu den Handlungstheorien gezählt werden (vgl. Kapitel I.B). Mit den Handlungs- und Akteurstheorien schließt sich insofern der Kreis.

Eine klassische Definition Max Webers steht am Beginn der Handlungstheorie: «Soziales Handeln aber soll ein solches Handeln heißen, welches seinem von dem oder den Handelnden gemeinten Sinn nach auf das Verhalten anderer bezogen wird und daran in seinem Ablauf orientiert ist.»[116] Weber entwickelte die grundlegende *Typologie des Handelns*: «Wie jedes Handeln kann auch das soziale Handeln bestimmt sein 1. zweckrational: durch Erwartungen des Verhaltens von Gegenständen der Außenwelt und von anderen Menschen und unter Benutzung dieser Erwartungen als ‹Bedingungen› oder als

‹Mittel› für rational, als Erfolg, erstrebte und abgewogene eigne Zwecke, – 2. wertrational: durch bewußten Glauben an den – ethischen, ästhetischen, religiösen oder wie immer sonst zu deutenden – unbedingten Eigenwert eines bestimmten Sichverhaltens rein als solchen und unabhängig vom Erfolg, – 3. affektuell, insbesondere emotional: durch aktuelle Affekte und Gefühlslagen, – 4. traditional: durch eingelebte Gewohnheit.»[117]

Hinsichtlich der Handlungs-Typologie hat sich die Handlungstheorie seither kaum weiterentwickelt, etliche Handlungstheoretiker konzentrieren sich im Gegenteil recht einseitig auf einen bestimmten Typ des Handelns. Von besonderer Bedeutung ist dabei das rationale Handeln, das mit den «rational choice»-Theorien eine eigene Subgattung hervorgebracht hat. Der Philosoph Jürgen Habermas stellt das rationale, insbesondere das wertrationale Handeln heraus.[118] Pierre Bourdieu hat – aus seiner wissenschaftlichen Perspektive ebenso naheliegend – an einem ethnografischen Untersuchungsgegenstand das Habitus-Konzept entworfen, mit dem er das traditionale Handeln weiterentwickelt.[119] Verbal näher an Habermas, aber inhaltlich näher an Bourdieu steht die Handlungs-Typologie von Anthony Giddens; auch er spricht von rationalem Handeln, doch meint er damit eine Mischung von bewusster Reflexion und automatisch abgerufenen Routinen.[120]

Ebenso wichtig wie die Handlungs-Typologie sind *Träger und Kontext der Handlungen*. Zu beiden hat der amerikanische Soziologe *Erving Goffman* (1911–1982) Wesentliches beigetragen. In seinem 1959 zuerst veröffentlichten Schlüsselwerk *The representation of Self in everyday life*, das auf Deutsch unter dem leicht irreführenden Titel *Wir alle spielen Theater* erschien, führte er in *Analogie zum Theater* drei Handlungsräume oder Kontexte ein, um die Situationsabhängigkeit der menschlichen Kommunikation zu verdeutlichen: 1.) die Vorderbühne, 2.) die Hinterbühne, 3.) das «Außen». Vorder- und Hinterbühne beschreiben den Wechsel zwischen Arbeits- und Erholungsregion bzw. dem Bereich der Öffentlichkeit und dem privat-intimer Bedürfnisse. Als Hinterbühne definiert Goffman jenen Raum, der zu der Vorstellung gehört, an dem aber «der durch die Darstellung hervorgerufene Eindruck bewusst und selbstverständlich widerlegt wird». Die Hinterbühne dient sowohl der Einübung von Verhalten als auch der Entspannung von den schauspielerischen Aktionen.[121] Das «Außen» umfasst alle anderen Orte.[122] Die Bühnen-Analogie bezeichnete Goffman selbst als «abgegriffen».[123]

Goffman sah – wie der symbolische Interaktionismus – Humankommunikation und soziales Handeln durch den gesellschaftlichen Kontext bedingt. Er nannte die normalen Alltagshandlungen «Interaktionen»; den drei Handlungs-Kontexten entsprechen drei fundamentale Rollenunterschiede: Im Leben spielt man – wie auf der Vorderbühne – Dinge vor und handelt den Konventionen und Regeln folgend; dabei interagieren a) Schauspieler oder Darsteller mit b) ihrem Partner oder Ensemblegefährten. Das rollenkonforme Handeln wird von c) dem Publikum, Zuschauern und Außenseitern beobachtet. In der Privatheit der Hinterbühne fehlt der Zuschauer, die Handlungen der Beteiligten sind offener und ehrlicher oder besser: weniger von Takt, Konvention und Angemessenheit eingehegt. Jeder spielt in situationsgebundener Abhängigkeit eine bestimmte Rolle; die soziale Rolle ist durch eine Ausübung von Rechten und Pflichten definiert. Die Personengruppe – das «Ensemble» – kontrolliert das Bühnenbild; wer keine Kontrolle über das Bühnenbild hat, gehört zum Publikum. Als Sonderrollen nennt Goffman den Denunzianten, den Vertrauten, den Claqueur und die nicht wahrgenommene «Unperson» (z.B. Dienstboten). Kompliziert wird die Kommunikation dadurch, dass man Mitglied verschiedener Ensembles ist und jedes Ensemble etwas anderes einfordert; dabei ist die Kommunikation so abzustimmen, dass zwischen dem Verhalten in der einen und in der anderen Rolle kein allzu großer Widerspruch aufscheint. Gestützt werden die Rollen durch die «Fassade»; dazu gehören Amtsabzeichen, Rangmerkmale, Kleidung, Geschlecht, Alter, Rasse, Größe, physische Erscheinung, Sprechweise, Haltung, Gesichtsausdruck, Gestik und dergleichen.[124]

Anthony Giddens Theorie der Strukturierung stellt, wie Goffman, auf den er sich immer wieder bezieht,[125] den Handlungskontext in den Mittelpunkt. Giddens betrachtet, anders als Goffman, den Handlungskontext nicht auf der Mikroebene, sondern untersucht die Bedingungen von Zeit und Raum für die Strukturierung der Handlungen. Der Kontext sozialen Handelns ist bei Giddens das Zeit-Raum-Kontinuum mit seinen kurz-, mittel- und langfristigen Bedingungen. Giddens ganzheitlicher (holistischer) Ansatz wendet sich gegen jeglichen analytischen Reduktionismus: Individuum und Gesellschaft sollen in der Handlungsanalyse gleiches Gewicht zukommen. Für ihn ist soziale Handlung von Dualismen geprägt: Permanentes Handeln erzeugt Struktur und Strukturierung bedingt Handeln; das Individuum handelt als solches und in Gesellschaft;

der Dualismus von *Struktur* und *Handlung* ist ebenso dialektischer Natur wie die Ambivalenz der Strukturierung gesellschaftlich-politischer Macht (Ressourcen) und Zwänge (constraints). Beide ermöglichen oder verhindern soziales Handeln. Das kann man entweder als kluge Beobachtung feiern oder als Allgemeinplatz ignorieren: «Kommunikation als ein allgemeines Interaktionselement ist ein umfassenderes Konzept als die kommunikative Absicht (d. h. was ein Akteur zu sagen ‹meint› bzw. tut). Es gibt einmal mehr zwei Formen des Reduktionismus, die hier vermieden werden müssen. Einige Philosophen haben versucht, umfassende Theorien des Sinns bzw. der Kommunikation aus der kommunikativen Absicht herzuleiten; andere nehmen hingegen an, daß der kommunikativen Absicht für die Konstitution der sinnhaften Eigenschaften der Interaktion bestenfalls marginale Bedeutung zukommt und der ‹Sinn› durch die strukturelle Ordnung der Zeichensysteme beherrscht wird. In der Theorie der Strukturierung werden beide jedoch als gleichermaßen interessant und wichtig betrachtet, eher als Aspekte einer Dualität denn als ein sich gegenseitig ausschließender Dualismus.»[126]

Pierre Bourdieu hat ähnlich ganzheitliche, auf den Kontext bezogene Vorstellungen wie Giddens entwickelt – obwohl er aus einer anderen Denkschule stammt und mal dem französischen «Strukturalismus», mal in Differenz zu ihm eingeordnet wird.[127] Die zentralen Schlüsselbegriffe seiner Gesellschaftssoziologie sind *Habitus* und *Feld*. *Habitus* bezeichnet das angemessene (traditionale, erlernte, angenommene und angepasste) Verhalten von Individuen oder Gruppen; der Habitus besteht aus Gewohnheit plus Reflexion und drückt sich in so unterschiedlichen alltäglichen Handlungen wie Essen, Selbstdarstellung und Konsumverhalten aus; wesentlicher Bestandteil des Habitus ist der Kommunikationsstil, der selbst noch die politische Sprache präge. Bourdieus *Felder* ähneln Subsystemen der Gesellschaft; sie sind von Erkenntnis-, ökonomischen und sozialen Interessen bestimmt und folgen einer inneren Handlungslogik und eigenen Gesetzen. Sie weisen trotz aller Unterschiede eine gewisse Verwandtschaft zur Systemtheorie auf (vgl. Kapitel II. A. 3): Politik, Wirtschaft, Literaturwissenschaft, Philosophie oder Soziologie, aber auch Kirchen und Parteien usw. sind in Bourdieus Verständnis «Felder». In den Feldern kann man Kapital erwerben, ansammeln und weitergeben: ökonomisches, soziales, symbolisches oder kulturelles Kapital. In jedem Feld stellt sich die Frage der Angemessenheit.

Das wichtigste Kapital, das der Mensch in seinen Sozialbeziehungen erwerben könne, sei die Anerkennung; sie lasse sich nur kommunikativ bestimmen. Bei ganzheitlichen Konzepten lassen sich die Teile nur schwer separieren; Feld und Habitus sind Pendants und konstituieren sich wechselwirksam wie in einem infiniten Regress: Das Feld bestimmt den Habitus bestimmt das Feld ...[128]

Jürgen Habermas' rationale Handlungstheorie betont eine andere, intellektuellere Rationalität als die habituelle Bourdieus; die *Theorie des kommunikativen Handelns* wurde in theoriekritischer Auseinandersetzung mit George H. Mead, Talcott Parsons, Max Weber, Erving Goffman u. a. erarbeitet. Habermas knüpft wie Bourdieu an Sprachtheoretiker an, allerdings nicht an die Schule um Ferdinand de Saussure, sondern an Bühler (Sprechakt und -handlung, vgl. Kapitel I. B. 1) und vor allem an John Searle. Er betrachtet Sprache als ein regelhaftes System von Sätzen und als ursprüngliches Verständigungsmedium; die verständigungsorientierte Kommunikation setze 1.) Verständlichkeit, 2.) Wahrheit, 3.) Wahrhaftigkeit und 4.) Richtigkeit voraus. Mit Verständlichkeit meint Habermas die Regeln der gemeinsamen Sprache. Als Wahrheit bezeichnet er die Übereinstimmung mit der Realität; Aussagen müssen sich auf Dinge beziehen, die von den Kommunikationspartnern als existent angesehen werden. Wahrhaftigkeit wird im Sinne von Aufrichtigkeit verwandt; die Kommunikationspartner müssen subjektiv vertrauenswürdig sein, um Authentizität und Glaubwürdigkeit zu erzeugen. Nicht zuletzt muss verständigungsorientierte Kommunikation der Richtigkeit entsprechen; sie muss legitime Interessen vertreten und die Normen der Fairness beachten.[129]

Die *Lebenswelt* ist der Bezugsrahmen der verständigungsorientierten Kommunikation. Die Reproduktion der symbolisch strukturierten Lebenswelt ermögliche die Integration der Gesellschaft; sie laufe über kulturelle Reproduktion, soziale Integration und Sozialisation. Zugleich sei die Lebenswelt ständig der Gefahr ausgesetzt, von den *Systemen* Wirtschaft und Politik kolonisiert (assimiliert oder absorbiert) zu werden. Darum unterscheidet Habermas einen systemischen von dem lebensweltlichen Kommunikationsstil: In der Lebenswelt herrsche das selbstverständliche, intersubjektive, soziale und verständigungsorientierte kommunikative Handeln vor; in den Systemen die Machtkommunikation, das ist die strategische, instrumentelle und erfolgsorientierte Kommunikation. Die Gesellschaft werde einerseits in Abgrenzung der Lebenswelt von den Subsystemen Politik und Wirtschaft gebildet: Die «Subsysteme» dringen «von außen in die Lebenswelt» ein.[130] Andererseits werde die Gesellschaft aus Lebenswelt und Systemen gemeinsam gebildet: «Ich möchte deshalb vorschlagen, Gesellschaft gleichzeitig als System und Lebenswelt zu konzipieren.»[131] Während in der Gegenwart Lebenswelt und Systeme also sowohl getrennt als auch ineinander verwoben sind, waren anfangs beide ungeschieden.[132]

Tabelle II-12: Geltung und Handlung in Habermas' drei Welten

Welt	Geltung	Handlung
1, objektive	Wahrheit	teleologisch
2, soziale	Richtigkeit	normativ
3, subjektive	Aufrichtigkeit	dramaturgisch
alle drei	Verständigung	kommunikativ

Habermas unterscheidet – in Variation von Max Weber – drei Handlungstypen und drei Welten: 1.) die subjektive Welt der inneren Erlebnisse (Welt 1), die auf das dramaturgische Handeln und das Ich bezogen ist; 2.) die soziale Welt der Normen (Welt 2), die durch normenorientierte Handlungen gekennzeichnet ist; 3.) die objektive Welt der realen Tatsachen (Welt 3), die vom zweckorientierten Handeln bestimmt ist. Habermas' Drei-Welten-Konzept lehnt sich zumindest formal an das des Philosophen Karl R. Popper sowie an das des symbolischen Interaktionismus an.[133]

In den KMW haben Bourdieu, Giddens, Goffman und Habermas *unterschiedliche Aufnahme* gefunden. In den Medienwissenschaften spielen die ersten drei kaum eine Rolle, Habermas' *Theorie des kommunikativen Handelns* wird weniger rezipiert als der *Strukturwandel*. Das mag daran liegen, dass die Theorien – obwohl über die Kritische Theorie durchaus Anknüpfungspunkte vorhanden wären (vgl. Kapitel II. A. 3) – soziologische Erkenntnisinteressen verfolgen. Bei Goffman könnte man eine stärkere Aufnahme in den Medienwissenschaften vermuten. Dass er dennoch ignoriert wird, liegt wohl daran, dass «Theater» für ihn nur eine Analogie zur mikrosoziologischen Analyse darstellt und seine Arbeiten für die Interpretation szenischer Medien (Film, Fernsehen, Theater) kaum einen Erkenntnisfortschritt bieten. Allerdings könnten in gleichem Maße, wie die PC- und internetbasierten Medien die Aufmerksamkeit der Medienwissenschaft finden, von ihr Giddens, Goffman und vielleicht auch Bourdieu entdeckt werden.

In der Kommunikationswissenschaft hingegen genießen die vier Handlungstheorien gebührende Aufmerksamkeit. Bei Giddens und Bourdieu liegt das daran, dass sich ihre Konzepte auf Fragen der Organisationskommunikation und Journalismusforschung übertragen lassen.[134] Mit Bourdieu ließe sich die rationalistische Tendenz mancher Studie der Nutzungsforschung korrigieren. Goffmans mikrosoziologisches Konzept wurde schon gewinnbringend auf die Analyse politischer Kommunikation angewandt.[135] Wie Habermas, der seine Theorie als Beitrag zur kritischen Gesellschaftstheorie und zur Erforschung der Modernisierung verstanden wissen will, haben manche Kommunikationswissenschaftler die normative Handlungstheorie genutzt, um Rationalität im medialen und gesellschaftlichen Diskurs einzufordern. Vom Standpunkt des Wünschenswerten ausgehend, wurden so Defizite und Dysfunktionalitäten konstatiert oder umgekehrt: Aus journalistischen Fehlleistungen wurde das professionelle Idealbild eines «publikumsverpflichteten» Journalismus mit dem «Lernziel Verständigung» hergeleitet.[136] Allerdings könnte man sich wünschen, dass die quantifizierende, handlungstheoretische Sozialforschung die individuellen Motive und Handlungskontexte der Beteiligten stärker berücksichtigt.

4. Fazit und Ausblick

Auch in diesem Kapitel sind die Gegensätze und Ähnlichkeiten zwischen den Medienwissenschaften einerseits und der Kommunikationswissenschaft andererseits erneut deutlich geworden. Wenn im vorigen Kapitel vereinfachend behauptet wurde, Information bilde den Kern des Forschungsinteresses der Kommunikationswissenschaft, Unterhaltung stehe im Mittelpunkt der Medienwissenschaft, so hat dieser Abschnitt verdeutlicht, dass es gravierende Unterschiede hinsichtlich der Diskussion von Medienwirkungen sowie der Verwendbarkeit handlungstheoretischer Konzepte gibt. Die Unterschiede haben letzten Endes wissenschaftshistorische Ursachen:

Die Kommunikationswissenschaft ging aus der Zeitungswissenschaft des frühen 20. Jahrhunderts hervor. Der erste Lehrstuhl wurde mitten im Ersten Weltkrieg (1916) in Leipzig eingerichtet. Der Journalist und bedeutende Nationalökonom Karl Bücher (1847–1930) war sein erster Inhaber. Den praktischen Bezug zur Ausbildung von Journalisten hat das Fach seither nie verloren. Zur Presse gesellten sich weitere Massenmedien: seit Ende des 19. Jahrhunderts der Film und in den 1920er Jahren der Hörfunk. Dadurch verstärkten sich Diskussionen um den Gegenstand des Fachs, und aus der Zeitungswurde nach der Mitte des Jahrhunderts die Publizistikwissenschaft; sie beschäftigte sich aber weiterhin vornehmlich mit öffentlichen Phänomenen und ihren massenmedialen Erscheinungsformen. Der Fokus des Interesses lag (und liegt vielfach immer noch) auf quasi-journalistischer Informationsvermittlung, insbesondere mit Blick auf die «hard news» der politischen, wirtschaftlichen und sozialen Realitäten.[137]

Die Medienwissenschaften sind erst im letzten Drittel des 20. Jahrhunderts entstanden. Pate standen außerdeutsche Entwicklungen (cultural studies) sowie Volkskunde, Literatur- und Theaterwissenschaften. Der Neuansatz war erfolgreich, weil die Publizistikwissenschaft, die sich zur Kommunikationswissenschaft weiterentwickelte, sich aus Randgebieten wie der Beschäftigung mit Film und Rhetorik zurückzog. Unter dem Eindruck der angloamerikanischen Sozialforschung (Propagandaforschung, Demoskopie, sozialpsychologische Experimentalforschung) begann sie, die eigenen geistesgeschichtlichen Themen und Methoden zu vernachlässigen und sich quantitativ-statistischen Verfahren zuzuwenden.[138]

Während in der Kommunikationswissenschaft die Sozialwissenschaft zu dominieren und in Anspruch zu nehmen begann, «Gesetze» oder zumindest Regeln und Wahrscheinlichkeiten für kausale Wirkungszusammenhänge zu erarbeiten, eröffnete sich für die Medienwissenschaft die Chance, die weicheren, fiktionalen, kulturellen, ästhetischen und auf Unterhaltung gerichteten Themen der Medien zu untersuchen. Den Schwerpunkt bilden die audiovisuellen Medien, bei denen insbesondere die intertextuellen Bezüge von Interesse sind. Die Medienwissenschaften behandeln Filme oder Musik analog zur Literatur als Text und fragen, wie diese Texte sich gegenseitig beeinflusst haben. Während sich die Kommunikationswissenschaft auf die quantitative Sozialforschung konzentrierte, arbeitete die Medienwissenschaft hermeneutisch und (quellen-)kritisch.

Den divergierenden Interessen entspricht die unterschiedliche Relevanz der Theorien, die von den KMW ausgearbeitet wurden. Die folgende Grafik versucht sie für die Kommunikationswissenschaft und die Medienwissenschaften zu veranschaulichen. Man könnte die

Theorien auch nach Komplexität einerseits und Aussagekraft andererseits einteilen.[139] Alle Theorien, die auf der gestrichelten Linie verortet sind, besitzen für die Medienwissenschaften und die Kommunikationswissenschaft ähnliche Bedeutung. So ist Habermas' Theorie des Strukturwandels der Öffentlichkeit in beiden Teildisziplinen gleichermaßen wichtig; die Informationstheorie ist für beide Richtungen zwar nicht ganz unwichtig, besitzt für beide aber hauptsächlich die Funktion, sich an ihr abzuarbeiten. Die Medienwirkungstheorien haben für die Kommunikationswissenschaft große, für die Medienwissenschaften hingegen marginale Bedeutung. Relativ gering ist die Relevanz der Systemtheorien in den Medienwissenschaften, doch jüngere Vertreter schätzen sie durchaus; in der Kommunikationswissenschaft wird sie, bei aller Wertschätzung durch etliche Wissenschaftler, nicht von allen im gleichen Maße geschätzt. Diverse philosophische Richtungen, die dem Poststrukturalismus zugerechnet werden, genießen wiederum bei den Medienwissenschaften großes Ansehen, während sie in der Kommunikationswissenschaft als unwissenschaftliche Philosopheme abgetan werden.

Abbildung II-6: Theoriebedeutung für die Kommunikations- und Medienwissenschaften

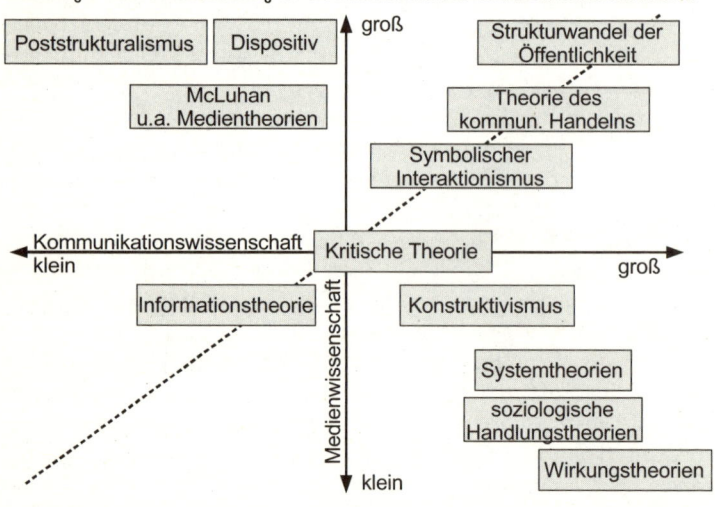

Es ist nicht ganz unproblematisch, den für die folgende Tabelle ausgewählten Theorien Kernaussagen zuzuordnen. Im Einzelfall mögen die Leser auch andere als die gewählten für besonders wichtig erachten. Doch unabhängig von den Auswahlkriterien scheinen keine Indikatoren für die Diversität der Theorien aussagekräftiger als der Vergleich von nicht hinterfragbaren Grundannahmen mit den Schlussfolgerungen und dem jeweiligen Gültigkeitsanspruch. Am ehesten vergleichbar scheinen die Theorien hinsichtlich ihrer Gültigkeit: Eine Reihe von Theorien bezieht sich auf die Mediengesellschaft, andere beanspruchen Gültigkeit für menschliche Sozialbeziehungen, wieder andere für technische Medien oder für die kulturelle Evolution oder ausschließlich für die Moderne. Doch hinsichtlich der Axiome und der ableitbaren Schlussfolgerungen herrscht zwischen keinen zwei Theorien Übereinstimmung. Manche unhinterfragten Grundannahmen widersprechen sich, andere variieren einander. Gleiches gilt konsequenterweise für die Schussfolgerungen. Dabei kann die Tabelle manchen elementaren Gegensatz, wie den zwischen der Theorie des kommunikativen Handelns und der Systemtheorie (Luhmannscher Prägung), nicht einmal hinreichend verdeutlichen. Hatte Luhmann seine Variante der Systemtheorie gegen die seinerzeit modische Kritische Theorie formuliert, so antwortete Habermas, in der Tradition der Frankfurter Schule stehend, explizit auf die «affirmative» Systemtheorie Luhmanns.

Die bezeichneten Unterschiede finden in den Methoden ihren Niederschlag. Ihnen gilt das letzte Kapitel.

Tabelle II-13: Theorien: Axiome, Schlussfolgerungen, Gültigkeit

	Axiom	*Schlussfolgerung*	*Gültigkeit*
Informationstheorie	Information ist berechenbar: $inf = f(t)$	Erwartbarkeit lässt sich berechnen; Information ist nicht gleich Sinn	Technische Medien
Kritische Theorie	Primat der Ökonomie vor Kultur	Kulturindustrie verdummt die Massen	Medien-Gesellschaft
Medientheorien	Das Medium ist die Botschaft	Inhalte sind vieldeutig	Medien aller Art
Schweigespirale	Menschen haben Isolationsfurcht	Öffentliche Meinung erzeugt Integration	Sozialbeziehungen

	Axiom	*Schlussfolgerung*	*Gültigkeit*
Soziologische Handlungstheorien	Handeln (Kommunikation) ist kontextorientiert	Permanente Wechselwirkung zwischen Struktur und Handeln	Sozialbeziehungen
Stimulus-Response	Kommunikativer Input bestimmt Output	Medien wirken monokausal und proportional	Medien-Gesellschaft
Symbolischer Interaktionismus	Kommunikation nutzt signifikante Symbole	Individuum definiert sich über Dritte	Kulturelle Evolution
Systemtheorie	Kommunikation ist kleinste soziale Einheit	Kommunikation ist Sinnstiftung; ist unwahrscheinlich	Moderne Gesellschaft
Theorie des kommunikativen Handelns	Kommunikation ist Medium gesellschaftlicher Reproduktion	Der Kolonisierung der Lebenswelt ist entgegenzuwirken	Moderne Gesellschaft
Uses-Gratifications	Medienzuwendung bestimmt Wirkung	Medien wirken unterschiedlich	Medien-Gesellschaft
Verhaltenspsychologie	Verhalten ist Kommunikation	Man kann nicht nicht kommunizieren	Sozialbeziehungen

III. Methoden und Quellen

A. Formalisierte und weniger formalisierte Forschung

1. Zweierlei Empirie: Von der Formalisierung der Forschung

In den ersten beiden Hauptkapiteln wurden die speziellen Untersuchungsobjekte und -ziele in den KMW vorgestellt: Untersuchungs- oder auch *Materialobjekte* sind Medien, Öffentlichkeitsformen und Kommunikationssituationen. Untersuchungsziele, *Formalobjekte* oder Erkenntnisinteressen richten sich auf Verwendung und Prozesse der Kommunikation in all ihren Spielarten. In Kapitel III soll die Vielfalt der Methoden vorgestellt werden. Weil es etliche sind, fehlt ein fächerübergreifendes Methodenlehrbuch, das einen Überblick über alle Methoden der KMW bietet; in einigen Lehrbüchern findet sich dennoch eine Übersicht über zumindest einige zentrale Methoden.[1]

Wissenschaften streben danach, sachlich richtige, verbindliche, verallgemeinerbare und überprüfbare Aussagen zu ihren relevanten Erkenntnisbereichen zu formulieren. Wurden Material- und Formalobjekte in den ersten beiden Hauptkapiteln aus der Perspektive von Modellen und Theorien dargestellt, betrachtet das methodische Kapitel die *Empirie* der Forschung. Der Empiriebegriff kann unterschiedlich weit gefasst werden. Im engeren Sinne ist mit «empirische[n] Methoden, [die] Bezeichnung für die Gesamtheit der Verfahren, die Erfahrungen über einen bestimmten Sachverhalt systematisch erheben und analysieren» gemeint.[2] Im weiteren Sinne gelten im Anschluss an Max Weber alle Beobachtungen realer Sachverhalte als Empirie.[3] Der objektiven Erkenntnis dienen unterschiedliche Methoden: Befragung, Beobachtung, Experiment, Filmanalyse, Hermeneutik, Inhaltsanalyse, Quellenkritik etc. Es gilt die goldene Regel, die Wahl der Methode an Gegenstand und Forschungsfrage auszurichten. Methodisches Vorgehen heißt dabei, unter Verwendung anerkannter Standards nach Antworten auf Forschungsfragen und nach Lösungen für Forschungsprobleme zu suchen. Die folgende Tabelle soll näherungsweise von der allgemeinen Orientierung über Untersuchungsobjekte und Forschungsfragen zu den tendenziell bevorzugten Methoden führen:

Tabelle III-1: Interessen und Methoden der Kommunikations- und Medienwissenschaft

	Kommunikationswissenschaft	*Medienwissenschaft*
Allgemeine Orientierung	(tendenziell) informationsorientiert	(tendenziell) unterhaltungsorientiert
Untersuchungsobjekte (Materialobjekt)	Massenmedien und öffentliche Kommunikation (inzwischen auch interpersonale K.)	audiovisuelle Medien (inzwischen auch Computer- und Internetmedien)
Untersuchungsinteressen (Formalobjekte)	• Inhalt: Was ist inhaltsanalytisch der Inhalt der Medien? • Wirkung: Wie wirkt der kommunikative Inhalt? (transtextuelle Bezüge) • Prozess: Wie entwickelt sich der kommunikative Prozess? • Regulierung: Wie werden Medien und Kommunikation politisch reguliert?	• Diegetisch: Wie wird der Inhalt ästhetisch aufbereitet? • Wie wirken die Medien selbst und aufeinander? (intertextuelle Bezüge) • Welche intertextuellen Bezüge sind darstellbar? • Welche Regeln gelten für Erzählung und Gestaltung?
Formalisierungsgrad	(tendenziell) hoch	(tendenziell) niedrig
Präferierte Methoden	(tendenziell) quantitativ-qualitativ empirisch	(tendenziell) hermeneutisch und semiotisch

Weil die Erkenntnisinteressen und Methoden der KMW vielfältig sind, gibt es weder *die* medien- noch *die* kommunikationswissenschaftlichen Methoden; auch in der Verbindlich- und Verallgemeinerbarkeit der Aussagen unterscheidet sich die Kommunikationswissenschaft von den Medienwissenschaften: Während die Kommunikationswissenschaft großen Wert auf die Repräsentativität ihrer Aussagen legt, reicht es in den Medienwissenschaften in der Regel, Fälle zu beschreiben und zu analysieren, die exemplarisch für den Untersuchungsgegenstand stehen. Wo die Kommunikationswissenschaft nach Möglichkeit quantifiziert, betrachten die Medienwissenschaften nur einige Untersuchungsobjekte, diese dafür weniger schematisierend und normierend. Das aber heißt zugleich: In der Kommunikations- wie in den Medienwissenschaften ist der *Königsweg der Vergleich.*

Häufig wird daraus der Unterschied zwischen *quantitativen und qualitativen Methoden* konstruiert; man könnte auch zwischen analytischen und interpretativen Verfahren unterscheiden. Beide Unterscheidungen treffen die Differenz zwischen den kommunikations- und den medienwissenschaftlichen Methoden jedoch nur ungenau; sowohl in der Kommunikationswissenschaft als auch in den Medienwissenschaften wird häufig auf die Kombination verschiedener (quantitativer und qualitativer) Methoden gesetzt, zudem lassen sich beide nicht scharf voneinander trennen: Eine quantitative Statistik liefert beispielsweise mit ihrem Kategoriensystem eine qualitative Strukturbeschreibung des untersuchten Phänomens; umgekehrt ergeben qualitative Filmanalysen schon durch die Addition der Einzelanalysen eine quantifizierbare Beschreibung der Filmstile und -genres. Auch die Anhäufung vieler exemplarischer Einzelfälle – z. B. in der sog. Methode der dichten Beschreibung – ergibt quantifizierbare Ergebnisse.[4]

Sinnvoller ist die Unterscheidung der Teildisziplinen nach ihrem *Formalisierungsgrad*. Die Kommunikationswissenschaft zeichnet sich in der Regel durch formalisiertere Verfahren aus, von denen es relativ wenige gibt, für die aber klare Vorgehensprozeduren, Analyseregeln und Beurteilungsmaßstäbe entwickelt wurden. Die Medienwissenschaften sowie der geisteswissenschaftlich arbeitende Zweig der Kommunikationswissenschaft tendieren zu weniger formalisierten Verfahren. Sie sind sehr variantenreich, doch fehlt ihnen die scharfe Grenzziehung zwischen methodisch Zulässigem und Unzulässigem; das methodische Besteck ist vielfältiger, aber auch weniger

präzise. Im Folgenden sollen nach einem Überblick über die Untersuchungsobjekte zunächst der abstrakte Untersuchungsweg und die konkretere Untersuchungsanlage beschrieben werden, um sodann die kommunikations- und medienwissenschaftlichen Methoden im engeren Sinne vorzustellen.
- Abstrakte Untersuchungsobjekte sind Text, Literatur, Quelle, (Medien-)Genre und Gattung.
- Der allgemeine Untersuchungsweg geht von einer Forschungsleitfrage aus, formuliert (eventuell) Hypothesen, grenzt den Untersuchungsbereich ein und äußert sich zur Gültigkeit der erhobenen Ergebnisse.
- Die konkreten Untersuchungsanlagen variieren von Literatur- und Quellenstudien bis zu Feldforschung und Laborexperimenten.

2. Untersuchungsobjekte: Von Texten, Quellen und ihren Varianten

Untersuchungs- oder Materialobjekte der KMW sind Medien, Öffentlichkeitsformen und Kommunikationssituationen. Medien und Kommunikation werden dabei im allgemeinsten Sinne als *Text* verstanden: In den Medienwissenschaften werden neben schriftlichen Zeugnissen auch audiovisuelle unter den Textbegriff subsumiert. Die Kommunikationswissenschaft benutzt den weiten Textbegriff allerdings eher selten, eine gewisse Ausnahme bilden Randbereiche der Cultural Studies. Der weite Textbegriff hat methodische Vorteile, alle Texte folgen gewissermaßen einer generativen Grammatik: Mit einer begrenzten Zahl von Regeln (und Symbolen) lässt sich eine unendliche Zahl von Kommunikationen ausdrücken. Allerdings sind die Regeln unterschiedlich verbindlich: Sprache, insbesondere in verschriftlichter Form, beruht auf einem hohen Maß an grammatischer Verbindlichkeit; die «Grammatik» von Bildern oder audiovisuellem Material folgt allgemeineren Konventionen, die zudem bisweilen bewusst gebrochen werden oder sogar uneindeutig sind und damit erst über den Kontext erschlossen werden können, die Farbe Rot kann beispielsweise sowohl für die Liebe als auch den Tod stehen.[5]

Texte können im wissenschaftlichen Kontext sowohl *Quelle* als auch *Literatur* sein. Die begriffliche Unterscheidung stammt aus der Geschichtswissenschaft, in den KMW wird statt von Literatur häufig von Sekundärliteratur, Darstellung oder wissenschaftlicher Literatur gesprochen; für Quelle finden sich u. a. die Bezeichnungen Primärliteratur, Datenbasis, Textkorpus oder Originalquelle. Die Quellen werden mit eigenen Forschungsfragen konfrontiert und dienen als unmittelbare Grundlage der eigenen Darstellung; mit der Literatur hingegen wird die eigene Darstellung ergänzt und gestützt, oder sie wird zitiert, um zu kritisieren. Die Literatur ist häufig, doch keineswegs zwingend, älter als die Quellen- oder Datenbasis. Zum Beispiel schrieb Otto Groth sein vierbändiges Standardwerk *Die Zeitung*[6], bevor die Nationalsozialisten an die Macht kamen und große Mengen an historisch bzw. kommunikationshistorisch einschlägigen Quellen ihrer Zeit «produzierten». Groths Buch ist einerseits eine umfassende Darstellung der Entwicklung des Zeitungswesens und selbst auf einer Unzahl von Quellen aufgebaut. Unter der Fragestellung «Wie entwickelte sich die Zeitungskunde und Publizistikwissenschaft in der Weimarer Republik?» ließe es sich aber auch als Quelle betrachten. Quelle und Literatur sind also keine absoluten, sondern relative Begriffe.

Texte, Kommunikate und Medien lassen sich in *Genres* und *Gattungen* unterteilen. Genre kommt aus dem Französischen und lässt sich eigentlich mit Gattung übersetzen. Im Deutschen hat sich jedoch die Konvention eingebürgert, mit Gattung etwas Übergeordnetes, mit Genre das Untergeordnete zu benennen. Genre kommt vom lateinischen «genus» = Art. Filmgattungen sind u. a. Dokumentar- und Spielfilme. Spielfilmgenres sind u. a. Western, Krimi, Horror, Sci-Fi, Komödie, Cartoon, Thriller. Genregrenzen sind weder trennscharf, noch folgen die Genrekategorien einem einheitlichen Kriterium. Manche Kriterien zielen auf den Inhalt: der Krimi, der Sci-Fi-Film, der Heimatfilm u. a. m. Andere Genres fassen Wirkungsabsichten zusammen: Eine Komödie will zum Lachen anreizen, ein Thriller Spannung vermitteln, ein Horrorfilm das Gruseln lehren, Erotikfilme aufreizen. Weitere Genres wie der Experimental-, der Ausstattungs-, Trick-, Revue-, Tanz- oder Musikfilm sind formal bestimmt. Nur formale Genres sind filmtypisch, auf Inhalt oder Wirkung gerichtete hingegen nicht; vielmehr lassen sie sich auch in Literatur, Theater oder Fernsehen finden. Nahezu alle Kommunikationsformen können in Genres unterteilt werden: in der Rhetorik in das Genre der Trauer-, Preis-, Festrede oder das des wissenschaftlichen Vortrags. Gemalte und fotografierte Bilder kennen u. a. die Genres Stillleben, Landschaftsbild oder Porträt. In der Literaturwissenschaft wird häufig von Textsorten gesprochen, Roman, Novelle, etc. In der Kommunikationswissenschaft spielen Genres nicht die gleiche Rolle wie in den Medienwissenschaften, doch zumindest bei den journalistischen Darstellungsformen oder den verschiedenen Pressegattungen ist die Unterscheidung ebenfalls präsent. Die Darstellungsformen oder Genres Nachricht und Bericht könnte man zur Gattung informationsbetonte, die Genres Kommentar, Leitartikel, Glosse zur Gattung meinungsbetonte Darstellungsformen zusammenfassen. Ob es sinnvoll ist, auch von unterhaltungsbetonten Genres zu sprechen, darf bezweifelt werden, denn zu Unterhaltungszwecken können auch Nachrichten- oder Meinungsformen rezipiert werden. Besser sollte man daher von fiktionalen Genres (Fortsetzungsroman, Gedicht) sprechen.

Genres und Gattungen folgen bestimmten Gestaltungsmerkmalen, Regeln und im weitesten Sinn einer eigenen Grammatik. Die *Vorteile der Regeln* lassen sich am Film gut illustrieren: Viele künstlerische Ausdrucksmittel haben sich im Verlauf der Filmgeschichte so verfestigt, dass sie zu Stereotypen geronnen sind; Genres leben von dieser stereotypen Verfestigung. Ein Zuschauer, der in einen Western oder Sci-Fi-Film geht, weiß, was ihn dort erwartet. Auch für die Filmherstellung ist das ökonomisch: Die auf die Marktgängigkeit ausgerichteten Regisseure müssen nicht in jedem Film das Rad neu erfinden, sondern können sich darauf verlassen, dass auch sparsamer Mitteleinsatz vom Publikum richtig gedeutet wird; auf diese Weise ist die «Ökonomie des Erzählens» gewährleistet. Auf der anderen Seite betritt man mit jeder bewussten Regelverletzung Neuland. Auf diese Weise sind zumindest medienästhetische Genres (in Film, Literatur, Bildkunst) *per se* unabgeschlossen. Informationszentrierte Genres wie die journalistischen Darstellungsformen sind hingegen wesentlich zeitstabiler. Zwischen dem einzelnen medial-kommunikativen Produkt und der übergeordneten systematischen Einordnung besteht eine permanente Wechselbeziehung: die Summe der Produkte formiert das Genre, das Genre bestimmt die Regeln für das Einzelobjekt.

3. Untersuchungswege und -ziele: Von der Hypothesenbildung zu ihrer Prüfung

An die genannten Forschungsobjekte stellt die Forschung Fragen und versucht sie zu beantworten. Man kann *Forschungsfragen* unterschiedlich formulieren: Entweder als explizite Forschungsleitfrage oder als Hypothesen bzw. Vermutungen, die es zu bestätigen oder zu widerlegen gilt. Sowohl in Frageform als auch in der Form vorläufiger Antworten kann das abstrakte Untersuchungsziel von der Beschreibung über die Analyse kausaler Zusammenhänge bis hin zu Prognosen oder auch Bewertungen reichen. Forschung ist mithin das Instrument, das Theorien und Modelle umsetzt oder in sie mündet. Daher spiegelt sich zwangsläufig die am Anfang dieses Buches formulierte Unterteilung der Theorien (in normative, deskriptive, analytische, kausal-deterministische und probabilistisch-prognostische) in den Forschungsfragen wider.

Forschungsfragen sind von zentraler Bedeutung: Eine typische medienwissenschaftliche könnte auf das Verhältnis von Computerspielen zu Filmen zielen. Im Bereich der Medienwissenschaften, Kommunikationsgeschichte, Cultural Studies und anderen eher geisteswissenschaftlich orientierten Zweigen der Kommunikationswissenschaft ändern sich die Forschungsleitfragen durch ein allmähliches Herantasten an das Thema noch während des Forschungsprozesses, denn diese Forschung geht häufig induktiv vor und wendet sich dem Gegenstand zunächst einmal beschreibend zu. Aus einer allgemeinen Beschreibung des Verhältnisses zwischen Computerspielen und Filmen würde eine engere zur Ästhetik und schließlich vielleicht die spezielle zur Ästhetik der Bildkomposition resultieren.

Eine typische kommunikationswissenschaftliche Leitfrage könnte lauten, wie Menschen die Medien nutzen. Die sozialwissenschaftlich-kommunikationswissenschaftliche Forschung nähert sich dem Objekt zumeist deduktiv, in der explorativen Phase der Untersuchung tastet sie sich an das Thema heran. Dazu werden eventuell Tiefen- oder Intensivinterviews mit Experten geführt, oder man kann in Gruppendiskussionen und mittels Brainstorming die diversen Aspekte des Themas ausleuchten. So wird aus der allgemeinen Nutzungsfrage vielleicht die speziellere Leitfrage nach dem Zusammenhang zwischen Bildung und Mediennutzung. Steht die Forschungsleitfrage fest, wird sie in Hypothesen überführt. *Hypothesen* sind begründete Vermutungen, die einen kausalen Zusammenhang behaupten; sie müssen sich 1. überprüfen und 2. falsifizieren oder verifizieren lassen. Eine für das genannte Beispiel typische kommunikationswissenschaftliche Hypothese könnte lauten: «Je höher das Bildungsniveau der Rezipienten, desto stärker wenden sie sich anspruchsvolleren Medienangeboten zu.» Vor der Überprüfung müssen zunächst verschiedene Bildungsniveaus definiert werden; ebenso muss bestimmt werden, was zu qualitativen Medienangeboten gezählt wird, was nicht und an welchen Medien die Hypothese überprüft werden soll; der Untersuchungszeitraum ist festzulegen. Wenn alles geklärt ist, sollten die Forscher sich noch überlegen, welche Allgemeingültigkeit sie anstreben: Wollen sie die Hypothese für alle Menschen oder nur für die eines bestimmten Landes, einer Region oder einer Stadt überprüfen? Im ersten Fall wäre die sogenannte Grundgesamtheit die ganze Welt, im zweiten ein Land wie die Bundesrepublik etc. Die Hypothese ist übrigens von einer neueren Untersuchung für die deutschen Fernsehzuschauer falsifiziert worden. Demnach gilt: «Alle sehen alles, damit alle mit allen über alles reden können.»[7]

Allgemeingültige Aussagen gibt es nicht: Aussagen von statistischen Untersuchungen gelten immer nur für eine bestimmte *Grundgesamtheit*: Das können Individuen, Gruppen oder auch Medien sein: die bundesdeutsche Bevölkerung insgesamt, alle Studierenden, die Tagespresse eines Landes, eine Berufsgruppe etc. Auch beliebige Untergruppen können als Grundgesamtheit bestimmt werden: Anstatt alle Tageszeitungen zu untersuchen, kann man sich auf die überregionalen Zeitungen beschränken, statt auf alle Rundfunksender nur auf die öffentlich-rechtlichen. Die Grundgesamtheit wird also vom Erkenntnisinteresse bestimmt, muss von Beginn an klar definiert sein und darf bei der Auswertung nicht aus dem Auge verloren werden. Denn Aussagen, die für die Regionalpresse erhoben wurden, haben für die Gesamtheit der Tagespresse keine oder allenfalls eingeschränkte Gültigkeit. Wenn die Grundgesamtheit komplett untersucht wird, spricht man von einer Vollerhebung, andernfalls von Teilerhebung oder Stichprobe. In den Medienwissenschaften spielt der Ausdruck Grundgesamtheit nur eine untergeordnete Rolle, die erkenntnistheoretischen Implikationen müssen gleichwohl beachtet werden. Typische Grundgesamtheiten in den Medienwissenschaften sind beispielsweise das Œuvre einer Autorin oder eines Regisseurs, die Literatur oder Filme einer Epoche, eines Landes, eine bestimmte mediale Gattung oder ein mediales Genre etc.

Komplementär zur Grundgesamtheit ist der Ausdruck *Stichprobe*, mit dem ein Auszug oder eine Teilmenge aus der Grundgesamtheit bezeichnet wird. Stichproben werden gebildet, wenn es zu aufwendig und zeitintensiv wäre, die Grundgesamtheit in toto zu untersuchen. Eine typische Stichprobe wird bei der sogenannten Sonntagsfrage gebildet: «Welche Partei würden Sie wählen, wenn am nächsten Sonntag Bundestagswahl wäre?» Die Stichprobe von in der Regel ca. 1500 bis 2000 Wahlberechtigten reicht hier zur Erzielung der angestrebten Vorhersagegenauigkeit durchaus; befragte man alle ca. 62 Mio. Wahlberechtigten (2005), wären die Ergebnisse nur unwesentlich genauer. Oberstes Ziel der Stichprobenbildung ist die *Repräsentativität* der Stichprobe: Die für die Teilmenge erhobenen Befunde müssen auch für die Grundgesamtheit gelten. Das kann nach den Regeln der Statistik allerdings immer nur innerhalb einer bestimmten Wahrscheinlichkeit gelten. Um beim Beispiel der Bundestagswahl zu bleiben: Die Momentaufnahmen der Sonntagsfragen werden dem Publikum immer als genaue Prozentzahlen, z. T. sogar mit einer Nachkommastelle geliefert, also z. B. 37,3 Prozent für Partei X. Doch korrekt müssten die Erhebungsergebnisse eigentlich in anderer Form angegeben werden: Die Partei X darf am nächsten Sonntag ein Wahlergebnis von 37,3 +/− 1,5 Prozent erwarten.[8]

Um die Repräsentativität der Stichprobe zu gewährleisten, kann eine Quoten- oder eine Zufallsstichprobe gebildet werden. Das ordnende Prinzip der *Zufallsstichprobe* ist die gleiche Zugangschance aller Elemente der Grundgesamtheit. Für eine Bevölkerungsbefragung heißt das, dass die Interviewer alle Personen mit der gleichen Wahrscheinlichkeit erreichen können müssen. Nun haben schon aus Kostengründen in den letzten Jahren die Telefonbefragungen die von Angesicht zu Angesicht geführten Interviews abgelöst. Damit ergibt sich von vornherein ein Problem, denn heutzutage sind nicht mehr alle Telefonbesitzer im amtlichen Telefonbuch verzeichnet, auch die Zahl der Nur-Handy-Besitzer weist eine steigende Tendenz auf. Somit sind a priori nicht alle erreichbar. Insbesondere formal höher Gebildete legen größeren Wert auf telefonische Anonymität. Auch sind bestimmte Alters- oder Berufsgruppen besser als andere zu Hause zu erreichen: tagsüber Arbeitslose besser als Berufstätige, abends Jüngere schlechter als Ältere etc. Die technische Erreichbarkeit ist gleichfalls ein Problem der Interneterhebungen. Das Problem der Zufallsauswahl illustriert ein Statistiker-Witz mit den Worten: «Only God can make a random select.»

Quotenstichproben orientieren sich an spezifischen Merkmalen der Grundgesamtheit, beispielsweise bei einer Bevölkerungserhebung an soziodemografischen Mustern. So sind in jeder Bevölkerung Männer und Frauen annähernd normalverteilt. Außerdem weist eine Gesamtbevölkerung eine bestimmte Alters-, Berufs-, Bildung- und Einkommensstruktur auf. Für die Stichprobenbildung nach dem Quotenverfahren heißt das, auch in der Stichprobe müssen ca. je 50 Prozent Männer und Frauen enthalten sein; wenn in der Grundgesamtheit 25 Prozent der Menschen über 60 Jahre alt sind, muss das auch für die Stichprobe gelten usw. Um die Vergleichbarkeit von Quoten-Stichprobe und Grundgesamtheit zu gewährleisten, schickt das Institut für Demoskopie in Allensbach seine Interviewer mit dem klar umrissenen Auftrag ins Feld, von den Interviewten müssen X Männer und Y Frauen, X Beamte, Y Angestellte etc. sein. Die Quoten-Stichprobe impliziert, dass Alter, Geschlecht, Einkommen oder andere allgemeine Merkmale die Antwortwahrscheinlichkeit bestimmen. Doch kann nicht in jedem Fall davon ausgegangen werden, dass die Strukturmerkmale des Quotenverfahrens mit den abgefragten Themen zusammenhängen: Um verlässlich abzuschätzen, wie die Bevölkerung zum Tempolimit auf Autobahnen steht, müsste man eigentlich eine Stichprobe bilden, in der der Anteil der LKW-, Taxi-Fahrer, Pendler, der Leute, die selten Auto fahren oder gar keins besitzen etc. exakt der Grundgesamtheit entspräche, denn die Antwort auf die Tempofrage hängt vermutlich stark davon ab, welche Funktion das Auto für die Befragten hat. Stattdessen werden bei der Quoten-Stichprobe zumeist die immer gleichen Strukturmerkmale erhoben. Diesem Einwand halten die Verfechter des Quotenverfahrens entgegen, dass mit der Quote eine geschichtete Zufallsauswahl angestrebt werde, die erst die korrekte Zufallsauswahl erlaube. Womit zugleich eine Variation der Stichprobenbildung angesprochen wäre: Bei der geschichteten Zufallsauswahl kann zunächst im Quotenverfahren ein «Klumpen» (z. B. eine Schulklasse, jeweils aus Grund-, Mittel- und Oberstufe) bestimmt werden; im zweiten Schritt könnte dann über das zufallsbestimmte Losverfahren eine Auswahl aus den Klumpen (hier = Klassen) getroffen werden.

Repräsentativität ist immer dann gegeben, wenn die für eine Stichprobe erhobenen Ergebnisse nach allen statistischen Regeln auch für die Grundgesamtheit gelten; insbesondere muss die sogenannte Selbstselektion ausgeschlossen sein. Von Selbstselektion wird dann gesprochen, wenn die Befragten selber entscheiden können, ob sie sich an einer Umfrage beteiligen. Gehen Interviewer von Haus zu Haus oder führen Telefonumfragen durch, ist die Selbstselektion stark eingeschränkt, aber immer noch möglich. Werden hingegen Fragebögen, Zeitungen oder Zeitschriften beigelegt oder als Formular ins Internet gestellt, sind alle Befragten aufgrund von Selbstselektion in der «Stichprobe». Werden Erhebungsbögen versandt, hängt die Antwortbereitschaft von mehreren Faktoren ab: dem Interesse am Thema, der Aufmachung der Sendung, dem Fragebogeninhalt etc. Als Faustformel hat sich eingebürgert, von Repräsentativität nur dann zu sprechen, wenn mehr als 50 Prozent Rücklaufquote erreicht wird.

Exemplarische Untersuchungen stellen niedrigere Anforderungen als repräsentative. *Exemplarisch* ist ein Fall, wenn er dank seiner Charakteristika beispielhaft für eine größere Anzahl von Einzelfällen stehen darf. Wann das der Fall ist, lässt sich nicht so genau bestimmen wie bei der statistischen Repräsentativität. Exemplarisch kann im Extremfall sogar ein exzeptioneller Fall sein: Man könnte Stanley Kubricks Film «2001 – Odyssee im Weltraum» als beispielhaften Science-Fiction-Film analysieren, obwohl und gerade weil er außergewöhnlich ist. Man darf in ihm nämlich einen stilbildenden Film sehen, nach dem das Science-Fiction-Genre nicht mehr so war wie zuvor. Goethes Briefroman die «Leiden des jungen Werthers» ist immer wieder als beispielhaft für die Literaturepoche des «Sturm und Drang» interpretiert worden. Die Exempel ließen sich fortführen und sind trotz ihrer Zufälligkeit schon selbst wieder beispielhaft: Exemplarisches Vorgehen ist nämlich in den Medienwissenschaften und dem geisteswissenschaftlichen Teil der Kommunikationswissenschaft weiter verbreitet als repräsentatives.

Eine Mischung aus repräsentativen und exemplarischen Verfahren ist die Methode der theoretischen Sättigung, die von der Annahme ausgeht, dass es nicht unendlich viele Varianten gibt. Sie wird hauptsächlich dann in den Sozialwissenschaften angewandt, wenn die Fallzahlen nicht so groß sind, dass die Ergebnisse auch im statistischen Sinne gültig wären. In einer unlängst veröffentlichten Untersuchung zum Medienkonsum der DDR-Bevölkerung ist der Autor so vorgegangen. Da der Mauerfall schon längere Zeit zurückliegt und in der Zwischenzeit manche DDR-Bewohner verstorben sind, ließe sich auch bei größtem Aufwand keine repräsentative Befragung mehr konstruieren. In der Untersuchung wurden also exemplarische

Typen von DDR-Bewohnern identifiziert, z. B. Systemnahe und -ferne oder Menschen mit und ohne Westempfang. Sodann wurden für jede dieser Gruppen mehrere Interviewpartner gesucht, bis alle als relevant für den Medienkonsum ausgemachten Bevölkerungsmerkmale in hinreichender Zahl (gesättigt) vorlagen.[9]

Nun besitzt nicht alles, was untersucht, gemessen und erhoben wird, *Relevanz*. Letztlich ist auch die Relevanzzuweisung eine Interpretationsleistung der Forschung. Mittels der Statistik kann zumindest festgestellt werden, ob die Messergebnisse mathematisch bedeutsam sind. Der Ausdruck dafür lautet *Signifikanz*; mit *Signifikanztests* wird die eingangs aufgestellte Hypothese daraufhin geprüft, ob die in der gezogenen Stichprobe gemessenen Ergebnisse für die Grundgesamtheit wahrscheinlich sind. Statistisch gelten Ergebnisse dann als signifikant, wenn sie sich bei neuer Stichprobenziehung in 95 Prozent der Fälle wiederholen lassen (Irrtumswahrscheinlichkeit <5 Prozent); als hochsignifikant gelten sie, wenn Messwiederholungen mit einer Wahrscheinlichkeit von mehr als 99 Prozent zum gleichen Ergebnis führen (Irrtumswahrscheinlichkeit <1 Prozent). Mathematische Signifikanz bedeutet aber noch nicht kommunikative Relevanz.[10]

Weitere Qualitätskriterien kommunikationswissenschaftlicher Forschung sind *Validität* und *Reliabilität*. Validität bedeutet Gültigkeit und Reliabilität steht für Verlässlichkeit oder Wiederholbarkeit. In den Medien- und anderen Geisteswissenschaften kann man Gültigkeit mit *Belastbarkeit* der Quellen übersetzen, Reliabilität mit intersubjektiver Überprüfbarkeit. Validität oder Belastbarkeit sagt demnach etwas darüber aus, ob sich die Untersuchungsfrage mit dem Untersuchungsgegenstand und der gewählten Methode beantworten lässt, Reliabilität hingegen, ob auch andere Forscher zum gleichen Ergebnis gelangt wären. Bei einigen statistischen Verfahren wie der Inhaltsanalyse lässt sich zumindest die Reliabilität mathematisch bestimmen.[11]

In der Forschung interessieren insbesondere Zusammenhänge: Aber eine statistische Korrelation bedeutet noch keinen ursächlichen Zusammenhang. Auch ist nicht von vornherein feststellbar, ob eine bzw. welche *Korrelation* existiert. Statistisch lassen sich die Korrelationen exakt messen. So könnte man die Größe von Kindern messen und zu ihrem Alter in Beziehung setzen. Dabei würde man zwar feststellen, dass Kinder gleicher Altersstufe unterschiedlich groß sind, doch zumeist (und im Durchschnitt) sind die älteren Kinder auch die größeren; der sogenannte Korrelationskoeffizient läge zwischen

0 und +1, vermutlich sogar im deutlich positiven Bereich: Die Werte beider Datenreihen steigen und fallen jeweils parallel. In ähnlicher Weise könnte man die Hypothese über den Zusammenhang von Bildung und Medienzuwendung untersuchen. Würde man feststellen, dass Höhergebildete tatsächlich eher Qualitätsmedien bevorzugen, nähme der Korrelationskoeffizient auch hier einen positiven Wert zwischen 0 und +1 an. Ergäbe die Studie jedoch, dass es genau umgekehrt wäre und zumeist die niedrig Gebildeten die Qualitätsmedien nutzten, läge der Wert zwischen 0 und −1. Im Unterschied zum Beispiel der Kindergröße ist das Ergebnis jedoch keineswegs eindeutig. Denn Korrelationen analysieren die mathematische Beziehung zwischen Variablen; dabei wird zwischen a) unabhängigen, b) abhängigen und c) intervenierenden Variablen unterschieden: Unabhängig bedeutet unbeeinflusst, abhängig von einer anderen Variablen beeinflusst, und als intervenierend werden Variablen bezeichnet, die zwei voneinander abhängige Variablen (sozusagen von außen) beeinflussen. Die Variablen werden noch als Kategorien wiederkehren.[12] Man könnte die Abbildung I-1 zur Veranschaulichung heranziehen: Die Quelle entspräche dann der unabhängigen, das Ziel der abhängigen, die Störquelle der intervenierenden Variable. Bei den Kindern ist neben dem statistischen auch der kausale Zusammenhang klar: Das Erfahrungswissen sagt, dass der Mensch in seiner Kindheit wächst; darum kann auch bei einem einzigen Messzeitpunkt unterstellt werden, dass das Alter die Ursache, die Größe hingegen die Folge ist – oder in der Sprache der Statistik: Das Alter ist die unabhängige, die Körpergröße die abhängige Variable. Im zweiten Fall ist die Schlussfolgerung nicht eindeutig: Prinzipiell kann nämlich sowohl die Medienzuwendung Folge der Bildung sein als auch umgekehrt. Es könnte durchaus sein, dass die Zuwendung zu Qualitätsmedien zu höherer Bildung führt. Die mathematische Korrelation sagt in diesem Fall also nichts über den ursächlichen Zusammenhang. Außerdem kann beides auch von dritten Einflussfaktoren, den intervenierenden Variablen, abhängen, z.B. dem Einfluss der familiären Erziehung. Und vielleicht würde auch kein statistischer Zusammenhang gemessen: Dann pendelte der Korrelationskoeffizient um 0.

Korrelation ist somit lediglich ein Indikator für kausale Zusammenhänge. Streng genommen gibt es nur eine Möglichkeit, kausale Zusammenhänge statistisch zu prüfen: im Experiment mit einer Kontrollgruppe. Bei allen anderen Untersuchungsanlagen muss die Forschung die Zusammenhänge interpretieren; die minimale Anforderung ist hierbei die Messwiederholung. Ein einzelner Messzeitpunkt ohne Kontrollgruppe lässt grundsätzlich keine Kausalschlüsse zu! Daran war die erste Agenda-Setting-Studie gescheitert (vgl. Kapitel II. C. 1). Mit Feldexperimenten wie den heute üblichen Verfahren in der Agenda-Setting-Forschung misst man darum die Publikumsagenda zu den Zeitpunkten t_1-t_n mittels einer Paneluntersuchung und vergleicht sie mit den Medienagenden zu den gleichen Zeitpunkten. Was Experimente, Feldexperimente und Panelstudien sind, wird nun zu betrachten sein.

4. Zur Untersuchungsanlage: Von Studien und Experimenten

In jeder Wissenschaft stellt sich die Frage nach der Konzeption der Forschung. Die verschiedenen Konzepte werden auch als *Forschungsdesigns* bezeichnet. Grundsätzlich kann zwischen Literatur- und Quellenstudien unterschieden werden: Literaturstudien basieren nicht auf eigener Forschung, sondern auf den Untersuchungen anderer; eigene Forschung hingegen beruht auf selbständiger Quellenauswertung oder Datenerhebung.

Das Design der kommunikations- und sozialwissenschaftlichen Forschung lässt sich im Wesentlichen nach dem Ausmaß der formalisierten Kontrolle unterscheiden: Zwei Konzepte stehen sich diametral gegenüber: a) das Laborexperiment und b) die Feldstudie; zwischen ihnen steht als Mischform c) das Feldexperiment *Laborexperimente* zeichnen sich durch eine künstliche Umwelt und überwachte Randbedingungen aus; sie sollen alle untersuchten Einflussfaktoren (Variablen) kontrollieren und alle störenden ausblenden. *Feldforschung* findet in der natürlichen sozialen Umwelt statt; sie kann störende Einflüsse nicht ausblenden, produziert jedoch realistischere Ergebnisse als die künstliche Laborsituation. Das *Feldexperiment* findet wie die normale Feldstudie in alltäglicher Umgebung statt, wie beim Experiment werden allerdings zumindest einige Einflussfaktoren kontrolliert bzw. ausgeblendet.

Laborexperimente müssen wiederholbar sein. Um den ursächlichen Zusammenhang zwischen den untersuchten Faktoren zu bestimmen, wird a) eine Experimental- mit einer Kontrollgruppe verglichen: Die Probanden der Experimentalgruppe werden mit einem medialen Stimulus konfrontiert, die Kontrollgruppe hingegen nicht; b) wird mindestens ein Stimulus während des Experiments kontrolliert verändert: In den Konformitätsexperimenten von Asch und Milgram wurden beispielsweise die Probanden mit bewusst variierenden Falschaussagen konfrontiert (vgl. Kapitel I.D.2). Weil Experimente die in natürlicher Umwelt auftretenden Störvariablen ausblenden, lassen sie keine repräsentativen Aussagen über die Wirklichkeit zu, sondern erlauben nur relative Aussagen zur Ursache-Wirkungs-Beziehung zwischen unabhängiger und abhängiger Variable.

Tabelle III-2: Schema einer Experimentalanordnung[13]

	Vorher	Nachher	Differenz (d)
Experimentalgruppe	x_{t1}	x_{t2}	$d = x_{t2} - x_{t1}$
Kontrollgruppe	x'_{t1}	x'_{t2}	$d' = x'_{t2} - x'_{t1}$
Wirkung (w)			$w = d - d'$

Laborexperimente weisen zumeist deutlich stärkere Wirkungen auf als Feldstudien. So gibt es inzwischen Tausende von Untersuchungen zu dem Zusammenhang zwischen medialer und realer Gewalt, doch ergeben die Studien keinen eindeutigen Befund. Die stärkeren Wirkungsnachweise in Laborexperimenten liegt an mehreren Gründen: 1.) ist die Laborsituation von der natürlichen verschieden; 2.) werden in Umfragen repräsentativ Ausgewählte befragt, bei Experimenten sind hingegen bestimmte Gruppen traditionell überrepräsentiert (Studenten, Schüler, Arbeitslose; 3.) wird in Experimenten in kurzem oder ohne zeitlichen Abstand zur Kommunikationsrezeption gemessen, während zwischen Rezeption und Umfrage zumeist deutlich mehr Zeit vergangen ist; 4.) bei Experimenten können die Probanden dem Stimulus nicht ausweichen; in der sozialen Realität haben sich die Befragten entweder freiwillig der Kommunikation, zu der sie befragt wurden, ausgesetzt, oder sie haben sie vermieden bzw. nicht wahrgenommen.[14]

Das dritte Forschungsdesign, das Feldexperiment, produziert nochmals andere Ergebnisse. Typische Feldexperimente sind sogenannte *Paneluntersuchungen*. «Panel» heißt wörtlich Liste oder Verzeichnis; in der Liste sind Probanden verzeichnet; diese werden in mehreren (mindestens zwei) «Wellen» befragt, d.h. zu mehreren Zeitpunkten – vielleicht zwei Monate vor, vier Wochen vor, am Wahltag und vier Wochen danach. In einer normalen Feldstudie könnten die Befragungen zu gleichen Zeitpunkten stattfinden, doch werden jeweils andere Personen befragt. Mit dem Laborexperiment haben Panelstudien gemein, dass sie über mehrere Untersuchungszeitpunkte hinweg dieselben Personen befragen. Mit Feldstudien haben Panels gemein, dass sie nicht in künstlicher Umwelt, sondern in alltäglicher Umgebung stattfinden – zumeist als sogenannte Heimtests in der Wohnung der Probanden. Wie in normalen Feldstudien werden die Teilnehmer der Panelstudie nach repräsentativen Gesichtspunkten gezogen. So steht die Panelstudie der Feldstudie näher als dem Laborexperiment.

Zwischen Panelstudien einerseits und normalen Feldstudien andererseits treten interessante Widersprüche auf: So lassen sich Wirkungen auf gesellschaftlicher Ebene besser nachweisen als auf individueller; der normale Menschenverstand sagt hingegen, dass Medieninhalte zunächst das Individuum beeinflussen müssen, bevor Wirkungen im Kollektiv messbar werden. Dieser paradoxe Effekt ist im Kern ein auf Designunterschiede zurückzuführendes Artefakt: Bei Panelstudien wird der engere Wirkungsbegriff benutzt, der ausschließlich auf Unterschiede in der Medienberichterstattung abzielt; auf gesellschaftlicher Ebene aggregierte Feldstudien hingegen erfassen automatisch auch Effekte, die auf zwischenmenschliche Kommunikation über Medienberichterstattung – die sogenannte Anschlusskommunikation – zurückzuführen sind. Das Paradox, «je präziser die Messung, desto geringer die gemessene Wirkung», lässt sich daher nur durch eine Kombination mehrerer Methoden aufheben: des Laborexperiments, der aggregierten Feldstudie und als Bindeglied dem Feldexperiment.[15]

Tabelle III-3: Unterschiede zwischen Laborexperiment und Feldstudien

	Labor-experiment	*Paneluntersuchung (Feldexperiment)*	*Aggregierte Feldstudie*
Gemessene Wirkung	Groß	Klein	Mittel
Repräsentativität der Stichprobe	Nein	Ja	Ja
Individuen identifizierbar	Ja	Ja	Nein

Experimente werden insbesondere in der Psychologie und Medienpsychologie, der Gewaltforschung, der Mediennutzungsforschung und der Werbewirkungsforschung eingesetzt, können aber auch zur Prüfung der Wirkung von Fernsehnachrichten oder anderen Texten verwendet werden. *Panelstudien* eignen sich kaum zur Abfrage von Wissen oder Kenntnissen. Wenn jemand, wie in den regelmäßigen Politikumfragen, gefragt würde: «Kennen Sie Minister/Ministerin XY?», so wäre nur bei der Erstbefragung das Ergebnis im Untersuchungssinne valide. Schon bei der Zweitbefragung derselben Person würde sich diese, sofern nicht außergewöhnlich dumm, an die Erstbefragung erinnern. Der Politiker-Bekanntheitsgrad würde von Welle zu Welle steigen, doch die Steigerungen wären nur ein methodisch bedingtes Artefakt. Hingegen eignen sie sich zur Feststellung von Medienwirkungen, zur Abfrage von Meinungen und Einschätzungen oder zur Ermittlung der Mediennutzung in den letzten 24 Stunden. Die bekannteste Reihe von *Feldexperimenten* fand in der Bundesrepublik vor der Einführung des privaten Rundfunks statt – in den sogenannten Kabel-Pilotprojekten in Berlin, Dortmund, Ludwigshafen und München Anfang der 1980er Jahre. Im weiteren Sinne können die sonstigen *Feldstudien* als Residualkategorie, d. h. als Restgruppe der Forschungsdesigns, die nicht in der einen oder anderen Form experimentieren, betrachtet werden. Gebräuchlicher ist allerdings das Verständnis im engeren Sinn, nachdem nur Befragungen, die in nichtkontrollierter Umgebung stattfinden, als Feldstudien bezeichnet werden. Befragungs-Feldstudien werden von der Forschung für die Abfrage von Einstellungen, Wissen, Nutzungsverhalten etc. eingesetzt. Insbesondere bei der Wirkungs- und der Wahlforschung spielen sie eine große Rolle.

B. Sozialwissenschaftlich-kommunikationswissenschaftliche Methoden

1. Quantitative Inhaltsanalyse

Inhaltsanalysen gehören zu den Standardinstrumenten der Kommunikationswissenschaft, daher gibt es eine Reihe von Einführungen.[16] Die Methode fand vereinzelt schon Anfang des 20. Jahrhunderts Anwendung. Die klassische Formulierung ihrer Aufgaben stammt von dem amerikanischen Sozialforscher Bernard Berelson; er hatte in den 1950er Jahren gefordert, eine Inhaltsanalyse solle die manifesten Kommunikationsinhalte objektiv, systematisch und quantitativ beschreiben: «Content Analysis is a research technique for the objective, systematic and quantitative description of the manifest content of communication.»[17] Eine Inhaltsanalyse soll demnach explizite Aussagen in ein verlässliches Analyseraster überführen, das sich intersubjektiv wiederholen lässt; die Kernaussagen, die von den Rezipienten mutmaßlich gleich wahrgenommen werden, sollen sich auf diese Weise systematisch erfassen lassen.

Die *Anwendung der Inhaltsanalyse* empfiehlt sich, wenn standardisierte Textformen in großen Mengen vorliegen: Zeitungen und Zeitschriften, journalistische Texte aller Art, lassen sich inhaltsanalytisch gut untersuchen. Bei Unikaten machen Inhaltsanalysen hingegen keinen Sinn; Romane sind nicht ihr primärer Gegenstand. Über den Nutzen der quantifizierenden Inhaltsanalyse von Filmen lässt sich streiten, bei der Untersuchung von Fernsehnachrichten hat sie sich hingegen bewährt. So herrscht heute über den Zweck einer Inhaltsanalyse nicht mehr die gleiche Einigkeit wie noch in den 1950er Jahren. Zwar werden die Ziele der Beschreibung (objektiv, systematisch und quantifizierend) auch weiterhin nicht bestritten, doch bezweifeln inzwischen selbst «harte» Empiriker, dass es «manifeste» Inhalte gibt und dass sich die Inhaltsanalyse darin erschöpfen kann. Jede Aussage hat ihre Nebenbedeutungen, lässt sich mit anderen Konnotationen lesen und – in einer gewissen Spannbreite – interpretieren. Je künstlerischer, persuasiver, doppeldeutiger und schwieriger zu interpretieren die Texte also sind, desto weniger sind sie der Inhaltsanalyse zugänglich. Je einfacher die semantische und syntaktische Struktur, je eindeutiger die pragmatische Verwendung, desto leichter fällt und erfolgversprechender ist die quantitative Inhaltsanalyse. Schriftlich vorliegende Texte sind prinzipiell einfacher zu analysieren als audiovisuelle. Immer aber sollte man überlegen, ob der Ertrag den Aufwand rechtfertigt.[18]

Das zentrale *Problem* der Inhaltsanalyse sind die sogenannten *Inferenzschlüsse*. Prinzipiell soll vom Inhalt auf etwas anderes geschlossen werden, als Grundlage existiert jedoch nur der Textkorpus. Weitergehende Schlussfolgerungen – auf die Intentionen des Kommunikators oder die Wirkungen bei den Rezipienten – sind im strengen Sinn verboten. Während die Forschung jedoch die Rückschlüsse auf Motive des Autors zumeist akzeptiert, gilt es als kapitaler Fehler, von einer Inhaltsanalyse auf Wirkungen zu schließen. Wirkungen beim Publikum lassen sich mit der Inhaltsanalyse nur eruieren, wenn sie mit anderen Methoden, insbesondere der Befragung, kombiniert wird.

Der *Forschungsprozess* einer Inhaltsanalyse verläuft stets nach dem gleichen formalisierten Muster in fünf Phasen: 1.) Planungs-, 2.) Entwicklungs-, 3.) Test-, 4.) Anwendungs- und 5.) die Datenauswertungsphase. In der Planungsphase werden von einem allgemeinen Forschungsinteresse ausgehend Leitfrage und Hypothesen formuliert. In der Entwicklungsphase werden Analyseschema und Codebuch entwickelt. In der anschließenden Testphase werden die Codierer zunächst am vorläufigen Codebuch geschult; den Mitarbeitern wird erläutert, was das Analyseschema und die einzelnen Untersuchungsmerkmale bedeuten. Anschließend wird das Schema mit Probematerial daraufhin getestet, ob es sich ohne Schwierigkeiten codieren lässt. Dabei sind Raster und Codieranweisung in der Regel noch mehr oder minder geringfügig zu modifizieren. Die Testphase sollte mit Material operieren, das nicht in der eigentlichen Inhaltsanalyse ausgewertet wird. In der Anwendungsphase codieren die Mitarbeiter das Untersuchungsmaterial gemäß der Vorgaben des Codebuchs. Abschließend werten die Forscher das erhobene Datenmaterial aus und verfassen die Publikation.

Nachdem die Grundgesamtheit geklärt und die Stichprobe gezogen (vgl. Kapitel III.A.3) ist, muss der *Fall* festgelegt werden. Die Fälle der Grundgesamtheit N = X werden in Tabellen und Grafiken als Fallzahl n = x angegeben. Als Fall kann eine Zeitungsausgabe, ein Artikel, ein einzelner Satz oder Wort definiert werden. In der Kommunikationswissenschaft ist zumeist ein Artikel ein Fall: Zeitungsausgaben sind zu grob, die Satz- oder Wortebene zu fein gerastert; beide empfehlen sich für sprachwissenschaftliche Analysen. Die einzelnen Fälle werden mittels deskriptiver und analytischer Statistik ausgewertet: Deskriptiv heißt, dass zunächst einmal nur Häufigkeiten ausgezählt werden; die analytische Statistik setzt darüber hinaus die Häufigkeiten zueinander in Beziehung. Das kann mittels sogenannter Tabellenkalkulationsprogramme (Microsoft Excel, Open Office Calc usw.) oder mit speziellen Analyseprogrammen (SPSS, Grafstat etc.) geschehen.

Das Raster der Inhaltsanalyse nennt man Kategorienschema; es bestimmt die Möglichkeiten der Interpretation und Analyse; ein schlechtes Schema wird immer zu schlechten Ergebnissen führen;

umgekehrt gilt das leider nicht: Auch ein hervorragendes Kategorienschema kann eine schlecht durchgeführte Inhaltsanalyse nicht in jedem Fall verhindern. Die *Kategorien* werden in einer Codieranweisung, dem *Codebuch*, festgelegt. Es sollte klar formuliert sein und besser zuviel als zuwenig explizieren. Grundsätzlich empfiehlt es sich, die einzelnen Anweisungen doppelt zu formulieren: einmal abstrakt und einmal als Beispiel. So muss bei jeder Inhaltsanalyse von Zeitungen der Zeitungstitel codiert werden. Dabei könnte man die Kategorie «Zeitung» nennen und als abstrakte Anweisung formulieren: «In der Kategorie ist der Titel der Zeitung zu verzeichnen.» Die angefügten Beispiele spezifizieren dann vielleicht als Ausprägungen: «01 = Frankfurter Allgemeine Zeitung, 02 = Süddeutsche Zeitung etc.» Statt der Zahlen können je nach Programm auch Buchstaben verwendet werden.

Grob lassen sich zwei Arten von Kategorien unterscheiden: a) formale und b) inhaltliche. Die formalen halten für jeden einzelnen Fall objektive, in der Regel leicht zu erhebende Charakteristika fest. Dabei wird, wenn der Fall der Zeitungsartikel ist, für jeden Artikel das Datum, der Name der Zeitung, die Seitenzahl, eine sogenannte Identifikationsnummer (mit der der Artikel auf einer Seite wiedergefunden werden kann) und der Codierer festgehalten. Auch der Artikelumfang wird häufig codiert. Inhaltlich werden dann Kategorien codiert, die sich am jeweiligen Forschungsinteresse orientieren. Wenn die Nachrichtenwerte der Artikel untersucht werden sollen, dann müssen im Kategorienschema die Nachrichtenfaktoren codiert werden; wenn untersucht werden soll, über welche Themen bevorzugt berichtet wird, müssen Kategorien für die thematischen Inhalte entwickelt werden; wenn geklärt werden soll, wie oft und welche Politiker oder andere Prominente zitiert werden oder im Text vorkommen, muss das Kategorienschema diese Fragestellung berücksichtigen. Kategorien müssen 1. exklusiv, 2. trennscharf und 3. vollständig (erschöpfend) das Untersuchungsgebiet abstecken. In einem häufig benutzten Vergleich wird das Kategorienschema mit einem Puzzle, die einzelne Kategorie mit einem Puzzleteilchen verglichen. Wenn mehrere Puzzleteilchen fehlen, ist das Schema nicht zu vervollständigen; das Bild wird niemals fertig. Wenn Puzzleteilchen mehrerer Puzzles miteinander gemischt werden, dann dürften sich in der Regel die Ränder der Steinchen überlappen; die Kategorien wären nicht mehr trennscharf. Sollten die Ränder der Steinchen der verschiedenen Puzzles wider Erwarten zueinander passen, so gälte das für die Bildfragmente dennoch nicht; die Bedeutung der Puzzlesteinchen wäre nicht exklusiv, um ein eindeutiges Gesamtbild zu ergeben.

Was für die Kategorien selbst gilt, gilt auch für die Unterform: Auch die sogenannte *Ausprägung* muss eindeutig, trennscharf und vollständig die jeweilige Kategorie abbilden. Wenn eine Inhaltsanalyse beispielsweise die journalistische Darstellungsform codiert, sollte man nicht nachrichten-, meinungsbetonte und feuilletonistische Darstellungsformen gegenüberstellen, denn auch das Feuilleton enthält Nachrichten und Meinungen; stattdessen sollten nachrichten-, meinungsbetonte und fiktionale Darstellungsformen (Fortsetzungsroman, Gedichte etc.) unterschieden werden. Und um Mischformen wie das Feature oder die Reportage einzubeziehen, empfiehlt sich noch die Residualausprägung «Sonstiges».

Mit der Codierung wird letztendlich gerechnet. Um zu wissen, welche statistischen Operationen zulässig sind, muss man das sogenannte *Skalenniveau* beachten. Vier Skalen werden unterschieden: 1.) Nominal-, 2.) Ordinal-, 3.) Intervall- und 4.) Ratio- oder Verhältnisskala. Nominalskalen werden bei Inhaltsanalysen sehr häufig verwendet, sie verzeichnen Namen und Begriffe; das Beispiel der Kategorie Zeitungstitel beruht auf einer Nominalskala. Würde man codieren, ob eine Partei in einem Artikel oder einer Nachricht Erwähnung findet, folgte auch diese Kategorie der Nominalskala. Bei Namen und Begriffen lässt sich nur die Häufigkeit auszählen: Weder kann man eine FAZ von einer SZ subtrahieren noch die SPD mit der CDU multiplizieren. Ordinalskalen sind ebenfalls häufig zu finden, sie treffen Rangordnungen. Eine Inhaltsanalyse der Wirtschaftsberichterstattung könnte das Konjunkturklima codieren und nach guten, schlechten und unentschiedenen Konjunkturaussichten differenzieren. Nach der reinen statistischen Lehre erlauben auch Ordinalskalen nur absolute und relative Häufigkeitsauszählungen. Doch nicht selten wird gut mit «+1», unentschieden mit «0» und schlecht mit «–1» übersetzt. Die auf dieser Basis berechneten Mittelwerte liefern nur scheingenaue Ergebnisse, so dass weitergehende Schlussfolgerungen möglichst vorsichtig zu formulieren sind. Das nächsthöhere Datenniveau ist in Inhaltsanalysen sehr selten: Intervallskalen besitzen definierte Abstände zwischen den einzelnen Ausprägungen. Der Abstand zwischen 1°C und 2°C ist genauso groß wie zwischen 31°C und 32°C. Die Celsiusskala ist deswegen eine Intervallskala, weil der Nullpunkt willkürlich gesetzt ist. Ist hingegen zusätzlich der natürliche Nullpunkt gegeben, spricht man von einer Ratioskala. Die Temperaturmessung mit der Kelvinskala (der absolute Nullpunkt liegt bei −273°C) ist eine solche Verhältnisskala. Ratioskalen sind in der Inhaltsanalyse häufiger als Intervallskalen, weil alle Kategorien, die den Umfang der Berichterstattung messen, als Ratioskala abgebildet werden können. So könnte bei der Kategorie «Artikelumfang» die Anzahl der Buchstaben gezählt oder der Artikelumfang in Quadratzentimetern gemessen werden. Über die Zulässigkeit der statistischen Operationen informieren verschiedene Handbücher, auch bei Wikipedia findet sich eine brauchbare Tabelle.[19] Die Skalentypen gelten auch für die statistische Auswertung von Befragungen und Beobachtungen, denen sich der nächste Abschnitt zuwendet.

2. Befragung und Beobachtung

Die *Anwendung der Befragungen* konzentriert sich in der Kommunikationswissenschaft hauptsächlich auf drei Forschungsfelder: 1.) die Kommunikatorforschung, 2.) die Nutzungs- und Wirkungsforschung und 3.) die Oral History. Kommunikatoren wie Journalisten, PR-Fachleute, Blogger oder andere können nach ihrem Selbst- und Berufsverständnis, nach den bevorzugten Informationsquellen, nach ihrem Arbeitsalltag, nach kommunikativen Routinen etc. befragt werden.[20] In der Wirkungsforschung kann mit Befragungen die Mediennutzung mit den persönlichen Einstellungen verglichen werden. Oral History ist einerseits ein eigenständiges Forschungsfeld, andererseits eine Methode: Zeitzeugen werden eingesetzt, um medien- und kommunikationshistorische Themen mit Zitaten zu illustrieren, oder sie sind eine Quelle, wenn kommunikationshistorische Themen mit zeitgeschichtlichem Horizont recherchiert werden. Dabei wird Wesentliches zur Quellenkritik noch weiter unten ausgeführt. Zeitzeugen sind eine durchaus problematische, aber häufig unverzichtbare Quelle: «Der schlimmste Feind des Zeithistorikers ist der Zeitzeuge.» Das wusste schon der erste Zeithistoriker und Begründer der quellenkritischen Geschichtsschreibung, Thukydides (ca. 460 v. Chr. – nach 400 v. Chr.), der in der Einleitung seiner klassischen Darstellung zur Geschichte des Peloponnesischen Krieges über seine Zeugenbefragungen schrieb: «Mühsam war diese Forschung, weil die Zeugen der einzelnen Ereignisse nicht dasselbe über dasselbe aussagten, sondern je nach Gunst oder Gedächtnis.»[21]

Man kann *drei Typen von Befragungen* unterscheiden: 1.) das vollständig standardisierte Interview, 2.) das teilstrukturierte Leitfadeninterview und 3.) die unstrukturierte, narrative Befragung. Bei den *standardisierten Interviews* ist oberstes Ziel, die Interviewten mit den gleichen Fragen zu konfrontieren, damit die Antworten vergleichbar sind. Die Reihenfolge der Fragen kann variieren. Häufig werden standardisierte Befragungen an eine repräsentativ ausgewählte Stichprobe gerichtet. Insbesondere telefonische Befragungen, Internetbefragungen (interaktive Formulare) und per Post versandte schriftliche Befragungen setzen auf Standardisierung. Standardisierte Befragungen sind grundsätzlich so angelegt, dass sie quantitativ ausgewertet werden können. Sie enthalten auch Fragen zur Person: Einkommen, Alter, Schulbildung, Geschlecht etc.

Teilstandardisierte Leitfadeninterviews stellen nicht die immer gleichlautenden Fragen, sondern arbeiten einen Themenkatalog von Fragen ab. Die Reihenfolge der Fragen wird in der Regel von der jeweiligen Interviewsituation abhängig gemacht. Gleiches gilt für die genaue Formulierung der Fragen, für etwaige Nachfragen etc. Leitfadeninterviews werden häufig eingesetzt, um Experten zu befragen. Sie werden in der Regel nicht quantifizierend ausgewertet, sondern dazu eingesetzt, Informationen zu erhalten, mit denen im weiteren Verlauf des Forschungsprojekts gearbeitet werden kann. Da es zumeist auf die Expertise der Befragten ankommt, sind diese bewusst ausgewählt worden; mithin müssen sie nicht repräsentativ sein, sondern nur exemplarisch für eine Grundgesamtheit stehen. Daher können Leitfadeninterviews auch auf die Abfragen der persönlichen Merkmale verzichten. Die Interviewer sollten sie schon zuvor recherchiert haben.

Der dritte Typus der Befragung ist *unstrukturiert*; er ähnelt eher Alltagsgesprächen als wissenschaftlichen Interviews. Zur Exploration eines Themas kann die unstrukturierte Befragung als Entdeckungsinstrument eingesetzt werden; sobald ein Thema sich konkretisiert, sollte man in der Lage sein, einen strukturierten Fragenkatalog zu entwickeln. Die Ergebnisse unstrukturierter Befragungen sind naturgemäß nicht repräsentativ und können immer nur Teilbereiche des Themas, nie den gesamten Bereich des Erkenntnisinteresses abdecken. Es kann von Vorteil sein, dem Leitfadeninterview einen unstrukturierten Eindruck zu geben, um den Interviewpartnern die eventuell vorhandene Scheu vor dem Mikrofon und dem Interviewer zu nehmen, etwa wenn im Bereich der Oral History bildungsferne

Personen befragt werden. Meist schaden die Interviewer aber ihrem Anliegen, wenn sie unsystematisch fragen, insofern das unvorbereitet wirkt.

Man unterscheidet *drei Typen von Fragen*: 1.) Programmfragen, 2.) Testfragen und 3.) Funktionsfragen. Die *Programmfragen* interessieren den Forscher, werden jedoch nicht explizit gestellt. Sie formulieren das Erkenntnisinteresse: Eine typische Programmfrage aus dem Bereich der Journalismus- und Redaktionsforschung wäre, warum diese oder jene Nachricht ausgewählt wird und eine andere nicht. *Testfragen* werden explizit gestellt. Alle Testfragen eines Interviews geben indirekt und gemeinsam eine Antwort auf die Programmfragen; sie operationalisieren die Programmfragen und übersetzen sie in ausformulierte, direkte Fragen. Eine zur genannten Programmfrage passende Testfrage wäre, den Interviewten Agenturmaterial vorzulegen und sie dann zu fragen, was an dieser oder jener Meldung wichtig ist. Die dritte Kategorie, die *Funktionsfragen*, unterteilt sich in 1.) Eisbrecherfragen, 2.) Überleitungsfragen, 3.) Trichter- bzw. Filterfragen und 4.) Kontrollfragen. *Eisbrecherfragen* dienen der Intervieweröffnung. Sie werden in der Regel nicht ausgewertet. *Überleitungsfragen* sollen die Themenblöcke separieren. Sie haben zumeist den Charakter des unpersönlichen Smalltalks und werden ebenfalls nicht ausgewertet. *Trichter- bzw. Filterfragen* sollen die Interviews verzweigen. Sie haben erhebliche Bedeutung für den weiteren Verlauf des Interviews und beziehen sich zumeist auf Eigenschaften der Interviewten: «Haben Sie eine Universität oder Fachhochschule besucht? Wenn ja, dann bitte weiter mit …, wenn nein, dann bitte weiter mit …» *Kontrollfragen* werden immer ausgewertet, denn sie dienen zur Prüfung der Aufrichtigkeit der Interviewten; sie funktionieren nach dem Muster, dass eine Frage, die etwas früher in der einen Form gestellt wurde, später in einer anderen erneut gestellt wird. Man kann, um die Mediennutzung abzufragen, zunächst fragen, ob die Tagesschau am Vortag gesehen wurde. Etwas später konfrontiert man die Interviewten mit einem dort behandelten Thema und fragt nach der Einschätzung seiner Bedeutung.

Bei den *Testfragen* werden Sachfragen, Wissensfragen, Einstellungs- oder Meinungsfragen und Verhaltensfragen unterschieden. Sachfragen kann jeder sofort beantworten. Typische Sachfragen sind die nach dem Alter oder Wohnort oder Fragen wie «Besitzen Sie einen MP3-Player?» Wissensfragen prüfen den Informationsstand: «Wie heißt der deutsche Außenminister?» «Zu welchem Verlag gehört die Wochenzeitung *Die Zeit*?» Hierbei sollten die Interviewten nicht überfordert werden. Einstellungs- und Meinungsfragen kann prinzipiell wieder jeder beantworten. Häufig fragt man sie mittels mehrteiliger Differenziale ab. «Wie finden Sie das neue Layout der Zeitung? Bitte antworten Sie auf einer Skala von 1–5 (sehr gelungen bis äußerst misslungen).» Mit ihnen können auch Begriffskonnotationen abgefragt werden. Die Differenziale sollten nicht zu kleinteilig sein. Am sinnvollsten werden sie wie in Abbildung II-6 visualisiert. Ob man besser gerade oder ungerade Antwortmöglichkeiten vorgibt, ist umstritten; für beide Varianten sprechen Gründe. Auf jeden Fall müssen alle Fragen mit der gleichen Differenzialvorgabe versehen werden, um die Vergleichbarkeit zu gewährleisten.[22] Verhaltensfragen werden zumeist in der Form gestellt, dass man wissen möchte, was am vorletzten oder letzten Tag gemacht wurde: «Welchen Radiosender haben Sie gestern gehört?» Bei Befragungen werden offene und geschlossene Fragen unterschieden. Geschlossene sind Fragen mit Antwortvorgaben, offene ohne Vorgaben. Beide Typen haben Vor- und Nachteile:

Tabelle III-4: Vor- und Nachteile offener und geschlossener Fragen[23]

	Vorteile	*Nachteile*
Offene Fragen	• Hohe Komplexität • Viele Randbedingungen zu berücksichtigen • Nicht erwartete Aspekte	• Aufwendige Auswertung • Zersplitterte Antworten • Ergebnisverzerrung durch unterschiedliche Eloquenz der Befragten • große Abhängigkeit der Befragten vom Interviewer
Geschlossene Fragen	• Einfache Auswertung großer Fallzahlen • Vergleichbarkeit der Ergebnisse • Kein Einfluss der Eloquenz • Abfrage der wichtigen Aspekte	• u. U. Nichtberücksichtigung wichtiger Aspekte • Verzerrung der Antworten

Ein *Problem* der Befragung ist, dass explizite Fragen explizite Antworten erzwingen: Die Befragten werden gezwungen, Aspekte zu erklären, über die sie vielleicht vor der Frage nie nachgedacht haben. Ein zweites Problem ist das der Erwünschtheit: Jeder Befragte hat automatisch Vorstellungen von dem, was der Fragesteller hören will. Das kann z.T. mit sozialer Erwünschtheit zusammenhängen: Aus diesem Grund erzielen rechtsextreme Parteien bei der Sonntagsfrage immer geringere Prozentanteile als in der Wahlkabine. Auch würde sich ein Pädophiler nie zu seiner sexuellen Veranlagung bekennen. Erwünschtheiten können sich auch situationsabhängig aus der Interaktion zwischen Interviewer und Interviewten ergeben: Angenommen, eine Befragung fände im Auftrag von ARD und ZDF statt; die Befragten tendierten dann vielleicht zu Antworten, die für die Öffentlich-Rechtlichen betont günstig oder ungünstig ausfallen. Da Auftraggeber zu benennen sind, lässt sich diese Verzerrung nicht verhindern, andere Erwünschtheitseffekte können durch neutrale Fragen oder Projektion einer Frage auf Dritte gemindert werden. Ein drittes Problem lässt sich als Selbstdarstellungseffekt beschreiben: Wer interviewt wird, will «gut aussehen» und tendiert daher dazu, sich selbst möglichst positiv zu beschreiben. Kleinere Probleme ergeben sich aus dem Aufbau des Interviews: Wegen der sogenannten Primacy- und Recency-Effekte wird die Aufmerksamkeit insbesondere auf Eingangs- und Schlussfragen gelenkt. Dem kann durch Änderung der Reihenfolge der Fragen vorgebeugt werden. Die Mischung der Reihenfolge mindert auch den sogenannten Ausstrahlungseffekt: Jede Frage beeinflusst auch die Antwort auf die folgende. Grundsätzlich sollten Suggestivfragen vermieden werden; die Fragen sollten einfach, klar und verständlich formuliert sein; man sollte mit jeder Frage nur einen Aspekt abfragen; das Interview sollte auch nicht zu lange dauern, um die Befragten nicht zu sehr zu ermüden.

Befragungen leiden darunter, dass die Antwortehrlichkeit nicht gleich groß ist und sich manches nicht abfragen lässt. Darum wird die Befragung auch bisweilen mit der Beobachtung kombiniert. *Anwendungsfelder der Beobachtung* können sein: das Rezipientenverhalten wie Surfverhalten im Internet, Hörfunk- und Fernsehrezeption, das Kommunikatorverhalten wie das Handeln von Journalisten in Redaktionen oder das Verhalten in Chatrooms, Rollenspielen oder Computerspielen etc. Dabei lassen sich die Methoden kombinieren, um die Schwäche der einen durch die Vorteile der anderen auszugleichen. Beobachtungsstudien schließen nicht selten an handlungstheoretische oder systemtheoretische Konzepte an.[24]

Bei der *Beobachtungsplanung* muss zunächst die Fragestellung geklärt sein: So könnte man den Einfluss von Zeitdruck auf Selektionsentscheidungen in Redaktionen erforschen wollen. Dann müsste man die allgemeine Fragestellung konkretisieren und würde vielleicht zunächst einmal eine grundsätzliche Unterscheidung zwischen normaler und sich überschlagender Nachrichtenlage treffen. Außerdem könnte man zwischen der Zeit am Vormittag und der Zeit kurz vor Redaktionsschluss unterscheiden. Dann hätte man unterschiedliche Handlungskontexte typisiert und könnte ihnen Beobachtungen zuordnen. Auch muss man entscheiden, was beobachtet werden soll: Einzelne Personen oder ganze Gruppen? Wann und wo soll beobachtet werden? Was ist der einzelne Beobachtungsfall? Welche Zeit- und Handlungseinheiten werden unterschieden etc. Bei Durchführung einer Beobachtung empfehlen sich wie bei anderen Methoden auch mehrere Phasen: Nach der Planung sollte ein Pretest durchgeführt werden, um gegebenenfalls die Operationalisierung zu verbessern. Auf die eigentliche Beobachtungsphase folgt dann die Auswertungsphase, quantitativ oder qualitativ oder als Mischkonzeption. Die verschiedenen *Beobachtungsvarianten* lassen sich nach Beobachter, Beobachtungssituation und Erhebungsverfahren unterscheiden und miteinander kombinieren:

Tabelle III-5: Beobachtungsvarianten[25]

	Varianten
Beobachter	• Interne <> externe Beobachter • Selbst- <> Fremdbeobachtung • Teilnehmende <> nicht teilnehmende Beobachtung
Beobachtungssituation	• Offene <> verdeckte Beobachtung • Wissenschaftliche <> unwissenschaftliche Beobachtung • Feld- <> Laborbeobachtung • Beobachtung mit und ohne Stimuli
Erhebungsverfahren	• Standardisierte <> nicht standardisierte Protokollierung • Manuelle <> automatisierte Protokollierung • Unvermittelte Beobachtung <> Aufzeichnung • Direkte <> indirekte Erhebung (Verhaltensresultate)

Interne oder externe Beobachtung hebt auf die Beteiligung der Forscher ab: Beobachten sie selbst, spricht man von interner, lassen sie beobachten hingegen von externer Beobachtung. Mit Fremdbeobachtung ist die Beobachtung anderer, mit Selbstbeobachtung die Introspektion in eigene Befindlichkeiten gemeint. Teilnehmende versus nicht teilnehmende Beobachtungen hebt auf die Beteiligung der Beobachter am Geschehen ab. Bei teilnehmenden gibt es die aktive und die passive Variante: Aktiv heißt, dass der oder die Beobachter sich vielleicht als Journalisten im Redaktionsalltag beteiligen. Dabei fällt man zwar kaum auf, doch kann man die Beobachtungen schlecht protokollieren. In passiv-teilnehmenden Beobachtungen beteiligt sich der Beobachter nicht, tut aber so, z. B. in Gesprächsrunden; das stört weniger. Bei nicht teilnehmenden Beobachtungen werden diese aufgezeichnet, u. a. durch Computerprotokolle, Videokameras oder Kassettenrekorder. Der Vorteil der Analysewiederholung wird durch den Nachteil erkauft, die Atmosphäre nicht zu erfahren.

Von den unterschiedlichen *Beobachtungssituationen* müssen offen versus verdeckt sowie Feld- versus Laborbeobachtungen näher erläutert werden. Offene Beobachtungen stören die Probanden, und deren Gewöhnung an die Beobachter kann dauern. Verdeckte Beobachtungen stören zwar nicht, doch können sie die Privatsphäre verletzen und sind nur bedingt ethisch vertretbar. Als Entscheidungshilfe dient die Faustregel, dass öffentliches Verhalten verdeckt beobachtet werden darf, privates und intimes hingegen nicht. Für Feld- und Laborbeobachtungen gilt im Speziellen das, was zu Feldstudien und Laborexperimenten schon allgemeiner ausgeführt wurde. Feldbeobachtungen in natürlicher Umgebung sind ungezwungen, nicht kontrollierbar, und es gibt immer wieder unvorhersehbare Störungen. Laborbeobachtungen in künstlicher Umgebung schließen zufällige Störungen aus und erlauben die akkurate Beobachtung, bergen aber als Gefahren eine Übergewichtung der Messergebnisse und unnatürliches Verhalten der Probanden.

Die *Erhebungsverfahren* unterscheiden sich ebenfalls. Standardisierte Protokolle erhöhen die Wissenschaftlichkeit und erfordern einen zuvor aufgestellten Beobachtungsplan. Es stellt sich dabei jedoch immer die Frage, ob überbordender Schematismus nicht die Beobachtung einschränkt. Unstrukturierte Beobachtungen ähneln der Alltagsbeobachtung und eignen sich vor allem zur Exploration. Nicht automatisierte Protokollierung ist bei der Beobachtung von natürlichen Personen möglich, bei der Auswertung des E-Mail-Verkehrs oder der Beobachtung von Chatkommunikation ist automatisierte hingegen angeraten. Ein Sonderfall und schon nicht mehr Beobachtung im eigentlichen Sinn ist die «indirekte Beobachtung», bei der nicht das Verhalten, sondern die Verhaltensresultate beobachtet werden. Das ist unproblematisch, solange es um triviale Fragen geht. Man muss nicht im Lebensmittelladen stehen und die Käufer beobachten, wenn man nur wissen will, welche Lebensmittel in welcher Menge gekauft werden. Soll hingegen erhoben werden, was gezielt und was eher zufällig gekauft wurde, hilft die indirekte Beobachtung nicht.

Die *Probleme* von Befragung und Beobachtung sind beinahe gegensätzlicher Natur: Während die Befragung überwiegend auf Einstellungen und Handlungsmotive abzielt und häufig Motive selbst dann produziert, wenn keine begründbaren vorhanden sind, so lassen sich aus Beobachtungen allein keine Motive ableiten, da den Beobachteten nicht in den Kopf zu schauen ist; nur mit einer gewissen Plausibilität sind Handeln und Motivation zu verknüpfen. Zudem lassen sich die Einflüsse der Beobachter auf die Beobachteten nie gänzlich ausschließen; offene Beobachtung führt immer zu einer gewissen Unnatürlichkeit. Ein drittes Problem liegt bei den Beobachtern selbst: Auch sie sind nur Menschen und werden selektiv wahrnehmen und erinnern; daher zeichnen sie bisweilen statt der beobachteten die erwarteten Befunde auf. Ein viertes, mit dem ersten wiederum verwandtes Problem ist an der Interpretation von Gesten und Symbolen zu illustrieren: Was sie bedeuten sollen, ist nie ganz eindeutig. Das aber gehört schon zum nächsten Abschnitt.

C. Medienwissenschaftliche und kommunikationshistorische Methoden

1. Von der Hermeneutik zu Quellenrecherche und Quellenkritik

Hermeneutik, vom griechischen Wort «auslegen, ausdeuten, dolmetschen», ist im engeren Sinn die Erkenntnistechnik des Verstehens und der Interpretation von religiösen, wissenschaftlichen und literarischen Texten; im weiteren Sinn wird darunter die Interpretation aller sozialen Sinnzusammenhänge verstanden. Im religiösen Kontext heißt die Kunst der Auslegung Exegese. Hermeneutisches *Verständnis* interpretiert subjektiv und will im Gegensatz zur *Erklärung* keine

Kausalitäten, sondern Gesamtzusammenhänge herausarbeiten. In der Hermeneutik werden exemplarische, wesentliche (notwendige), nicht alle (hinreichenden) Bedingungen betrachtet. Prägend für die moderne Hermeneutik waren Friedrich Schleyermacher (1768–1834), Wilhelm Dilthey (1833–1911), Martin Heidegger (1889–1976) und dessen Schüler Hans-Georg Gadamer (1900–2002).[26]

Hermeneutische Verfahren empfehlen sich als *Anwendung* für eine Vielzahl von nichtstandardisierten Texten bis hin zur Diskursanalyse in Cultural Studies und Kulturwissenschaft.[27] In kommunikationswissenschaftlichen Einführungen zur Inhaltsanalyse werden historische, medien- und literaturwissenschaftliche Verfahren der Textanalyse unter dem Stichwort Hermeneutik zusammengefasst.[28] Doch die Spannbreite der Hermeneutik umfasst sogar gegensätzliche Methoden: Eine sehr differenzierte und formalisierte Form der Hermeneutik haben die Historiker entwickelt und in einer Reihe von Handreichungen dargestellt.[29] In den Medienwissenschaften ist die Hermeneutik kaum formalisiert: Mit Ausnahme der Literatur- und Filminterpretation (zur Filmanalyse vgl. Kapitel III.C.2) existieren zur allgemeinen Hermeneutik eher theoretisch als methodisch orientierte Abhandlungen.[30]

Da der Begriff «Text» verschiedene Bedeutungen annehmen kann, muss unklar bleiben, was im konkreten Fall unter Hermeneutik verstanden wird, wenn nicht zuvor der Textbegriff geklärt wurde. Auch über die Aussagefähigkeit und Belastbarkeit der Texte existieren unterschiedliche Vorstellungen: Sie reichen von einer radikal *textimmanenten Perspektive* bis zum glatten Gegenteil. Radikal textimmanent pointierte Jacques Derrida: «Ein Text-Äußeres gibt es nicht.» Zugleich vertrat er einen sehr weit gedachten Textbegriff, der neben Schriftlichem auch Theater oder Psychologisches umfassen konnte. «Kein Text-Äußeres» ist vergleichbar der radikal-inhaltsanalytischen Position, man könne aus dem Inhalt keinen einzigen Inferenzschluss ableiten; der Text soll ausschließlich für sich sprechen; selbst der Autor wird nicht greifbar. Intersubjektive Interpretationen gibt es nicht, denn Derrida behauptete, dass die Schrift den eigentlichen Sinn der Sprache nicht abbilden könne. Inhaltlich ist diese paradoxe Art der Hermeneutik daher weitgehend folgenlos. Praktisch, wegen der geforderten Dekonstruktion der Texte, allerdings keineswegs: Der Text soll radikal in einzelne Bestandteile zerlegt werden, um die unterschiedlichen Sinn-Schichten und die Differenz zwischen Sprache und Schrift sowie zwischen Signifikat und Signifikant zu dekonstruieren.

Daher wird Derridas Praxis auch als «Dekonstruktivismus» bezeichnet.[31]

Die extreme Gegenposition der *textexternen Perspektive* negiert in letzter Konsequenz den Text an sich. Im «Akt des Lesens», um den Titel eines einflussreichen Buches zu zitieren, wird der Leser selbst zum Mittelpunkt des Textes, zum zentralen Sinnproduzenten.[32] Obwohl die Perspektiven gegensätzlicher nicht sein könnten, ist das Ergebnis von immanenter und externer Perspektive fast identisch: Die intersubjektiv verständliche Interpretation ist kaum erreichbar. Beides ist für eine Diskussion der Methode, die auf einen formalisierten Kanon abzielen muss, um Intersubjektivität als Vorstufe zur Objektivität herzustellen, kaum sinnvoll.

Eine vermittelnde Position zwischen radikaler immanenter und externer Perspektive nimmt die Suche nach *intertextuellen Bezügen* ein. Damit wird das Augenmerk weder ausschließlich auf den Text noch ebenso exklusiv auf den Leser, sondern auf ein Dispositiv (vgl. Kapitel I. C. 1) der Textproduktion gelenkt, in dem der Autor, andere Autoren und die gesamte Leserschaft zum Verständnis des einzelnen Texts nötig sind. Beispielsweise knüpft an das Sujet des Dr. Faust ein literarischer Mikrokosmos an, der von ersten Bearbeitungen im 16. Jahrhundert über Lessing und Goethe bis zu Thomas Mann reicht. Intertextuelle Bezüge zeigen sich nicht allein in literarischen oder filmischen Themen, sondern auch in ästhetischen und stilistischen Anleihen. Ihren formalisiertesten Ausdruck erhalten sie in Genres und Gattungen des Films und der Literatur.[33]

Das wichtigste Erkenntnisinstrument der Hermeneutik ist der *hermeneutische Zirkel*: Vorverständnis und Verständnis des Ganzen bedingen sich wechselseitig; aus dem Speziellen ergibt sich das Generelle, erst das Verständnis des ganzen Textes erläutert die Bedeutung der einzelnen Aussagen. Das Vorverständnis setzt voraus, dass man der Sprache des Textes mächtig ist. In den folgenden Stufen der wiederholten Rezeption werden die Bedeutungen entschlüsselt, bis ein tieferes Verständnis, das über das erste Vorverständnis weit hinausreicht, erlangt wird. Allerdings kann man den Zirkel nicht verlassen; keine hermeneutische Erkenntnis kann sich von ihrem kulturellen Hintergrund lösen; damit sind die Erkenntnisse auch nicht falsifizierbar.

Das Verständnis zielt auf mehrere, von der Literatur unterschiedlich benannte *Ebenen*: Die Handlungsebene bildet die 1. Ebene; Stilistik und Ästhetik des Textes prägen die erzähltechnische 2. Ebene;

beide werden bisweilen auch unter dem Begriff «Oberflächensemantik» zusammengefasst. Die 3. Bedeutungsebene hat im Dekonstruktivismus ihren radikalsten Ausdruck gefunden: Hermeneutik als Hermeneutik des Verdachts, oder was bedeutet der Text hinter seiner expliziten Botschaft? Welche Anspielungen könnten gemeint sein? Welche Symbole werden in welchem Sinn gebraucht? Oder, in Anlehnung an Sigmund Freud, welche tiefenpsychologische Bedeutung hat der Text? Diese dritte Ebene wird auch als «Tiefensemantik» bezeichnet. «Verdacht» bedeutet zum einen, sich nicht mit der offensichtlichen Botschaft an der Oberfläche zufrieden zu geben, zum anderen öffnen die unterschiedlichen Konnotationen, die von Lesern und Interpreten mit dem Text verbunden werden, ein Fenster der Unschärfe. Damit geht die Auflösung objektiver, intersubjektiv nachvollziehbarer Kriterien einher. Die Hermeneutik beginnt mit formalisierter Beschreibung und endet in subjektiver Interpretation der Texte.

Die Ebenen des hermeneutischen Verständnisses können am filmischen Text veranschaulicht werden: Das Filmverständnis hängt zunächst einmal von der Qualität des Plots, der Handlung ab. Daneben bedingt die Qualität der visuellen, auditiven und schauspielerischen Umsetzung das Verständnis: von Oberflächenphänomenen wie der Machart der Filmstunts über tiefgründigere Fragen von der Ton- und Bildästhetik bis zu Schauspielerhandeln und -führung. Die 3. Verständnisebene unterscheidet dann die gelegentlichen Kinogänger von den Cineasten: Letztere ziehen großes Vergnügen daraus, dass sie entdecken, bei welchen Filmen und Regisseuren sich der Regisseur gerade bedient. Die Unterscheidung der Verständnisebenen gilt in ähnlicher Weise auch für die Literatur: Die 2. erzähltechnische Ebene lässt sich in Sprachstil einerseits und Darstellungsstil andererseits unterscheiden; die 3. betrifft die intertextuellen Bezüge.

Das *Problem* der hermeneutischen Methode ist weder der hermeneutische Zirkel noch die Subjektivität des Vorverständnisses, sondern das nicht reflektierte Vorurteil anstelle eines (Vor-)Urteils: Wenn der Zirkel wie ein Zirkelschluss angelegt wird – als wechselseitige Bestätigung von unbewusstem Vorurteil und Urteil –, sind die gewonnenen Ergebnisse erkenntnistheoretisch ungültig. Daher kann es methodisch sinnvoller sein, insbesondere bei komplexeren Kommunikaten aller Art, zusätzlich zur Textkritik eine quellenkritische Textinterpretation zu leisten, die sowohl die Frage des Entstehungszusammenhangs als auch des sozialen (Wirkungs-)Kontextes berücksichtigt.³⁴ An einem Text von großer Schlichtheit und zugleich höchster propagandistischer Raffinesse lässt sich der Unterschied zwischen textimmanenter Hermeneutik und historischer Quellenkritik verdeutlichen. In seinem Rechenschaftsbericht *Res gestae* berichtet Kaiser Augustus u. a.:

«Die Diktatur, die mir in meiner Abwesenheit und in meinem Beisein sowohl vom Volk als auch vom Senat unter den Konsuln Marcus Marcellus und Lucius Arruntius [22 v. Chr.] angetragen wurde, habe ich zurückgewiesen. […] Das mir damals angetragene jährliche Konsulat auf Lebenszeit habe ich ebenfalls nicht angenommen. […] Dass ich auf ewig unverletzlich sein und die tribuzinische Amtsgewalt auf Lebenszeit innehaben sollte, wurde durch Gesetz bekräftigt. Pontifex Maximus zu werden anstelle meines noch lebenden Kollegen, habe ich abgelehnt […] Als ich aus Spanien und Gallien […] nach Rom zurückkehrte [13 v. Chr.], beschloss der Senat zum Dank für meine Rückkehr einen Altar des Augustusfriedens zu weihen.»³⁵

Der Text aus den letzten Jahren der Regierungszeit des Augustus war am Augustustempel in Ankyra, dem heutigen Ankara, angebracht. Er ist fragmentarisch auch von anderen Orten des Reiches überliefert, dürfte somit in beinahe jeder größeren Stadt des Imperiums am örtlichen Augustustempel angebracht und mithin ein «Massenmedium» gewesen sein: Der Text besteht zu großen Teilen aus der Aufzählung republikanischer Ehrungen, die Augustus angetragen worden waren, die er aber aus Bescheidenheit ablehnte. Ehrung und Ablehnung drücken das ideologisch-politische Programm des Kaisers aus: die Wiederherstellung der alten Republik unter dem Schlagwort der «res publica restituta». De facto verbarg sich dahinter aber die Einführung der Monarchie. Der explizite Sinn der Oberflächensemantik ist mithin eine Botschaft der Bescheidenheit und politischen Konsistenz. Der Subtext der Botschaft kann jedoch auch ganz unbescheiden gelesen werden: Senat und Volk von Rom hatten keine Ehrungen mehr zu vergeben, die das, was Augustus schon war, noch hätten steigern können. Die Tiefensemantik steht demnach als tatsächliche Hauptbotschaft im Fortgelassenen. Auch für die potenzielle Wirkung der Inschrift ist die Doppelbödigkeit des Textes von Bedeutung: Dem Ausgesprochenen kann widersprochen werden, dem Angedeuteten nicht.

Eine allein auf dem Text basierende Interpretation hätte diesen Subtext wohl nur unzulänglich entschlüsselt, denn sie wäre bei der äußeren Beschreibung und Kritik stehen geblieben und hätte weder die

Faktenrichtigkeit noch die zugrundeliegende Ideologie entziffert. Die *historische Quellenkritik* ist mithin eine Variante der Hermeneutik, reicht aber weiter, ist zugleich stärker formalisiert und erlaubt zumindest auf der Faktenebene auch die Falsifizierung. Sie nähert sich den Texten in, je nach Systematik, zwei bis acht Schritten: Ganz abstrakt lässt sich zwischen Quellenkritik und Quelleninterpretation unterscheiden. Schon detaillierter ist die Unterteilung in drei Abschnitte: a) hermeneutische, textimmanente Beschreibung, b) Faktenkritik, c) Ideologiekritik. Noch genauer lassen sich 1.) Quellenbeschreibung, 2.) Textsicherung, 3.) Textkritik (äußere und innere) und 4.) Quelleninterpretation trennen. Am detailliertesten beschreibt die folgende Tabelle das Vorgehen in acht Schritten. Dabei ist für die historische Quellenkritik nicht die Benennung oder Unterteilung der verschiedenen Stufen wichtig, sondern dass der Interpretationsprozess von außen nach innen und von den Oberflächenphänomenen zur Einordnung in den Gesamtzusammenhang vollzogen wird. Historiker streiten zwar bisweilen schon über die Faktenrichtigkeit, elementare Interpretationsdivergenzen entstehen jedoch zumeist wegen der «eigentlichen» Bedeutung der Quelle, denn diese ergibt sich nie von selbst, sondern immer aus dem Zusammenhang von Quelle *und* Kontext. Dabei lohnt es sich, den personellen Kontext zu berücksichtigen. Schon Cicero hatte die Hermeneutik des Verdachts auf die Frage «cui bono?», wem nützt es?, verdichtet. Darum gehören biografische Nachschlagewerke zu den wichtigsten Hilfsmitteln des wissenschaftlichen Arbeitens (vgl. Literatur-Kapitel IV.B.3).

Die Methode der historischen Quellenkritik kämpft vor allem mit zwei *Problemen*. Das erste ist mit der *Überlieferungsabsicht*, das zweite mit der *Überlieferungschance* verknüpft. Um Quellen nach der Überlieferungsabsicht zu unterscheiden, werden sie in *Traditionsquellen und Überreste* unterteilt. Die Unterscheidung geht auf den Historiker Gustav Droysen zurück.[37] Alle Zeugnisse der Vergangenheit, die mit der Absicht verfasst oder hergestellt wurden, den Nachgeborenen ein bestimmtes Geschichtsbild zu überliefern, hat Droysen als Traditionsquellen bezeichnet. Zeugnisse, denen diese Absicht fehlt, sind Überreste; ihre Informationen sind nicht schon zum Zwecke historischer Auswertung oder gar als ereignisnahe Darstellung zusammengetragen und damit eher zufällig überliefert worden. Typische Traditionsquellen sind Autobiografien oder offizielle bis offiziöse Darstellungen politischer Zusammenhänge. Man unterscheidet 1.) schriftliche, 2.) abstrakte und 3.) Sachüberreste. Typische

Tabelle III-6: Quellenkritik und -interpretation[36]

	Arbeitsschritt	Vorgehen/Fragen
Quellenkritik	Quellenbeschreibung	Original? Auf welchem Material? Wie geschrieben?
	Textsicherung	erstes Lesen der Quelle
	äußere Kritik	wer, was, wann, wo, an wen etc.
	innere Kritik	a) sprachliche Aufschlüsselung b) sachliche Aufschlüsselung
Quelleninterpretation	Regest	Inhaltsangabe: Datum, Ort, Aussteller, Adressat, Inhalt (Aussage des Textes)
	Eingrenzung des Aussagebereichs	Verfasser: Absicht? Gesellschaftliche Herkunft? Vergleich mit anderen Quellen und Literatur
	Einordnung der Quelle in ihr Umfeld	in biografischer, sozialer, wirtschaftlicher, rechtlicher, politischer, ideologischer, kultureller Hinsicht anhand der: Kontrolle durch andere Quellen und Literatur
	endgültige Interpretation	Bestimmung des Erkenntniswerts für die eigene Fragestellung

schriftliche Überreste sind Finanzbelege und Abrechnungsunterlagen, die aus steuerrechtlichen oder Gründen der Beweissicherung aufgehoben wurden. Bei Ausfertigung und Aufbewahrung dachte niemand daran, dass sie später einmal als historische Quelle dienen könnten. Technische Artefakte wie Rundfunkgeräte oder Druckmaschinen, die Auskunft über die Bedingungen des Rundfunkempfangs oder die Herstellung von Büchern und Zeitungen geben können, sind typische Sachüberreste. Abstrakte Überreste sind gesellschaftliche Institutionen wie Rechtsbestimmungen, Normen oder Rundfunkanstalten.[38]

Traditionsquellen müssen quellenkritisch vorsichtiger interpretiert werden, Überreste hingegen stehen unmittelbar für die Vergangenheit. Die zurückhaltende Interpretation der Traditionsquellen ergibt sich aus ihrer Überlieferungsabsicht, so beschönigen beispielsweise Memoiren immer, wenn auch in unterschiedlichem Maß. Ein Überrest wie ein Detektor-Radioempfänger aus den frühen 1920er Jahren wurde hingegen nicht in der Absicht fabriziert, die Nachgeborenen zu beeinflussen. Vielmehr lassen sich aus dem technischen Artefakt unmittelbar Schlüsse zum Stand der damaligen Rundfunktechnik ableiten.

Während das Problem der Überlieferungsabsicht mit überlegter und vorsichtiger Interpretation in den Griff zu bekommen ist, ist das der *Überlieferungschance* erheblich schwerwiegender. Überlieferungschancen hängen von zahlreichen Faktoren ab: 1.) Zerfall, Zerstörung und unbeabsichtigte Handlungen vernichten den Löwenanteil des ursprünglich Vorhandenen. 2.) Hinzu kommt das bewusste Aussondern von Unterlagen. 3.) Die Aufzeichnungsdichte ist in bewegten Zeiten höher als in ereignislosen. 4.) Sozial Höhergestellte produzieren mehr Überlieferung als Niedriggestellte. 5.) Staatliche und kirchliche Institutionen überliefern mehr als private Unternehmen.

Zerfall und Zerstörung können vielfältige Ursachen haben: Brände, Überschwemmungen und andere Katastrophen vernichten Kunstgegenstände, Schriftstücke und vieles andere in nicht zu bezifferndem Ausmaß. Durch unsachgemäße Lagerung verrotten Archivalien; Papierbestände werden von Mäusen angefressen. Das seit den 1840er Jahren zunehmend für die Zeitungsproduktion hergestellte Holzschliffpapier wird von Säure, die aus den Bleichprozessen im Papier verblieben ist, angegriffen. Bibliothekare und Archivare müssen angesichts begrenzter Lagerungskapazitäten unter fachlichen Gesichtspunkten Überlieferungswürdiges von Unbrauchbarem trennen. Über die Revolution von 1848 finden sich in vielen Archiven detaillierte Aufzeichnungen von Privatpersonen; sie beschreiben, wie die Menschen zusammenströmten, die Nachrichten der neuesten Zeitungen gemeinsam lasen, darüber diskutierten und dann (vielleicht) zur revolutionären Tat schritten oder sich prügelten. In der sogenannten Reaktionszeit nach 1850 wurden hingegen öffentliche Diskussionen in Zeitungen und auf Versammlungsplätzen mit polizeilichen Maßnahmen unterdrückt. Der Einfluss der sozialen Stellung auf die Überlieferungsproduktion lässt sich schon mit Blick auf die Schreib- und Lesefähigkeit erläutern. Sie erreichte erst im späten 19. Jahrhundert breite Schichten; Menschen, die weder schreiben noch lesen können, verfassen aber weder Tagebücher noch Briefe. Daher ist die alltägliche Kommunikation der «kleinen Leute» viel komplizierter – wenn überhaupt – zu rekonstruieren als die der gut ausgebildeten und situierten Schichten. Und zum letzten Aspekt: Die meisten Medienunternehmen sind Privatfirmen, deren Überlieferung generell schlechter als jene von staatlichen oder kirchlichen Institutionen ist. Politik und Verwaltung haben aus Gründen der Rechtssicherung und der kontinuierlichen Amtsführung schon seit dem Mittelalter wichtige Schriftstücke aufbewahrt.

Dem Problem der ungleichgewichtigen Überlieferung kann man nur dadurch begegnen, dass weitere Quellen zur Interpretation herangezogen werden oder Lücken in der Überlieferung interpoliert, also durch plausible Annahmen geschlossen werden. So wurden in einer Propagandaorganisation aus der Bismarckzeit einerseits die Behörden angewiesen, keine Zahlungsbelege aufzubewahren, andererseits ist vor und nach der Einrichtung der Organisation nach Aktenlage Geld geflossen. Da liegt die Annahme nahe, dass für die Propagandaorganisation mindestens ebenso viel Geld wie vor und nach der Beleglücke aufgewandt worden ist.[39]

2. Filmanalyse

Mit einem Abschnitt zur Filmanalyse das Methodenkapitel und damit das Buch zu beschließen, ist ebenso unlogisch wie folgerichtig. Unlogisch ist die Konzentration auf ein Materialobjekt – ein Kapitel Presseanalyse fehlt ja ebenfalls. Folgerichtig aber ist das Schlusskapitel, weil sich *pars pro toto* zeigen lässt, dass die Erkenntnisinteressen der KMW am besten durch eine Kombination verschiedener Methoden zu erforschen sind, und weil die Film- und die verwandte Fernsehanalyse methodisch wie inhaltlich eine wichtige Brücke zwischen der Kommunikationswissenschaft und den Medienwissenschaften schlägt: Die methodische Standardprozedur besteht aus einer Kombination von Inhaltsanalyse mit hermeneutischen Untersuchungen; inhaltlich steht der Film als Chiffre für ästhetisch-künstlerisches und Fernsehen für informativ-aktuelles Material. Entsprechend vielschichtig ist die Analyse.[40]

Filmisches Material spricht die Menschen unmittelbar an. Zwar kann darüber gestritten werden, ob das Sehen der wichtigste menschliche Orientierungssinn ist, doch vom symbolischen Interaktionismus bis zu neuesten Erkenntnissen aus der Hirnforschung spricht vieles dafür, dass wir uns in Gesehenes hineinversetzen. Die Unmittelbarkeit des Erlebens ist jedoch paradoxerweise der Filmanalyse nicht förderlich, sondern eher ein *Problem*. Auch symboltheoretisch erleichtert audiovisuelles Material die Analyse nicht, da Signifikat und Signifikant (beinahe) identisch sind; man spricht auch von «Kurzschlusszeichen» (vgl. Kapitel I.B.1). Darum haben die Medienwissenschaften den ganzheitlichen Dispositivansatz entwickelt (vgl. Kapitel I.C.1). Der holistische Ansatz stellt Zusammenhänge her und bettet das audiovisuelle Material in einen Kontext, der schon mit der Präsentation im Kino oder dem Zeitschema des Fernsehens beginnt. So gab es in der Zeit des Nationalsozialismus die normierte Abfolge von Wochenschau, Kulturfilm und Spielfilm. Noch in den 1960er Jahren folgten auf die Wochenschau ein B-Movie und dann der Hauptfilm, heute folgt der Hauptfilm gleich der Werbung. Die Filmanalyse müsste eigentlich diesen veränderlichen Kontext berücksichtigen. In analoger Weise müssten die (veränderbaren) Zeitraster des Fernsehens in die Analyse einfließen. Doch zumeist beschränkt sie sich darauf, den einzelnen Film oder Beitrag als Bedeutungskontinuum verschiedener Ebenen (Bild, gesprochener Text, Musik etc.) im Zusammenspiel zu analysieren.

Im Unterschied zur Filmkritik, die aus journalistischem Interesse auf rasche Augenblicksurteile abzielt, soll die Filmanalyse eine intersubjektive Überprüfbarkeit und nach Werner Faulstich (* 1946) strukturalistische, biografische, literatur- und filmhistorische, soziologische, psychologische und genrespezifische *Erkenntnisziele* untersuchen.[41] In seiner präzisen Einführung in die Film- und Fernsehanalyse plädiert der Medienwissenschaftler Knut Hickethier für *methodische Vielfalt*: Hermeneutik, quantitativ-sozialwissenschaftliche Inhaltsanalyse und Filmprotokollierung. Vier Interpretationsschritte empfehlen sich: 1.) der Befund, die Notierung der expliziten Sachverhalte, 2.) die Erläuterung der zusätzlichen Informationen, 3.) der Kommentar der unterschiedlichen Ebenen, 4.) die Interpretation als (Re-)Konstruktion der Gesamtzusammenhänge.[42] Neben der Inhaltsanalyse ist insbesondere die *Protokollierung* ein wichtiges Instrument der Film- und Fernsehanalyse. Dadurch wird der Film zitierbar, allerdings wird der Vorteil mit hohem Aufwand erkauft (vgl. Tabelle III-7). Daher empfiehlt sich zumeist nur die partielle Protokollierung einzelner Passagen, um Aufwand und Ertrag in einem angemessenen Verhältnis zu halten. Man unterscheidet zwischen a) dem gröberen Sequenz- und b) dem detaillierteren Einstellungsprotokoll. Das Sequenzprotokoll hält die Handlungseinheiten fest, die durch Ort, Raum, Zeit und Darsteller konstruiert sind. Sequenzen (Sequenz, vom Lat. sequens = folgend) montieren die aufeinander folgenden Einstellungen zu sinnhaften Handlungsteilen. Mit Einstellung sind die kleinsten, vom Kamerablick bestimmten Abschnitte gemeint; das Einstellungsprotokoll dient der Detailerfassung der Strukturen innerhalb der Sequenzen. Die Definition der Sequenzen ist letztlich eine Interpretationsleistung des Forschers, mithin können zum gleichen Film durchaus unterschiedliche Sequenzprotokolle existieren.[43] Über die Festlegung der Einstellungen dürfte es hingegen kaum zu divergierenden Interpretationen kommen, da jede Einstellung durch eine andere Kameraperspektive verdeutlicht wird.

Film sollte auf mindestens *fünf Ebenen analysiert* werden: 1.) der visuellen, 2.) der auditiven, 3.) der narrativen, 4.) der schauspielerischen, 5.) der semiotischen. Auf der *visuellen Analyseebene* lassen sich Bilder im Anschluss an den Filmkritiker und -theoretiker Siegfried Kracauer (1889–1966) einerseits als Beschreibung, anderseits als Enthüllung verstehen, die ohne Kamera nicht wahrnehmbar gewesen wäre. Dabei kann zunächst zwischen Zuschauer- und Kamerablick unterschieden werden; beide sind im Normalfall identisch. Extreme *Kameraperspektiven und -bewegungen* können die Dramatik des Geschehens unterstützen: Untersicht wirkt vergrößernd und suggeriert Autorität und bisweilen Bedrohung; Aufsicht bietet hingegen in der Regel einen Überblick, kann aber wie in Alfred Hitchcocks «Vertigo» auch als Höhenangst die Angst *per se* ausdrücken; auch Rückwärtsfahrten können ein Gefühl der Angst vermitteln. Dialoge werden in der Regel durch einen Wechsel der Blickrichtungen unterstützt: Man spricht hier von Schuss und Gegenschuss. Kamerafahrten oder Zooms konzentrieren den Blick des Zuschauers auf Details eines Bildes, das er zuvor im Überblick gesehen hat. Die *Einstellungsvarianten* verändern die Größe: «Weit» fängt die Landschaft ein; «Totale» gibt einen Überblick über den Handlungsraum; die «Halbtotale» zeigt die Person von Kopf bis Fuß; die «Amerikanische» zeigt vom Oberschenkel an aufwärts (typisch: Mann greift zum Revolver); «Halbnah» heißt von Hüfte an aufwärts; «Nah» zeigt den Kopf bis zur Mitte des Oberkörpers; «Groß» konzentriert sich auf den Kopf; «ganz Groß» blendet alles bis auf Details (Lippen, Augen, etc.) aus. Wie bei Gemälden kann auch im Film von der *Komposition* des Bildes und von Rahmung oder *Cadrierung* gesprochen werden. Die *Konstruktion der Handlungsräume* entsteht nicht nur vordergründig durch Bauten und Architektur, sondern insbesondere durch Ausleuchtung und Wahl der Einstellungsgröße. Den *Lichteinsatz* unterscheidet man nach 1.) Ausleuchtung und 2.) Lichtgestaltung. Neben normaler Ausleuchtung gibt es die Unterbelichtung oder «low key»; Dunkles wirkt einerseits bedrohlich, kann in Liebesszenen aber auch Intimität vermitteln. Das Gegenteil, «high key», bezeichnet eine extrem gute Ausleuchtung und spricht in der Regel für eine freundliche Grundstimmung; doch in Spielbergs «Unheimliche Begegnung der dritten Art» wirkt gerade die gleißende Helligkeit des außerirdischen Raumschiffs zunächst ebenfalls bedrohlich. Die Lichtgestaltung wird nach Vorderlicht, Gegenlicht und Seitenlicht differenziert. Vorderlicht ist die Norm, Gegenlicht wirkt, da man gegen die Sonne schlecht sieht, tendenziell verunsichernd; Seitenlicht wirft Schlagschatten und akzentuiert die Personen oder Szenerie. Zur Farbe:[44] Schon der Schwarz-Weiß-Film setzte sie bewusst ein, vereinzelt als manuelle Kolorierung: In Sergej Eisensteins prosowjetischem Propagandafilm «Panzerkreuzer Potemkin» wurde beispielsweise die revolutionär-rote Schiffsfahne in den Schlussszenen nachkoloriert. Die DVDs, die derzeit im Handel sind, zeigen die Fahne jedoch weiß, was wirkt, als wolle die Besatzung kapitulieren. Deutlich häufiger im Schwarz-Weiß-Film war eine andere Farbtechnik, die sogenannte «Viragierung». Damit ist die Durchfärbung der Filme gemeint. So sind Nachtszenen schon in dem Prototyp der Vampirfilme, Felix Murnaus «Nosferatu», in blau gehalten. In Paul Wegeners «Golem» sind die Szenen des Ghetto-Brandes rot viragiert. In der Regel wurde die Durchfärbung eingesetzt, um einzelne Szenen oder Akte voneinander abzugrenzen. Umgekehrt wird im modernen Farbfilm bisweilen noch Schwarz-Weiß-Material oder die braune Sepia-Färbung aus Differenzierungsgründen eingesetzt, z. B. um historisches Filmmaterial zu simulieren. Schon in einem der ersten Farbfilme, dem «Zauberer von Oz», wurde das «echte» Leben auf Sepia kopiert, die märchenhafte Traumhandlung hingegen in Farbe gedreht. Ob die beabsichtigten Farbeffekte vom Publikum überhaupt wahrgenommen werden können, hängt maßgeblich von den Bedingungen des Rezeptionsdispositivs ab: Am ehesten farbecht ist das Kino, auch Kathodenfernseher reproduzieren Farbeffekte in der Regel korrekt. Beamer und moderne Flachbildschirme jedoch nicht immer. So soll der Vorspann von «Good Bye, Lenin!» die «Original Wolfen» (ORWO)-Färbung imitieren. Die Farbgebung des Filmauftakts ist ein einfacher und effektvoller Trick des Regisseurs Wolfgang Becker, um ein nostalgisches DDR-Gefühl zu evozieren. Beamer jedoch können den Effekt nicht reproduzieren! Notabene: In anderem Kontext hätte die gleiche leicht verblichene Farbe vielleicht das Gefühl an die Bundesrepublik der 1950er Jahre hervorgerufen – in der Filmanalyse ist eins und eins nicht immer zwei.

Bei der *auditiven Analyseebene* können drei Subebenen unterschieden werden: 1.) die Geräusche, 2.) die Musik und 3.) die Sprache/Dialoge. Schon im Stummfilm war Ton eine «Eigenschaft [...] des Kinos».[45] Allerdings wurde er live erzeugt, in kleineren Kinos am Klavier oder der Wurlitzer-Orgel, in Filmpalästen mit Filmorchestern. Die *Geräusche* bilden im Tonfilm den filmischen Hintergrund, sei es zur Verstärkung der Wirklichkeitseindrücke, sei es symbolisch. *Sprache* kann als Off-Kommentar eines auktorialen Erzählers, als Selbstgespräch des Protagonisten oder als Dialog in den Sprechhandlungen der Akteure auftreten.

Pars pro toto soll die *Musik* detaillierter betrachtet werden. Mit Tonart, Tempo, Instrumentierung, Lautstärkendynamik etc. drückt Musik Emotionen aus. Generell nutzt der Film die emotionale Qualität zu verschiedenen Zwecken, sei es zur Steigerung von Spannung (bedrohlich dissonante Töne in jedem Krimi), sei es zur Entspannung, sei es als trügerische Ruhe (z. B. die von Quincy Jones komponierte Traumsequenz in «The Getaway»), sei es als Stimmungsindikator (so in den Filmen von Quentin Tarantino), sei es als eleganter oder auch nervender Klangteppich, sei es als Erkennungsmelodie (im «Blauen Engel», «High Noon» etc.) oder serienspezifische Musik der «James Bond»-Themen, die wiederum mehrfach verulkt worden ist (besonders gelungen in «Das Leben des Brian»), sei es als Interludium, um analog zu Theaterakten den Film in Handlungsabschnitte einzuteilen – beispielsweise in der Westernparodie «Cat Balou» oder in «Rififi».

Durch bewusste Kombination verschiedener Stilmittel kann die Filmmusik das Generalthema des Films symbolisieren. In Martin Scorseses «Taxi Driver» nimmt das Jazz-Intro von Bernard Herrmann in ca. zwei Minuten sowohl die Melancholie als auch, durch seine Brechung mit dissonanten Tönen, die Bedrohlichkeit des Films vorweg. In der wohl berühmtesten, nicht eigens für einen Film komponierten Musik erzeugt György Ligetis «Atmosphères» zusammen mit dem tiefschwarzen Vorspann zu Stanley Kubricks «2001 – Odyssee im Weltraum» eine Atmosphäre der Rätselhaftigkeit, die bis zum Schluss des Films erhalten bleibt. Gemäß dem Motto, «man geht entweder bekifft in 2001 hinein oder kommt bekifft heraus», ist die Wucht der Kombination aus Bild und Ton von Richard Straussens

«Zarathustra» oder das Ballett der Weltraumstationen zu Walzerklängen von Johann Strauß auch nach wiederholtem Sehen noch immer überwältigend. Die Wirkung liegt dabei auch daran, dass der Film wenig Worte macht und es keine Überschneidung von Musik und Sprache gibt.

Musik lässt sich mithin ebenso einsetzen wie jedes andere filmische Mittel: parallel, beschreibend und verstärkend einerseits, kontrastierend und analysierend andererseits sowie drittens den Handlungsablauf strukturierend. Das eine ist mit dem anderen kombinierbar: So geht dem Prototyp aller Filmverfolgungsjagden, in «Bullit» mit Steve McQueen, ein Belauern der Protagonisten voraus, das effektvoll von der Musik Lalo Schifrins untermalt ist. Der Beginn der eigentlichen Verfolgung wird doppelt angezeigt: Die Gangster schnallen sich an und die Musik stoppt. Die Verfolgungsjagd wird nur noch durch das Bollern der Motoren untermalt. Hier ist also eine Sequenz durch Musik, die nächste durch Geräusche parallel begleitet. Kontrastierend hat Michael Moore in «Bowling for Columbine» den Klassiker von Louis Armstrong «What a wonderful world» eingesetzt: In der Originalfassung kontrastiert sie eine Sequenz mit aufrüttelnden Bildern von Krieg und Zerstörung; der Abspann ist mit einer Version mit verzerrten Instrumenten unterlegt. Im ersten Fall liegt der Kontrast in der Musik-Bild-Relation, im zweiten in der Diskrepanz zwischen Wort und Musik. Beides hat die Funktion eines ironischen Kommentars.

Auf der *narrativen Analyseebene* kann der Inhalt nach dem Grad seiner Allgemeinheit in 1.) Story, 2.) Fabel und 3.) Thema unterschieden werden. *Story* erzählt die Geschichte auf der Handlungsebene; *Fabel* enthält die wesentlichen Momente und das zentrale Schema der Geschichte sowie, falls gegeben, den überzeitlichen Mythos; mit dem *Thema* ist schließlich das höchste Abstraktionsniveau erreicht, die Idee des Films, sein allgemeingültiger Gegenstand bzw. grundsätzlicher Konflikt wie Liebe oder Krieg. Die visuelle wie die auditive Ebene dienen der Narration und helfen, die Ereignisabfolge zu komponieren. Dabei gilt 1.) das Prinzip des Wandels: Der Film ist (immer) in verschiedene Einstellungen aufgelöst. 2.) gilt das Prinzip der Kohärenz: Die Einstellungen müssen zusammenhängen, und vom Anfang bis zum Schluss des Films muss eine Beziehung hergestellt werden. Die Analyse der Narration muss beide Prinzipien verdeutlichen.

Drei *Ebenen der Erzählung* lassen sich voneinander trennen: 1.) die Dramaturgie, 2.) die Erzählperspektive oder -strategie, 3.) die Montage. Die *Dramaturgie* beschreibt die allgemeine Handlung als Geschehen vor der Kamera. Die Handlungsstruktur kann a) eine offene und b) eine geschlossene Form aufweisen. Geschlossenheit ist die Norm: wie ein journalistischer Artikel durch die Textklammer eine Beziehung zwischen Anfang und Ende herstellt, so konstruiert die symmetrische Anlage der filmischen Geschlossenheit den Sinn des Films. Die offene Form ist unsymmetrisch angelegt, der Sinn bleibt offen und das Problem ungelöst. Die geschlossene Form des Standardfilms entlässt die Zuschauer mehr oder weniger zufrieden, zumindest jedoch vollständig in die Realität: Sie hat ihn, er hat sie «gekriegt»; der Schurke ist tot etc. Die offene Form erfordert hingegen weitere Beschäftigung: so das rätselhafte Ende von «2001» oder Akira Kurosawas polyvalenter Film «Rashomon». Für geschlossene Standardfilme gibt es standardisierte Abfolgen: Am Anfang steht die Exposition des Themas, die Erläuterung der Ursache des Konflikts, die Einführung der Akteure etc. Der Film steuert auf einen emotionalen oder inhaltlichen Höhepunkt zu; es kommt zum «Show down» und zur Auflösung des Konflikts. Im Mainstream-Film verlagert sich der Höhepunkt zum Ende. Auch wenn die offene Form diese Standardisierung nicht kennt, erfordert sie doch zumindest eine gewisse Einführung in das Thema: In «2001» wird durch den Kontrast zwischen Affenhorde und Monolith, der Metapher für eine Hyperzivilisation, das Generalthema der Evolution des Menschen veranschaulicht.

Die *Erzählstrategie* ist die mittlere Erzählebene; für sie ist zunächst die erzählerische Perspektive von Bedeutung. Die Außenperspektive nutzt den allwissenden Erzähler. Hitchcock hat die Technik des Suspense z. T. darauf gegründet, dass in seinen Filmen die Zuschauer vor den Akteuren einen Wissensvorsprung haben: Hinter dem Vorhang liegt eine Bombe, wird sie explodieren? Die Binnenperspektive aus Sicht der Figuren ist subjektiviert, z. B. durch die Kameraführung; «Rashomon» erzählt die Geschichte des Überfalls auf den Samurai und seine Begleiterin aus vier gegensätzlichen Binnenperspektiven. Neben der Erzählstrategie ist der Umgang mit der Zeit von Bedeutung. Drei Varianten stehen zur Verfügung: normaler Zeitfluss, Beschleunigung und Verlangsamung. Zumindest in technischer Hinsicht ist der gewöhnliche Zeitfluss auch die Norm. Beschleunigung führt im Slapstick zur Komik, Slow Motion in Action-Filmen zur Steigerung der Dramatik. Interessanter ist der erzähltechnische Umgang mit der Zeit. Beschleunigungen werden erzähltechnisch durch Raffung, also Fortlassung weniger wichtiger Details erzeugt – das heißt auch Ellipse. Orson Welles verkürzt in «Citizen Kane» mit einer genialen Ellipse ein ganzes Eheleben bzw. die Entfremdung der Ehepartner auf ca. drei Minuten, in der beide immer und immer wieder, allmählich älter werdend beim Frühstück gezeigt werden und sich immer weniger zu sagen haben. Das Gegenteil, die Dehnung, wird nur durch «Uhrenvergleich» anschaulich. Auf fünf Minuten erzählte Zeit kann durchaus eine Viertelstunde Filmzeit und mehr verwandt werden. Aus einem bewussten Bruch mit dieser doppelten Konvention bezieht die Fernsehserie «24 Stunden» ihre Spannung: Entgegen filmischer Konvention laufen erzählte und Filmzeit synchron. Die Regel ist jedoch ein freier Umgang mit der Filmzeit, auch Sprünge in der Chronologie sind erlaubt. Dabei ist die Rückblende häufig; in der Frühzeit des Kinos wurden Sequenzen durch offensichtlichen Blenden-Einsatz bewusst von anderen Erzählteilen abgetrennt, um den Zuschauern zu signalisieren, dass ein Sprung in der Handlung erfolgt. Der Vorgriff ist hingegen relativ selten. Terry Gilliams «12 Monkeys» beginnt mit einem Vorgriff, was allerdings erst am Ende deutlich wird, um den Zuschauer letztendlich in die Rätselhaftigkeit einer paradoxen Endlosschleife zu entlassen. Gleichzeitigkeit ist wiederum ein sehr gebräuchliches erzähltechnisches Mittel, am offensichtlichsten in der Parallelmontage zweier Personen, die miteinander telefonieren.

Die *Montage* ist die dritte, dem filmischen Ganzen zugrundeliegende Ebene der Erzählung. Mit ihr werden die separat aufgenommenen Erzählteile kombiniert. Die Montage konstruiert oder dekonstruiert, beschreibt und erzählt die filmischen Zusammenhänge: von den Einstellungen über die Sequenzen und Szenen zum ganzen Film. Szenen (von griech. skené = Bühne) fassen die Sequenzen mit einem gemeinsamen Handlungsort zusammen. Die wichtigste filmische Montageeinheit ist aber nicht die Szene, sondern die Sequenz. In die Sequenz führt ein «establishing shot» als erste Einstellung, häufig als Totale oder Halbtotale, ein. Nah- und Großaufnahmen sind in der Regel Einstellungen für den Kern einer Handlungssequenz. Als Klammer der Sequenz dient der «reestablishing shot» der letzten Einstellung. Mit ihm soll die Plausibilität der Handlung gewährleistet werden. Der Komplementärbegriff zu Montage ist Schnitt oder *Cut*: Mit ihm wird die Einstellung begrenzt. Als Hauptformen werden der sichtbare und der unsichtbare Schnitt unterschieden. Der unsichtbare Schnitt wird eingesetzt, um die Illusion nicht zu zerstören; er dient dem Realismus der Darstellung. Bisweilen findet man die Behauptung, Hitchcock habe sein Kammerspiel «Cocktail für eine Leiche» in einer einzigen Einstellung gedreht. Tatsächlich hat er nur wiederholt den unsichtbaren Schnitt in Perfektion eingesetzt, indem am Ende einer Sequenz die Kamera auf einen Rücken oder die Truhe mit der Leiche zoomt, und die nächste mit Rückwärtszoom beginnt. Schon Sergej Eisenstein hat den unsichtbaren Schnitt, u. a. in der berühmten Treppenszene des «Panzerkreuzer Potemkin», eingeführt, indem er auf einen Schirm und von diesem wegblendete. Der sichtbare Schnitt macht die bewusste Konstruktion des Regisseurs deutlich; auch hier könnte man auf Eisenstein oder viele Autorenfilme hinweisen. Der vielleicht spektakulärste sichtbare Schnitt der Filmgeschichte ist der sogenannte «Matchcut», der den Wechsel von Sequenz 3 auf 4 in «2001» einleitet: Der vom Monolithen «beseelte» Affe wirft seinen Knochen, mit dem er zuvor einen Konkurrenten erschlagen hatte, in die Luft, der Knochen dreht sich langsam, und die nächste Sequenz beginnt mit einer ebensolchen Drehung einer Raumstation im Erdorbit zu den Walzerklängen von Johann Strauß. «Matchcut» heißt der Schnitt, weil der drehende Knochen zur tanzenden Raumstation passt. Doch auch ohne Schnitt ist Montage möglich: Die «innere Montage» funktioniert mit Zoom, Schwenk und Kamerafahrt.

Bei der *schauspielerischen Analyseebene* unterscheidet man einerseits das «Acting», die Interaktionen der Schauspieler, von der «Performance», der nichtnarrativen Präsenz der Schauspieler; Letzteres hängt maßgeblich vom «Casting», der Besetzung, ab. Andererseits werden verschiedene Darstellungsstile unterschieden, z. B. «underacting» versus intensives Spiel. Mit underacting ist das zurückgenommene Spielen gemeint, der Zuschauer projiziert seine Interpretation in die Schauspieler hinein. Intensives Spiel betont typische Verhaltensweisen und verdeutlicht den Film als Film. Doch die systematische Unterscheidung ist nicht unproblematisch. Knut Hickethier stellt fest: «Alle Versuche einer Klassifikation von Ausdrucksweisen [...] scheitern jedoch daran, dass es eine systematisch angelegte Ausdrucksweise nicht gibt.»[46] Dasselbe gilt auch für die Typologisierung der Darsteller in eindimensionale, mehrdimensionale und schauspielernde Projektionsflächen. Eindimensionale Schauspieler mit festgelegtem Image waren oder sind vielleicht Humphrey Bogart (Marlowe), James Cagney (Gangster), Peter Falk (Columbo), Marilyn Monroe (Sexsymbol), Doris Day (all America's darling der 1950er und 1960er Jahre), Meg Ryan (all America's darling der 1980er und

1990er Jahre), oder Harrison Ford (Han Solo und Indiana Jones). Und mehrdimensionale, ohne festgelegtes Image sind vielleicht Humphrey Bogart (African Queen[47]), James Cagney (1-2-3), Peter Falk (Eine Leiche zum Dessert); alle drei bewiesen mindestens in diesen Filmen komödiantisches Talent. Meg Ryan hat auch komplexere Rollen gespielt, Marilyn Monroe hat spätestens mit «Manche mögen's heiß» ihre schauspielerische Qualität bewiesen; über Doris Day hat ihr Schauspielerkollege Oscar Levant gesagt: «Ich kannte Doris Day, bevor sie Jungfrau wurde.» Und Harrison Ford hat zumindest in «Frantic» großartig und gegen sein Image gespielt. So ließe sich für jeden Schauspieler die Eindimensionalität widerlegen. Gleichwohl und nicht zu Unrecht gelten chamäleongleiche Projektionsflächen als die größeren Schauspieler, wie etwa Peter Lorre, Sir Alec Guinness, Sir Laurence Olivier und Werner Krauss.

Die *semiotische Analyseebene* ist einerseits von besonderer Bedeutung, andererseits könnte wegen der Kurzschlusszeichen auf die semiotische Analyse verzichtet werden. Doch gerade weil die Eingängigkeit des Audiovisuellen nicht zu bestreiten ist, lohnt die Beschäftigung mit der Botschaft hinter der Botschaft, mit der Tiefensemantik umso mehr. Grundsätzlich lassen sich zwei Referenzsysteme semiotischer Zeichen im Film unterscheiden: 1.) die interfilmische Selbstreferenz, 2.) die Fremdreferenz. Interfilmische Selbstreferenz ist die Bezugnahme auf andere Filme, Fremdreferenz der Bezug zu dem Außerfilmischen. Beides kann miteinander verbunden auftreten. Vorgelagert ist noch die intrafilmische Selbstreferenz. Sie soll außer Acht bleiben, da jede einzelne Einstellung auf etwas anderes im selben Film verweist; wäre es anders, käme kein Erzählfluss zustande.

Nehmen wir für die interfilmische *Selbstreferenz* ein Beispiel: In «Star Wars, Episode 2» findet eine rasante Verfolgungsjagd mit autoscooter-ähnlichen Fluggeräten in den Schluchten einer hypermodernen City statt (ca. 18. Filmminute). Man könnte das als Filmzitat der Science-Fiction-Parodie von Luc Besson «Das 5. Element» verstehen; ebenfalls um die 18. Filmminute schlägt Milla Jovovich durch das Dach des Taxis von Bruce Willis, und kurz darauf beginnt eine ähnliche Verfolgungsjagd. Gegen die Hypothese, dass George Lucas Luc Besson zitiert, spricht allerdings die filmischhistorische Erfahrung, dass zwar Parodien auf ihre Vorbilder verweisen, keineswegs aber Filme mit (bier-)ernstem Anspruch eine Parodie zitieren würden. In der Tat verweisen beide modernen Science-Fiction-Filme selbstreferenziell auf einen Klassiker des Genres, auf «Metropolis» von Fritz Lang. Schon in dem Film von 1927 wurde Modernität mit dem Verkehrsgewimmel in einer Wolkenkratzerkulisse assoziiert. In «Metropolis» ist das Fremdreferenz, es soll symbolisch auf eine vielschichtige soziale Realität verwiesen werden: Unten in den Schluchten wohnen die Schlechten, Armseligen, die Verbrecher und das Laster; oben die Schönen, Reichen, Weisen, Guten und Mächtigen. Die Filme unterscheidet, dass im Original «Metropolis» ein Herr von oben sich zu Anschauungszwecken im Taxi nach unten begibt. Das parodiert «Das 5. Element»: Der Taxifahrer (sozial und räumlich von unten kommend) trifft per Zufall Lilo (das reine überirdische Gute, das von oben einfliegt) und muss prompt vor den Gesetzeshütern abtauchen (Verfolgungsjagd). «Star Wars, Episode 2» schildert das Ganze aus der Perspektive der Gesetzeshüter, die sich zudem nicht an die Regeln des Straßenverkehrs halten – doch wer würde das von einer Verfolgungsjagd erwarten?

Ein anderes Beispiel verweist auf eine der berühmtesten Szenen der Filmgeschichte: Das Massaker auf der großen Treppe von Odessa in «Panzerkreuzer Potemkin» von Eisenstein; er inszenierte das brutale Vorgehen der Kosaken gegen die Zivilisten als emotionalen Höhepunkt seines Dramas. In «Die Unbestechlichen» findet der finale Showdown der Polizei mit den Gangstern auf einer Treppe in einer Bahnhofshalle statt. In der Copfilm-Parodie «Die nackte Kanone, 33 1/3» bildet die Treppenschießerei die Eröffnungssequenz. Die filmische Selbstreferenz wird nicht nur durch die Treppe und Schießerei konstituiert, sondern auch durch den Kinderwagen, der in allen drei Filmen eine Schlüsselfunktion einnimmt, wenn auch jeweils eine andere: Eisenstein wollte mit dem Kinderwagen die Unschuld symbolisieren und die Zuschauer emotionalisieren. In «Die Unbestechlichen» soll der Kinderwagen die Spannung steigern und die Schießerei von üblichen Schießereien unterscheiden. In «Die nackte Kanone, 33 1/3» macht der Kinderwagen das Zitat als Zitat kenntlich. Eisenstein nutzt den Kinderwagen mithin als außerfilmische Referenz, als Metonymie oder Pars pro toto für die Unschuld der Opfer. «Die Unbestechlichen» verweist mit dem Kinderwagen ebenfalls auf Außerfilmisches – das mögliche Opfer Unbeteiligter; zugleich ist die Szene filmische Referenz auf den «Panzerkreuzer». Die Copfilm-Parodie ist nur noch interfilmische Selbstreferenz.

Für die *Fremdreferenz* wird eine zentrale Sequenz aus dem vierten Akt von Eisensteins Propagandafilm «Panzerkreuzer Potemkin»

Medienwissenschaftliche Methoden

analysiert; nimmt man Eisensteins fragmentarische Memoiren zum Maßstab, hielt er sie allerdings für nicht so wichtig wie die berühmte Treppenszene oder den genialen Stopp-Motion-Trick des erwachenden Stein-Löwen.[48] Der Film verarbeitete ein reales Vorkommnis aus der Zeit des russisch-japanischen Krieges von 1905. Wegen vergammelter Speisen kommt es auf dem Panzerkreuzer zu einer Meuterei; der Kapitän befiehlt die Erschießung einiger Matrosen und lässt einen Offizier das Erschießungskommando zusammenstellen. In der im Folgenden protokollierten Sequenz von ca. zwei Minuten Länge kulminiert die Auseinandersetzung um die Exekution:

Tabelle III-7: Protokoll der Erschießungssequenz aus Panzerkreuzer Potemkin

Zeit (Min.Sek)	Visualisierung	Inhalt/Handlung	Semiotische Bedeutung
21.55–22.09	Totale, Seitenlicht	Offiziere, Erschießungskommando und Meuterer auf Vorderdeck	establishing shot, Schauplatz des Dramas
22.10–22.11	Halbtotale, Vorderlicht	Erschießungskommando	Symbol für unfreiwillige Werkzeuge der Gewalt
22.12–22.13	Halbtotale, Vorderlicht	Geschützturm	Symbol der Gewalt an sich
22.14	Weit, Gegenlicht	Gesamtansicht des Panzerkreuzers	roter Faden: Schauplatz des Dramas
22.15–22.23	Halbtotale, Gegenlicht, extreme Untersicht	Auftritt des Popen	Symbol der kirchlichen Gewalt
22.24–22.27	Zwischentitel	Rede des Popen: «Oh Herr, bring die Aufrührer zur Einsicht ...»	kirchliche Gewalt und Heuchelei
22.28–22.29	Amerikanisch, Vorderlicht	Meuterer unter weißem Segeltuch	Unschuld und Wehrlosigkeit der Opfer

Zeit (Min.Sek)	Visualisierung	Inhalt/Handlung	Semiotische Bedeutung
22.30–22.31	Groß, Gegenlicht, Untersicht	Pope hält Kreuz der Kamera entgegen, drohend ziehende Wolken	metaphysische Legitimation der 1. Gewalt durch das Kreuz
22.32–22.33	Groß, Seitenlicht	Offizier	Symbol der 2. Gewalt im Staat: Militär/Adel
22.34–22.36	Zwischentitel	Befehl des Offiziers: «An die Persenning»	
22.37–22.38	Nah, Seitenlicht, leichte Aufsicht	Erschießungskommando bringt Gewehre in Anschlag	unfreiwillige Werkzeuge
22.39–22.40	Nah, Seitenlicht	Zuschauende Matrosen senken die Köpfe	Adressaten der inszenierten Erschießung
22.41	Amerikanisch, Seitenlicht	Zuschauende Matrosen senken die Köpfe	Adressaten der inszenierten Erschießung
22.42–22.44	Amerikanisch, Vorderlicht, leichte Aufsicht	Meuterer unter der Persenning	Unschuldigkeit der Opfer
22.45–22.47	Nah, Seitenlicht	Zuschauende Matrosen senken die Köpfe	Adressaten der inszenierten Erschießung
22.48–22.50	Nah, Seitenlicht, leichte Aufsicht	Erschießungskommando mit Gewehren in Anschlag	unfreiwillige Werkzeuge
22.51–22.52	Nah, Seitenlicht, leichte Aufsicht	zuschauende Offiziere	Teilnahmslosigkeit
22.53–22.56	Nah, Gegenlicht, leichte Untersicht	Pope mit Kreuz und diabolisch wehendem Haupthaar	Gleichsetzung von Pope/Kirche mit Teufel

Zeit (Min.Sek)	Visualisierung	Inhalt/Handlung	Semiotische Bedeutung
22.57–22.58	Detail, Vorderlicht	Pope schlägt mit Kreuz in seine linke Hand	Das Kreuz als Fallbeil
22.59–23.00	Groß, Vorderlicht	selbstgefällig grinsender Offizier	Gefühlskälte gegenüber den Opfern
23.01–23.03	Detail, Vorderlicht	Offiziershand streichelt den Degen	Gefühlskälte
23.04–23.06	Groß, leichtes Seitenlicht	Offizier wendet sich um und befiehlt	Entschlossenheit
23.07–23.08	Amerikanisch, Seitenlicht, Aufsicht	Meuterer unter Persenning fallen auf die Knie	Bitte um Gnade
23.09	Groß, Seitenlicht	Offiziere, man sieht nur Uniformen von Oberschenkel bis Hüfte	Unpersönlichkeit und Gnadenlosigkeit der Täter
23.10–23.12	Amerikanisch, Gegenlicht, Untersicht	Erschießungskommando	Unpersönlichkeit und Gnadenlosigkeit der Werkzeuge
23.13–22.15	Nah, Seitenlicht	zuschauende Matrosen mit zunächst gesenkten Köpfen, die sie dann heben	Schwanken zwischen Fügung ins Schicksal und Aufbegehren
23.16–23.17	Amerikanisch, Gegenlicht, Untersicht	Erschießungskommando	Unpersönlichkeit und Gnadenlosigkeit der Werkzeuge
23.18–23.19	Detail, Vorderlicht	Pope schlägt mit Kreuz in seine linke Hand	das Kreuz als Fallbeil

Zeit (Min.Sek)	Visualisierung	Inhalt/Handlung	Semiotische Bedeutung
23.19–23.21	Groß, Vorderlicht	Rettungsring der Potemkin	Metapher für Schauplatz des Dramas und nahende Rettung
23.22–23.24	Detail, Vorderlicht, extreme Untersicht	Bug der Potemkin mit Wappen	einerseits Metapher für Schauplatz, andererseits ...
23.25	Detail, Seitenlicht	Trompete	Vor der Entscheidung
23.26–23.28	Amerikanisch, Seitenlicht, Aufsicht	Meuterer unter Persenning auf den Knien	Bitte um Gnade
23.29	Groß, Seitenlicht, Untersicht	Matrose Vakulinchuk	reifende Entschlossenheit
23.30–23.32	Zwischentitel	Vakulinchuk entscheidet sich zu handeln	Auflösung bahnt sich an

In der nächsten halben Minute folgt ein schneller Wechsel von weiteren zwei Dutzend Zwischentiteln und Einstellungen (die aus Platzgründen fortgelassen wurden), in denen der kommandierende Offizier und der Matrose Vakulinchuk um die Autorität auf dem Vorderdeck ringen. Bei Minute 24.06 wird mit dem reestablishing shot, der die Eingangseinstellung aufnimmt, die Sequenz geschlossen. Die rasante Montage hat das Schnitttempo moderner Musikvideos: In zwei Minuten und 10 Sekunden Film benutzt Eisenstein 57 Einstellungen. Immer wieder wird zwischen den Opfern, Zuschauern und Tätern hin- und hergeblendet, so dass sich – auch kombiniert mit dem wiederholt visualisierten Handlungsschauplatz – ein dicht gewobener Erzählstrang konstituiert. Die Opfer werden zumeist in leichter Aufsicht gezeigt, um ihre Unterlegenheit zu symbolisieren, die Täter zumeist in leichter bis extremer Untersicht, um ihre bedrohliche Macht zu verdeutlichen. Einzige Ausnahme ist die vorletzte Einstellung des Protokolls: Der demnächst handelnde Matrose wird ebenfalls in Untersicht eingefangen. Bei ihm ist sie aber nicht negativ gemeint, sondern symbolisiert die wachsende Autorität und reifende Entschlossenheit.

Ein zentrales semiotisches Detail wurde im Protokoll bewusst offen gelassen: Welchen Sinn hat der in extremer Untersicht gezeigte Bug der Potemkin (23.22–23.24)? Man muss sich den Sinn der Sequenz vor Augen halten: In zwei Minuten erzählt Eisenstein nicht nur einen Schlüsselbaustein der *Story* (Versuch der Niederschlagung der Meuterei), sondern verdichtet auch die übergeordnete *Fabel* (Unterdrückung im zaristischen Russland) und das abstrakte *Thema* (Herr und Knecht). Eisenstein hierzu: «Die Szene auf dem Achterdeck enthält alle Charakteristika der Grausamkeit, mit der das Zarenregime jeglichen Versuch des Protests niedergeschlagen hat, wo, wann und wie auch immer er auftrat.»[49] Den Zaren als wichtigsten Protagonisten im Hintergrund hätte Eisenstein allerdings nur in die Handlungsstruktur integrieren können, wenn er dem Plot Gewalt angetan hätte. So blieb ihm nur die Möglichkeit, die Zarenfamilie der Romanows, symbolisiert durch ihr Wappen, einzufügen.

Die Leser mögen das letzte, ausführliche Beispiel als Wiedergutmachung für die in weiten Teilen verknappte Darstellung der Kommunikation in Medien und Öffentlichkeit nehmen. Manches wurde, um eine preiswerte Einführung zu erhalten, nur angedeutet, anderes ganz fortgelassen. Das letzte Beispiel sollte zumindest andeuten, dass dem Autor seine Verkürzungen bewusst sind. Der Bogen, der zum zeichen- und handlungstheoretischen Auftakt (vgl. Kapitel I.B) zurückgeschlagen wurde, kann zugleich als Beleg dafür genommen werden, dass die Kommunikationswissenschaft einerseits und die Medienwissenschaften anderseits sich zwar in manchem fremd sind, aber doch verwandte Phänomene untersuchen. Nicht zufällig verstanden sich die Vertreter beider Teildisziplinen auch während der eingangs erwähnten Tagung (vgl. Anmerkung 2) am besten auf diesem Feld.

Anmerkungen

Einleitung

1 Beide Wissenschaften sind vielleicht in ihren Extrempositionen, nicht allerdings im begrifflichen oder methodischen Kernbestand im Sinne Thomas S. Kuhns inkommensurabel. Vgl. Kuhn, Thomas S.: Die Struktur wissenschaftlicher Revolutionen, 3. Aufl., Frankfurt a. M. 1978, S. 104–122.
2 Die Tagungsdokumentation in: Schnell, Ralf/Klein, Wolfgang/Haubrichs, Wolfgang et al. (Hg.): Konzeptionen der Medienwissenschaften I: Kulturwissenschaft, Film- und Fernsehwissenschaft, (Zeitschrift für Literaturwissenschaft und Linguistik LiLi, Bd. 33/132 und 34/133), Siegen 2003/2004. Wissenschaftsrat: Empfehlungen zur Weiterentwicklung der Kommunikations- und Medienwissenschaften in Deutschland, Oldenburg 2007.
3 Leschke, Rainer: Von der Erfindung der Medienwissenschaft als regelmäßiger Übung, in: Zeitschrift für Literaturwissenschaft und Linguistik, 33/2003, Nr. 132, S. 67–89, Zit. S. 67 f., 72, 76 und 88.
4 Metastudien fassen andere Studien unter systematisierenden Gesichtspunkten zusammen.
5 Merten, Klaus: Kommunikation. Eine Begriffs- und Prozeßanalyse, Opladen 1977, S. 168–182. Merten definierte: «Kommunikation ist das kleinste soziale System mit zeitlich-sachlich-sozialer Reflexivität, das durch Interaktion der Kommunikanden [die] Behandlung von Handlungen erlaubt und soziale Strukturen ausdifferenziert. [...] Kommunikation (auf weltgesellschaftlicher Ebene) ist ein Prozeß der Selektion von Selektionsleistungen durch zwei zueinander komplementäre Sozialsysteme zeitlich-sachlich-sozialer Reflexivität, die sich durch Reflektion [!] an Selektionsleistungen und/oder Reflexion über Selektionsleistungen konstituieren.» Ebd., S. 163 f.
6 Kluge, Friedrich (Hg.)/Seebold, Elmar (Bearb.): Etymologisches Wörterbuch der deutschen Sprache, 23. Aufl., Berlin/New York 1999. Hölscher, Lucian: Öffentlichkeit und Geheimnis. Eine begriffsgeschichtliche Untersuchung zur Entstehung der Öffentlichkeit in der frühen Neuzeit, Stuttgart 1979.
7 Meyers Bibliographisches Institut (Hg.): Meyers Großes Konversations-Lexikon. Ein Nachschlagewerk des allgemeinen Wissens, 6., gänzl. neubearb. u. verm. Aufl., 20 Bde., Leipzig/Wien 1905–1909, Bd. 11, S. 331, Bd. 13, S. 518 und Bd. 14, S. 916 f.
8 Popper, Karl R.: Wissenschaftslehre in entwicklungstheoretischer und in logischer Sicht, in: Ders.: Alles Leben ist Problemlösen. Über Er-

kenntnis, Geschichte und Politik, 6. Aufl., München/Zürich 1995, S. 15–45.
9 Merton, Robert K. (Verf.)/Meja, Volker/Stehr, Nico (Hg.): Soziologische Theorie und soziale Struktur. Aus dem Amerikanischen von Hella Beister, Berlin/New York 1995, S. 2–8.
10 Der Dekonstruktivismus ist eine philosophische Denkschule, die jede verbindliche Verständigung über «Texte» in Zweifel zieht: Außerhalb der Texte selbst gebe es nichts. Der Dekonstruktivismus geht auf den Philosophen Jacques Derrida zurück; er spielt in den Medienwissenschaften eine recht bedeutende Rolle, da er mit der hermeneutischen Methode in enger Verbindung steht (vgl. Kapitel III.C.1). Derrida, Jacques: Die Schrift und die Differenz, Frankfurt a. M. 1976, insb. S. 409, 426, 441, vgl. 119, 260, 266, 289, 344, 393. Derrida, Jacques: Grammatologie, Frankfurt a. M. 1974, S. 16–23.

I. Konzepte und Modelle

1 Shannon, Claude E.: A mathematical Theory of Communication, in: The Bell System Technical Journal, 27/1948, Nr. 3, S. 379–423 und Nr. 4, S. 623–656, hier: Nr. 3, S. 379.
2 Weaver, Warren: Ein aktueller Beitrag zur mathematischen Theorie der Kommunikation, in: Shannon, Claude E./Weaver, Warren: Mathematische Grundlagen der Informationstheorie, München/Wien 1976, S. 11–39, hier: S. 18.
3 Weaver, W.: Beitrag, in: Shannon, C. E./Weaver, W.: Informationstheorie, S. 11 f.
4 Natürlich kann auch ein Text in einem Word-Programm geschrieben, dann entformatiert und im dritten Schritt komprimiert werden. Die Entformatierung des Textes ist wichtig, um nicht das statistische Ergebnis zu verzerren.
5 Weaver, W.: Beitrag, in: Shannon, C. E./Weaver, W.: Informationstheorie, S. 23.
6 Wiener, Norbert: Kybernetik. Regelung und Nachrichtenübertragung im Lebewesen und in der Maschine, 2., rev. und erg. Aufl., Düsseldorf/Wien 1963, S. 192.
7 Der 2. Hauptsatz der Thermodynamik lautet: In einem geschlossenen System nimmt die Entropie niemals ab.
8 Wiener, N.: Kybernetik, S. 111, 150.
9 Pross, Harry: Kommunikationspolitik und neue Medien, in: Reimann, Helga/Reimann, Horst (Hg.): Information, München 1977, S. 21–36, hier: S. 23.
10 Wiener, N.: Kybernetik, S. 107, 136.
11 Shannon, C. E.: Mathematical Theory, in: The Bell System Technical Journal, 27/1948, Nr. 3, S. 380.

12 Vgl. Rayner, Keith: Raeding Wrods with jubmeld letters. There is a cost, in: Psychological Science, 17/2006, Nr. 3, S. 192 f. Schnabel, Ulrich: Bnuter Bchutsabensalat, in: Die Zeit, 9. 2. 2006, Nr. 7, S. 36. http://www.zeit.de/2006/07/wortverdreher (Februar 2006).

13 Den Scherz verdanke ich meinem Freund, dem Bamberger Literaturwissenschaftler Hans-Peter Ecker.

14 Warren Weaver hatte aus der technischen Berechenbarkeit von Information geschlossen, dass sich auch Wahrscheinlichkeiten hinsichtlich der semantischen Wortbedeutung und der Wirkung auf die Zuhörer folgern ließen. Weaver, W.: Beitrag, in: Shannon, C. E./Weaver, W.: Informationstheorie, S. 35–39.

15 Lasswell, Harold D.: The structure and function of communication in society, in: Bryson, Lyman (Hg.): The communication of ideas, New York 1948, S. 37–51.

16 Prakke, Henk/Dröge, Franz/Lerg, Winfried B./Schmolke, Michael: Kommunikation der Gesellschaft. Einführung in die funktionale Publizistik, Münster/Regensburg 1968, S. 99–152. Prakke, Henk: Die Lasswell-Formel und ihre rhetorischen Ahnen, in: Publizistik, 10/1965, Nr. 3, S. 285–291. Vgl. Klein, Petra: Henk Prakke und die funktionale Publizistik. Über die Entgrenzung der Publizistik- zur Kommunikationswissenschaft, Münster 2006, S. 198 f.

17 Schramm, Wilbur: How communication works, in: Schramm, Wilbur (Hg.): The process and effects of mass communication, 2. Aufl., Urbana 1961, S. 3–26. DeFleur, M. L.: Theories of mass communication, New York 1966.

18 Knilli, Friedrich: Medium, in: Faulstich, Werner (Hg.): Kritische Stichwörter zur Medienwissenschaft, München 1979, S. 230–251.

19 Watzlawick, Paul/Beavin, Janet H./Jackson, Don D.: Menschliche Kommunikation. Formen, Störungen, Paradoxien, 3. Aufl., Bern/Stuttgart/Wien 1972, S. 51.

20 Vgl. Watzlawick, P./Beavin, J. H./Jackson, D. D.: Menschliche Kommunikation, S. 58–61.

21 Withalm, Gloria: Zeichentheorien der Medien, in: Weber, Stefan (Hg.): Theorien der Medien. Von der Kulturkritik bis zum Konstruktivismus, Konstanz 2003, S. 132–153. Peirce, Charles Sanders (Verf.)/Harthorne, Charles/Weiss, Paul/Burks, Arthur W. (Hg.): Collected papers of Charles Sanders Peirce, 8 Bde., Cambridge, Mass. 1935–1958 [zitiert CP, Band, Paragraph]. Saussure, Ferdinand de: Grundfragen der allgemeinen Sprachwissenschaft, 2. Aufl., Berlin 1967.

22 Peirce, C.: CP 2.228, 2.276, 2.292, 2.299 f.

23 Saussure, F.: Grundfragen, S. 79.

24 Das semiotische Dreieck geht in den Grundüberlegungen auf Aristoteles' Schrift zur Logik zurück: Organon: Hermeneutika, 1.-2. Kapitel. Peirce, C.: CP 1.1372. Die drei Eckpunkte werden in der Literatur sehr unterschiedlich bezeichnet. Für Referent kann stehen: Interpret, Sinn,

Intension, Gedanke, Bezug. Für Signifikant steht bisweilen: Ausdruck, Benennung, Interpretant, Significans, Symbol, Zeichen. Für Signifikat ist zu finden: Designatum, Ding, Gegenstand, Objekt, Significandum.

25 Keller, Rudi: Zeichentheorie, Tübingen/Basel 1995, S. 146–159, 164 f.

26 Aristoteles, Politik, 1. Buch, 2. Kapitel.

27 Er wurde eher von der Schule des SI vereinnahmt; Meads auf Vorlesungsmitschriften basierendes Hauptwerk erschien postum. Mead, George H.: Geist, Identität und Gesellschaft aus der Sicht des Sozialbehaviorismus. Mit einer Einleitung hg. v. Charles W. Morris, Frankfurt a. M. 1968. Vgl. auch: Joas, Hans (Hg.): George Herbert Mead. Gesammelte Aufsätze. Bd. 1. Übersetzt von Klaus Laermann, Frankfurt a. M. 1980, S. 199–249.

28 Mead, G. H.: Geist, Identität und Gesellschaft, S. 216–221, 235, 291.

29 Vgl. Saussure, F.: Grundfragen.

30 Bühler, Karl: Sprachtheorie. Die Darstellungsfunktion der Sprache. Ungekürzter Neudruck der Ausgabe von 1934, Stuttgart 1999, S. XXI–XXX, 24–78. Krallmann, Dieter/Ziemann, Andreas: Grundkurs Kommunikationswissenschaft, München 2001, S. 47–70.

31 Nach Bühler, K.: Sprachtheorie, S. 28. Zur Kritik: Ehlich, Konrad: Bühlersches Organonmodell, in: Glück, Helmut (Hg.): Metzler Lexikon Sprache, 2., überarb. u. erw. Aufl., Stuttgart/Weimar 2000, S. 119 f.

32 Bühler, K.: Sprachtheorie, S. 28.

33 Vgl. Bühler, K.: Sprachtheorie, S. 34 f., 48–69, 149.

34 Bühler, K.: Sprachtheorie, S. 48–53.

35 Morris, Charles: Writings on the general theory of signs, The Hague/Paris 1971, S. 21–54. Vgl. Bühler, K.: Sprachtheorie, S. 73–75.

36 Searle, John R.: Sprechakte. Ein sprachphilosophischer Essay, Frankfurt a. M. 1971, insb. S. 84–113. Vgl. Glück, H. (Hg.): Metzler Lexikon Sprache, S. 287 f., 420, 518 f., 678–680.

37 Bühler, K.: Sprachtheorie, S. 13.

38 Zum Teil im Anschluss an Jacques Derrida: Derrida, J.: Differenz, S. 113, 267, 291–295, 306 f., 316 f., 323, 325, 375. Vgl. Ders.: Grammatologie, S. 16–23.

39 Bentele, Günter: Semiotik und Massenmedien. Problemskizze einer Mediensemiotik, in: Ders. (Hg.): Semiotik und Massenmedien, München 1981, S. 15–38. Möller, Karl-Dieter: Syntax und Semantik in der Filmsemiotik, in: Ebd., S. 243–279. Schnell, Ralf: Medienästhetik. Zur Geschichte und Theorie audiovisueller Wahrnehmungsformen, Stuttgart/Weimar 2000, S. 171–183.

40 Chomsky, Noam: Aspekte der Syntax-Theorie, Frankfurt a. M. 1973, S. 82 f.

41 Badura, Bernhard: Sprachbarrieren. Zur Soziologie der Kommunikation, Stuttgart/Bad Cannstatt 1971, S. 149–172.

42 Crystal, David: Die Cambridge Enzyklopädie der Sprache, Frankfurt a. M. 2006, S. 15.

43 Cronen, Vernon E./Pearce, W. Barnett: Communication, action, meaning. The social creation of reality, New York 1980. Pearce, W. Barnett/Pearce, Kimberly A.: Extending the theory of the coordinated management of meaning (CMM) through a community dialogue process, in: Communication Theory, 10/2000, Nr. 4, S. 405–423. Vgl. Theis-Berglmair, Anna Maria: Organisationskommunikation. Theoretische Forschungen und empirische Grundlagen, 2. Aufl., Münster 2003, insb. S. 100–114.

44 Luhmann, Niklas: Die Gesellschaft der Gesellschaft, 2 Bde., Frankfurt a. M. 1998, Bd. 1, S. 82.

45 Luhmann, Niklas: Soziale Systeme. Grundriß einer allgemeinen Theorie, 5. Aufl., Frankfurt a. M. 1994, S. 203.

46 Luhmann, Niklas: Soziologische Aufklärung 3: Soziales System, Gesellschaft, Organisation, Opladen 1981, S. 26.

47 Zu Watzlawick negativ Luhmann, N.: Soziologische Aufklärung 3, S. 27. Zu Watzlawick positiv: «Praktisch gilt: daß man in Interaktionssystemen nicht nicht kommunizieren kann.» Ders.: Soziale Systeme. Grundriß einer allgemeinen Theorie, 5. Aufl., Frankfurt a. M. 1994, S. 562.

48 Luhmann, N.: Soziale Systeme, S. 196–198, Zit. S. 198. So ähnlich der Kommunikationswissenschaftler Winfried Schulz, der feststellte, dass man den Begriff Kommunikation «genaugenommen nur ex post, nach Vollzug des Kommunikationsaktes verwenden kann. Ex ante läßt sich allenfalls ein Kommunikationsvorsatz oder -versuch feststellen, denn die Verständigung kann ja ausbleiben.» Schulz, Winfried: Kommunikationsprozeß, in: Noelle-Neumann, Elisabeth/Schulz, Winfried (Hg.): Fischer Lexikon Publizistik, 1. Aufl., Frankfurt a. M. 1971, S. 89–109, hier: S. 90.

49 Luhmann, Niklas: Erleben und Handeln, in: Lenk, Hans (Hg.): Handlungstheorien interdisziplinär II. Handlungserklärung und philosophische Interpretation, Zwei Halbbde., München 1978, S. 235–253. Ders.: Soziale Systeme, S. 191–241, insb. S. 195 u. S. 217. Ders.: Gesellschaft, Bd. 1, S. 134–144. Ders.: Einführung in die Systemtheorie, hg. v. Dirk Baecker, Heidelberg 2002, S. 257–267, 288–314.

50 So könnte gegen den Widerspruch von Autopoiesis und Emergenz eingewandt werden, dass das eine das angestrebte Ziel und das andere das erreichte Ergebnis beschreibe. Doch macht es Sinn, einem unpersönlichen System so etwas wie subjektive Zielvorstellungen zu unterstellen? Oder, wenn schon kein subjektives, dann müsste Autopoiesis ein normatives Ziel sein. Dabei sollte die Systemtheorie einen Alternativentwurf zu den normativen Theorien liefern.

51 Als Beispiel aus der Soziologie: Baecker, Dirk: Form und Formen der Kommunikation, Frankfurt a. M. 2005. Aus der Literaturwissenschaft: Jahraus, Oliver: Literatur als Medium. Sinnkonstitution und Subjekterfahrung zwischen Bewußtsein und Kommunikation, Weilerswist 2003.

Aus der Journalismusforschung: Blöbaum, Bernd: Journalismus als soziales System: Geschichte, Ausdifferenzierung und Verselbständigung, Opladen 1994.

52 Luhmann, Niklas: Die Realität der Massenmedien, 2. Aufl., Opladen 1996, S. 9. Hätte Luhmann geschrieben: «Was wir über die Welt, in der wir leben, wissen, wissen wir durch die Medien», könnte man zustimmen – allerdings nur bei weitgefasstem Medienbegriff, der z. B. auch die Sprache einbezieht. Abgesehen von der unmittelbaren Umweltbeobachtung kann Luhmann auch mit Luhmann widerlegt werden: Zwischen dem ersten und zweiten Zitat besteht ein struktureller Widerspruch: Wenn die unmittelbare «Interaktion» zwischen Menschen als negatives Kriterium für die Definition von Massenmedien gilt, setzt er sie als gegeben voraus. D. h. im ersten Zitat geht Luhmann implizit von dem aus, was er im zweiten Zitat leugnet: Dass jeder Mensch auch ohne technisch vermittelnde Medien einen Zugang zur «Welt» besitzt.

53 Luhmann, N.: Massenmedien, S. 10f.

54 Rössler, Patrick: Wirkungsmodelle: die digitale Herausforderung. Überlegungen zu einer Inventur bestehender Erklärungsansätze der Medienwirkungsforschung, in: Ders. (Hg.): Online-Kommunikation. Beiträge zu Nutzung und Wirkung, Wiesbaden 1998, S. 17–46.

55 Weischenberg, Siegfried/Scholl, Armin/Malik, Maja: Die Souffleure der Mediengesellschaft. Report über die deutschen Journalisten, Konstanz 2006.

56 Groth, Otto: Vermittelte Mitteilung. Ein journalistisches Modell der Massenkommunikation, hg. v. Wolfgang R. Langenbucher, München 1998. Groth, Otto: Die unerkannte Kulturmacht. Grundlegung der Zeitungswissenschaft (Periodik). Band I: Das Wesen des Werkes, Berlin 1960.

57 Westley, Bruce H./MacLean, Malcolm S.: A conceptual model for mass communication research, in: Journalism Quarterly, 34/1957, S. 31–38.

58 Meyen, Michael/Löblich, Maria: Klassiker der Kommunikationswissenschaft. Fach- und Theoriegeschichte in Deutschland, Konstanz 2006, S. 221–237.

59 Maletzke, Gerhard: Psychologie der Massenkommunikation. Theorie und Systematik, Hamburg 1963, S. 32.

60 Maletzke, G.: Massenkommunikation, S. 41.

61 Prakke, H./Dröge, F./Lerg, W. B./Schmolke, M.: Kommunikation der Gesellschaft, S. 87, 101.

62 Stellvertretend: Burkart, Roland/Hömberg, Walter: Massenkommunikation und Publizistik. Eine Herausforderung für die kommunikationswissenschaftliche Modellbildung, in: Fünfgeld, Hermann/Mast, Claudia (Hg.): Massenkommunikation. Ergebnisse und Perspektiven, Opladen 1997, S. 71–88.

63 Vorderer, Peter (Hg.): Fernsehen als «Beziehungskiste». Parasoziale Beziehungen und Interaktionen mit TV-Personen, Opladen 1996.

64 Vgl. u. a. Ronneberger, Franz/Rühl, Manfred: Theorie der Public Relations. Ein Entwurf, Opladen 1992. Röttger, Ulrike: Public Relations – Organisation, Professionalisierung, Öffentlichkeitsarbeit als Organisationsfunktion. Eine Berufsfeldstudie, Opladen/Wiesbaden 2000.
65 Brecht, Bert: Der Rundfunk als Kommunikationsapparat (1932), in: Ders.: Schriften zur Literatur und Kunst (1920–1932), Frankfurt a. M. 1996, S. 132–140. Enzensberger, Hans Magnus: Baukasten zu einer Theorie der Medien. Kritische Diskurse zur Pressefreiheit, hg. v. Peter Glotz, München 1997, S. 97–132. Beide Texte gekürzt auch in: Pias, Claus/Vogl, Joseph/Engell, Lorenz (Hg.): Kursbuch Medienkultur. Die maßgeblichen Theorien von Brecht bis Baudrillard, Stuttgart 1999, S. 259–278.
66 Vogel, Andreas: Rundfunk für alle: Bürgerbeteiligung, Partizipation und zugangsoffene Sendeplätze in Hörfunk und Fernsehen, Berlin 1991.
67 Weber, Max: Wirtschaft und Gesellschaft. Grundriß der verstehenden Soziologie. Studienausgabe, hg. v. Johannes Winckelmann, 5. rev. Aufl., Tübingen 1980, S. 1.
68 Eine gute Übersicht, die weitgehend ähnlich argumentiert, in: Burkart, Roland: Kommunikationstheorien, in: Bentele, Günter/Jarren, Otfried/Brosius, Hans-Bernd (Hg.): Öffentliche Kommunikation. Handbuch Kommunikations- und Medienwissenschaft, Wiesbaden 2003, S. 169–192. Sehr soziologisch, mit einigen sinnvollen Überlegungen, aber zugleich wenig anschlussfähig, da permanent mit neuen Definitionen operierend: Faßler, Manfred: Was ist Kommunikation? München 1997.
69 Jahraus, O.: Literatur als Medium, S. 265.
70 Parsons, Talcott: Sozialstruktur und die symbolischen Tauschmedien, in: Pias, C./Vogl, J./Engell, L. (Hg.): Kursbuch Medienkultur, S. 34–44. Luhmann, Niklas: Soziologische Aufklärung 2: Aufsätze zur Theorie der Gesellschaft, Opladen 1975, S. 170–192.
71 Vgl. Faulstich, Werner (Hg.): Grundwissen Medien, 5. Aufl., München 2004.
72 Die Zuspitzung ist schon vielfach kritisiert worden, stellvertretend: Hickethier, Knut: Gibt es ein medientechnisches Apriori? Technikdeterminismus und Medienkonfiguration in historischen Prozessen, in: Behmer, Markus/Krotz, Friedrich/Stöber, Rudolf/Winter, Carsten (Hg.): Medienentwicklung und gesellschaftlicher Wandel. Beiträge zu einer theoretischen und empirischen Herausforderung, Opladen/Wiesbaden 2003, S. 39–52. Sowie: Jahraus, O.: Literatur als Medium, S. 249–258. Die ganze Bandbreite der Einschätzungen zu Bedeutung der Technik zeigt: Segeberg, Harro (Hg.): Medien und ihre Technik. Theorie – Modelle – Geschichte, Marburg 2004.
73 McLuhan, M.: Die magischen Kanäle, S. 186 u. 188, vgl. S. 43. Allerdings kann Mode durchaus ein Ausdruck öffentlicher Meinung sein. Noelle-Neumann, Elisabeth: Öffentliche Meinung. Die Entdeckung der Schweigespirale, erw. Aufl., Frankfurt a. M./Berlin 1991, S. 97–102.

74 McLuhan, Marshall: Die magischen Kanäle. Understanding Media, Basel 1994, S. 22 f., 30, 38.
75 Hickethier, Knut: Einführung in die Medienwissenschaft, Stuttgart/Weimar 2003, S. 123. McLuhans Denkfigur und -fehler sind immer wieder Wissenschaftler aufgesessen – besonders folgenreich, weil eine ganze medienwissenschaftliche Schule prägend, war die Adaption McLuhans durch Friedrich Kittler. Richtiger wird die Behauptung durch Wiederholung nicht: «Das Medium ist die Botschaft» stimmt jedoch insoweit, als dass sich Medien nicht in ihren Inhalten erschöpfen. *Pars pro toto* Kittler, Friedrich: Kommunikationsmedien, in: Wulf, Christoph (Hg.): Vom Menschen. Historische Anthropologie, Weinheim/Basel 1997, S. 649–660.
76 Bentele, Günter: Evolution der Kommunikation. Überlegungen zu einer kommunikationstheoretischen Schichtenkonzeption, in: Bobrowsky, Manfred/Langenbucher, Wolfgang R. (Hg.): Wege zur Kommunikationsgeschichte, München 1987, S. 79–94, hier: S. 92.
77 Kittler, Friedrich: Aufschreibesysteme 1800–1900, 4., vollständig überarbeitete. Aufl., München 2003. Vgl. Schanze, Helmut (Hg.): Metzler Lexikon Medientheorie Medienwissenschaft. Ansätze – Personen – Grundbegriffe, Stuttgart/Weimar 2002, S. 12 f.
78 Kittler, Friedrich: Geschichte der Kommunikationsmedien, in: Steirische Kulturinitiative (Hg.): On Line. Kultur im Netz, Graz 1993, S. 66–81. Vgl. Hiebel, Hans H./Hiebler, Heinz/Kogler, Karl (Hg.): Große Medienchronik, München 1999. Faulstich, Werner: Die Geschichte der Medien, insg. 6 Bde., Göttingen 1996 ff.
79 Faßler, Manfred: Makromedien, in: Faßler, Manfred/Halbach, Wulf (Hg.): Geschichte der Medien, Stuttgart 1998, S. 309–359, hier: S. 322 f.
80 Khomeinis islamische Revolution bediente sich z. B. in den Jahren vor 1978 geschmuggelter Tonband-Kassetten. Damit war dieses *Speicher*medium ein höchst wirkungsvolles *Übertragungs*medium, gegen das der Geheimdienst des Schah kein effektives Gegenmittel fand.
81 Prokop, Dieter: Der Kampf um die Medien. Das Geschichtsbuch der neuen Medienforschung, Hamburg 2001, S. 10–13.
82 Pross, Harry: Medienforschung. Film, Funk, Presse, Fernsehen, Berlin/Darmstadt/Wien 1972, S. 128–145.
83 Pross, H.: Medienforschung, S. 128.
84 Pross, H.: Medienforschung, S. 128, Beispiele: S. 224–262.
85 Faßler, M.: Kommunikation?, S. 166.
86 Pross, H.: Medienforschung, S. 224.
87 Foucault, Michel: Dispositive der Macht. Über Sexualität, Wissen und Wahrheit, Berlin 1978, S. 12 f.
88 Schanze, H. (Hg.): Lexikon Medientheorie, S. 66.
89 Lenk, Carsten: Das Dispositiv als theoretisches Paradigma der Medienforschung. Überlegungen zu einer integrativen Nutzungsgeschichte des

Rundfunks, in: Rundfunk und Geschichte, 22/1996, Nr. 1, S. 5–17. Hickethier, K.: Medienwissenschaft, S. 186–201. Pias, Claus: Poststrukturalistische Medientheorien, in: Weber, S. (Hg.): Theorien der Medien, S. 277–293, hier: S. 286–289.

90 Baudry, Jean-Louis: Le dispositif: aproches métapsychologiques de l'impression de réalité, in: Communications, 23/1975, S. 56–72. Deutsch: Baudry, Jean-Louis: Das Dispositiv: Metapsychologische Betrachtungen des Realitätseindrucks, in: Pias, C./Vogl, J./Engell, L. (Hg.): Kursbuch Medienkultur, S. 381–404.

91 Mead, G. H.: Geist, Identität und Gesellschaft. Crystal, D.: Sprache, S. 288–291. Haarmann, Harald: Weltgeschichte der Sprachen. Von der Frühzeit des Menschen bis zur Gegenwart, München 2006, S. 18 f., 34–40.

92 Burow, Heinz W.: Mediengeschichte der Musik, in: Schanze, H. (Hg.): Handbuch der Mediengeschichte, Stuttgart 2001, S. 347–372, hier: S. 352–354.

93 Eine neuere, flott geschriebene Mediengeschichte, die sich auf McLuhans Metapher der Sinn-Ausweitung bezieht und ebenso «unseriös» wie «suggestiv» (Selbstcharakterisierung des Verfassers), zumindest aber äußerst assoziativ ist, führt «Sinn» gar im Titel. Hörisch, Jochen: Der Sinn und die Sinne. Eine Geschichte der Medien, Berlin 2001, Selbstcharakterisierung S. 11 und 14.

94 Schanze, Helmut: Von der Schrifterfindung zu den Digitalmedien, in: Ders. (Hg.): Handbuch der Mediengeschichte, S. 208–219, hier: S. 211 f.

95 Lorblanchet, Michel: Höhlenmalerei. Ein Handbuch, Ostfildern 2006.

96 Müller, Marion G.: Grundlagen der visuellen Kommunikation. Theorieansätze und Analysemethoden, Konstanz 2003. Schnell, R.: Medienästhetik. Zu der wichtigen Ausnahme Film- und Fernsehanalyse vgl. Kapitel III.C.2.

97 Glück, Helmut: Schrift und Schriftlichkeit. Eine sprach- und kulturwissenschaftliche Studie, Stuttgart 1987. Stein, Peter: Schriftkultur. Eine Geschichte des Schreibens und Lesens, Darmstadt 2006. Vgl. Schmidt, Klaus: Sie bauten die ersten Tempel. Das rätselhafte Heiligtum der Steinzeitjäger, München 2006, S. 221–226, 254 f.

98 Assmann, Jan: Das kulturelle Gedächtnis. Schrift, Erinnerung und politische Identität in frühen Hochkulturen, 4. Aufl., München 2002, S. 91–93, 236–248, 259–272. Ludwig, Otto: Geschichte des Schreibens. Band 1: Von der Antike bis zum Buchdruck, Berlin/New York 2005, S. 25–43. Crystal, D.: Sprache, S. 196–203. Glück, H. (Hg.): Metzler Lexikon Sprache, S. 340 f.

99 Burow, H. W.: Musik, in: Schanze, H. (Hg.): Handbuch Mediengeschichte, S. 354–358.

100 Assmann, J.: Gedächtnis, S. 167–195. Ders.: Schrift und Kult, in: Faßler, M./Halbach, W. (Hg.): Geschichte der Medien, S. 55–81.

101 Platon: Sämtliche Werke, 3 Bde., Berlin 1940, Bd. 2, S. 474f. Vgl. Philosophie von Platon bis Nietzsche S. 1976f.
102 Joerges, Bernward/Braun, Ingo: Große technische Systeme – erzählt, gedeutet, modelliert, in: Dies. (Hg.): Technik ohne Grenzen, Frankfurt a.M. 1997, S. 7–49. Vgl. Beck, Klaus: Computervermittelte Kommunikation im Internet, München 2006, S. 12–14.
103 1.) Hierzu könnte, angefangen mit Otto Groth, auf die Gesamtheit der kommunikationswissenschaftlichen Literatur hingewiesen werden. 2.) Zu Pross vgl. S. 36; 3.) zu Maletzke vgl. S. 29, zu Kittler und Faßler vgl. S. 34–35; 4–5.) zu McLuhan vgl. S. 31–34. 6.) Vgl. verschiedene Aufsätze in: Innis, Harold A.: The bias of communication, Toronto 1991 (1951), S. 3–131. Übersetzt in: Innis, Harold A.: Kreuzwege der Kommunikation. Ausgewählte Texte, hg. v. Karlheinz Barck, Wien/New York 1997, S. 69–181. Hinsichtlich der Begründung von Macht und dem Verhältnis von Religion und Staat vertrat Innis Auffassungen, die zu kritisieren hier zu weit führen würde. Giddens, Anthony: Die Konstitution der Gesellschaft. Grundzüge einer Theorie der Strukturierung, 3. Aufl. Frankfurt a.M. 1995, S. 259, 319f. 7.) Vgl. S. 24.
104 Hölscher, L.: Öffentlichkeit und Geheimnis.
105 Tönnies, Ferdinand: Kritik der öffentlichen Meinung, Berlin/Heidelberg/New York 1922.
106 Maletzke, G.: Massenkommunikation, S. 24.
107 Hölscher, L.: Öffentlichkeit und Geheimnis. Westerbarkey, Joachim: Das Geheimnis. Zur funktionalen Ambivalenz von Kommunikationsstrukturen, Opladen 1991.
108 Schiewe, Jürgen: Öffentlichkeit. Entstehung und Wandel in Deutschland, Paderborn 2004, S. 278. Vgl. zum Folgenden: Imhof, Kurt: Öffentlichkeitstheorien, in: Bentele, G./Jarren, O./Brosius, H.-B. (Hg.): Öffentliche Kommunikation, S. 193–209.
109 Habermas, Jürgen: Strukturwandel der Öffentlichkeit. Untersuchungen zu einer Kategorie der bürgerlichen Gesellschaft, Frankfurt a.M. 1990 (1962).
110 Habermas, J.: Strukturwandel, S. 359.
111 Kant, Immanuel: Beantwortung der Frage: Was ist Aufklärung?, in: Berlinische Monatsschrift, 2/1784, Nr. 12, S. 481–494, hier: S. 481.
112 Habermas, J.: Strukturwandel, S. 119.
113 Habermas, J.: Strukturwandel, S. 270.
114 Habermas, J.: Strukturwandel, S. 259.
115 Habermas, J.: Strukturwandel, S. 267.
116 Habermas, J.: Strukturwandel, S. 261.
117 Habermas, J.: Strukturwandel, S. 289–292.
118 Aus diesem Grund reichte er seine Habilitationsschrift auch nicht in Frankfurt, sondern in Marburg ein. Die beste Darstellung der Frankfurter Verhältnisse findet sich bei Müller-Doohm. Dort zu Haber-

mas: Müller-Doohm, Stefan: Adorno. Eine Biographie, Frankfurt a. M. 2003, S. 569–576.
119 Habermas, J.: Strukturwandel, S. 249, 253.
120 So der Titel des vielleicht wichtigsten Buches der kritischen Theorie: Horkheimer, Max/Adorno, Theodor W.: Dialektik der Aufklärung. Philosophische Fragmente, Frankfurt a. M. 1994 (1944).
121 Gerhards, Jürgen/Neidhardt, Friedhelm: Strukturen und Funktionen moderner Öffentlichkeit. Fragestellungen und Ansätze, in: Müller-Doohm, Stefan/Neumann-Braun, Klaus (Hg.): Öffentlichkeit – Kultur – Massenkommunikation. Beiträge zur Medien- und Kommunikationskultur, Oldenburg 1991, S. 31–89, hier: S. 33.
122 Habermas, J.: Strukturwandel, S. 30–38.
123 Körber, Esther-Beate: Öffentlichkeiten der Frühen Neuzeit. Teilnehmer, Institutionen und Entscheidungen öffentlicher Kommunikation im Herzogtum Preußen 1525 bis 1618, Berlin 1998. Stöber, Rudolf: Deutsche Pressegeschichte, 2., verb. u. verm. Aufl., Konstanz 2005.
124 Gerhards, J./Neidhardt, F.: Öffentlichkeit, in: Müller-Doohm, St./Neumann-Braun, K. (Hg.): Öffentlichkeit, S. 31–89.
125 www.technorati.com. (August 2007)
126 Beck, K.: Computervermittelte Kommunikation, S. 57–146. Schmidt, Jan: Weblogs. Eine kommunikationssoziologische Studie, Konstanz 2006.
127 Gerhards, J./Neidhardt, F.: Öffentlichkeit, in: Müller-Doohm, St./Neumann-Braun, K. (Hg.): Öffentlichkeit, S. 60.
128 Stöber, Rudolf: Der politische Witz. Ein Genre politischer Kommunikation und Maßstab politischer Freiheiten, in: Communicatio Socialis, 38/2005, Nr. 4, S. 378–394, hier: S. 384.
129 Childs, Harwood L.: Public Opinion: nature, formation and role, Princeton/Toronto/New York/London 1965, S. 12–41. Die Definition, die Childs am Schluss seines Werks entwickelt, ist recht einfach: «My definition of public opinion is very general and very simple; it is merely ‹any collection of individual opinions› –, thereby leaving open the question of what group and what aspects of opinions to consider at a particular time.» Ebd., S. 349.
130 Tönnies, F.: Kritik, S. 131, 154.
131 Tönnies, F.: Kritik, S. 136, 202.
132 Tönnies, F.: Kritik, S. 3–25, 137–147, 187–189, 258–279.
133 Tönnies, F.: Kritik, S. 138.
134 Zu Gemeinsamkeiten und Unterschieden: Pöttker, Horst: Ferdinand Tönnies und die Schweigespirale: Zur Mutation einer Theorie über die öffentliche Meinung, in: Bentele, Günter/Rühl, Manfred (Hg.): Theorien öffentlicher Kommunikation, München 1993, S. 202–213.
135 Tönnies, F.: Kritik, S. 174.
136 Waßner, Rainer: Ferdinand Tönnies: Kritik der öffentlichen Meinung. Rezension, in: Papcke, Sven/Oesterdiekhoff, Georg W (Hg.): Schlüs-

selwerke der Soziologie, Wiesbaden 2002, S. 491–493. Pöttker, Horst: Ferdinand Tönnies: Kritik der öffentlichen Meinung. Rezension, in: Holtz-Bacha, Christina/Kutsch, Arnulf (Hg.): Schlüsselwerke für die Kommunikationswissenschaft, Wiesbaden 2002, S. 426–428.

137 Tönnies, F.: Kritik, S. 309 f., 334–345.

138 Habermas, J.: Strukturwandel, S. 348, vgl. S. 353.

139 Burkart, Roland: Kommunikationswissenschaft. Grundlagen und Problemfelder. Umrisse einer interdisziplinären Sozialwissenschaft, 4. überarb. und akt. Aufl., Wien/Köln/Weimar 2002, S. 262–269. Schenk, Michael: Medienwirkungsforschung, 2. überarb. Aufl., Tübingen 2002, S. 489–536. Jäckel, Michael: Medienwirkungen. Ein Studienbuch zur Einführung, 2. vollst. überarb. und erw. Aufl., Opladen/Wiesbaden 2002, S. 251–268. Noelle-Neumann, Elisabeth/Kepplinger, Hans Mathias: Öffentliche Meinung, in: Noelle-Neumann, Elisabeth/Schulz, Winfried/Wilke, Jürgen (Hg.): Fischerlexikon Publizistik Massenkommunikation, Frankfurt a. M. 2002, S. 392–406.

140 Weitgehend positiv: Schmolke, Michael: Elisabeth Noelle-Neumann: Die Schweigespirale. Rezension, in: Publizistik, 27/1982, Nr. 3, S. 429–432. Später überaus negativ: Albrecht, Richard: Elisabeth Noelle-Neumann: Die Schweigespirale. Rezension, in: Publizistik, 29/1984, Nr. 3–4, S. 617–621.

141 Eine gewisse Ausnahme gilt für Gerhards und Neidhardts Arenenmodell, dessen zwei erste Stufen sich durchaus universal anwenden ließen.

142 Noelle-Neumann, E.: Öffentliche Meinung, S. 323 f.

143 Noelle-Neumann, E.: Öffentliche Meinung, S. 19, 51 f., 330. Vgl. Lazarsfeld, Paul F./Berelson, Bernard/Gaudet, Hazel: The People's Choice. How the voter makes up his mind in a presidential campaign, New York 1944.

144 Auf die Emotionalität und Wandelbarkeit der Stimmungen der Masse ist spätestens seit Machiavelli immer wieder hingewiesen worden. Machiavelli, Niccolò: Der Fürst, Wiesbaden 1980 (1532), S. 40, 48 f.

145 Noelle-Neumann, Elisabeth: Kumulation, Konsonanz und Öffentlichkeitseffekt. Ein neuer Ansatz zur Analyse der Wirkung der Massenmedien, in: Publizistik, 18/1973, Nr. 1, S. 26–55, hier: S. 42.

146 Noelle-Neumann, E.: Öffentliche Meinung, S. 200–205.

147 Schmolke, M.: Schweigespirale. Rezension, in: Publizistik, 27/1982, Nr. 3, S. 432.

148 Milgram, Stanley: Nationality and conformity, in: Scientific American, 205/1961, Nr. 6, S. 45–51, hier: S. 48.

149 Noelle-Neumann, E.: Öffentliche Meinung, S. 59–63.

150 Asch, Solomon E.: Effects of group pressure upon the modification and distortion of judgement, in: Guetzkow, Harold (Hg.): Groups, leadership and men. Research in human relations, Pittsburg 1951, S. 177–190. Milgram, Stanley: Nationality and conformity, in: Scientific American, 205/1961, Nr. 6, S. 45–51. In anderen Experimenten Milgrams

ging es nicht um öffentlichen Konformitätsdruck, sondern um das Verhältnis des Individuums zur Autorität. Vgl. Milgram, Stanley: Das Milgram-Experiment. Zur Gehorsamsbereitschaft gegenüber Autorität, 13. Aufl., Hamburg 2003.

151 Fuchs, Dieter/Gerhards, Jürgen/Neidhardt, Friedhelm: Öffentliche Kommunikationsbereitschaft. Ein Test zentraler Bestandteile der Theorie der Schweigespirale, in: Zeitschrift für Soziologie, 21/1992, Nr. 4, S. 284–295. Merten, Klaus: Zweierlei Einfluß der Medien auf die Wahlentscheidung, in: Media Perspektiven, 1983, Nr. 7, S. 449–461. Scherer, Helmut: Massenmedien, Meinungsklima und Einstellung. Eine Untersuchung zur Theorie der Schweigespirale, Opladen 1990.

152 Donsbach, Wolfgang: Noelle-Neumann, Elisabeth: Die Schweigespirale, in: Holtz-Bacha, C./Kutsch, A. (Hg.): Schlüsselwerke für die Kommunikationswissenschaft, S. 336–339.

153 Vgl. Schmolke, M.: Schweigespirale. Rezension, in: Publizistik, 27/1982, Nr. 3, S. 430.

154 Vgl. Le Bon, Gustave: Psychologie der Massen. Mit einer Einführung von Peter R. Hofstätter, Stuttgart 1982.

155 Albrecht, R.: Schweigespirale. Rezension, in: Publizistik, 29/1984, Nr. 3–4, S. 620 f.

156 Simpson, Christopher: Elisabeth Noelle-Neumann's «spiral of Silence» and the historical context of communication theory, in: Journal of Communication, 46/1996, Nr. 3, S. 149–173.

157 Zur Widerlegung von Simpson: Kepplinger, Hans Mathias: Political correctness and academic principles: A reply to Simpson, in: Journal of Communication, 47/1997, Nr. 4, S. 102–117, hier: S. 112 f. Vgl. den Noelle-kritischen Aufsatz von: Pöttker, Horst: Konformität – Opportunismus – Opposition. Zur Typologie von Verhaltensweisen im NS-Regime und danach, in: Duchkowitsch, Wolfgang/Hausjell, Fritz/Semrad, Bernd (Hg.): Die Spirale des Schweigens. Zum Umgang mit der nationalsozialistischen Zeitungswissenschaft, Münster 2004, S. 41–53.

158 Anders Noelle-Neumann, die die Auffassung vertritt, die Extreme seien die einzigen beiden Konzepte. Noelle-Neumann, Elisabeth/Kepplinger, Hans Mathias: Öffentliche Meinung, in: Noelle-Neumann, E./Schulz, W./Wilke, J. (Hg.): Fischerlexikon Publizistik Massenkommunikation, S. 392–406, hier: S. 396.

159 Schmitt, Carl: Der Begriff des Politischen. Text von 1932 mit einem Vorwort und drei Corollarien, 5. Nachdr. der 7. Aufl., München/Berlin 2002, S. 26 f.

160 Habermas, J.: Strukturwandel, S. 211. Zum Vergleich Noelle-Neumanns mit Habermas und Schmitt: Stöber, Rudolf: Die erfolgverführte Nation. Deutschlands öffentliche Stimmungen 1866 bis 1945, Stuttgart 1998, S. 25–28.

II. Befunde und Theorien

1 Faßler, Manfred: Makromedien, in: Faßler, M./Halbach, W. (Hg.): Geschichte der Medien, S. 322 f.
2 Überblicke zur Technikgeschichte im allgemeinen: König, Wolfgang (Hg.): Propyläen Technikgeschichte, 5 Bde., Berlin 1992. Oravas, Gunhard Ä.: Lectures on the history of technology and engineering, 2 Bde., Hildesheim 2004. Der folgende Abschnitt fasst die Ergebnisse zusammen von: Stöber, Rudolf: Mediengeschichte. Die Evolution «neuer» Medien von Gutenberg bis Gates. Eine Einführung. 2 Bde., Wiesbaden 2003.
3 Vgl. Raible, Wolfgang: Medienkulturgeschichte. Mediatisierung als Grundlage unserer kulturellen Entwicklung, Heidelberg 2006, S. 113–133.
4 Welke, Martin/Fuchs, Boris: Zeitungsdruck. Die Entwicklung der Technik vom 17. zum 20. Jahrhundert, München 2000.
5 Zur langen Vorgeschichte: Hick, Ulrike: Geschichte der optischen Medien, München 1999. Zielinski, Siegfried: Archäologie der Medien. Zur Tiefenzeit des technischen Hörens und Sehens, Reinbek 2002.
6 Ansonsten ist die steile These von Friedrich Kittler, Paul Virilio und anderen Verfechtern des technischen Apriori, der Krieg sei der Vater aller medialen Dinge, weitgehend nicht haltbar. Vgl. Kittler, F.: Aufschreibesysteme, S. 431. Virilio, Paul: Krieg und Kino. Logistik und Wahrnehmung, München 1986, passim, insb. S. 19–26.
7 Schumpeter, Joseph A.: Theorie der wirtschaftlichen Entwicklung. Eine Untersuchung über Unternehmergewinn, Kapital, Kredit, Zins und den Konjunkturzyklus, 4. Aufl., Berlin 1997.
8 So der Klassiker der kommunikationswissenschaftlichen Innovationsforschung: Rogers, Everett M.: Diffusion of innovations, 4. Aufl., New York/London/Toronto/Sydney/Tokyo/Singapore 1995, S. 135.
9 Vgl. Stöber, R.: Mediengeschichte, Bd. 2, S. 235 f. Die bislang jüngste Online-Studie: Eimeren, Birgit van/Frees, Beate: Internetnutzung zwischen Pragmatismus und YouTube-Euphorie. ARD/ZDF-Online-Studie 2007, in: Media Perspektiven, 2007, Nr. 8, S. 362–378.
10 Vgl. Fußnote 112.
11 Eine große Breite der Einzelmedien beschreibt: Faulstich, W. (Hg.): Grundwissen Medien. Zum Film, dem wichtigsten der genannten Medien, für Deutschland insb.: Jacobsen, Wolfgang/Kaes, Anton/Prinzler, Hans Helmut (Hg.): Geschichte des deutschen Films, 2. akt. u. erw. Aufl., Stuttgart/Weimar 2004.
12 Bourdieu, Pierre: Die feinen Unterschiede. Kritik der gesellschaftlichen Urteilskraft, Frankfurt a. M. 1987, S. 277–354. Ders.: Soziologische Fragen, Frankfurt a. M. 1994, S. 113, 126–129.

13 Zur Presse der Bundesrepublik allgemein insb.: Pürer, Heinz/Raabe, Johannes: Presse in Deutschland, 3. überarb. Aufl., München 2007. Zu Zeitschriften: Vogel, Andreas: Die populäre Presse in Deutschland. Ihre Grundlagen, Strukturen und Strategien, München 1998. Zur Pressegeschichte: Stöber, R.: Deutsche Pressegeschichte; Wilke, Jürgen: Grundzüge der Mediengeschichte. Von den Anfängen bis ins 20. Jahrhundert, Weimar 2000.

14 Vgl. Prakke, Henk: Thesen zu einer neuen Definition der Publizistikwissenschaft, in: Publizistik, 6/1965, Nr. 2, S. 81–84.

15 Die Prozentangaben zu Fixkostenanteilen und Verhältnis von Werbezu Verkaufserlös beziehen sich auf Erhebungen der deutschen Zeitungsverleger und geben Durchschnittswerte an. Vgl. BDZV (Hg.): Zeitungen 2007, Berlin 2007. Breunig, Christian (Red.): Media Perspektiven Basisdaten. Daten zur Mediensituation in Deutschland, Frankfurt a. M. 2006.

16 Zur Rundfunkentwicklung von der Kaiserzeit bis 1980: Bausch, Hans (Hg.): Rundfunk in Deutschland, 5 Bde., München 1980. Zur Entwicklung des öffentlich-rechtlichen und des privaten Rundfunks nach 1980: Schwarzkopf, Dietrich (Hg.): Rundfunkpolitik in Deutschland. Wettbewerb und Öffentlichkeit, 2 Bde., München 1999. Eine international vergleichende Darstellung von den Anfängen bis zur Gegenwart: Stöber, R.: Mediengeschichte Bd. 2, S. 72–150.

17 Zur Entwicklung der Post in Deutschland bis ins 19. Jahrhundert: Behringer, Wolfgang: Im Zeichen des Merkur: Reichspost und Kommunikationsrevolution in der Frühen Neuzeit, Göttingen 2003. Zur Internetkommunikation: Beck, K.: Computervermittelte Kommunikation. Zur internationalen Entwicklung der Telekommunikation vor dem Internet: Stöber, R.: Mediengeschichte Bd. 1., S. 156–215; Zur Entwicklung von Computer und Internet: Ders.; Mediengeschichte Bd. 2, S. 151–206. Zur Soziologie des Internet insb.: Castells, Manuel: Die Internet-Galaxie. Internet, Wirtschaft und Gesellschaft, Wiesbaden 2005. Aus medienwissenschaftlicher Sicht: Bolz, Norbert/Kittler, Friedrich/Tholen, Christoph (Hg.): Computer als Medium, 2. Aufl., München 1999. Baumann, Heide/Schwender, Clemens (Hg.): Kursbuch Neue Medien 2000. Ein Reality-Check, Stuttgart 2000.

18 Zum systemtheoretischen Ansatz Luhmanns vgl. Kapitel II. B.1, zu Bourdieu vgl. Kapitel II. C.3.

19 Benjamin, Walter: Das Kunstwerk im Zeitalter seiner technischen Reproduzierbarkeit [zuerst 1936 in: Zeitschrift für Sozialforschung], Frankfurt a. M. 2006, S. 16 f.

20 Horkheimer, Max/Adorno, Theodor W.: Kulturindustrie. Aufklärung als Massenbetrug, in: Dies.: Dialektik der Aufklärung. Philosophische Fragmente, S. 128–176.

21 Hepp, Andreas: Cultural Studies und Medienanalyse. Eine Einführung, Opladen/Wiesbaden 1999, S. 99 f., 175–177. Kramer, Jürgen: British Cultural Studies, München 1997, S. 92. Beutler, Kurt: Horkheimer,

Max/Adorno, Theodor W. Dialektik der Aufklärung. Rezension, in: Papcke, S./Oesterdiekhoff, G. W. (Hg.): Schlüsselwerke der Soziologie, S. 224–226.

22 Enzensberger, H. M.: Baukasten, insb. S. 102–115, Zit. S. 113.

23 Hinzuweisen ist auf: Heinrich, Jürgen: Medienökonomie. Bd. 1. Mediensystem, Zeitung, Zeitschrift, Anzeigenblatt, Opladen 1994. Ders.: Medienökonomie. Bd. 2: Hörfunk und Fernsehen, Opladen 1999. Kiefer, Marie-Luise: Medienökonomik. Einführung in eine ökonomische Theorie der Medien, München/Wien 2001. Knoche, Manfred: Ökonomische Theorien und gesellschaftliche Kommunikation. Zur Fundierung einer kommunikationswissenschaftlichen Medienökonomie, Opladen/Wiesbaden 2001.

24 Z. B. kann der Marktanteil der größten vier, acht oder zehn Unternehmen gemessen werden. Oder man addiert die Quadrate der Marktanteile der Unternehmen und teilt sie durch die Zahl der Medienunternehmen. Je näher das Ergebnis an 10 000 liegt, desto weniger Wettbewerb herrscht, bei 10 000 existiert ein Monopol: $100^2/1 = 10 000$. Letzteres Verfahren nennt man nach seinen Erfindern den Herfindahl-Hirschman-Index.

25 Siebert, Frederick S./Peterson, Theodore/Schramm, Wilbur: Four Theories of the Press. The authoritarian, libertarian, social responsibility and soviet communist concepts of what the press should be and do, Urbana/Chicago/London 1956. Vgl. Hallin, Daniel C./Mancini, Paolo: Comparing media systems. Three models of media and politics, Cambridge, Mass. 2004. Zur politischen Kommunikation: Jarren, Otfried/Sarcinelli, Ulrich/Saxer, Ulrich (Hg.): Politische Kommunikation in der demokratischen Gesellschaft. Ein Handbuch mit Lexikonteil, Opladen 1998. Jarren, Otfried/Donges, Patrick: Politische Kommunikation in der Mediengesellschaft. Eine Einführung, Wiesbaden 2002.

26 Die beste Einführung ins Medienrecht: Branahl, Udo: Medienrecht. Eine Einführung, 5., vollständig überarb. Aufl., Wiesbaden 2006. Das Standardwerk zum Medienrecht: Löffler, Martin/Ricker, Reinhardt: Handbuch des Presserechts, 4., neu bearb. Aufl., München 2000. Ein sehr nützliches Lexikon: Schiwy, Peter/Schütz, Walter J./Dörr, Dieter (Hg.): Medienrecht. Lexikon für Praxis und Wissenschaft, 4., aktualisierte und erw. Aufl., Köln 2006.

27 Hierzu detaillierter: Stöber, Rudolf: What media evolution is. A theoretical approach to the history of new media, in: European Journal of Communication, 19/2004, Nr. 4, S. 483–505.

28 Merton, R. K.: Soziologische Theorie, S. 18–23.

29 Merton, R. K.: Soziologische Theorie, S. 49–79.

30 Merton, R. K.: Soziologische Theorie, S. 49.

31 Scholl, Armin: Systemtheorie, in: Weischenberg, Siegfried/Kleinsteuber, Hans J./Pörksen, Bernhard (Hg.): Handbuch Journalismus und Medien, Konstanz 2005, S. 437–442.

32 Simmel, Georg: Soziologie. Untersuchungen über Formen der Vergesellschaftung, Leipzig 1908, 1. Exkurs, S. 22–31.
33 Parsons, Talcott: Action theory and the human condition, New York 1978, S. 361.
34 Vgl. im Ansatz schon ähnlich Dröge, Franz: Publizistik und Vorurteil, Münster 1967, S. 72–74, 102–110 und 227.
35 Habermas, Jürgen: Zur Logik der Sozialwissenschaften, 2. erw. Aufl., Frankfurt a. M. 1985, S. 369–502, insb. 372 und 394 f.
36 Luhmann, N.: Gesellschaft, Bd. 1, S. 359–371; Bd. 2, S. 753–759.
37 Luhmann, N.: Massenmedien, S. 36. Blöbaum, B.: Journalismus, S. 256–318.
38 Eine instruktive Zusammenfassung von Weber, Stefan: Konstruktivistische Medientheorien, in: Ders. (Hg.): Theorien der Medien, S. 180–201.
39 Weischenberg, Siegfried: Journalistik. 2 Bde., Opladen/Wiesbaden 1998–2002. Merten, Klaus/Schmidt, Siegfried J./Weischenberg, Siegfried (Hg.): Die Wirklichkeit der Medien. Eine Einführung in die Kommunikationswissenschaft, Opladen 1994.
40 Glasersfeld, Ernst von: Konstruktion der Wirklichkeit und des Begriffs der Objektivität, in: Pias, C./Vogl, J./Engell, L. (Hg.): Kursbuch Medienkultur, S. 348–371, hier: S. 365.
41 Kepplinger, Hans Mathias: Erkenntnistheorie und Forschungspraxis des Konstruktivismus, in: Bentele, G./Rühl, M. (Hg.): Theorien öffentlicher Kommunikation, S. 118–125, hier: S. 124 f.
42 Boorstin, Daniel J.: The image or What happened to the American dream, New York 1962. Kepplinger, Hans Mathias: Ereignismanagement. Wirklichkeit und Massenmedien, Zürich/Osnabrück 1992.
43 Schulz, Winfried: Politische Kommunikation. Theoretische Ansätze und Ergebnisse empirischer Forschung zur Rolle der Massenmedien in der Politik, 2. Aufl., Wiesbaden 2006. Ruhrmann, Georg: Ereignis, Nachricht und Rezipient, in: Merten, K./Schmidt, S. J./Weischenberg, S. (Hg.): Die Wirklichkeit der Medien, S. 237–256.
44 Schulz, W.: Politische Kommunikation, S. 68–78. Vgl. mit anderer Systematik Galtung, Johan/Ruge, Mari Homboe: The structure of foreign news. The presentation of the congo, Cuba and Cyprus crisis in four foreign newspapers, in: Journal of Peace Research, 2/1965, S. 64–91.
45 Galtung, J./Ruge, M. H.: Foreign news, in: Journal of Peace Research, 2/1965, S. 64–91.
46 Staab, Joachim Friedrich: Nachrichtenwert-Theorie. Formale Struktur und empirischer Gehalt, Freiburg 1990.
47 White, David Manning: The «Gatekeeper»: A case study in the selection of news, in: Journalism Quarterly, 27/1950, S. 383–390.
48 Dovifat, Emil/Wilke, Jürgen: Zeitungslehre, 2 Bde., 6. Aufl., Berlin/New York 1976, Bd. 1, S. 76.
49 Rühl, Manfred: Journalismus und Gesellschaft. Bestandsaufnahme und

Theorieentwurf, Mainz 1980, S. 322–327. Vgl. Blöbaum, B.: Journalismus.
50 Zuerst vertreten von Baerns, Barbara: Öffentlichkeitsarbeit oder Journalismus? Zum Einfluß im Mediensystem, Köln 1985.
51 Bentele, Günter/Liebert, Tobias/Seeling, Stefan: Von der Determination zur Intereffikation. Ein integriertes Modell zum Verhältnis von Public Relations und Journalismus, in: Bentele, Günter/Haller, Michael (Hg.): Aktuelle Entstehung von Öffentlichkeit. Akteure – Strukturen – Veränderungen, Konstanz 1997, S. 225–250; Kritik an der Determinismusthese, ebd.: S. 236–240.
52 Zum Problem der Objektivität u. a.: Saxer, Ulrich: Die Objektivität publizistischer Information, in: Langenbucher, Wolfgang R. (Hg.): Politische Kommunikation. Grundlagen, Strukturen, Prozesse, 2. Aufl., Wien 1993, S. 206–235. Donsbach, Wolfgang: Objektivitätsmaße in der Publizistikwissenschaft, in: Publizistik, 35/1990, Nr. 1, S. 18–29. Neuberger, Christoph: Journalismus als Problembearbeitung. Objektivität und Relevanz in der öffentlichen Kommunikation, Konstanz 1996.
53 Zum Problem journalistischer Qualität: Ruß-Mohl, Stephan: Am eigenen Schopfe ... Qualitätssicherung im Journalismus. Grundfragen, Ansätze, Näherungsversuche, in: Publizistik, 37/1992, Nr. 1, S. 83–96. McQuail, Denis: Media performance. Mass communication and the Public Interest, London/Newbury Park/New Delhi 1992.
54 Vgl. Luhmann, N.: Gesellschaft, Bd. 1, S. 134–144.
55 Vgl. Habermas, Jürgen: Die Moderne – ein unvollendetes Projekt. Philosophisch-politische Aufsätze 1977–1990, Leipzig 1990, S. 211.
56 Meyen, Michael: Mediennutzung. Mediaforschung, Medienfunktionen, Nutzungsmuster, 2. überarb. Aufl., Konstanz 2004, S. 110–117.
57 Renger, Rudi: Populärer Journalismus. Nachrichten zwischen Fakten und Fiktion, Innsbruck/Wien/München 2000, S. 274–280. Am Beispiel des Sensationsjournalismus wird die Mischung besonders deutlich: Dulinski, Ulrike: Sensationsjournalismus in Deutschland, Konstanz 2003.
58 Regnier, Henri: Die Unterhaltung im Fernsehen, in: Longolius, Christian (Hg.): Fernsehen in Deutschland. Gesellschaftspolitische Aufgaben und Wirkungen eines Mediums, Mainz 1967, S. 171–177.
59 Renger, R.: Populärer Journalismus, S. 183–191, 280–309. Vgl. Faulstich, Werner/Knop, Karin (Hg.): Unterhaltungskultur, München 2006.
60 Vowe, Gerhard: Medienpolitik zwischen Freiheit, Gleichheit und Sicherheit, in: Publizistik, 44/1999, Nr. 4, S. 395–415.
61 Vgl. Katz, Elihu/Foulkes, David: On the use of the mass media as «escape»: Clarification of a concept, in: Public Opinion Quarterly, 26/1962, Nr. 3, S. 377–388, insb.: S. 385–387. Silbermann, Alphons/Krüger, Udo Michael: Soziologie der Massenkommunikation, Stuttgart/Berlin/Köln/Mainz 1973, S. 90–94. Dröge, F.: Publizistik und Vorurteil, S. 47–61, 65–71, 75 f.; Meyen, M.: Mediennutzung, S. 111.

62 Lazarsfeld, Paul F./Merton, Robert K.: Massenkommunikation, Publikumsgeschmack und organisiertes Sozialverhalten (Übers. von: Mass communication, popular taste und organized action, 1948), in: Aufermann, Jörg/Bohrmann, Hans/Sülzer, R. (Hg.): Gesellschaftliche Kommunikation und Information. Ein Arbeitsbuch zur Massenkommunikation, Frankfurt a. M. 1973, S. 447–470, hier: S. 450.

63 Platon: Sämtliche Werke, Bd. 2, S. 474 f. Vgl. Philosophie von Platon bis Nietzsche, S. 1976 f.

64 Vgl. Stöber, R.: Pressegeschichte, S. 292–304.

65 Berelson, Bernard: What missing the newspaper means, in: Schramm, Wilbur (Hg.): The process and effects of mass communication, 2. Aufl., Urbana 1961, S. 36–47, insb.: 40–44, Zit. S. 44.

66 Mößle, Thomas/Kleimann, Matthias/Rehbein, Florian et al.: Mediennutzung, Schulerfolg, Jugendgewalt und die Krise der Jungen, in: Zeitschrift für Jugendkriminalrecht und Jugendhilfe, 3/2006, S. 295–309. Mößle, Thomas/Pfeiffer, Christian/Kleimann, Matthias: Mediennutzung von Kindern und Jugendlichen: Stellenwert für Schule, Familie und Freizeit, in: Zeitschrift für Literaturwissenschaft und Linguistik, 37/2007, Nr. 146, S. 47–66.

67 Maletzke, G.: Massenkommunikation, S. 190–214.

68 Maletzke, G.: Massenkommunikation, S. 146–171.

69 Hovland, Carl I.: Über die Vereinbarkeit widersprechender Ergebnisse aus der massenmedialen und der experimentellen Wirkungsforschung, in: Badura, Bernhard/Gloy, Klaus (Hg.): Soziologie der Kommunikation. Eine Textauswahl zur Einführung, Stuttgart/Bad Cannstatt 1972, S. 57–77, hier: S. 72.

70 Vgl. u. v. a. Bonfadelli, Heinz: Medienwirkungsforschung, in: Ders./Jarren, Otfried (Hg.): Einführung in die Publizistikwissenschaft, Bern/Stuttgart/Wien 2001, S. 337–379, hier: S. 345.

71 Kunczik, Michael/Zipfel, Astrid: Publizistik. Ein Studienhandbuch, Köln/Weimar/Wien 2001, S. 287–294.

72 Brosius, Hans-Bernd/Esser, Frank: Mythen in der Wirkungsforschung. Auf der Suche nach dem Stimulus-Response-Modell, in: Publizistik, 43/1998, Nr. 4, S. 341–361.

73 Lasswell, Harold D.: The theory of political propaganda, in: The American Political Science Review, 21/1927, S. 627–631. Lazarsfeld, Paul F./Berelson, Bernard/Gaudet, Hazel: The People's Choice. How the voter makes up his mind in a presidential campaign, New York 1944. Klapper, Joseph T.: The effects of mass communication, New York 1966. Noelle-Neumann, Elisabeth: The return of the concept of powerful media, in: Journal of broadcasting and electronic media, 9/1973, S. 66–112.

74 Klapper, J. T.: Effects, S. 250, vgl. S. 8 und 93.

75 Klapper, J. T.: Effects, S. 8, 229.

76 Klapper, J. T.: Effects, S. 50 f., vgl. S. 94–97.

77 Klapper, J. T.: Effects, S. 251–253, Zit. S. 252.

78 Vgl. Klapper, J. T.: Effects, S. 126 f., 131.
79 Vgl. Klapper, J. T.: Effects, S. 166–184.
80 Vgl. Klapper, J. T.: Effects, S. 53, 60 f., 94–97, 254.
81 Vgl. Klapper, J. T.: Effects, S. 251.
82 Vgl. Klapper, J. T.: Effects, S. 5–7, 256.
83 Dröge, Franz/Weißenborn, Rainer/Haft, Hennig: Wirkungen der Massenkommunikation, 2. Aufl., Frankfurt a. M. 1973. Schenk, Michael: Medienwirkungsforschung, 3. überarb. Aufl., Tübingen 2007.
84 Insb. sei hingewiesen auf: Littlejohn, Stephen W./Foss, Karen A.: Theories of Human Communication, 9. Aufl., Belmont, CA 2007.
85 Stellvertretend für viele: Festinger, Leon: Die Lehre von der «kognitiven Dissonanz», in: Schramm, Wilbur (Hg.): Grundfragen der Kommunikationsforschung, 5. Aufl., München 1973, S. 27–38. Osgood, Charles E.: Eine Entdeckungsreise in die Welt der Begriffe und Bedeutungen, in: Ebd., S. 39–54. Osgood, Charles E./Suci, George J./Tannenbaum, Percy H.: The measurement of meaning, Urbana, Ill./Chicago/London 1967 (1957).
86 Brosius, H.-B./Esser, F.: Mythen, in: Publizistik, 43/1998, Nr. 4, S. 341–361.
87 Hovland, Carl I./Janis, Irving L./Kelley, Harold H.: Communication and persuasion. Psychological studies of opinion change, New Haven/London 1953. Hovland, Carl I./Janis, Irving L.: An overview of persuability research, in: Sereno, Kenneth K./Mortensen, C. David (Hg.): Foundations of communication theory, New York 1970, S. 222–233.
88 Watson, John B.: Psychology as a behaviorist views it, in: Psychological Review, 20/1913, S. 158–177.
89 In ihr wurde die US-amerikanische Präsidentenwahl 1940 in Erie County/Ohio untersucht.
90 Lazarsfeld, P. F./Berelson, B./Gaudet, H.: The People's Choice. Vgl. auch: Katz, Elihu: Die Verbreitung neuer Ideen und Praktiken, in: Schramm, W. (Hg.): Grundfragen der Kommunikationsforschung, S. 99–116. Lazarsfeld, Paul F./Menzel, Herbert: Massenmedien und personaler Einfluß, in: Ebd., S. 117–139.
91 Bester Überblick in: Schenk, M.: Medienwirkungsforschung, S. 399–488. Weitere: Burkart, R.: Kommunikationswissenschaft, S. 191–215. Kunczik, M./Zipfel, A.: Publizistik, S. 294–308, 322–331.
92 McCombs, Maxwell E./Shaw, Donald L.: The agenda setting function of mass media, in: Public Opinion Quarterly, 36/1972, S. 176–187.
93 Iyengar, Shanto/Kinder, Donald R.: News that matters. Television and American opinion, Chicago/London 1987. Iyengar, Shanto: Is anyone responsible? How television frames political issues, Chicago/London 1991.
94 Brosius, Hans-Bernd: Agenda-Setting nach einem Vierteljahrhundert Forschung, in: Publizistik, 39/1994, Nr. 3, S. 269–288, hier: S. 270.

95 Iyengar, S.: Is anyone responsible? Ders./Kinder, D. R.: News that matters. Scheufele, Bertram: Frames – Framing – Framing-Effekte. Theoretische und methodische Grundlegung des Framing-Ansatzes sowie empirische Befunde zur Nachrichtenproduktion, Wiesbaden 2003. Das Beispiel aus: Lechner, Carina: In Bayern steppt der Braunbär. Der Einfluss von Nachrichtenfaktoren und Frames auf die Berichterstattung über «JJ1», Bamberg 2007 [unveröfftl. Diplomarbeit].
96 Rogers, E. M.: Diffusion, S. 161–203.
97 Katz, Elihu/Foulkes, David: On the use of the mass media as «escape», in: Public Opinion Quarterly, 26/1962, Nr. 3, S. 379.
98 Eine gelungene Übersicht in: Meyen, M.: Mediennutzung.
99 Herzog, Herta: What do we really know about daytime serial listeners, in: Lazarsfeld, Paul F./Stanton, Frank N. (Hg.): Radio research 1942–43, New York 1944, S. 3–33. Katz, E./Foulkes, D.: On the use of the mass media as «escape», in: Public Opinion Quarterly, 26/1962, Nr. 3, S. 377–388. Blumler, Jay G./Katz, Elihu (Hg.): The uses of mass communications: Current perspectives on gratification research, Beverly Hills/London 1974.
100 Zuletzt Eimeren, Birgit van/Frees, Beate: Schnelle Zugänge, neue Anwendungen, neue Nutzer? ARD/ZDF-Online-Studie 2006, in: MP 2006, Nr. 8, S. 402–415. Die Studien stehen im Internet unter www.media-perspektiven.de (Februar 2007). Meyen, M.: Mediennutzung, S. 53–107; Ergebniszusammenfassungen ebd., S. 155–219.
101 Berg, Klaus/Kiefer, Marie-Luise (Hg.): Massenkommunikation: Eine Langzeitstudie zur Mediennutzung und Medienbewertung [1964], Mainz 1978. Berg, Klaus/Kiefer, Marie-Luise: Massenkommunikation VI. Eine Langzeitstudie zur Mediennutzung und Medienbewertung 1964–2000, Baden-Baden 2002. Der 7. Band ist noch nicht erschienen. Jäckel, Michael/Wollscheid, Sabine: Medienzeitbudgets im Vergleich. Eine Gegenüberstellung der Langzeitstudie Massenkommunikation und der Zeitbudgeterhebung des Statistischen Bundesamtes, in: MuK, 52/2004, Nr. 3, S. 355–376. Engel, Bernhard/Windgasse, Thomas: Mediennutzung und Lebenswelten 2005. Ergebnisse der 9. Welle der ARD/ZDF-Langzeitstudie zur Mediennutzung und -bewertung, in: Media Perspektiven, 2005, Nr. 9, S. 449–464.
102 Rosengren, Karl E.: Uses and gratifications. A paradigm outlined, in: Blumler, J. G./Katz, E. (Hg.): The uses of mass communications, S. 269–286. Vgl. Rosengren, Karl E.: Inhaltliche Theorien und formale Modelle in der Forschung über individuelle Mediennutzung, in: Hasebrink, Uwe/Krotz, Friedrich (Hg.): Die Zuschauer als Fernsehregisseure? Zum Verständnis individueller Nutzungs- und Rezeptionsmuster, Baden-Baden/Hamburg 1996, S. 13–36.
103 Maslow, Abraham H.: Motivation and personality, New York 1954. Vgl. Rosengren, Karl E.: Uses and gratifications. A paradigm outlined,

in: Blumler, J. G./Katz, E. (Hg.): The uses of mass communications, S. 270 und 275.

104 In der Regel geschieht dies nach folgender Formel:

$$C = \sum_{i=1}^{n} \frac{(GSi - GO(I)i) - (GSi - GO(II)i)}{n}$$

105 Nach: Palmgreen, Philipp: Der «Uses and Gratifications Approach». Theoretische Perspektiven und praktische Relevanz, in: RuF 32/1984, S. 51–62.
106 Zillmann, Dolf: Über behagende Unterhaltung in unbehagender Medienkultur, in: Hoffmann-Riem, Wolfgang/Bosshart, Louis (Hg.): Medienlust und Mediennutzung. Unterhaltung als öffentliche Kommunikation, Konstanz 1994, S. 41–57.
107 Tichenor, Philip J./Donohue, George A./Olien, Clarice N.: Mass media flow an differential growth in knowledge, in: Public Opinion Quarterly, 34/1970, S. 159–170.
108 Bonfadelli, Heinz: Die Wissenskluft-Perspektive. Massenmedien und gesellschaftliche Information, Konstanz 1994.
109 Früh, Werner/Schönbach, Klaus: Der dynamisch-transaktionale Ansatz. Ein neues Paradigma der Medienwirkungen, in: Publizistik, 27/1982, Nr. 1, S. 74–88. Dies.: Der dynamisch-transaktionale Ansatz II: Konsequenzen, in: RuF, 23/1984, S. 314–329. Dies.: Der dynamisch-transaktionale Ansatz III: Eine Zwischenbilanz, in: Publizistik, 50/2005, Nr. 1, S. 4–20.
110 Dies.: DTA, in: Publizistik, 27/1982, Nr. 1, S. 76.
111 Dies.: DTA, in: Publizistik, 27/1982, Nr. 1, S. 76.
112 Dies.: DTA II, in: RuF, 23/1984, S. 315.
113 Dies.: DTA II, in: RuF, 23/1984, S. 321.
114 Dies.: DTA II, in: RuF, 23/1984, S. 324.
115 Dies.: DTA III, in: Publizistik, 50/2005, Nr. 1, S. 11.
116 Weber, M.: Wirtschaft und Gesellschaft, S. 1.
117 Weber, Max: Gesammelte Aufsätze zur Wissenschaftslehre, hg. v. Johannes Winckelmann, 6., erneut durchges. Aufl., Tübingen 1985, S. 565.
118 Habermas, Jürgen: Theorie des kommunikativen Handelns, Frankfurt a. M. 1995.
119 Bourdieu, Pierre: Entwurf einer Theorie der Praxis auf der ethnologischen Grundlage der kabylischen Gesellschaft, Frankfurt a. M. 1976, passim, insb. S. 164–202. Ders.: Sozialer Sinn. Kritik der theoretischen Vernunft, Frankfurt a. M. 1987, passim, insb. S. 15–41, 97–121.
120 Giddens, A.: Konstitution, S. 55–67, 335–342.
121 Goffman, Erving: Wir alle spielen Theater. Die Selbstdarstellung im Alltag, München/Zürich 1969, S. 104, 111.
122 Goffman, E.: Theater, S. 123.
123 Goffman, E.: Theater, S. 232.

124 Goffman, E.: Theater, S. 3 f., 18, 76, 86, 155, 217–233.
125 Giddens, A.: Konstitution, S. 120–147, 179–182, 210 f. Giddens wirft Goffman allerdings vor, in seinen Situationsanalysen die Motivation des Handelns nicht hinreichend berücksichtigt zu haben.
126 Giddens, A.: Konstitution, hier: S. 82, vgl. S. 67–81, 192–198, 218–247, 274, 335–347, 352–375.
127 Gegensätzlich: Reese-Schäfer, Walter: Bourdieu, Pierre. Die feinen Unterschiede. Rezension, in: Papcke, S./Oesterdiekhoff, G. W. (Hg.): Schlüsselwerke der Soziologie, S. 58–60. Und: Stölting, Erhard: Bourdieu, Pierre. Sozialer Sinn. Rezension, in: Ebd., S. 61–65. Vgl. auch die gelungene Einführung in Bourdieus Soziologie von Fuchs-Heinritz, Werner/König, Alexandra: Pierre Bourdieu, Konstanz 2005.
128 Bourdieu, P.: Feine Unterschiede, S. 277–399, 719–726. Ders.: Sozialer Sinn, S. 97–121. Ders.: Soziologische Fragen, S. 96, 107–113, 126–130.
129 Habermas, Jürgen: Theorie des kommunikativen Handelns, Frankfurt a. M. 1995, Bd. 1, S. 385–452. Ders.: Vorstudien und Ergänzungen zur Theorie des kommunikativen Handelns, Frankfurt a. M. 1984, S. 571–606.
130 Habermas, J.: Theorie, Bd. 2, S. 522. Ders.: Die Moderne – ein unvollendetes Projekt. Philosophisch- politische Aufsätze 1977–1990, Leipzig 1990, S. 202, 207 f., 211.
131 Habermas, J.: Theorie, Bd. 2, S. 180.
132 Habermas, J.: Theorie, Bd. 2, S. 182–293.
133 Habermas, J.: Theorie, Bd. 1, S. 114–151. Popper, Karl R.: Wissenschaftliche Reduktion und die essentielle Unvollständigkeit der Wissenschaft, in: Ders.: Problemlösen, S. 47–92. Blumer, Herbert: Der methodologische Standort des Symbolischen Interaktionismus, in: Burkart, R./Hömberg, W. (Hg.): Kommunikationstheorien. Ein Textbuch zur Einführung, S. 32 f.
134 Theis-Berglmair, A. M.: Organisationskommunikation, insb. S. 229–242; Raabe, Johannes: Journalisten als soziale Akteure. Ein Beitrag zu einer empirischen Journalismusforschung des Personen- und des Systemparadigmas, Wiesbaden 2005. Quandt, Thorsten: Journalisten im Netz. Über die Arbeit in Online-Redaktionen. Handeln – Strukturen – Netze, Wiesbaden 2004.
135 Meyrowitz, Joshua: No sense of place. The impact of electronic Media on social behaviour, New York/Oxford 1985. Mergel, Thomas: Parlamentarische Kultur in der Weimarer Republik. Politische Kommunikation, symbolische Politik und Öffentlichkeit im Reichstag, Düsseldorf 2002.
136 Gottschlich, Maximilian: Journalismus und Orientierungsverlust. Grundprobleme öffentlich-kommunikativen Handelns, Wien/Köln/Graz 1980, S. 115–134, 198–204. Vgl. Fabris, Hans Heinz: Journalismus und bürgernahe Medienarbeit. Formen und Bedingungen der Teilhabe an gesellschaftlicher Kommunikation, Salzburg 1979. Baum,

Achim: Journalistisches Handeln. Eine kommunikationstheoretisch begründete Kritik der Journalismusforschung, Opladen 1994.
137 Pürer, Heinz: Publizistik- und Kommunikationswissenschaft. Ein Handbuch, Konstanz 2003, S. 31–56. Meyen, M./Löblich, M.: Klassiker der Kommunikationswissenschaft, insb. S. 33–71.
138 Hickethier, K.: Medienwissenschaft, S. 6–8. Faulstich, W. (Hg.): Grundwissen Medien, S. 13–20.
139 Weber, Stefan: Komparatistik: Theorien-Raum der Medienwissenschaft, in: Ders. (Hg.): Theorien der Medien, S. 325–345, hier: S. 334. Vgl. Löffelholz, Martin: Kommunikatorforschung: Journalistik, in: Bentele, G./Jarren, O./Brosius, H.-B. (Hg.): Öffentliche Kommunikation. Handbuch Kommunikations- und Medienwissenschaft, S. 28–53, hier: S. 33.

III. Methoden und Quellen

1 An Literatur, auf die sich die abschließenden Abschnitte auch ohne besondere Referenz immer wieder beziehen, ist insb. zu nennen: Brosius, Hans-Bernd/Koschel, Friederike: Methoden der empirischen Kommunikationsforschung. Eine Einführung, Opladen/Wiesbaden 2001. Hickethier, K.: Einführung Medienwissenschaft. Jensen, Klaus Bruhn (Hg.): A handbook of media and communication research. Qualitative and quantitative methodologies, New York 2002. Koschel, Friederike/Pürer, Heinz: Empirische Forschungsmethoden der Kommunikationswissenschaft, in: Pürer, Heinz: Publizistik- und Kommunikationswissenschaft. Ein Handbuch, S. 521–577. Noelle-Neumann, Elisabeth/Petersen, Thomas: Methoden der Publizistik- und Kommunikationswissenschaft, in: Noelle-Neumann, E./Schulz, W./Wilke, J. (Hg.): Fischerlexikon Publizistik Massenkommunikation, S. 265–303. Schmidt, Siegfried J./Zurstiege, Guido: Orientierung Kommunikationswissenschaft. Was sie kann, was sie will, Reinbek 2000, S. 32–50. Wagner, Hans: Verstehende Methoden in der Kommunikationswissenschaft. Unter Mitarbeit von Ute Nwaratil, Philomen Schönhagen, Heinz Starkulla, München 1999.
2 Bentele, Günter/Brosius, Hans-Bernd/Jarren, Otfried (Hg.): Lexikon Kommunikations- und Medienwissenschaft, Opladen/Wiesbaden 2006, S. 52.
3 So spricht Weber z. B. in einem Aufsatz über die logischen Probleme der historischen Nationalökonomie von der «rein empirisch-historischen – d. h. konkrete, «historische Individuen» zu konkreten Ursachen zurechnenden – Darstellung». Weber, M.: Gesammelte Aufsätze, S. 122.
4 Vgl. Glaser, Barney G./Strauss, Anselm L.: The discovery of grounded theory. Strategies for qualitative research, Chicago 1967.
5 Interessanterweise enthält das Lexikon Medienwissenschaft, hg. v. Helmut Schanze, kein Lemma «Text», ein eher kommunikationswissen-

schaftliches Lexikon hingegen schon: Bentele, G./Brosius, H.-B./Jarren, O. (Hg.): Lexikon Kommunikations- und Medienwissenschaft, S. 285. Über die Erweiterung des Textbegriffs: Kanzog, Klaus: Text, in: Killy, Walter (Hg.): Literaturlexikon. Autoren und Werke deutscher Sprache, 15 Bde., Gütersloh/München 1988–1993, Bd. 14, S. 422–424. Instruktiv: Ecker, Hans-Peter: Die Legende. Kulturanthropologische Annäherung an eine literarische Gattung, Stuttgart/Weimar 1993, S. 1–40.

6 Groth, Otto: Die Zeitung. Ein System der Zeitungskunde (Journalistik), 4 Bde., Mannheim/Berlin/Leipzig 1928–1930.

7 Hagenah, Jörg/Meulemann, Heiner: Unterschichtenfernsehen? Integration und Differenzierung von bildungsspezifischen Teilpublika, in: Publizistik, 52/2007, Nr. 2, S. 154–173, hier: S. 164.

8 Der Standardfehler =s_P (hier 1,5 Prozent = Genauigkeit der Vorhersage) hängt von der Größe der Grundgesamtheit =N, der Größe der Stichprobe =n und dem Prozentwert des Ergebnisses =p ab:

$$s_P = \sqrt{\frac{p*(100-p)}{n}} * \sqrt{\frac{N-n}{N-1}}$$

9 Meyen, Michael: Denver Clan und Neues Deutschland. Mediennutzung in der DDR, Berlin 2003, S. 15–35.

10 Quatember, Andreas: Das Signifikanz-Relevanz-Problem beim statistischen Testen von Hypothesen, in: ZUMA Nachrichten, 2005, Nr. 57, S. 128–150.

11 Die Formel lautet: (Codierungen – Abweichungen)/Codierungen. Das Ergebnis der Reliabilitätsmessung liegt immer zwischen 0 und 1; je näher an 1, desto verlässlicher.

12 Inhaltlich sind sie nahezu gleichbedeutend, funktional aber unterscheiden sie sich: Von Kategorie wird gesprochen, wenn das inhaltliche Merkmal im Kontext des Codierschemas gemeint ist; von Variable ist die Rede, wenn das inhaltliche Merkmal ausgewertet, d. h. interpretiert bzw. analysiert wird (vgl. Kapitel III.B.1).

13 Noelle-Neumann, E./Petersen, T.: Methoden, in: Noelle-Neumann, E./Schulz, W./Wilke, J. (Hg.): Fischerlexikon Publizistik Massenkommunikation, S. 300.

14 Hovland, C. I.: Vereinbarkeit, in: Badura, B./Gloy, K. (Hg.): Soziologie der Kommunikation, S. 57–77.

15 Maurer, Marcus: Das Paradox der Medienwirkungsforschung. Verändern Massenmedien die Bevölkerungsmeinung, ohne Einzelne zu beeinflussen?, in: Publizistik, 49/2004, Nr. 4, S. 405–422, Zit. S. 409.

16 Zu den besten deutschsprachigen gehören: Früh, Werner: Inhaltsanalyse. Theorie und Praxis, 5. Aufl., Konstanz 2004. Rössler, Patrick: Inhaltsanalyse, Konstanz 2005.

17 Berelson, Bernard: Content analysis in communication research, Glencoe/Illinois 1952, S. 18.

18 Hickethier, Knut: Film- und Fernsehanalyse, 3., überarb. Aufl., Stuttgart/Weimar 2001, S. 26–41.
19 Früh, W.: Inhaltsanalyse, S. 31. In Wikipedia s. Stichwort «Statistischer Test» (August 2007).
20 Als Methodenlehrbücher empfehlen sich: Möhring, Wiebke/Schlütz, Daniela: Die Befragung in der Medien- und Kommunikationswissenschaft. Eine praxisorientierte Einführung, Wiesbaden 2003. Scholl, Armin: Die Befragung in der Kommunikationswissenschaft, Konstanz 2003.
21 Thukydides: Geschichte des Peloponnesischen Krieges, 3. Aufl., München 1981, S. 35 f.
22 Das semantische Differential wurde von dem Psychologen Charles E. Osgood entwickelt. Vgl. Osgood, C. E./Suci, G. J./Tannenbaum, P. H.: measurement of meaning, S. 76–124.
23 Vgl. Möhring, W./Schlütz, D.: Befragung, S. S. 76–85.
24 Als handlungstheoretische Beobachtungsstudie: Quandt, T.: Journalisten; als systemtheoretische: Rühl, M.: Journalismus. Zum Folgenden in methodischer Hinsicht: Gehrau, Volker: Die Beobachtung in der Kommunikationswissenschaft. Methodische Ansätze und Beispielstudien, Konstanz 2002.
25 Gehrau, V.: Beobachtung, S. 28.
26 Vgl. insbes. Dilthey, Wilhelm: Der Aufbau der geschichtlichen Welt in den Geisteswissenschaften, 4. Aufl., Frankfurt a. M. 1993; Heidegger, Martin: Sein und Zeit, 19. Aufl., Tübingen 2006; Gadamer, Hans-Georg: Wahrheit und Methode. Grundzüge einer philosophischen Hermeneutik, 3., erw. Aufl., Tübingen 1975.
27 Vgl. Hepp, A.: Cultural Studies und Medienanalyse, S. 262–270.
28 Vgl. Früh, W.: Inhaltsanalyse, S. 48 f.
29 Einige Methodenlehren u. a.: Borowsky, Peter/Vogel, Barbara/Wunder, Heide: Einführung in die Geschichtswissenschaft, 4. Aufl., Opladen 1980. Faber, Karl-Georg: Theorie der Geschichtswissenschaft, 5. Aufl., München 1982. Opgenoorth, Ernst/Schulz, Günther: Einführung in das Studium der neueren Geschichte, 6. Aufl., Paderborn 2001. Rusinek, Bernd-A.Ackermann, Volker/Engelbrecht, Jörg (Hg.): Die Interpretation historischer Quellen. Schwerpunkt: Neuzeit, Paderborn 1992.
30 Vgl. u. a. Hufnagel, Erwin: Einführung in die Hermeneutik, Stuttgart/Berlin/Köln/Mainz 1976. Jung, Matthias: Hermeneutik, 2. Aufl., Hamburg 2002. Seiffert, Helmut: Einführung in die Hermeneutik. Die Lehre von der Interpretation in den Fachwissenschaften, Tübingen 1992.
31 Derrida, J.: Grammatologie, S. 16–23, Zit. S. 274. Vgl. Ders., Differenz. So ähnlich auch Baudrillard: «Ein Sinn wird dabei nicht festgelegt: er verbleibt im Zustand der Zirkulation.» Baudrillard, Jean: Der symbolische Tausch und der Tod, München 1982, S. 349. Vgl. Derrida, J.: Differenz, S. 424–426, 441.
32 Iser, Wolfgang: Der Akt des Lesens. Theorie ästhetischer Wirkung, München 1976, S. 175–177.

33 Vgl. mit weiteren Literaturhinweisen: Ketelsen, Uwe-K.: Interpretation, in: Killy, W. (Hg.): Literaturlexikon, Bd. 13, S. 438–440. Bolz, N.: Strukturalismus, Poststrukturalismus, in: Ebd., Bd. 14, S. 408–410. Kanzog, K.: Text, in: Ebd., Bd. 14, S. 422–424.
34 Vgl. geschichts-philosophisch begründend: Gadamer, H.-G.: Wahrheit, S. 274–323.
35 Augustus: Res Gestae. Tatsachenbericht (Monumentum Ancyranum), hg. von Marion Giebel, Stuttgart 1975, S. 8–15.
36 Vgl. Borowsky, P./Vogel, B./Wunder, H.: Einführung Geschichtswissenschaft, Bd. 1, S. 162.
37 Droysen, Johann Gustav: Historik. Historisch-kritische Ausgabe, hg. v. Peter Leyh, Stuttgart 1977.
38 Zu Recherche, Interpretation und Kritik kommunikationshistorischer Quellen: Lersch, Edgar/Stöber, Rudolf: Quellenüberlieferung und Quellenrecherche, in: Jahrbuch für Kommunikationsgeschichte, 7/2005, S. 208–230.
39 Stöber, Rudolf: Bismarcks geheime Presseorganisation von 1882, in: Historische Zeitschrift, 262/1996, Nr. 2, S. 423–451, hier: S. 428–438.
40 Hickethier, K.: Film- und Fernsehanalyse. Der amerikanische Klassiker: Monaco, James: Film verstehen. Kunst, Technik, Sprache, Geschichte und Theorie des Films und der neuen Medien, 6. Aufl., Reinbek bei Hamburg 2005. Viele praktische Beispiele enthält: Kuchenbuch, Thomas: Filmanalyse. Theorien, Modelle, Kritik, 2. Aufl., Wien/Köln/Weimar 2005. Eine hervorragend gemachte DVD mit vielen Beispielen: Steinmetz, Rüdiger: Filme sehen lernen (DVD), Frankfurt a. M. 2003.
41 Faulstich, Werner: Filminterpretation, Göttingen 1988, S. 14; Beispielanalysen, Ebd.: S. 16–89.
42 Hickethier, K.: Film- und Fernsehanalyse, S. 35.
43 So hat z. B. H. J. Schlegel für den «Panzerkreuzer Potemkin» ein anderes Sequenzprotokoll angelegt, als ich es würde. Vgl. Schlegel, Hans-Joachim: Die Verfilmung der Revolution und die Revolutionierung des Films: Panzerkreuzer Potemkin (Bronenosec Potemkin, 1925), in: Korte, Helmut/Faulstich, Werner (Hg.): Fischer Filmgeschichte Band 2: 1925–1944, Frankfurt a. M. 1994, S. 42–57.
44 Hierzu ist insbesondere auf ein neues Buch hinzuweisen, das sicherlich zum Standardwerk wird: Marschall, Susanne: Farbe im Kino, Marburg 2005.
45 Hickethier, K.: Film- und Fernsehanalyse, S. 95.
46 Hickethier, K.: Film- und Fernsehanalyse, S. 180.
47 Andere würden vielleicht eher den «Schatz in der Sierra Madre» oder «An einem Tag wie jeder andere» nennen.
48 Vgl. Eisenstein, Sergej: Yo – Ich selbst. Memoiren, hg. v. Klejman Naum/Korschunowa, Walentina, 2 Bde., Berlin (Ost) 1984, insb. S. 181–222.
49 Eisenstein, S.: Yo, S. 218.

Hilfsmittel und Literatur

A. Zeitschriften

Zeitschriften bürgen (in der Regel) für die aktuellste und qualitativ beste wissenschaftliche Literatur, denn sie unterliegen einer besonderen Qualitätskontrolle. Eingereichte Beiträge werden (häufig anonym) begutachtet, schlechte werden abgelehnt, sehr gute sofort angenommen, gute und befriedigende erst nach Überarbeitung.

Die meisten wissenschaftlichen Zeitschriften bieten einen Mix aus Aufsätzen und Buchbesprechungen, zudem häufig Bücherlisten, Personalnotizen oder annotierte Zeitschriftenbibliografien – z. B. in «Medien und Kommunikationswissenschaft» – u. a. m. Die meisten Zeitschriften decken eine größere thematische Bandbreite ab; manche, die das zumeist im Titel ausweisen, sind spezialisiert; wieder andere, z. B. LiLi, konzentrieren einschlägige Artikel in Themenheften.

Fast alle Zeitschriften stehen heute zumindest mit dem Inhaltsverzeichnis, häufig auch mit Zusammenfassungen, im Internet und sind über Suchmaschinen leicht zu finden. Manche Zeitschriften stehen im Volltext im Netz, z. B. «Ästhetik und Kommunikation» und «Media Perspektiven», andere bieten ausgewählte Artikel, z. B. «Publizistik». Universitätsbibliotheken gewähren ihren Nutzern Zugriff auf etliche Zeitschriften in elektronischer Form, die ansonsten nur gegen Bezahlung im Internet zugänglich sind.

Nicht alle Zeitschriften der folgenden Liste sind wissenschaftlich. Die wichtigsten Filmzeitschriften, wie «Cahiers du Cinéma» oder «Sight and Sound», wurden aufgenommen, weil sie für die Medienwissenschaften unverzichtbar sind, Branchendienste wie «epd medien» und «Funk-Korrespondenz» sowie die Verbandsblätter «Journalist» und «MMM» sind für die Kommunikationswissenschaft wichtig. Über weitere Zeitschriften informieren Nachschlagewerke.

ALM-Jahrbuch (1992 ff.) [unter wechselnden Namen]
Ästhetik und Kommunikation (1970 ff.)
Cahiers du Cinéma (1951 ff.)
Communicatio Socialis (1968 ff.)
Communication Theory (1991 ff.)

Communications Quarterly (1990 ff.)
epd medien (1949 ff.)
European Journal of Communication (1986 ff.)
Film Comment (1962 ff.)
Funk-Korrespondenz (1953 ff.)
Gazette (1955 ff.)
Jahrbuch für Kommunikationsgeschichte (1999 ff.)
Journal of Communication (1951 ff.)
Journal of Media Economis (1988 ff.)
Journalism and Mass Communication Quarterly (1995 ff.) [Fortsetzung von Journalism Quarterly (1927–1994)]
Journalism History (1974 ff.)
Journalist (1951 ff.)
Massenmedien und Kommunikation (1979 ff.)
Media Perspektiven (1963 ff.)
Media, Culture and Society (1979 ff.)
Medien und Kommunikationswissenschaft (2000 ff.) [Fortsetzung von Rundfunk und Fernsehen (1953–1999)]
Medien und Zeit (1986 ff.)
Medienpsychologie (1989 ff.)
Medienwissenschaft/Rezensionen (1984 ff.) [enthält nur Rezensionen]
MMM. Menschen machen Medien (1994 ff.)
Montage. AV (1992 ff.)
Public Opinion Quarterly (1937 ff.)
Publizistik (1956 ff.)
Rundfunk und Geschichte (1975 ff.)
Sight and Sound (1932 ff.)
Zeitschrift für Literaturwissenschaft und Linguistik. LiLi (1971 ff.)
ZUM. Zeitschrift für Urheber- und Medienrecht (1957 ff.)

B. Nachschlagewerke

1. Bibliografische Hilfsmittel

Aktuelle und einschlägige Literatur wird mit bibliografischen Hilfsmitteln recherchiert. Die meisten Bibliografien sind abgeschlossen, manche sind fortlaufend, so die wichtige Jahresbibliographie Massenkommunikation von Ubbens, die Datenbank Publizistik Massenkommunikation und IBR sowie IBZ. Die IBZ erschließt mehr als zehntausend wissenschaftliche Zeitschriften aller Fachgebiete. Einige Bibliografien sind annotiert, z. B. Holtz-Bacha oder Bohrmann/Ubbens, die meisten sind unkommentiert. Einige sind Meta-Bibliografien: Bibliografien von Bibliografien, z. B. Schuster oder fachübergreifend Besterman und Totok-Weitzel.

Keine Bibliografie im engeren Sinn, aber dennoch ein sehr nützliches Rechercheinstrument ist der Karlsruher Virtuelle Katalog KVK, der als Meta-Katalog Zugriff auf die wichtigsten OPACs in Deutschland und der Welt bietet. Ebenfalls sehr hilfreich, weil sie die wichtigsten Bücher der Soziologie und Kommunikationswissenschaft auflisten und besprechen, sind die Schlüsselwerke von Papcke/Oesterdiekhoff und Holtz-Bacha-Kutsch. Eine Einführung in die Recherchestrategien und -instrumente gibt Lamp.

Besterman, Theodor: A world bibliography of bibliographies and of bibliographical catalogues, calendars, abstracts, digestes, indexes and the like, 4. Aufl., 5 Bde., Lausanne 1965–1966.

Bohrmann, Hans/Ubbens, Wilbert: Kommunikationsforschung. Eine kommentierte Auswahlbibliographie der deutschsprachigen Untersuchungen zur Massenkommunikation 1945 bis 1980, Konstanz 1984.

Fachinformationsstelle Publizistik (Hg.): Datenbank Publizistik und Massenkommunikation, Berlin 1985 ff. [hervorgegangen aus dem Publizistischen Referate-Dienst 1965–1984].

Hagelweide, Gert: Literatur zur deutschsprachigen Presse. Eine Bibliographie, München/New York/London/Paris 1983–2002.

Hagener, Malte/Töteberg, Michael: Film. An international bibliography, Stuttgart/Weimar 2002.

Holtz-Bacha, Christina: Publizistik-Bibliographie. Eine Internationale Bibliographie von Nachschlagewerken zur Literatur der Kommunikationswissenschaft, Konstanz 1984.

Holtz-Bacha, Christina/Kutsch, Arnulf (Hg.): Schlüsselwerke für die Kommunikationswissenschaft, Wiesbaden 2002.

IBR. Internationale Bibliographie der Rezensionen wissenschaftlicher Literatur, Osnabrück/München 1971 ff.

IBZ. Internationale Bibliographie der Zeitschriftenliteratur aus allen Gebieten des Wissens, Osnabrück/München 1965 ff. [Fortsetzung des Dietrich 1896–1964].

Kahlenberg, Friedrich P. (Hg.): Auswahlbibliographie zum Thema Deutsche Wochenschauen und Periodika, Berlin 1995.

Karlsruher Virtueller Katalog: http://www.ubka.uni-karlsruhe.de/kvk.html

Kernchen, Dagmar/Kernchen, Hans-Jürgen (Hg.): Totok-Weitzel. Handbuch der bibliographischen Nachschlagewerke, 6. Aufl., 2 Bde., Frankfurt a. M. 1984–1985.

Kirschner, Jürgen: Fischer Handbuch Theater, Film, Funk und Fernsehen, Frankfurt a. M. 1997.

Lamp, Erich: Informationen suchen und finden. Leitfaden zum Studium der Publizistik und der angrenzenden Fachgebiete, 2. Aufl., München 1990.

Merten, Klaus/Nafroth, Katja/Top, Jasmin (Hg.): Bibliographie Public Relations, Münster 2005.

Papcke, Sven/Oesterdiekhoff, Geor W. (Hg.): Schlüsselwerke der Soziologie, Wiesbaden 2002.

Rezensionen Kulturwissenschaften: http://hsozkult.geschichte.hu-berlin.de

Schuster, Thomas: Referenzbibliografie Medien. Bibliografien, Handbücher und Fachzeitschriften zur Massenkommunikation, Konstanz 2000.

Ubbens, Wilbert: Jahresbibliographie Massenkommunikation. Systematisches Verzeichnis der in den Jahren [...] innerhalb und außerhalb des Buchhandels veröffentlichten Literatur zur Presse, Rundfunk, Fernsehen, Film und angrenzenden Problemen, Bremen 1974 ff.

Vogelsang, Thilo/Weisz, Christoph/Brückner, Ingeborg et al.: Bibliographie zur Zeitgeschichte, München 1953 ff.

2. Lexika

Die Grenze zwischen Lexika und Handbüchern ist fließend, im Zweifelsfall bitte auch unter Kapitel IV. C.1 nachschlagen. Manche Lexika führen den Titel Handbuch, obwohl die große Zahl ihrer kurzen Artikel eher Lexikon-Format hat; manche Handbücher nennen sich Lexikon, obwohl sie nur wenige, dafür aber ausführliche Artikel enthalten. Die wissenschaftlichen Lexika nennen weitere einschlägige Literatur, die Wörterbücher und Filmlexika nicht.

Barnouw, Eric/Worth, Tobia L. (Hg.): International encyclopedia of communications, 4. Aufl., New York/Oxford 1989.

Bentele, Günter/Brosius, Hans-Bernd/Jarren, Otfried (Hg.): Lexikon Kommunikations- und Medienwissenschaft, Opladen/Wiesbaden 2006.

Donsbach, Wolfgang (Hg.): International Encyclopedia of Communication, Boston/Edinburg/Oxford 2008.

Glück, Helmut (Hg.): Metzler Lexikon Sprache, 2., überarb. u. erw. Aufl., Stuttgart/Weimar 2000.

Hans-Bredow-Institut (Hg.): Medien von A bis Z, Wiesbaden 2006.

Johnston, Donal H. (Hg.): Encyclopedia of International Media and Communications, 4 Bde., Amsterdam/Boston/London/New York et. al. 2003.

Just, Lotha R./Hahn, Ronal M./Seeßlen, Georg, et al.: Heyne Filmlexikon. 10 000 Filme aus 100 Jahren Filmgeschichte, München 1996.

Killy, Walter (Hg.): Literaturlexikon. Autoren und Werke deutscher Sprache, 15 Bde., Gütersloh/München 1988–1993.

Kluge, Friedrich (Hg.)/Seebold, Elmar (Bearb.): Etymologisches Wörterbuch der deutschen Sprache, 23. Aufl., Berlin/New York 1999.

Koll, Horst Peter/Lux, Stefan/Messias, Hans et al.: Katholisches Institut für Medieninformation/Katholische Filmkommission (Hg.): Lexikon des internationalen Films. Kino, Fernsehen, Video, DVD, 4 Bde., Frankfurt a. M. 2002.

Meyers Bibliographisches Institut (Hg.): Meyers Großes Konversations-Lexikon. Ein Nachschlagewerk des allgemeinen Wissens, 6., gänzl. neubearb. u. verm. Aufl., 20 Bde., Leipzig/Wien 1905–1909.

Pürer, Heinz: Publizistik- und Kommunikationswissenschaft. Ein Handbuch, Konstanz 2003.

Rother, Rainer (Hg.): Sachlexikon Film, Reinbek bei Hamburg 1997.

Schanze, Helmut (Hg.)/unter Mitarb. von Pütz, Susanne: Metzler Lexikon Medientheorie Medienwissenschaft. Ansätze – Personen – Grundbegriffe, Stuttgart/Weimar 2002.

Schiwy, Peter/Schütz, Walte J./Dörr, Dieter (Hg.): Medienrecht. Lexikon für Praxis und Wissenschaft, 4., akt. und erw. Aufl., Köln 2006.

Weischenberg, Siegfried/Kleinsteuber, Han J./Pörksen, Bernhard (Hg.): Handbuch Journalismus und Medien, Konstanz 2005.

3. Biografische Hilfsmittel

Biografische Hilfsmittel sind eine lexikalische Sonderform. Hinzuweisen ist insbesondere auf die medienbiografischen Hilfsmittel von Böning, Hechtfischer/Hof, Jahn und Weniger. Die deutschen Biografie-Lexika schlechthin sind ADB und NDB, letztere allerdings ist nach 50 Jahren Bearbeitung immer noch nicht abgeschlossen. Sehr nützlich, weil einige Dutzend ältere biografische Lexika kompilierend, ist das DBA, das in drei Serien auf Tausenden von Microfiche vorliegt: Serie I vor 1900, Serie II bis Mitte des 20. Jahrhunderts, Serie III bis 1999. Es ist in mancher Universitätsbibliothek auch online verfügbar.

Benz, Wolfgang/Graml, Hermann (Hg.): Biographisches Lexikon zur Weimarer Republik, München 1988.

Böning, Holger (Hg.): Deutsche Presse. Biobibliographische Handbücher zur Geschichte der deutschsprachigen periodischen Presse von den Anfängen bis 1815. Bislang 6 Bde., Hamburg/Stuttgart-Bad Cannstatt 1996 ff.

Böning, Holger/Siegert, Reinhart: Volksaufklärung. Biobibliographisches Handbuch zur Popularisierung aufklärerischen Denkens im deutschen Sprachraum von den Anfängen bis 1850, 2 Bde., Stuttgart 2001.

DBA. Deutsches Biographisches Archiv I–III. Microfiches, München 1982 ff.

Hechtfischer, Ute/Hof, Renate (Hg.): Metzler Autorinnen Lexikon, Tübingen 1998.

Historische Commission bei der königlichen Akademie der Wissenschaften (Hg.): Allgemeine Deutsche Biographie (ADB), 56 Bde, Leipzig 1875–1912.

Historische Kommission bei der Bayerischen Akademie der Wissenschaften (Hg.): Neue Deutsche Biographie (NDB), bislang 23 Bde., Berlin 1953 ff.

Historische Kommission bei der Bayerischen Akademie der Wissenschaften (Hg.): ADB & NDB Gesamtregister, 1. Aufl., Berlin 2003.

Jahn, Bruno/(Bearb.): Die deutschsprachige Presse. Ein bio-bibliographisches Handbuch. 2 Bde., München 2005.

Klee, Ernst: Das Kulturlexikon zum Dritten Reich. Wer war was vor und nach 1945, Frankfurt a. M. 2007.

Müller-Enbergs, Helmut (Hg.): Wer war wer in der DDR?, 2 Bde., Berlin 2007.

Munzinger Archiv [Loseblattsammlung] (1913 ff.) http://www.munzinger.de/search/templates/magazin.jsp

Vierhaus, Rudolf (Hg.): Deutsche Biographische Enzyklopädie, 2., überarb. und erw. Aufl., 10 Bde., New York/München/Paris/London/Darmstadt 2006.

Vierhaus, Rudolf/Bödeker, Hans Erich (Hg.): Biographische Enzyklopädie der deutschsprachigen Aufklärung, München 2002.

Weiß, Hermann (Hg.): Personen Lexikon 1933–1945, Frankfurt a. M. 1998.

Weniger, Kay: Das große Personenlexikon des Films, Berlin 2001.

Who is Who (1847 ff.); Wer ist's (1905–1935); Wer ist Wer (1951 ff.)

Wistrich, Robert: Wer war wer im Dritten Reich. Anhänger, Mitläufer, Gegner aus Politik, Wirtschaft, Militär, Kunst und Wissenschaft, München 1983.

C. Propädeutika

1. Handbücher

Handbücher enthalten längere Artikel, die einen fundierten und ausführlichen Einblick in Aspekte des Fachgebiets geben. Bentele/Brosius/Jarren, das Fischer-Lexikon und Schanze verdienen es, besonders hervorgehoben zu werden. Titel, die hier vermisst werden, finden sich unter den Lexika (vgl. IV. B.2).

Bentele, Günter/Jarren, Otfried/Brosius, Hans-Bernd (Hg.): Öffentliche Kommunikation. Handbuch Kommunikations- und Medienwissenschaft, Wiesbaden 2003.
Crystal, David: Die Cambridge Enzyklopädie der Sprache, Frankfurt a. M. 2006.
Hans-Bredow-Institut (Hg.): Internationales Handbuch für Hörfunk und Fernsehen, Baden-Baden/Hamburg 1957 ff.
Hiebel, Han H./Hiebler, Heinz/Kogler, Karl (Hg.): Große Medienchronik, München 1999.
Jarren, Otfried/Sarcinelli, Ulrich/Saxer, Ulrich (Hg.): Politische Kommunikation in der demokratischen Gesellschaft. Ein Handbuch mit Lexikonteil, Opladen 1998.
Koszyk, Kurt/Pruys, Karl Hugo: Handbuch der Massenkommunikation, München 1981.
Löffler, Martin/Ricker, Reinhardt: Handbuch des Presserechts, 4., neu bearb. Aufl., München 2000.
Merten, Klaus/Schmidt, Siegfried J./Weischenberg, Siegfried (Hg.): Die Wirklichkeit der Medien. Eine Einführung in die Kommunikationswissenschaft, Opladen 1994.
Noelle-Neumann, Elisabeth/Schulz, Winfried (Hg.): Fischer Lexikon Publizistik, 1. Aufl., Frankfurt a. M. 1971.
Noelle-Neumann, Elisabeth/Schulz, Winfried/Wilke, Jürgen (Hg.): Fischerlexikon Publizistik Massenkommunikation, Frankfurt a. M. 2002.
Schanze, Helmut (Hg.): Handbuch der Mediengeschichte, Stuttgart 2001.

2. Einführungen

Einführungen bieten einen ersten Einstieg in ein Fachgebiet. Neben diversen Einführungen in Spezialgebiete der KMW (Geschichte, Recht etc.) ist als Überblick für die Kommunikationswissenschaft insbesondere auf

Burkart, als Einführung in die Medienwissenschaften auf Hickethier hinzuweisen.

Badura, Bernhard/Gloy, Klaus (Hg.): Soziologie der Kommunikation. Eine Textauswahl zur Einführung, Stuttgart/Bad Cannstatt 1972.

Beck, Klaus: Computervermittelte Kommunikation im Internet, München 2006.

Branahl, Udo: Medienrecht. Eine Einführung, 5., vollst. überarb. Aufl., Wiesbaden 2006.

Burkart, Roland: Kommunikationswissenschaft. Grundlagen und Problemfelder. Umrisse einer interdisziplinären Sozialwissenschaft, 4., überarb. und akt. Aufl., Wien/Köln/Weimar 2002.

Faulstich, Werner (Hg.): Grundwissen Medien, 5. Aufl., München 2004.

Hepp, Andreas: Cultural Studies und Medienanalyse. Eine Einführung, Opladen/Wiesbaden 1999.

Hickethier, Knut: Einführung in die Medienwissenschaft, Stuttgart/Weimar 2003.

Jäckel, Michael: Medienwirkungen. Ein Studienbuch zur Einführung, 2. vollst. überarb. und erw. Aufl., Opladen/Wiesbaden 2002.

Jarren, Otfried/Bonfadelli, Heinz (Hg.): Einführung in die Publizistikwissenschaft, Bern/Stuttgart/Wien 2001.

Jarren, Otfried/Donges, Patrick: Politische Kommunikation in der Mediengesellschaft. Eine Einführung, 2 Bde., Wiesbaden 2002.

Kiefer, Marie-Luise: Medienökonomik. Einführung in eine ökonomische Theorie der Medien, München/Wien 2001.

Krallmann, Dieter/Ziemann, Andreas: Grundkurs Kommunikationswissenschaft, München 2001.

Kunczik, Michael/Zipfel, Astrid: Publizistik. Ein Studienhandbuch, Köln/Weimar/Wien 2001.

Leschke, Rainer: Einführung in die Medientheorie, München 2003.

Littlejohn, Stephe W./Foss, Kare A.: Theories of Human Communication, 9. Aufl., Belmont, CA 2007.

McQuail, Denis/Windahl, Sven: Communication models. For the study of mass communication, London/New York 1993.

Merten, Klaus: Einführung in die Kommunikationswissenschaft, 3 Bde., Münster/Hamburg/Berlin/London 1999.

Schmidt, Siegfried J./Zurstiege, Guido: Orientierung Kommunikationswissenschaft. Was sie kann, was sie will, Reinbek 2000.

Stöber, Rudolf: Mediengeschichte. Die Evolution «neuer» Medien von Gutenberg bis Gates. Eine Einführung 2 Bde., Wiesbaden 2003.

Weber, Stefan (Hg.): Theorien der Medien. Von der Kulturkritik bis zum Konstruktivismus, Konstanz 2003.

3. Methodenlehrbücher

Die Zahl der Methodenlehrbücher hat sich in den letzten Jahren vervielfacht, allerdings nur in der Kommunikationswissenschaft. Die Medienwissenschaften haben eine weniger formalisierte Methodik; daher gibt es nur zu Teilgebieten Methodenlehrbücher. Hier kann einerseits auf die verschiedenen Einführungen in die Hermeneutik, andererseits auf die umfangreiche filmwissenschaftliche Methodenliteratur hingewiesen werden; insb. auf Hickethier, Monaco und Steinmetz. Als Überblick über die quantitativ-statistischen Methoden der Kommunikationswissenschaft empfiehlt sich Brosius/Koschel.

Berelson, Bernard: Content analysis in communication research, Glencoe/Illinois 1952.
Borowsky, Peter/Vogel, Barbara/Wunder, Heide: Einführung in die Geschichtswissenschaft, 4. Aufl., Opladen 1980.
Brosius, Hans-Bernd/Koschel, Friederike: Methoden der empirischen Kommunikationsforschung. Eine Einführung, Opladen/Wiesbaden 2001.
Droysen, Johann Gustav: Historik. Historisch-kritische Ausgabe, hg. v. Peter Leyh, Stuttgart 1977.
Faber, Karl-Georg: Theorie der Geschichtswissenschaft, 5. Aufl., München 1982.
Faulstich, Werner: Filminterpretation, Göttingen 1988.
Früh, Werner: Inhaltsanalyse. Theorie und Praxis, 5. Aufl., Konstanz 2004.
Gadamer, Hans-Georg: Wahrheit und Methode. Grundzüge einer philosophischen Hermeneutik, 3., erw. Aufl., Tübingen 1975.
Gehrau, Volker: Die Beobachtung in der Kommunikationswissenschaft. Methodische Ansätze und Beispielstudien, Konstanz 2002.
Glaser, Barne G./Strauss, Ansel L.: The discovery of grounded theory. Strategies for qualitative research, Chicago 1967.
Hickethier, Knut: Film- und Fernsehanalyse, 3., überarb. Aufl., Stuttgart/Weimar 2001.
Hufnagel, Erwin: Einführung in die Hermeneutik, Stuttgart/Berlin/Köln/Mainz 1976.
Jensen, Klaus Bruhn (Hg.): A handbook of media and communication research. Qualitative and quantitative methodologies, New York 2002.
Jung, Matthias: Hermeneutik, 2. Aufl., Hamburg 2002.
Kuchenbuch, Thomas: Filmanalyse. Theorien, Modelle, Kritik, 2. Aufl., Wien/Köln/Weimar 2005.
Merten, Klaus: Inhaltsanalyse. Einführung in Theorie, Methode und Praxis, 2., verb. Aufl., Opladen 2004.

Möhring, Wiebke/Schlütz, Daniela: Die Befragung in der Medien- und Kommunikationswissenschaft. Eine praxisorientierte Einführung, Wiesbaden 2003.

Monaco, James: Film verstehen. Kunst, Technik, Sprache, Geschichte und Theorie des Films und der neuen Medien, 6. Aufl., Reinbek bei Hamburg 2005.

Müller, Mario G.: Grundlagen der visuellen Kommunikation. Theorieansätze und Analysemethoden, Konstanz 2003.

Opgenoorth, Ernst/Schulz, Günther: Einführung in das Studium der neueren Geschichte, 6., grundlegend überarb. Aufl., Paderborn 2001.

Rusinek, Bernd-A./Ackermann, Volker/Engelbrecht, Jörg (Hg.): Die Interpretation historischer Quellen. Schwerpunkt: Neuzeit, Paderborn 1992.

Scholl, Armin: Die Befragung in der Kommunikationswissenschaft, Konstanz 2003.

Seiffert, Helmut: Einführung in die Hermeneutik. Die Lehre von der Interpretation in den Fachwissenschaften, (UTB für Wissenschaft, Bd. 1666), Tübingen 1992.

Steinmetz, Rüdiger: Filme sehen lernen (DVD), Frankfurt a. M. 2003.

Wagner, Hans: Verstehende Methoden in der Kommunikationswissenschaft. Unter Mitarbeit von Ute Nwaratil, Philomen Schönhagen, Heinz Starkulla, München 1999.

D. Weitere Literatur

Die folgende Liste verzeichnet aus Platzgründen keine Aufsätze aus Zeitschriften, Lexika und Sammelbänden. In den Anmerkungen ist die Ersterwähnung der Literatur vollständig, danach abgekürzt.

Assmann, Jan: Das kulturelle Gedächtnis. Schrift, Erinnerung und politische Identität in frühen Hochkulturen, 4. Aufl., München 2002.

Aufermann, Jörg/Bohrmann, Hans/Sülzer, R. (Hg.): Gesellschaftliche Kommunikation und Information. Ein Arbeitsbuch zur Massenkommunikation, Frankfurt a. M. 1973.

Augustus: Res Gestae. Tatsachenbericht (Monumentum Ancyranum), hg. v. Marion Giebel, Stuttgart 1975.

Badura, Bernhard: Sprachbarrieren. Zur Soziologie der Kommunikation, Stuttgart/Bad Cannstatt 1971.

Baecker, Dirk: Form und Formen der Kommunikation, Frankfurt a. M. 2005.

Baerns, Barbara: Öffentlichkeitsarbeit oder Journalismus? Zum Einfluß im Mediensystem, Köln 1985.

Baudrillard, Jean: Der symbolische Tausch und der Tod, München 1982.

Baum, Achim: Journalistisches Handeln. Eine kommunikationstheoretisch begründete Kritik der Journalismusforschung, Opladen 1994.
Baumann, Heide/Schwender, Clemens (Hg.): Kursbuch Neue Medien 2000. Ein Reality-Check, Stuttgart 2000.
Bausch, Hans (Hg.): Rundfunk in Deutschland, 5 Bde., München 1980.
BDZV (Hg.): Zeitungen 2007, Berlin 2007.
Behmer, Markus/Krotz, Friedrich/Stöber, Rudolf/Winter, Carsten (Hg.): Medienentwicklung und gesellschaftlicher Wandel. Beiträge zu einer theoretischen und empirischen Herausforderung, Opladen/Wiesbaden 2003.
Behringer, Wolfgang: Im Zeichen des Merkur: Reichspost und Kommunikationsrevolution in der Frühen Neuzeit, Göttingen 2003.
Benjamin, Walter: Das Kunstwerk im Zeitalter seiner technischen Reproduzierbarkeit, Frankfurt a. M. 2006.
Bentele, Günter (Hg.): Semiotik und Massenmedien, München 1981.
Bentele, Günter/Haller, Michael (Hg.): Aktuelle Entstehung von Öffentlichkeit. Akteure – Strukturen – Veränderungen, Konstanz 1997.
Bentele, Günter/Rühl, Manfred (Hg.): Theorien öffentlicher Kommunikation, München 1993.
Berg, Klaus/Kiefer, Marie-Luise (Hg.): Massenkommunikation: Eine Langzeitstudie zur Mediennutzung und Medienbewertung [1964], Mainz 1978.
Berg, Klaus/Kiefer, Marie-Luise: Massenkommunikation II. Eine Langzeitstudie zur Mediennutzung und Medienbewertung. 1964–1982, Frankfurt a. M. 1982.
Berg, Klaus/Kiefer, Marie-Luise: Massenkommunikation VI. Eine Langzeitstudie zur Mediennutzung und Medienbewertung 1964–2000, Baden-Baden 2002.
Blickle, Peter: Von der Leibeigenschaft zu den Menschenrechten. Eine Geschichte der Freiheit in Deutschland, München 2003.
Blöbaum, Bernd: Journalismus als soziales System: Geschichte, Ausdifferenzierung und Verselbständigung, Opladen 1994.
Blumler, Jay G./Katz, Elihu (Hg.): The uses of mass communications: Current perspectives on gratification research, Beverly Hills/London 1974.
Boberach, Heinz (Hg.): Meldungen aus dem Reich 1938–1945. Die geheimen Lageberichte des Sicherheitsdienstes der SS, 17 Bde. und Registerband, Herrsching 1984.
Bobrowsky, Manfred/Langenbucher, Wolfgang R. (Hg.): Wege zur Kommunikationsgeschichte, München 1987.
Bolz, Norbert/Kittler, Friedrich/Tholen, Christoph (Hg.): Computer als Medium, 2. Aufl., München 1999.
Bonfadelli, Heinz: Die Wissenskluft-Perspektive. Massenmedien und gesellschaftliche Information, Konstanz 1994.

Boorstin, Danie J.: The image or What happened to the American dream, New York 1962.

Bourdieu, Pierre: Die feinen Unterschiede. Kritik der gesellschaftlichen Urteilskraft, Frankfurt a. M. 1987.

Bourdieu, Pierre: Entwurf einer Theorie der Praxis auf der ethnologischen Grundlage der kabylischen Gesellschaft, Frankfurt a. M. 1976.

Bourdieu, Pierre: Sozialer Sinn. Kritik der theoretischen Vernunft, Frankfurt a. M. 1987.

Bourdieu, Pierre: Soziologische Fragen, Frankfurt a. M. 1994.

Brauneck, Manfred: Die Welt als Bühne. Geschichte des europäischen Theaters, Weimar/Stuttgart 1993.

Brecht, Bertolt: Schriften zur Literatur und Kunst (1920–1932), Frankfurt a. M. 1996.

Breunig, Christian (Red.): Media Perspektiven Basisdaten. Daten zur Mediensituation in Deutschland, Frankfurt a. M. 2006.

Bryson, Lyman (Hg.): The communication of ideas, New York 1948.

Bühler, Karl: Sprachtheorie. Die Darstellungsfunktion der Sprache. Ungekürzter Neudruck der Ausgabe von 1934, Stuttgart 1999.

Castells, Manuel: Die Internet-Galaxie. Internet, Wirtschaft und Gesellschaft, Wiesbaden 2005.

Childs, Harwood L.: Public Opinion: nature, formation and role, Princeton/Toronto/New York/London 1965.

Chomsky, Noam: Aspekte der Syntax-Theorie, Frankfurt a. M. 1973.

Cronen, Verno E./Pearce, W. Barnett: Communication, action, meaning. The social creation of reality, New York 1980.

DeFleur, Melvi L.: Theories of mass communication, New York 1966.

Derrida, Jacques: Die Schrift und die Differenz, Frankfurt a. M. 1976.

Derrida, Jacques: Grammatologie, Frankfurt a. M. 1974.

Dilthey, Wilhelm: Der Aufbau der geschichtlichen Welt in den Geisteswissenschaften, 4. Aufl., Frankfurt a. M. 1993.

Dovifat, Emil/Wilke, Jürgen: Zeitungslehre, 6., neubearb. Aufl., 2 Bde., Berlin/New York 1976.

Dröge, Franz/Weißenborn, Rainer/Haft, Hennig: Wirkungen der Massenkommunikation, 2. Aufl., Frankfurt a. M. 1973.

Dröge, Franz: Publizistik und Vorurteil, Münster 1967.

Duchkowitsch, Wolfgang/Hausjell, Fritz/Semrad, Bernd (Hg.): Die Spirale des Schweigens. Zum Umgang mit der nationalsozialistischen Zeitungswissenschaft, Münster 2004.

Dulinski, Ulrike: Sensationsjournalismus in Deutschland, Konstanz 2003.

Ecker, Hans-Peter: Die Legende. Kulturanthropologische Annäherung an eine literarische Gattung, Stuttgart/Weimar 1993.

Eisenstein, Sergej: Yo – Ich selbst. Memoiren, 2 Bde., hg. v. Naum Klejman und Walentina Korschunowa, Berlin (Ost) 1984.

Enzensberger, Hans Magnus: Baukasten zu einer Theorie der Medien. Kritische Diskurse zur Pressefreiheit, hg. v. Peter Glotz, München 1997.
Fabris, Hans Heinz: Journalismus und bürgernahe Medienarbeit. Formen und Bedingungen der Teilhabe an gesellschaftlicher Kommunikation, Salzburg 1979.
Faßler, Manfred/Halbach, Wulf (Hg.): Geschichte der Medien, Stuttgart 1998.
Faßler, Manfred: Was ist Kommunikation?, München 1997.
Faulstich, Werner (Hg.): Kritische Stichwörter zur Medienwissenschaft, München 1979.
Faulstich, Werner: Geschichte der Medien, Göttingen 1996.
Faulstich, Werner/Knop, Karin (Hg.): Unterhaltungskultur, München 2006.
Foucault, Michel: Dispositive der Macht. Über Sexualität, Wissen und Wahrheit, Berlin 1978.
Fuchs-Heinritz, Werner/König, Alexandra: Pierre Bourdieu, Konstanz 2005.
Fünfgeld, Hermann/Mast, Claudia (Hg.): Massenkommunikation. Ergebnisse und Perspektiven, Opladen 1997.
Giddens, Anthony: Die Konstitution der Gesellschaft. Grundzüge einer Theorie der Strukturierung, 3. Aufl., Frankfurt a. M. 1995.
Glück, Helmut: Schrift und Schriftlichkeit. Eine sprach- und kulturwissenschaftliche Studie, Stuttgart 1987.
Goffman, Erving: Wir alle spielen Theater. Die Selbstdarstellung im Alltag, München/Zürich 1969.
Gottschlich, Maximilian: Journalismus und Orientierungsverlust. Grundprobleme öffentlich-kommunikativen Handelns, Wien/Köln/Graz 1980.
Groth, Otto: Die unerkannte Kulturmacht. Grundlegung der Zeitungswissenschaft (Periodik), 7 Bde., Berlin 1960.
Groth, Otto: Die Zeitung. Ein System der Zeitungskunde (Journalistik), 4 Bde., Mannheim/Berlin/Leipzig 1928.
Groth, Otto: Vermittelte Mitteilung. Ein journalistisches Modell der Massenkommunikation, hg. v. Wolfgang R. Langenbucher, München 1998.
Guetzkow, Harold (Hg.): Groups, leadership and men. Research in human relations, Pittsburg 1951.
Haarmann, Harald: Weltgeschichte der Sprachen. Von der Frühzeit des Menschen bis zur Gegenwart, München 2006.
Habermas, Jürgen: Die Moderne – ein unvollendetes Projekt. Philosophisch-politische Aufsätze 1977–1990, Leipzig 1990.
Habermas, Jürgen: Strukturwandel der Öffentlichkeit. Untersuchungen zu einer Kategorie der bürgerlichen Gesellschaft, Frankfurt a. M. 1990.

Habermas, Jürgen: Theorie des kommunikativen Handelns, Frankfurt a. M. 1995.

Habermas, Jürgen: Vorstudien und Ergänzungen zur Theorie des kommunikativen Handelns, Frankfurt a. M. 1984.

Habermas, Jürgen: Zur Logik der Sozialwissenschaften, 2., erw. Aufl., Frankfurt a. M. 1985.

Hallin, Daniel C./Mancini, Paolo: Comparing media systems. Three models of media and politics, Cambridge, Mass. 2004.

Hasebrink, Uwe/Krotz, Friedrich (Hg.): Die Zuschauer als Fernsehregisseure? Zum Verständnis individueller Nutzungs- und Rezeptionsmuster, Baden-Baden/Hamburg 1996.

Heidegger, Martin: Sein und Zeit, 19. Aufl., Tübingen 2006.

Heinrich, Jürgen: Medienökonomie. Bd. 1. Mediensystem, Zeitung, Zeitschrift, Anzeigenblatt, Opladen 1994.

Heinrich, Jürgen: Medienökonomie. Bd. 2: Hörfunk und Fernsehen, Opladen 1999.

Hick, Ulrike: Geschichte der optischen Medien, München 1999.

Hoffmann-Riem, Wolfgang/Bosshart, Louis (Hg.): Medienlust und Mediennutzung. Unterhaltung als öffentliche Kommunikation, Konstanz 1994.

Hölscher, Lucian: Öffentlichkeit und Geheimnis. Eine begriffsgeschichtliche Untersuchung zur Entstehung der Öffentlichkeit in der frühen Neuzeit, Stuttgart 1979.

Hörisch, Jochen: Der Sinn und die Sinne. Eine Geschichte der Medien, Berlin 2001.

Horkheimer, Max/Adorno, Theodor W.: Dialektik der Aufklärung. Philosophische Fragmente, Frankfurt a. M. 1994.

Hovland, Carl I./Janis, Irving L./Kelley, Harold H.: Communication and persuasion. Psychological studies of opinion change, New Haven/London 1953.

Innis, Harold A.: The bias of communication, Toronto 1951.

Iser, Wolfgang: Der Akt des Lesens. Theorie ästhetischer Wirkung, München 1976.

Iyengar, Shanto: Is anyone responsible? How television frames political issues, Chicago/London 1991.

Iyengar, Shanto/Kinder, Donald R.: News that matters. Television and American opinion, Chicago/London 1987.

Jacobsen, Wolfgang/Kaes, Anton/Prinzler, Hans Helmut (Hg.): Geschichte des deutschen Films, 2., akt. u. erw. Aufl., Stuttgart/Weimar 2004.

Jahraus, Oliver: Literatur als Medium. Sinnkonstitution und Subjekterfahrung zwischen Bewußtsein und Kommunikation, Weilerswist 2003.

Joerges, Bernward/Braun, Ingo (Hg.): Technik ohne Grenzen, Frankfurt a. M. 1997.

Kepplinger, Hans Mathias: Ereignismanagement. Wirklichkeit und Massenmedien, Zürich/Osnabrück 1992.

Kittler, Friedrich: Aufschreibesysteme 1800–1900, 4., vollst. überarb. Aufl., München 2003.

Klapper, Joseph T.: The effects of mass communication, New York 1966.

Klein, Petra: Henk Prakke und die funktionale Publizistik. Über die Entgrenzung der Publizistik- zur Kommunikationswissenschaft, Münster 2006.

Knoche, Manfred: Ökonomische Theorien und gesellschaftliche Kommunikation. Zur Fundierung einer kommunikationswissenschaftlichen Medienökonomie, Opladen/Wiesbaden 2001.

König, Wolfgang (Hg.): Propyläen Technikgeschichte, 5 Bde., Berlin 1992.

Körber, Esther-Beate: Öffentlichkeiten der Frühen Neuzeit. Teilnehmer, Institutionen und Entscheidungen öffentlicher Kommunikation im Herzogtum Preußen 1525 bis 1618, Berlin 1998.

Korte, Helmut/Faulstich, Werner (Hg.): Fischer Filmgeschichte, 5 Bde., Frankfurt a. M. 1994.

Kramer, Jürgen: British Cultural Studies, München 1997.

Kuhn, Thomas S.: Die Struktur wissenschaftlicher Revolutionen, 3. Aufl., Frankfurt a. M. 1978.

Langenbucher, Wolfgang R. (Hg.): Politische Kommunikation. Grundlagen, Strukturen, Prozesse, 2. Aufl., Wien 1993.

Lazarsfeld, Paul F./Berelson, Bernard/Gaudet, Hazel: The People's Choice. How the voter makes up his mind in a presidential campaign, New York 1944.

Lazarsfeld, Paul F./Stanton, Frank N. (Hg.): Radio research 1942–43, New York 1944.

Le Bon, Gustave: Psychologie der Massen. Mit einer Einführung von Peter R. Hofstätter, Stuttgart 1982.

Lechner, Carina: In Bayern steppt der Braunbär. Der Einfluss von Nachrichtenfaktoren und Frames auf die Berichterstattung über «JJ1», Bamberg 2007 [unveröff. Diplomarbeit].

Lenk, Hans (Hg.): Handlungstheorien interdisziplinär II. Handlungserklärung und philosophische Interpretation, München 1978.

Longolius, Christian (Hg.): Fernsehen in Deutschland. Gesellschaftspolitische Aufgaben und Wirkungen eines Mediums, Mainz 1967.

Lorblanchet, Michel: Höhlenmalerei. Ein Handbuch, Ostfildern 2006.

Ludwig, Otto: Geschichte des Schreibens. Band 1: Von der Antike bis zum Buchdruck, Berlin/New York 2005.

Luhmann, Niklas: Die Gesellschaft der Gesellschaft, 2 Bde., Frankfurt a. M. 1998.

Luhmann, Niklas: Die Realität der Massenmedien, 2. Aufl., Opladen 1996.

Luhmann, Niklas: Soziale Systeme. Grundriß einer allgemeinen Theorie, 5. Aufl., Frankfurt a. M. 1994

Luhmann, Niklas: Soziologische Aufklärung 2: Aufsätze zur Theorie der Gesellschaft, Opladen 1975.

Luhmann, Niklas: Soziologische Aufklärung 3: Soziales System, Gesellschaft, Organisation, Opladen 1981.

Machiavelli, Niccolò: Der Fürst, Wiesbaden 1980.

Maletzke, Gerhard: Psychologie der Massenkommunikation. Theorie und Systematik, Hamburg 1963.

Marschall, Susanne: Farbe im Kino, Marburg 2005.

Maslow, Abraham H.: Motivation and personality, New York 1954.

McLuhan, Marshall: Die magischen Kanäle. Understanding Media, Basel 1994.

McQuail, Denis: Media performance. Mass communication and the Public Interest, London/Newbury Park/New Delhi 1992.

Mead, George H.: Geist, Identität und Gesellschaft aus der Sicht des Sozialbehaviorismus. Mit einer Einleitung hg. v. Charles W. Morris, Frankfurt a. M. 1968.

Mead, George H.: George Herbert Mead. Gesammelte Aufsätze. Bd. 1. Übersetzt von Klaus Laermann, hg. v. Hans Joas, Frankfurt a. M. 1980.

Mergel, Thomas: Parlamentarische Kultur in der Weimarer Republik. Politische Kommunikation, symbolische Politik und Öffentlichkeit im Reichstag, Düsseldorf 2002.

Merten, Klaus: Kommunikation. Eine Begriffs- und Prozeßanalyse, Opladen 1977.

Merton, Robert K. (Verf.)/Meja, Volker/Stehr, Nico (Hg.): Soziologische Theorie und soziale Struktur. Aus dem Amerikanischen von Hella Beister, Berlin/New York 1995.

Meyen, Michael: Denver Clan und Neues Deutschland. Mediennutzung in der DDR, Berlin 2003.

Meyen, Michael: Mediennutzung. Mediaforschung, Medienfunktionen, Nutzungsmuster, 2., überarb. Aufl., Konstanz 2004.

Meyen, Michael/Löblich, Maria: Klassiker der Kommunikationswissenschaft. Fach- und Theoriegeschichte in Deutschland, Konstanz 2006.

Meyrowitz, Joshua: No sense of place. The impact of electronic Media on social behaviour, New York/Oxford 1985.

Milgram, Stanley: Das Milgram-Experiment. Zur Gehorsamsbereitschaft gegenüber Autorität, 13. Aufl., Hamburg 2003.

Morris, Charles: Writings on the general theory of signs, The Hague/Paris 1971.

Müller-Doohm, Stefan/Neumann-Braun, Klaus (Hg.): Öffentlichkeit – Kultur – Massenkommunikation. Beiträge zur Medien- und Kommunikationskultur, Oldenburg 1991.

Müller-Doohm, Stefan: Adorno. Eine Biographie, Frankfurt a. M. 2003.

Neuberger, Christoph: Journalismus als Problembearbeitung. Objektivität und Relevanz in der öffentlichen Kommunikation, Konstanz 1996.

Noelle-Neumann, Elisabeth: Öffentliche Meinung. Die Entdeckung der Schweigespirale, erw. Aufl., Frankfurt a. M./Berlin 1991.

Oravas, Gunhard Ä.: Lectures on the history of technology and engineering, 2 Bde., Hildesheim 2004.

Osgood, Charles E./Suci, George J./Tannenbaum, Percy H.: The measurement of meaning, Urbana, Il./Chicago/London 1967.

Parsons, Talcott: Action theory and the human condition, New York 1978.

Peirce, Charles Sanders: Harthorne, Charles/Weiss, Paul/Burks, Arthur W. (Hg.): Collected papers of Charles Sanders Peirce, 8 Bde., Cambridge, Mass. 1935.

Pias, Claus/Vogl, Joseph/Engell, Lorenz (Hg.): Kursbuch Medienkultur. Die maßgeblichen Theorien von Brecht bis Baudrillard, Stuttgart 1999.

Platon: Sämtliche Werke, 3 Bde., Berlin 1940.

Popper, Karl R.: Alles Leben ist Problemlösen. Über Erkenntnis, Geschichte und Politik, 6. Aufl., München/Zürich 1995.

Prakke, Henk/Dröge, Franz/Lerg, Winfried B., Schmolke, Michael: Kommunikation der Gesellschaft. Einführung in die funktionale Publizistik, Münster/Regensburg 1968.

Prokop, Dieter: Der Kampf um die Medien. Das Geschichtsbuch der neuen Medienforschung, Hamburg 2001.

Pross, Harry: Medienforschung. Film, Funk, Presse, Fernsehen, Berlin/Darmstadt/Wien 1972.

Pürer, Heinz/Raabe, Johannes: Presse in Deutschland, 3., überarb. Aufl., München 2007.

Quandt, Thorsten: Journalisten im Netz. Über die Arbeit in Online-Redaktionen. Handeln – Strukturen – Netze, Wiesbaden 2004.

Raabe, Johannes: Journalisten als soziale Akteure. Ein Beitrag zu einer empirischen Journalismusforschung des Personen- und des Systemparadigmas, Wiesbaden 2005.

Raible, Wolfgang: Medienkulturgeschichte. Mediatisierung als Grundlage unserer kulturellen Entwicklung, Heidelberg 2006.

Reimann, Helga/Reimann, Horst (Hg.): Information, München 1977.

Renger, Rudi: Populärer Journalismus. Nachrichten zwischen Fakten und Fiktion, Innsbruck/Wien/München 2000.

Rogers, Everett M.: Diffusion of innovations, 4. Aufl., New York/London/Toronto/Sydney/Tokyo/Singapore 1995.

Ronneberger, Franz/Rühl, Manfred: Theorie der Public Relations. Ein Entwurf, Opladen 1992.

Rössler, Patrick (Hg.): Online-Kommunikation. Beiträge zu Nutzung und Wirkung, Wiesbaden 1998.

Röttger, Ulrike: Public Relations – Organisation, Professionalisierung, Öffentlichkeitsarbeit als Organisationsfunktion. Eine Berufsfeldstudie, Opladen/Wiesbaden 2000.

Rühl, Manfred: Journalismus und Gesellschaft. Bestandsaufnahme und Theorieentwurf, Mainz 1980.

Sachs-Hombach, Klaus (Hg.): Bildwissenschaft, Frankfurt a. M. 2005.

Saussure, Ferdinand de: Grundfragen der allgemeinen Sprachwissenschaft, 2. Aufl., Berlin 1967.

Schenk, Michael: Medienwirkungsforschung, 3., überarb. Aufl., Tübingen 2007.

Scherer, Helmut: Massenmedien, Meinungsklima und Einstellung. Eine Untersuchung zur Theorie der Schweigespirale, Opladen 1990.

Schiewe, Jürgen: Öffentlichkeit. Entstehung und Wandel in Deutschland, Paderborn 2004.

Schmidt, Jan: Weblogs. Eine kommunikationssoziologische Studie, Konstanz 2006.

Schmidt, Klaus: Sie bauten die ersten Tempel. Das rätselhafte Heiligtum der Steinzeitjäger. Die archäologische Entdeckung am Göbekli Tepe, München 2006.

Schmitt, Carl: Der Begriff des Politischen. Text von 1932 mit einem Vorwort und drei Corollarien, 5. Nachdr. der 7. Aufl., München/Berlin 2002.

Schnell, Ralf/Klein, Wolfgang/Haubrichs, Wolfgang et al. (Hg.): Konzeptionen der Medienwissenschaften I: Kulturwissenschaft, Film- und Fernsehwissenschaft, (Zeitschrift für Literaturwissenschaft und Linguistik LiLi, Bd. 33/132), Siegen 2003.

Schnell, Ralf/Klein, Wolfgang/Haubrichs, Wolfgang et al. (Hg.): Konzeptionen der Medienwissenschaften II: Sozialwissenschaften und Informatik/Design, (Zeitschrift für Literaturwissenschaft und Linguistik LiLi, Bd. 34/133), Siegen 2004.

Schnell, Ralf: Medienästhetik. Zur Geschichte und Theorie audiovisueller Wahrnehmungsformen, Stuttgart/Weimar 2000.

Scheufele, Bertram: Frames – Framing – Framing-Effekte. Theoretische und methodische Grundlegung des Framing-Ansatzes sowie empirische Befunde zur Nachrichtenproduktion, Wiesbaden 2003.

Schramm, Wilbur (Hg.): Grundfragen der Kommunikationsforschung, 5. Aufl., München 1973.

Schramm, Wilbur (Hg.): The process and effects of mass communication, 2. Aufl., Urbana 1961.

Schulz, Winfried: Politische Kommunikation. Theoretische Ansätze und Ergebnisse empirischer Forschung zur Rolle der Massenmedien in der Politik, 2. Aufl., Wiesbaden 2006.

Schumpeter, Joseph A.: Theorie der wirtschaftlichen Entwicklung. Eine Untersuchung über Unternehmergewinn, Kapital, Kredit, Zins und den Konjunkturzyklus, 4. Aufl., Berlin 1997.

Schwarzkopf, Dietrich (Hg.): Rundfunkpolitik in Deutschland. Wettbewerb und Öffentlichkeit, 2 Bde., München 1999.

Searle, John R.: Sprechakte. Ein sprachphilosophischer Essay, Frankfurt a. M. 1971.

Segeberg, Harro (Hg.): Medien und ihre Technik. Theorie – Modelle – Geschichte, Marburg 2004.

Sereno, Kenneth K./Mortensen, C. David (Hg.): Foundations of communication theory, New York 1970.

Shannon, Claude E./Weaver, Warren: Mathematische Grundlagen der Informationstheorie, München/Wien 1976.

Siebert, Frederick S./Peterson, Theodore/Schramm, Wilbur: Four Theories of the Press. The authoritarian, libertarian, social responsibility and soviet communist concepts of what the press should be and do, Urbana/Chicago/London 1956.

Silbermann, Alphons/Krüger, Udo Michael: Soziologie der Massenkommunikation, Stuttgart/Berlin/Köln/Mainz 1973.

Simmel, Georg: Soziologie. Untersuchungen über Formen der Vergesellschaftung, Leipzig 1908.

Staab, Joachim Friedrich: Nachrichtenwert-Theorie. Formale Struktur und empirischer Gehalt, Freiburg 1990.

Stein, Peter: Schriftkultur. Eine Geschichte des Schreibens und Lesens, Darmstadt 2006.

Stöber, Rudolf: Deutsche Pressegeschichte. Von den Anfängen bis zur Gegenwart, 2., verb. u. verm. Aufl., Konstanz 2005.

Stöber, Rudolf: Die erfolgverführte Nation. Deutschlands öffentliche Stimmungen 1866 bis 1945, Stuttgart 1998.

Theis-Berglmair, Anna Maria: Organisationskommunikation. Theoretische Forschungen und empirische Grundlagen, 2. Aufl., Münster 2003.

Thukydides: Geschichte des Peloponnesischen Krieges, 3. Aufl., München 1981.

Tönnies, Ferdinand: Kritik der öffentlichen Meinung, Berlin/Heidelberg/NewYork 1922.

Virilio, Paul: Krieg und Kino. Logistik und Wahrnehmung, München 1986.

Vogel, Andreas: Die populäre Presse in Deutschland. Ihre Grundlagen, Strukturen und Strategien, München 1998.

Vogel, Andreas: Rundfunk für alle. Bürgerbeteiligung, Partizipation und zugangsoffene Sendeplätze in Hörfunk und Fernsehen, Berlin 1989.

Vorderer, Peter (Hg.): Fernsehen als «Beziehungskiste». Parasoziale Beziehungen und Interaktionen mit TV-Personen, Opladen 1996.

Watzlawick, Paul/Beavin, Janet H./Jackson, Don D.: Menschliche Kommunikation. Formen, Störungen, Paradoxien, 3. Aufl., Bern/Stuttgart/Wien 1972.

Weber, Max: Gesammelte Aufsätze zur Wissenschaftslehre, hg. v. Johannes Winckelmann, 6., erneut durchges. Aufl., Tübingen 1985.

Weischenberg, Siegfried: Journalistik. 2 Bde., Opladen/Wiesbaden 1998–2002.

Weischenberg, Siegfried/Scholl, Armin/Malik, Maja: Die Souffleure der Mediengesellschaft. Report über die deutschen Journalisten, Konstanz 2006.

Welke, Martin/Fuchs, Boris: Zeitungsdruck. Die Entwicklung der Technik vom 17. zum 20. Jahrhundert, München 2000.

Westerbarkey, Joachim: Das Geheimnis. Zur funktionalen Ambivalenz von Kommunikationsstrukturen, Opladen 1991.

Wiener, Norbert: Kybernetik. Regelung und Nachrichtenübertragung im Lebewesen und in der Maschine, 2., rev. und erg. Aufl., Düsseldorf/Wien 1963.

Wilke, Jürgen: Grundzüge der Mediengeschichte. Von den Anfängen bis ins 20. Jahrhundert, Weimar 2000.

Wissenschaftsrat: Empfehlungen zur Weiterentwicklung der Kommunikations- und Medienwissenschaften in Deutschland, Oldenburg 2007.

Wulf, Christoph (Hg.): Vom Menschen. Historische Anthropologie, Weinheim/Basel 1997.

Zielinski, Siegfried: Archäologie der Medien. Zur Tiefenzeit des technischen Hörens und Sehens, Reinbek 2002.

Register

Bild 29, 34 f., 43 f., 51 f., 57–59, 62–64, 90, 92, 96, 117, 125, 130, 133, 146, 162, 174–177, 190–192, 200, 202, 208–212

Buch 10, 12, 17, 21, 32 f., 43, 49–52, 57, 61, 64, 69, 79, 89 f., 98, 100–104, 111, 114, 117 f., 120 f., 130 f., 144, 175, 177, 189, 201, 205–207

Dekonstruktivismus 14 f., 201 f., 224

Diffusion 94–99, 118, 148, 151, 158

Dispositiv 14, 53–55, 168, 201, 208, 210

Dynamisch-Transaktionaler Ansatz 146, 158–160, 245

Film 35 f., 41, 43, 48–54, 56 f., 63 f., 89, 92 f., 96, 100 f., 107, 109, 111, 113 f., 117, 146, 165, 167, 171, 173, 175–177, 179, 181, 188, 200–202, 207–218, 221, 232, 237, 252, 255

Flugblatt 52, 71, 96–98, 216

Funktion 9–11, 18, 30, 33–35, 39, 48–51, 55, 57, 59, 61–66, 68, 74, 78–80, 106, 119–124, 128, 130 f., 133–140, 153, 155, 159, 166, 168, 180, 194, 212, 217, 248
 – Informationsfunktion 57, 128, 131, 133, 135 f., 138
 – Integrationsfunktion 134 f.
 – Kritik- und Kontrollfunktion 135
 – Legitimationsfunktion 139 f.
 – Meinungsbildungsfunktion 138 f.
 – Orientierungsfunktion 10, 133 f., 138, 140
 – Sozialisationsfunktion 134, 140
 – Unterhaltungsfunktion 136, 138, 140

Gatekeeper-Forschung 127 f.

Handlungstheorie 31, 33, 35, 47, 153, 160 f., 164, 166, 168, 170, 197, 222, 249

Information 10, 16–21, 38–41, 46, 50–52, 55, 57, 59, 74, 84, 92, 94 f., 102, 104, 107, 119, 124, 128–140, 142, 149, 151, 154, 157, 159, 166 f., 169, 172, 176, 192–194, 204, 208, 225

Informationstheorie 12, 16–20, 22 f., 25–27, 37, 43, 46, 122, 124, 168 f.

Innovation 94–98, 118, 151, 237

Internet- und Computermedien, Multimedia 11, 19, 29, 35, 40 f., 44 f., 48, 50–54, 56, 58, 63 f., 73 f., 89–94, 96, 98, 100–103, 105 f., 109, 114, 117, 120 f., 124, 130, 142, 154, 172, 177, 189, 196, 198 f.

Invention 94–97, 118

Kommunikation *passim*

Kommunikationspolitik 97, 138

Kommunikator 10, 23, 40–44, 50, 52 f., 114, 122, 128 f., 131–133, 137, 139, 146 f., 152, 159, 188, 192, 196

Konstruktivismus 14, 124 f., 138, 168, 225

Kritische Theorie 70, 85, 107–109, 119, 124, 165, 168 f., 233

Kritischer Rationalismus 13, 15, 82 f., 122

Kybernetik 18, 26, 43, 122, 138

Massenmedien, Massenkommunikation 11, 27, 37 f., 40–44, 46, 50 f., 61, 65, 67, 69, 71, 73–76, 80, 84, 87, 89, 97, 107, 124, 127,

130–132, 145 f., 148 f., 154, 167, 172, 203
Medien *passim*
- primäre, sekundäre und tertiäre Medien 52–54, 62, 99
- Speicher-, Verarbeitungs- und Übertragungsmedien 50 f., 62, 120, 230 f.
- Proto-, Basis- und Verbreitungs-Medien 50, 55–57, 59, 60–64, 87, 89, 99, 100, 106, 109 f., 117 f.

Medienrecht 100, 102, 111, 239
Medientheorien 13 f., 168 f.
Medienwirkung 14, 141–145, 148, 152, 166, 168, 187
- Agenda-Setting-Ansatz 145, 149–151, 160, 184
- Stimulus-Response-Ansatz 146–152, 157 f., 170
- Two-Step-Flow 148 f., 151
- Wissenskluft 133, 142, 151, 156–158

Methoden 12, 64, 98, 156, 167, 169, 171–174, 186 f., 189, 196 f., 199 f., 207, 247, 249, 260
Musik 17, 48, 50 f., 56 f., 59, 63 f., 92, 101, 106, 109, 111, 167, 175, 208, 211 f., 221
Nachrichtenwerte 125–128, 131 f., 190
Netzmedien 11, 61, 94, 97, 99 f., 105, 109, 111, 113, 118, 151, 158
Netzwerkstudien 151, 158
Nichtperiodische Medien 61, 99–101, 103–105, 109–111, 114, 118
Nutzen-Ansatz 129, 145 f., 152–159, 166, 170, 187, 192
Öffentliche Meinung 64, 66, 69, 75–81, 83–88, 169, 230
Öffentlichkeit 10–12, 15, 29, 43 f., 60, 64–77, 79–88, 113, 116, 118, 122, 128, 131–134, 136, 139, 161, 168, 171, 174, 222

Presse 11, 35, 40 f., 43, 48, 51–54, 61, 63 f., 67, 69–71, 73, 76–80, 90, 95 f., 98–100, 102–106, 109–111, 113–115, 117 f., 120 f., 126, 130–133, 135, 141 f., 153 f., 157, 166 f., 175 f., 178, 181, 188–191, 195, 205–207, 237, 252 f., 261
Publikum 36, 41–44, 65, 67, 69–71, 73, 97, 102, 104, 108 f., 128, 137, 146, 150, 159, 162, 166, 176, 179, 184, 189, 210
Rezipient 10 f., 19 f., 23, 25–27, 32, 35, 40–45, 49, 52 f., 97 f., 104, 109, 114, 122, 125, 128 f., 131–133, 136 f., 139, 141–143, 145–154, 156–159, 178, 188, 196, 205, 225
Rundfunkmedien 11, 40 f., 43, 45, 48, 50–54, 56 f., 61, 63 f., 67, 73, 80, 89, 91–93, 96, 98–101, 104, 108 f., 111 f., 115–118, 120 f., 129–132, 134, 141, 153 f., 157, 165, 167, 175, 178, 187, 195 f., 205–208, 237 f.
Schrift 17, 35, 50, 52, 56–60, 62–64, 90, 100, 117, 141, 200
Schweigespirale 78–84, 142, 145, 169
Semiotik 27 f., 36 f., 64, 124
Sprache 9, 12, 17, 21, 29–37, 41, 48, 50, 52 f., 56, 59, 63, 65, 92, 108, 110, 117, 163 f., 174, 180, 183, 193, 200 f., 211 f., 228
Sprechakttheorie 32–35, 37, 160, 164
Symbol 17, 19, 27–37, 41, 43, 46 f., 53, 56, 58 f., 61, 64, 70, 91, 141, 153, 160, 162–165, 168, 170, 174, 190, 199, 202, 207 f., 211, 215–219, 221 f., 226
Symbolischer Interaktionismus 31, 35, 37, 153, 160, 162, 165, 168, 170, 207
Systemtheorie 14, 38 f., 74 f., 106, 122–124, 138, 163, 168–170, 228

Telefon, Telegrafie 9, 11, 16, 40, 44,
  50–53, 61, 89, 91 f., 94, 96, 98,
  105 f., 111, 113, 114, 117, 120,
  130, 153 f., 179, 181, 193, 214, 238
Text 17, 35 f., 45, 49, 54, 131, 167,
  172, 174 f., 187 f., 190, 199–205,
  208, 213, 224, 229, 248, 252

Theorie des kommunikativen
  Handelns 35, 164 f., 169 f.
Unterhaltung 19, 24, 41, 60, 73,
  102, 119, 128, 135–140, 155,
  166 f., 172, 176
Verhaltenspsychologie 12, 16,
  22–27, 37, 39, 170